유대교 문헌 총서: 토라 주석　　　　　　　　　　　　　　　　בס"ד

의미 있는 삶

람할의 가르침으로 본 토라

옮긴이　이 아담 야이르

노아하이드 코리아

Printed in Korea

ספר זה הוא מורשת

לקהילה היהודית-קוריאנית

בארץ ישראל ובעולם כולו,

בינהם בני ובנותיי וצאצאיי האהובים

אשר עתידין לבוא אי"ה

שבעזרת ה' ימשיכו ללכת בדרכי

תורה ומצוות

목 차

베레쉬트 (창세기)

베레쉬트 (בראשית) ·················· 11

노악흐 (נח) ·················· 19

렉흐 렉하 (לך לך) ·················· 25

바예라 (וירא) ·················· 31

하예이 싸라 (חיי שרה) ·················· 38

톨도트 (תולדות) ·················· 44

바예쩨 (ויצא) ·················· 47

바이슐락흐 (וישלח) ·················· 50

바예셰브 (וישב) ·················· 54

미케쯔 (מקץ) ·················· 58

바이가쉬 (ויגש) ·················· 62

바예히 (ויחי) ·················· 66

슈모트 (출애굽기/탈출기)

슈모트 (שמות) ·················· 70

바에라 (וארא) ·················· 75

보 (בא) ·················· 80

베샬락흐 (בשלח) ·················· 85

이트로 (יתרו) ·················· 91

미슈파팀 (משפטים) ·················· 97

테루마 (תרומה) ·················· 104

테짜베 (תצוה) ·················· 110

키 티싸 (כי תשא) ·················· 116

바야크헬 (ויהקל) ·················· 124

페쿠데이 (פקודי) ·················· 128

바이크라 (레위기)

바이크라 (ויקרא) ·················· 133

짜브 (צו) ·················· 141

슈미니 (שמיני) ·················· 145

타즈리아 (תזריע) ·················· 152

메쪼라 (מצורע) · · · · · · · · · · · · · · · 158

악하레이 모트 (אחרי מות) · · · · · · · 164

케도쉼 (קדושים) · · · · · · · · · · · · · 172

에모르 (אמר) · · · · · · · · · · · · · · · · 180

베하르 (בהר) · · · · · · · · · · · · · · · · 188

벡후코타이 (בחקתי) · · · · · · · · · · · 195

바미드바르 (민수기)

바미드바르 (במדבר) · · · · · · · · · · · 203

나쏘 (נשא) · · · · · · · · · · · · · · · · · · 210

베하알로텍하 (בהעלתך) · · · · · · · · · 216

쉘락흐 (שלח) · · · · · · · · · · · · · · · 223

코락흐 (קרח) · · · · · · · · · · · · · · · 230

후카트 (חקת) · · · · · · · · · · · · · · · 235

발락 (בלק) · · · · · · · · · · · · · · · · · 241

핀하쓰 (פנחס) · · · · · · · · · · · · · · · 248

마토트-마쓰에이 (מטות-מסעי) · · · · 254

드바림 (신명기)

드바림 (דברים) · · · · · · · · · · · · · · 260

바에트하난 (ואתחנן) · · · · · · · · · · · 265

에케브 (עקב) · · · · · · · · · · · · · · · 272

레에 (ראה) · · · · · · · · · · · · · · · · · 279

쇼프팀 (שופטים) · · · · · · · · · · · · · 285

키 테쩨 (כי תצא) · · · · · · · · · · · · · 292

키 타보 (כי תבוא) · · · · · · · · · · · · 299

니짜빔-바옐렉흐 (נצבים-וילך) · · · · 305

하아지누 (האזינו) · · · · · · · · · · · · · 312

베조트 하베락하 (וזאת הברכה) · · · · 319

부록

타낙흐, 성경의 이름들과 순서 · 325

책에서 다룬 히브리어 음역 용어집 · 326

람할(רמח"ל) 소개

라브 모셰 하임 루짜토(הרב משה חיים לוצאטו – 이하 '람할')는 1707 년에 태어났으며 당시에 가장 저명한 카발리스트이자 유대 사상가 중 한 사람으로, 그는 당시에 유대인들 사이에 일어났던 거짓 메시아 사건이 일으킨 분열과 관련해 경각심을 불러일으키는 가르침을 통해 명성을 얻게 되었다. 시간이 지나면서 그의 지혜와 그 위대함은 모든 사람들에게 널리 받아들여졌으며, 그의 저작은 유대 사상과 그 윤리에 대해 가장 영향력 있는 것 중 하나가 되었다.

그의 저작으로 유명한 '메씰라트 예샤림'은 가장 중요한 도덕적 내용을 담고 있으며, 그의 책 '데렉흐 하쉠'은 유대 사상이란 것에 대한 가장 포괄적인 책 중 하나로 인정받는다.

람할이 쓴 모든 사람이 공부하고 이해할 수 있는 메씰라트 예샤림, 데렉흐 하쉠, 다아트 트부노트라는 책들은 인간의 실천과 사고적 측면에서 '하쉠의 종'으로 발전할 수 있는 진정한 방법을 제공해준다.

머 리 말

이 책은 람할과 그의 가장 가까웠던 현인이자 제자이기도 한 라브 모셰 다비드 발리(הרב משה דוד וואלי - 이하 라마드)가 가르친 다양한 설명을 모은 책이다. 이 설명들 중에는 많은 경우에서 이해가 어려울 수 있는 카발라 출처를 선택한 것들도 있으나, 전반적으로 대중에 대한 적응력을 고려하여 편집해 보았고 일반 대중이 읽기 쉽도록 정보를 재구성할 자유도를 부여하려고 노력하였다. 요점을 설명하고자 하는 부분이나 배경 정보 및 히브리어 음역에 대해선 한국의 이해를 돕기 위해 특정 부분마다 역자 주를 달아두거나 부록으로 정리해 둠을 알린다.

이 책은 유대력 5784 년(양력 2023-2024 년 기준) 1 년 간의 람할의 토라 파라샤 강의 연재를 기준으로 한 책이다. 토라의 파라샤는 유대력 음력에 따라 읽는 방식이 매년 달라지는데, 때문에 해당 책은 그러한 방식을 기준으로 엮었다는 것을 알리는 바이다. 강의에 참여해 준 한국 노아하이드 일원을 비롯한 모든 분들의 관심과 응원으로 한국계 유대인들과 그리고 한국에 진정한 토라의 가르침이 어떤 것인지를 알릴 수 있도록 나오게 된 책이다. 특히 어려운 시간에도 계속해서 지지해준 아내에게 감사와 사랑을 표하는 바다.

한 단어가 복잡하고도 다양한 의미를 나타내기도 하는 히브리어와, 그러한 글로 써진 하늘의 토라는 당연히 쉬이 이해할 수 있는 것이 아니다. 사람들은 유대인들의 토라에는 관심을 가진다고 하나 정작 그것의 진짜 가르침에 대해서는 그것을 유일하고도 충직하게 보존해 온 유대인들에게 그 의미를 물어보는 이가 지금까지 극소수였다. 그런 점에서 개인적으로 그 가르치는 방식에 대해 평소 존경해 온 람할의 가르침을 소개할 수 있게 되어 무척 기쁘게 생각한다.

바라건대 두려운 마음으로 이 책이 하쉠의 눈에 들길 바라며, 나의 말이 람할과 라마드의 의도에 맞게 쓰여졌기를, 아멘.

이 아담 야이르

일 러 두 기

✡ 이 책에 쓰인 토라와 예언서 및 기록서의 구절들은 한국에서 보편적으로 사용하는 번역을 차용하지 않은 역자의 번역임을 밝혀둔다. 때문에 발음은 물론 어감 또한 크게 생소할 수 있다는 점을 알려두며, 문장 구조도 일반적이지 않다고 느끼는 경우는 그것이 히브리어 특유의 표현을 살린 것이라 이해할 수 있다. 함께 기재한 히브리어 원문과의 비교를 통해 신뢰성을 검증할 수 있을 것이다.

✡ 현대에 보편적으로 이해되는 이스라엘 관련 표현들에 대해, 인명과 지명, 그리고 번역으로 표현할 수 없는 특정 히브리어 표현들은 현재 이스라엘에서 표준으로 부르는 방식을 기준으로 표기했음을 밝혀둔다.

✡ 기본적으로 토라의 '줄거리'를 나열하는 방식이 아닌, 어느 문맥에서 쓰인 특정 단어에 관한 해석이나 기타 유대 문헌(그마라, 미드라쉬, 조하르 등)을 참고로 숨은 의미를 밝혀내는 방식이 주를 이룬다. 많은 경우에 다양한 한글 번역 성경들의 본문을 먼저 읽고 읽어보는 것을 추천하며, 한 파라샤의 내용에서 이해가 어려운 것이 다른 파라샤를 읽을 때 연결되어 풀리는 경우가 많으니 인내심을 가지고 읽어 보길 바라는 바이다.

✡ 이 책은 토라가 무슨 내용인지 처음 알고자 하는 이들에게 친절한 책은 아니다. 그러나 꾸준히, 그리고 하늘의 뜻에 따라 자신의 인생을 진정으로 개선하고 싶은 마음으로 읽어본다면 각자의 마음에 특별한 이해와 감동이 있을 것이다. 순차적으로 읽어봐도 좋으며 매주 파라샤마다 맞춰 읽어보아도 좋고, 눈에 가는 부분만 읽어보아도 좋다. 그러나 이해를 포기하지는 않았으면 하는 바람이다.

파라샤트 베레쉬트 (베레쉬트 1:1 – 6:8)

하쉠께선 특정한 유형에 따라 물질 세계와 영적 세계를 창조하셨습니다.

물리적 질서는 영적 질서의 반영이자 표현이며, 그 질서는 '3'이라는 숫자 단위에 기초합니다. 이것은 마치 오른쪽과 왼쪽, 그리고 둘의 균형을 이루는 중간을 가진 저울과 유사한데, 하쉠께선 이러한 체계를 사용해 물리적 세계를 창조하여 계속 운영하고 명령합니다. 하쉠께서 이 체계를 사용해 인류에게 그분을 드러내는 것은, 우리에게 세상을 인도하는 그분의 방식에 대한 이해를 제공해 줍니다.

이 3 이라는 단위가 나타내는 속성은 오른쪽으로 친절, 왼쪽으로는 심판, 그리고 가운데로는 균형을 제공해 주는 자비의 속성입니다. 우리의 물리적인 신체도 살펴보면 이와 비슷한 질서가 드러나는데, 인간은 결국 영적 세계의 축소판이기 때문에 자연스럽게 이 정확한 질서 체계를 반영하고 있습니다: 남자의 오른쪽 눈과 왼쪽 눈 사이 가운데에 위치한 코, 오른쪽 귀와 왼쪽 귀 가운데에 위치한 입, 그리고 더 아래로 내려가면 오른팔과 왼팔 가운데 위치한 몸통, 그리고 두 다리 가운데 있는 언약의 할례가 그것입니다. 남자의 몸은 내부에서도 이와 같은 방식으로 구성되어 있는데, 우뇌와 좌뇌 사이에 위치한 중간뇌, 심장을 중심으로 한 양 쪽의 폐, 오른쪽의 간과 왼쪽의 비장 사이에 위치한 위 등이 그것입니다.

그리고 이와 비슷한 순서도 세상의 창조에서 발견되는데, '저녁이 있었고' 라는 말은 심판의 속성인 왼쪽을 가리키며, '아침이 있었다'라는 말은 친절의 속성인 오른쪽을 가리키고, '한 날' 이라는 말은 자비의 속성으로서 가운데서 균형을 잡아줍니다. ('첫째 날'이란 한글 성경의 번역들은 잘못된 번역이다 – 역자 주)

וַיִּקְרָ֨א אֱלֹהִ֤ים ׀ לָאוֹר֙ י֔וֹם וְלַחֹ֖שֶׁךְ קָ֣רָא לָ֑יְלָה וַֽיְהִי־עֶ֥רֶב וַֽיְהִי־בֹ֖קֶר י֥וֹם אֶחָֽד׃

"엘로킴께서 빛을 낮이라 부르시고 암흑을 밤이라 부르셨다. 저녁이 있었고 아침이 있었다. 한 날." (베레쉬트 1:5)

미드라쉬는 '저녁'의 심판은 이쯔학크를 가리키며, '아침'의 친절함은 아브라함을 가리키고, '한 날'로 표현되는 자비로 결합된 중심 속성은 야아코브를 가리킨다고 통찰을 제공해 줍니다. 하쉠께선 창조 당시에 이 질서를 즉시 계시해 주셨습니다. 때문에 우리는 토라가 첫째 날의 창조에 대해 '…저녁이 있었고 아침이 있었다. 첫째 날'이 아니라 '한 날(יום אחד)'이라고 묘사한 이유를 이해할 수 있습니다. 이는 이후에 이어지는 창조의 날들과 일관성이 있음을 보여줍니다.

'첫째 날'이 아닌 '한 날'이라는 묘사는 친절을 원하는 한 분 하쉠을 암시합니다. 이것은 '하나'를 의미하는 엑하드(אחד)의 숫자값이 '사랑'을 의미하는 아하바(אהבה)의 숫자값 13 과 일치한다는 점에서 이해할 수 있습니다.

וַיֹּאמֶר אֱלֹהִים יִקָּווּ הַמַּיִם מִתַּחַת הַשָּׁמַיִם אֶל־מָקוֹם אֶחָד וְתֵרָאֶה הַיַּבָּשָׁה וַיְהִי־כֵן׃

"엘로킴께서 말씀하셨다. '하늘 아래의 물을 한 곳으로 모아 마른 곳이 드러나게 하라' 그리고 그대로 되었다." (베레쉬트 1:9)

여기서 얘기하는 '한 곳'은 어디일까요?

그곳은 친절과 심판의 속성이 합쳐져 하나가 되는 곳으로, 이 한 곳은 셋째 날에 계시됩니다. 이 질서들은 하쉠께서 자신을 드러내고 세상을 창조하며 계속해서 이끄는 청사진입니다.

וַיִּבְרָא אֱלֹהִים ׀ אֶת־הָאָדָם בְּצַלְמוֹ בְּצֶלֶם אֱלֹהִים בָּרָא אֹתוֹ זָכָר וּנְקֵבָה בָּרָא אֹתָם׃

"엘로킴께서 사람을 그의 형태로 창조하셨으니 엘로킴의 형태로 그를 창조하셨다. 남성과 여성으로 그들을 창조하셨다." (베레쉬트 1:27)

하쉠께선 남성과 여성, 주는 자와 받는 자의 방식으로 세상을 창조하였습니다. 이 체계는 아이의 형성에서 가장 분명하게 드러납니다. 남자가 아이를 만드는 데 필요한 물질을 그것을 받을 여자에게 제공하기 때문입니다. 조하르는 나무와 풀조차도 남성과 여성의 측면을 가지고 있음을 가르칩니다. 또한 섬기는 천사들도 '주는 자'인 남성적 측면의 천사들과 '받는 자'인 여성적 측면의 천사들로 분류됩니다. 인간은 모든 창조물과 함께 이러한 체계에서 창조되었습니다. 하쉠의 신성한 섭리의 완벽함과 세상의 지속적인 존재는 바로 이러한 관계에 달려있습니다.

그런데 이러한 관계가 창조의 모든 요소에 적용되는 것이라면, 토라는 왜 인간의 창조에 관해서만 이것을 언급하고 다른 생명체에 대해선 언급하지 않는 것일까요?

유대 현인들은 창조물 전체를 남성과 여성으로 나눌 수 있다고 가르치는데, 창조에 대한 설명에서 우리는 그 종류가 '남성형'뿐만 아니라 '여성형'으로도 언급되는 것을 발견할 수 있습니다. (명사의 남녀 구분에 대한 히브리어의 특징 얘기 - 역자 주) 그러면 이것이 모든 종의 생존에 관련한 필수적인 관계라는 증거로 이해할 수 있지만, 왜 특히 인간의 창조와 관련해서만 명확하게 언급되는 것일까요?

사실 사람은 남자와 여자라는 구성 요소가 분리되기 전에 서로 연결되어 붙어있던 유일한 창조물이었습니다. 창조 당시 그들의 영적 뿌리는 하나로 연결되어 있었으며, 따라서 그 뿌리의 물리적 표현은 같은 모형으로 창조되었습니다. 여자는 나중에서야 남자로부터 분리되어 남자 앞으로 데려와졌는데, 이것은 남성과 여성이 이미 따로 창조된 다른 창조물들에게선 없던 일이었습니다.

우리는 이 구별을 어떻게 이해해야 할까요? 동물은 왜 남성/여성으로 이미 분리된 단위로 창조되었으며, 사람은 왜 하나의 존재로 창조되었을까요?

다른 생물들은 남성이 여성과 육체적 관계를 맺도록 이끄는 자연스러운 동물적 본능을 따르는데, 남자는 지성과 자유 선택을 부여받습니다. 그의 본성은 그를 여자에게로 이끌지 않는데, 그가 자신의 지성을 따른다면 그는 여자와의 육체적 관계라는 '동물적 행위'에 반감을 느낄 수 있기 때문입니다. 바로 그래서 하쉠께선 남자와 여자라는 인간 존재를 하나로 창조했습니다.

남편이 아내를 사랑하는 것은 아내가 자신으로부터 제거된 부분이라는 사실에서 비롯됩니다. 그리고 거기에서 비롯되는 사랑은 남자의 지성을 압도하여 마치 소중한 잃어버린 물건을 쫓듯이 여자를 쫓게 만듭니다.

카발라에서는 이 세상의 모든 육체적 관계가 영이 연결되어 나타나는 것이기 때문에 그것들이 영적 세계에 기반을 두고 있다고 설명합니다. 이 '원래의 사랑'과 '영적인 연결'이 돌아와 이 세상에서 그들을 물리적으로 연결하는 것입니다. 때문에 [인간이 맺어주는] 중매의 역할은 사실 무의미한 일입니다. 관계의 성공은 전적으로 그들의 영적 뿌리에 달려있기 때문에 인간은 누구도 그들의 진정한 상대를 알 수 없습니다. 오직 영을 창조한 하쉠만이 그것이 창조된 때부터 사람들의 원래의 연결을 알 수 있기 때문입니다. 때문에 하쉠만이 진정한 중매가 가능합니다.

이 연결이 부족하면 파괴가 발생합니다. 원래부터 연결되지 않았던 두 영혼은 남자의 지성이 [그 결혼의] 모든 개념을 거부한다는 점을 감안할 때 물리적인 의미에서 다시 연결하려는 욕구는 이미 없어집니다. 이것이 유대 현인들이 소녀에게 메시지를 전달하여 그녀를 먼저 만나보지 않고 청혼하는 것을 금지한 이유입니다. (그마라 키두쉰 41a) 그마라는 그러한 방식으로는 그가 청혼한다면 그녀에게서 혐오스러운 무언가를 볼 수 있을 때 그녀에 대한 사랑을 품지 않을 것이기에 '동료를 네 자신처럼 사랑하라'라는 토라의 계명을 이행하지 않는 것으로 이어지는 것으로 가르칩니다.

남자는 여자를 만나야지만 영적인 연결이 그를 그녀에게로 끌어당길 수 있습니다. 만약 그가 그녀를 보지 못한다면 이러한 일은 일어날 수 없으며, 그의 자연스러운 지성은 여자를 거부하게 될 것입니다. 결국 이는 그를 밀어내어 그녀를 자신처럼 사랑할 수 없게 합니다. 오직 그들의 영혼이 원래인 하나로 합쳐졌을 때에만 그는 그녀를 자신처럼 사랑할 수 있습니다.

וַתִּפָּקַחְנָה עֵינֵי שְׁנֵיהֶם וַיֵּדְעוּ כִּי עֵירֻמִּם הֵם וַיִּתְפְּרוּ עֲלֵה תְאֵנָה וַיַּעֲשׂוּ לָהֶם חֲגֹרֹת:

"그리고 그들 둘의 눈이 열렸고 그들이 벌거벗었다는 것을 알아 그들이 무화과 잎을 엮어서 그들을 위하여 띠들을 만들었다." (베레쉬트 3:7)

아담과 하바는 알게 하는 나무를 먹은 죄를 지은 후에 자신들의 벌거벗음을 알게 되었습니다. 벌거벗는다는 것은 그들보다 위와 아래의 모든 창조물들보다 더 중요하고 고귀한 지위를 부여한 '소중한 옷'을 벗는다는 것을 의미했습니다. 그들의 나체가 죄와 악이 있을 때만 존재했다는 점을 감안할 때, 그들이 노출되고 부끄러움을 당하는 벌거벗음을 알게 된 것이 바로 이 지점에서부터였습니다. 그리고 그것에 대한 그들의 반응은 덮는 것(은폐)이었습니다. 인간의 긍정적인 측면에서 비롯된 인간의 지성은 인간의 부정적인 행동을 숨기도록 부추깁니다. 거기에는 벌거벗은 것을 부끄러워하고 가리라는 것도 있습니다.

그들은 왜 특별히 무화과 잎을 사용하고 다른 나뭇잎을 사용하지 않은 것일까요?

이에 대한 대답을 시작하기 전에, 우리는 유대 현인들 사이에서 '좋은 것과 악을 알게 하는 나무'라고 묘사된 것의 정확한 종에 대한 논쟁이 있다는 것을 이해하는 것이 중요합니다. 어떤 이는 그것이 밀이었다고 주장하며, 다른 의견은 그것이 무화과라고 하고, 또 다른 의견은 포도 나무라고 주장합니다. 그리고 그 외의 다른 의견들도 있습니다.

그리고 여기서 가장 명확하게 이해되는 견해는 그것이 포도 나무였다는 것입니다. 유대 현인들은 이것이 명백히 나지르에 관련된 행동이라고 설명합니다. 이것은 여러가지 이유에서 가장 논리적으로 보이는데, 포도 나무만이 좋은 것과 악을 알게 하는 나무로 불릴 만한 이유는 그것으로부터 생산된 포도주가 하쉠과 사람의 마음을 기쁘게 하는 긍정적 요소를 포함하기도 하지만, 다른 한편으론 경박함으로 이어질 수 있는 부정적인 측면도 가지고 있기 때문입니다. 만약 무화과 나무 열매를 먹는 것이 그들의 몰락으로 이어져야 했다면, 그들이 무화과 잎으로 몸을 가릴 만큼 뻔뻔할 수 없었다는 의견입니다. 따라서 그들은 가장 깊은 수준에서 죄를 바로잡을 수 있는 힘이 있는 무화과 잎으로 벌거벗은 몸을 가렸다고 가르칩니다. 본문에서 '띠들'로 번역된 하고로트(חגרת)라는 단어는 자세히 보면 발음상 필요한 바브(ו)라는 글자가 두 군데 들어가야 하는 것이 빠져 있는데, 그것들을 제외한 글자들의 숫자값이 토라(תורה)라는 글자의 611 이라는 숫자값과 동일한 가치를 지니는 것을 알 수 있습니다.

토라는 모든 발생한 손실과 손상을 복구하고 바로잡을 수 있는 궁극적인 방법입니다.

그러나 아담과 하바는 고귀한 영적 수준을 잃고 벌거벗음을 드러내면서 육체적 덮개를 스스로 덮어야 할 수밖에 없었는데, 이는 진정한 나체에 대한 일시적인 해결책이었습니다.

하쉠께선 그들의 행동을 조사하고 그들을 심판하며 그들의 운명을 정하기 위해 열었(깨어났)습니다. 하쉠께선 '그들이 하쉠 엘로킴의 소리를 들었다'라는 구절(3:8)에서 알 수 있듯이 친절과 심판의 속성을 통해 자신을 계시하셨습니다. 여기서 '하쉠'이라는 이름은 친절을 나타내며 '엘로킴'이라는 이름은 심판을 나타내기 때문입니다. (항상 하쉠의 이름이 엘로킴이라는 칭호보다 먼저 언급되는 이유 – 역자 주) 만약 하쉠께서 심판의 속성을 통해서만 자신을 나타내셨다면 그들은 그 즉시 죽음을 당했을 것이며 그들과 그들의 후손들은 파괴된 것을 고칠 기회가 없었을 것입니다. 친절의 속성은 그렇게 심판의 속성을 완화하는데 도움이 되어주었고, '죽음'이 실제로 집행되기 전까지의 시간을 연장하여 그들이 불러온 파괴를 바로잡을 수 있게 해주었습니다.

אֶל־הָאִשָּׁה אָמַר הַרְבָּה אַרְבֶּה עִצְּבוֹנֵךְ וְהֵרֹנֵךְ בְּעֶצֶב תֵּלְדִי בָנִים וְאֶל־אִישֵׁךְ תְּשׁוּקָתֵךְ וְהוּא יִמְשָׁל־בָּךְ:

"여자에게 그가 이르셨다. '내가 반드시 너의 고통을 많게 할 것이며 고통 속에서 너는 자식들을 낳을 것이고 너의 남편에게 너가 욕망해야 하며 그가 너를 지배할 것이다.'"

(베레쉬트 3:16)

이 내용은 하바와 여성들이 '알게 하는 나무'를 먹은 것에 대해 받을 처벌을 설명합니다.

임신과 출산의 고통, 그리고 생리의 주기는 뱀이 하바에게 주입한 불결함으로부터 비롯되었습니다. 생리 기간은 '너의 고통'이라는 단어에서 암시되는데, 여성은 그때에 두 가지 관점에서 큰 고통을 겪습니다:

첫째로, 그녀는 육체적으로 아프다고 느낍니다. 왜냐하면 그때에 악이 깨어나 그녀의 건강에 부정적인 영향을 미치기 때문입니다.

둘째로, 남편과의 육체적 관계를 유지할 수 없는 것 또한 그녀에게 고통을 가져옵니다.

남자의 친절의 속성은 일반적으로 여성의 심판의 속성을 완화해 주는 역할을 합니다. (때문에 여성의 상황을 이해하지 못하는 남성의 태도는 그와 반대되는 역효과를 불러온다 – 역자 주) 여성의 생리 기간은 심판의 속성을 증가시키는데, 이때에는 남편과의 관계에서 비롯되는 그의 완화 효과가 제거되는 때입니다. 때문에 이보다 더 큰 고통이 그녀에게 있을 수 없습니다.

'내가 반드시 너의 고통을 많게 할 것이다'의 의미는 무엇일까요?

이것은 생리 기간이 매달마다 일어나도록 명령된 것을 의미합니다. 이 크고 지속적인 고통은 그녀가 나이가 들 때까지 끝나지 않습니다.

임신으로 인한 고통 또한 크고 깁니다. 이것이 명령되지 않았다면 여자는 아이를 낳고 같은 날에 아이를 가질 수 있었을 것이며, 아홉 달 동안 아이를 기를 필요가 없었을 것입니다. 사실 이것은 악이 더 이상 존재하지 않을 다가올 세상에서 현실이 될 것인데, 그 이유는 그때엔 하쉠께서 우리에게 풍부한 좋으심을 쏟아붓는 것을 막을 것이 없을 것이기 때문입니다. 악이 세상에 존재하는 동안에는 좋은 것이 억제됩니다. 유대 현인들은 이 내용이 다음의 구절에서 암시됨을 가르칩니다:

הָרָה וְיֹלֶדֶת יַחְדָּו

"…임신과 출산이 함께 있어…" (이르메야후 31:7)

출산의 고통은 너무도 커서 그 순간에 여자는 생명보다 죽음에 가까워집니다.

그에 대한 깊은 암시는 '죄가 입구(여성을 설명하는 경우에서 입구는 여성의 자궁을 암시 – 역자 주)에서 누워 있다'(베레쉬트 4:7)라는 말로 이해할 수 있는데, 바로 그녀의 죄에 대해 죽음의 천사의 비난이 가장 커지는 순간이기 때문입니다. 때문에 어떤 여자가 출산 중에 죽는 경우 그것은 어머니의 공로가 '삶'에 미치지 못하지만 아이가 세상에 나올 자격이 있기 때문이며, 출산 후에 죽는 여자와 그럼에도 태어나게 된 아이의 경우 역시 마찬가지입니다.

그럼 여기서 궁금증이 생기는데, 앞에서 모든 여성의 고통이 '뱀이 하바에게 주입한 불결함' 때문이라고 하지 않았나요? 그러면 토라는 왜 그것을 '인과응보'처럼 암시하는 것일까요? 그것은 알게 하는 나무를 먹은 죄는 뱀이 주입한 불결함이 남아서 그 죄가 [여성의] 입구에 머물러 있기 때문입니다. 그렇다고 해도 여전히 궁금할 수 있는데, 첫 번째 여성인 하바가 죄를 지은 것이 처벌받을만 했다고 해도 왜 모든 후대의 여성들까지 같은 운명을 겪어야 했나요?

그에 대한 답은 이 질문을 깊이 탐구하려는 모든 이들에게 이미 알려져 있는데, 바로 최초의 파괴는 전세계가 [다같이] 고쳐야만 그것이 바로잡히기 때문입니다. 그럼에도 불구하고 유대 현인들은 의로운 여성들이 하바의 고통에 대한 처벌에 포함되지 않아왔다는 점을 발견하고서 앞서 언급한 모든 영역에서 그들의 고통이 완화되었음을 봅니다.

하쉠께선 '고통 속에서 자식들을 낳을 것이고'라고 선언한 직후에 왜 '너의 남편에게 너가 욕망해야 하며'라고 말씀한 걸까요?

유대 현인들은 여성이 출산의 자리에서 엄청난 고통을 느낄 때, 더 이상 남편과 관계를 맺고 싶어 않아한다고 스스로에게 말하기도 함을 가르칩니다. (그마라 니다 31b) 그러나 고통이 그치고 자궁 속에서 심판의 속성의 압도적인 힘을 느낄 때, 그녀는 남편이 제공하는 친절의 속성으로 그녀의 속성을 완화하는데 도움이 될 것이라는, 남편에 대한 그녀의 욕망을 새롭게 해야만 합니다.

이 구절은 그녀가 단순히 '남자'가 아닌 '남편'을 갈구할 것임을 두 가지 이유로 설명합니다:

첫째로, 유대 현인들은 여성이 처음으로 관계를 가졌을 때 자신의 영혼을 담을 그릇으로 만든 남자와 특별한 관계를 느낀다고 가르칩니다. 따라서 그녀의 자연스러운 욕망은 남편을 향한 것이어야지, 스스로 방탕함이나 어리석은 정신에 사로잡히지 않는 한 그녀와 아무 관계가 없는 남자를 향할 수 없습니다.

둘째로, 토라는 여성이 남편이 아닌 다른 남자와 관계를 맺는 걸 금지하기에 하쉠께서 여성의 욕망을 '남편에 대한 것'으로 창조하셨으며, 다른 남자/아무 남자에 대한 욕망으로 창조하지 않았다는 걸 알 수 있습니다.

그러나 그녀의 욕망이 앞서 언급한 이유로 커지더라도, 그녀는 구절의 결론에서 '그가 너를 지배할 것이다'라고 한 바처럼 관계를 시작할 권리가 없습니다. (여성이 관계의 권리 주장에 있어 선제적인 우위에 있다는 유대교 결혼법과 다른 것이기에 혼동하면 안된다 – 역자 주) 이것은 유대 현인들이 '남자는 자신의 의지를 큰 소리로 선언하는 반면, 여자는 자신의 의지를 침묵 속에 마음으로 시작한다(아보트 데 라비 나탄 1)'라고 가르치는 바와 같습니다.

'그가 너를 지배할 것이다'라는 말은 남성과 여성 사이의 거룩한 질서 관계입니다.

파라샤트 노악흐 (베레쉬트 6:9 – 11:32)

미슈나는 '창조주의 명예를 존중하지 않는 사람은 차라리 세상에 태어나지 않는 편이 더 좋았을 것이다'(하기가 11b)라는 가르침을 전합니다. 그마라는 그에 대해 다음의 내용을 더 전하고 있습니다: '이것은 무지개를 바라보는 사람을 얘기한다'(하기가 16a) 라브 쉼온 바르 욕하이는 이것이 유배 기간을 설명하는 것이라고 가르칩니다. 무지개를 바라보는 것이 왜 하쉠의 명예에 대한 모독이며, 왜 그것이 유배 기간을 말하는 것이라고 하는 걸까요?

하쉠께선 대홍수 이후에 노악흐에게 다시는 세상에 그런 파괴를 가져오지 않겠다고 약속하셨는데, 그 약속의 표징은 무지개였습니다. 대홍수를 더 깊이 생각해보면 무지개가 언약의 표징으로 사용된 이유를 이해할 수 있게 됩니다: 세대의 많은 죄로 인해, 하쉠께선 악이 온 세상에 퍼지는 것을 허락하셔서 그것을 파괴해야 할 지경에 이르도록 했습니다. 슈히나는 악을 쫓아내는 대신, 구원받아야 할 모든 것을 구하는 동안에 악이 파괴적인 발톱을 퍼뜨리도록 허용합니다. 이러한 방식으로 노악흐와 그의 아들들, 그리고 방주에 함께한 다른 모든 생물들이 구원받았습니다. 슈히나는 악이 퍼진 일부 지역에 약간의 빛을 비춰주었으며, 파괴 후에 악은 땅 깊은 곳의 뿌리로 물러났습니다.

노악흐와 그의 가족, 그리고 많은 동물을 태운 방주는 구원받을 만한 사람들을 보호하면서도 악과 파괴가 밖으로 퍼지는 것을 허용하는 슈히나를 상징합니다. 하쉠께선 많은 죄로 인해 강해진 악한 영향을 제거해야 했고, 그 결과로 홍수가 일어났습니다. 그리고 하쉠께선 노악흐에게 악이 다시는 그러한 파괴를 일으킬 정도로 자라는 것을 허락하지 않겠다고 약속하셨습니다. 그러나 그 '약속'은 악이 대홍수를 불러올 정도로 자라지 않을 것이라는 것이었음에도 이스라엘이 유배를 당해야 하는 것으로 처벌받을 정도에는 이를 수 있었습니다.

홍수와 방주는 각각 악의 물리적 표현과 의인들을 보호하는 슈히나를 상징합니다. 하쉠께선 그러한 표현들이 물리적 수준으로 더는 일어나지 않게 할 것이라고 약속하셨지만 영적인 영역에서는 여전히 일어날 수 있었습니다.

그 영적인 세상에서의 방주는 무지개입니다. 지구상에서의 무지개는 유배 기간 동안 이스라엘을 보호함과 동시에 악이 주변에 퍼지고 강화되도록 하는 '거룩한 전차'(예헤즈켈 1:28)에서 본 무지개와 일치합니다. 유대 민족이 보호받는 동안 악이 퍼지는 것을 나타내 주는 무지개를 보는 것은 위험한 일입니다. 무지개는 거룩함으로 가득 차 있지만, 그것을 바라보는 것은 하쉠의 명예에 대한 모독입니다. 왜냐하면 그것은 이스라엘 전체의 영적 상태가 약화된 결과로 하쉠께서 악이 강해지도록 허락하는 것을 나타내기 때문입니다.

וַיְהִי מִקֵּץ אַרְבָּעִים יוֹם וַיִּפְתַּח נֹחַ אֶת־חַלּוֹן הַתֵּבָה אֲשֶׁר עָשָׂה:

"그리고 이렇게 되었으니 40 일의 끝에 노악흐는 그가 만든 방주의 창문을 열었다."

(베레쉬트 8:6)

산들의 꼭대기를 본 지(8:5) 40 일이 지났을 때 노악흐는 방주의 창문을 열어 까마귀를 내보냈습니다. 노악흐는 그의 깊은 지혜로 다음과 같은 이유를 들었습니다: '비가 내리고서 40 일 동안 심판의 속성이 강해졌던 것처럼 친절의 속성 또한 40 일 동안 강해질 것이니 그때에 물은 완전히 가라앉고 땅이 드러날 것이다.'

노악흐는 [물이 줄어듦으로써] 친절이 풍부해진 것을 보았을 때 그 이름과 색깔, 그리고 본질이 심판의 속성을 띄는 동물인 까마귀를 방주에서 내보낼 때가 되었다는 것을 깨달았습니다. '까마귀'로 번역한 오레브(עורב)라는 이름은 심판의 시간을 의미하는 '저녁'이라는 뜻의 에레브(ערב)로부터 유래합니다. 까마귀는 검은색인 데다가 그 본성이 심판을 알리는 듯한 울음소리를 냅니다. 노악흐는 친절함이 넘쳐날 때 그런 동물을 위한 자리가 없다는 것을 알고 있었습니다. 때문에 토라는 다음과 같이 말하고 있습니다:

וַיְשַׁלַּח אֶת־הָעֹרֵב וַיֵּצֵא יָצוֹא וָשׁוֹב עַד־יְבֹשֶׁת הַמַּיִם מֵעַל הָאָרֶץ:

"그리고 까마귀를 내보냈다. 그것이 나가서 땅 위로부터 물이 마를 때까지 왔다갔다 했다." (베레쉬트 8:7)

심판의 속성(홍수)은 약해졌지만 완전히 사라지지 않았습니다. 그것은 완전히 가라앉아 땅이 마르고 나서야 멈추게 되었습니다. 노악흐가 까마귀를 보냈던 것은 친절함이 들어옴에 따라 심판이 제거되었다는 신호였습니다. '[까마귀가] 왔다갔다 했다'는 것은 노악흐에게 심판이 여전히 남아있다는 걸 알려주었습니다.

유대 현인들은 까마귀가 방주를 떠나길 꺼려한 것이 노악흐가 자신의 짝을 탐한다고 의심했기 때문이라고 가르칩니다. (미드라쉬에 따르면, 노악흐는 슐로모 왕과 더불어 모든 동물과 소통이 가능한 인간이었다 - 역자 주) 사악한 자는 그의 본성에서 다른 이들도 자신과 비슷한 방식으로 행동할 거라 의심하기 때문입니다.

까마귀는 그 이름에서 설명했듯이 악에 뿌리를 두고 있습니다. 토라에서 쓰여진 이 까마귀의 이름은 바브(ו)라는 글자가 제거된 오레브(ערב)로 표기되는데, 이는 뒤집어 보면 '악을 담고 있는'이라는 뜻인 베라(ברע)가 됩니다. 노악흐가 까마귀를 쫓아낸 의도는 친절함이 계시될 때 까마귀가 상징하는 악과 심판성을 몰아내기 위한 것이라 설명했는데, 이것은 기록 토라가 어떤 목적인지를 밝히지 않은 채 '까마귀를 내보냈다'라고 쓴 이유를 설명해 줍니다. 그의 의도는 순전히 까마귀를 없애기 위한 것이었습니다. 그러나 이것은 구절에서도 언급했듯 '왔다갔다' 한 것으로 인해 실패했습니다. 이것은 물이 완전히 마르지 않은 것으로 인해 심판이 여전히 존재한다는 신호이기도 했지만, 그럼에도 노악흐는 계속해서 악에 뿌리를 둔 동물로부터 어떠한 표징도 받아들이는 것을 거부했습니다. 그가 비둘기를 내보냈을 땐 까마귀의 경우처럼 비둘기를 없애기 위해서가 아니라 물(심판)이 땅으로부터 빠졌는지를 보기 위한 표징을 찾기 위해서였습니다.

노악흐는 비둘기를 보내는 것을 매우 어려워했는데, 이는 토라가 노악흐가 까마귀를 보냈던 것과 비둘기를 보냈던 것을 구분하는 방식에서 알 수 있습니다. 까마귀와 관련해서, 토라는 그것이 어떤 특별한 목적이 아니라 '보내기 위해서' 보냈다고 기록합니다. 그러나 토라는 비둘기와 관련해서는 '물이 지면 위로부터 줄어들었는지를 보려고' 보냈다고 기록합니다. (8:8) 그의 의지와 상관없이 그는 선택의 여지가 없었습니다. 노악흐는 비둘기가 좋은 속성에 뿌리를 두고 있는 것으로 인해 악과 엄격한 심판에 직면한 밖에서 머물지 않을 것이라는 것을 알고 있었기 때문입니다.

파라샤트 노악흐 / פרשת נח

첫 사람 아담부터 노악흐까지 창조의 처음 10 세대 동안 하쉠께선 인간의 타락한 상태를 예견하여 고기를 먹는 것을 허락치 않으셨습니다. 동물의 고기를 먹는다는 것은 사람의 동물적 성향을 강화시키는 역할을 합니다. 때문에 만약 그 세대들이 고기를 먹는 것을 허락받았다면 그들의 영적 상태는 대홍수를 일으키기 전까지 세대를 채우는 것도 기다릴 수 없는 수준으로 떨어졌을 것입니다. 그러나 노악흐와 그의 가족은 높은 영적 수준을 가지고 있었기에 고기를 먹는 것이 허락되었습니다.

כָּל־רֶמֶשׂ אֲשֶׁר הוּא־חַי לָכֶם יִהְיֶה לְאָכְלָה כְּיֶרֶק עֵשֶׂב נָתַתִּי לָכֶם אֶת־כֹּל׃

"살아있는 모든 움직이는 것이 너희에게 먹을 것이 될 것이니 푸른 식물처럼 내가 너희에게 모든 것을 주었다." (베레쉬트 9:3)

하쉠께선 노악흐에게 처음의 10 세대가 식물을 먹는 것이 허용되었던 것처럼, 이제 고기를 먹는 것을 허락한다고 말씀하셨습니다. 초기의 세대는 타락했기에 고기를 먹으면 분명 그 타락의 정도가 더 심해졌을 것이었습니다. 그러나 식물은 그렇게 강한 영향을 미치지 않았고, 고기를 먹을 때처럼 사람의 동물적 측면을 강화시켜 영적 쇠퇴를 일으키거나 하지 않았습니다.

그럼 노악흐와 그의 가족은 왜/어떻게 모든 형태의 생물을 먹을 수 있었을까요? 거기에는 심지어 후에 유대 민족에게 금지될 생물들까지 포함해서 말입니다. 노악흐는 이미 할례가 된 채로 태어났던 의인으로, 정결한 동물과 불결한 동물을 구별하는 법을 알던 완전한 의인이었는데, 그런 의인이 불결한 동물을 먹음으로써 자신의 영혼에 해를 끼쳐야 할 이유가 무엇일까요?

모든 민족들은 알다시피 노악흐와 그의 자녀들로부터 내려오는 운명입니다. 그렇기에 오히려 그들은 모든 동물을 먹는 것을 허락받을 필요가 있었는데, 이 모든 것을 먹을 수 있다는 허용으로서 '모든 민족의 아버지'인 노악흐는 다양한 민족들의 내적 본성(정결함)과 외적 본성(불결함)에 대한 포괄적인 뿌리 역할이 될 수 있었습니다.

이스라엘 자손은 전적으로 내적 본성에 뿌리를 두고 있어 그와 관련된 동물만 허용됩니다.

그러나 외적 본성에 뿌리를 둔 세상의 민족들은 외적으로 덜 정제된 본성의 동물(코셔가 아닌 동물 - 역자 주)도 먹을 수 있습니다. 토라는 노악흐가 '[하쉠께서 그들에 주었던] 푸른 식물처럼' 살아있는 모든 움직이는 존재들을 먹는 것이 허락되었다고 말하고 있습니다. 푸른 식물이 식물의 외적인 측면을 나타내는 것처럼, 노악흐부터는 '푸른 식물과 같은' 것, 즉 살아있는 존재들의 외적 측면을 먹는 것이 허락되었습니다.

וְאַ֨ךְ אֶת־דִּמְכֶ֤ם לְנַפְשֹֽׁתֵיכֶם֙ אֶדְרֹ֔שׁ מִיַּ֥ד כָּל־חַיָּ֖ה אֶדְרְשֶׁ֑נּוּ וּמִיַּ֣ד הָֽאָדָ֗ם מִיַּד֙ אִ֣ישׁ אָחִ֔יו אֶדְרֹ֖שׁ אֶת־נֶ֥פֶשׁ הָֽאָדָֽם:

"그렇지 않는다면 너희의 피, 너희의 혼에 대하여 내가 요구할 것이다. 모든 짐승의 손으로부터 내가 그것을 요구할 것이며, 사람의 손으로부터, 각 사람의 형제의 손으로부터 그 사람의 혼을 내가 요구할 것이다." (베레쉬트 9:5)

이 구절은 자살 금지에 대하여 설명하고 있습니다.

하쉠께선 인간에게 살아있는 동물의 생명을 취해 그것을 먹을 수 있도록 허락하셨지만, 그것이 자신의 피를 흘려도 된다는 것으로 생각해선 안된다고 경고합니다. 인간은 자신의 소유물을 다스리고 마음대로 할 수 있는 허락을 받은 것처럼 자신의 몸이 자신에게 관할권이 있으며 자신의 삶을 그만두는 것을 포함해 마음대로 할 수 있다고 말해서는 안됩니다. 인간에겐 이러한 관할권이 주어지지 않았는데, 그것은 하쉠께서 인간에게 이 세상에서 그에게 맡겨진 교정을 완수하고 돌아오도록 정해두셨기 때문입니다. 인간에겐 하쉠께서 그를 제거하기 전까진 이 세상을 떠날 권리가 없습니다. 이를 어기고 스스로 목숨을 끊은 사람은 '다른 인간을 죽인 것처럼' 여겨지며, 그에 상응하는 방식의 처벌을 받습니다. 때문에 유대 현인들은 '너의 의지에 반한다면 너가 살 것이다(아보트 4)'라고 가르칩니다.

인간의 피가 얼마나 귀중한지를 보여주기 위해서, 구절은 '모든 짐승의 손으로부터 내가 그것(너희의 피)을 요구할 것이다'라고 하고 있습니다. 이것은 하쉠께서 사람을 죽였다는 사실을 모르는 동물에게도 형벌을 요구하신다는 것으로, 이는 '하쉠의 형태대로' 창조된

파라샤트 노악흐 / פרשת נח

사람의 피라는 것이 그분에게 얼마나 귀중한지를 알 수 있게 해줍니다.

그런데 여기서 동물들이 이러한 경고를 이해하지 못하는데 사람을 죽이지 말라고 경고한 것이 무슨 목적인가를 궁금해할 수 있습니다. 이 구절은 동물을 관장하는 천사와 그 동물의 주인, 또는 동물을 죽인 동물을 처벌하거나 처형해야 한다는 하늘 법정의 경고입니다.

이해의 능력이 없는 동물을 죽여야 한다는 것이 불공평해 보이나요?

그러나 [그렇게 행동한] 동물을 이 세상으로부터 제거해야 하는 주된 이유는 그것이 이 세상을 위해 하쉠께서 정한 체계를 위반했기 때문입니다. 하쉠께선 인간을 섬기도록 동물을 창조하셨지, 동물이 인간을 지배하도록 창조한 것이 아닙니다. 그렇기에 동물이 인간을 붙잡아 죽인다면 그것은 하쉠께서 세상을 인도하는 방식에 어긋나는 일이기 때문에 비록 동물이 이해력을 갖지 않았더라도 반드시 제거해야 합니다.

파라샤트 렉흐 렉하 (베레쉬트 12:1 – 17:27)

וַיֹּאמֶר יְהֹוָה אֶל־אַבְרָם לֶךְ־לְךָ מֵאַרְצְךָ וּמִמּוֹלַדְתְּךָ וּמִבֵּית אָבִיךָ אֶל־הָאָרֶץ אֲשֶׁר אַרְאֶךָּ:

"하쉠께서 아브람에게 말씀하셨다. '네 땅, 네가 태어난 땅, 네 아버지의 집으로부터 내가 너에게 보여줄 그 땅으로 너가 너를 위하여 가라.'" (베레쉬트 12:1)

아브라함의 아버지 테락흐가 죽자마자 하쉠께선 아브라함에게 하란을 떠나서 '내가 너에게 보여줄 땅으로 가라'고 지시합니다. 하쉠께선 아브라함에게 맹목적으로 하쉠의 명령에 순종한 것에 대한 보상을 늘려주고자 하는 '믿음의 시험'으로서 그 땅에 대한 어떠한 세부사항도 계시하지 않으셨습니다. 이것이 '내가 너에게 보여줄 땅으로 가라'에 대한 기본적인 이해입니다.

여기서 이것을 더 깊은 차원에서 이해해 볼 수 있습니다: 아브라함은 하쉠께서 이 세상을 어떻게 인도하시는지에 대한 깊고 명확한 이해를 얻고자 많은 노력을 기울여 왔습니다. 그는 일찍이 세상을 다스리는 신이 오직 한 분만이며, 우상 숭배의 광범위한 관행이 완전히 근거가 없는 것이라는 결론에 도달했습니다. 그러나 그는 이스라엘 땅 밖에 있는 우르 카스딤이라는 곳에서 자랐기 때문에 이러한 문제의 심층적인 부분을 밝혀내는 데 어려움을 겪었고, 그곳에선 명확한 이해를 얻는 것이 불가능 했습니다. '불결한 공기'가 하쉠을 더 깊은 차원에서 인식하는 능력을 방해했기 때문입니다. 그렇기에 하쉠께선 그에게 그분이 택하신 땅, '사람들을 [영적으로] 더 현명하게 만드는' 공기가 있는 땅인 이스라엘 땅으로 가라고 명령하셨습니다. 이스라엘 땅에서는 다른 어떤 땅에서도 얻을 수 없는 그분에 대한 이해에 도달할 수 있을 것이기 때문이었습니다.

이것이 바로 '내가 보여줄 땅'이라는 말의 숨겨진 의미입니다. – '나(하쉠)와, 내가 세상을 운영하는 방식에 대해 명확하고도 깊은 이해를 얻을 수 있는, 다른 땅에서 너가 보고 싶어하던 모든 것을 내가 너에게 보여줄 그 땅으로 가라.'

'너가 너를 위하여 가라'는 말은 '너의 이익과 너의 좋음을 위해'를 의미하며, 그를 통해 원하는 수준의 이해를 얻을 수 있는 것이었습니다. '내가 너에게 보여줄 그 땅으로'라는 말에서, 아브라함에게 땅은 어떤 특별한 것을 얘기하는 것일까요?

아브라함은 친절의 속성을 상징하는 자였고, 그 신성한 속성을 위한 '땅의 전차'와 같은 존재였습니다. 때문에 아브라함은 하쉠께서 그분의 풍부한 친절을 드러내는 이스라엘 땅에서만 그의 속성에 뿌리를 둔 자신의 자아에 대한 통찰력을 얻을 수 있었습니다. 크나큰 친절함이 드러나는 땅에서 아브라함은 영적인 잠재력을 얻어 축복을 받는 자가 될 수 있었습니다.

וְאֶעֶשְׂךָ לְגוֹי גָּדוֹל וַאֲבָרֶכְךָ וַאֲגַדְּלָה שְׁמֶךָ וֶהְיֵה בְּרָכָה:

"내가 너를 큰 민족으로 만들고 너를 축복할 것이며 네 이름을 크게 할 것이니 그것이 축복이 될 것이다." (베레쉬트 12:2)

וַיֹּאמֶר אֵלָיו אֲנִי יְהוָה אֲשֶׁר הוֹצֵאתִיךָ מֵאוּר כַּשְׂדִּים לָתֶת לְךָ אֶת־הָאָרֶץ הַזֹּאת לְרִשְׁתָּהּ:

"그가 그에게 말씀하셨다. '나는 이 땅을 너에게 주어 그것을 상속받게 하고자 우르 카스딤으로부터 너를 나오게 한 하쉠이다.'" (베레쉬트 15:7)

유대 현인들은 아브라함이 믿음에 대한 열 가지의 시험을 거쳤으며, 그것이 그와 세상을 정화시켜 유대 민족의 조상이 되는 길을 닦았다고 가르칩니다. 우리는 그의 첫 번째 시험의 중요성을 진정으로 이해함으로써 모든 시험들의 중요성과 함께 그것들이 어떻게 유대 민족을 세우는 데 있어 발판이 되었는지에 대한 더 큰 이해에 도달할 수 있습니다.

'조각들의 언약(베레쉬트 15장)'으로 이어지는 구절을 분석하면 믿음의 첫 번째 시험에 대한 통찰을 얻을 수 있습니다: 유대 현인들이 가르치는 첫 번째 시험은 니므로드가 어린 아브라함에게 우상 숭배의 방식을 받아들이길 거부한다면 그를 맹렬히 불타는 용광로에 던져 넣겠다고 위협한 것입니다. 아브라함이 거부하자 니므로드는 그를 용광로에 던졌으나 아브라함은 기적적으로 살아나왔고, 결국 그의 믿음을 건드릴 수 없었습니다.

이것은 어떻게 아브라함의 첫 번째 믿음의 시험이 되었으며 이 사건을 어떻게 이해해야 할까요? 15:7 에서 하쉠께서 아브라함을 우르 카스딤으로부터 데리고 나와 이스라엘 땅을 이스라엘 민족에게 주기로 한 것이 그와 연관이 되어 있는데, 이것은 무슨 관계로 그렇게 연결할 수 있는 내용일까요?

세상이 바로잡히기 위해선 친절의 속성이 심판의 속성보다 우세해야만 합니다. 그러나 그것을 바로잡는 초기 단계는 여전히 심판의 속성이 친절의 속성보다는 우세해야 하는데, 그렇지 않다면 세상의 민족들이 불결한 힘을 통해 들어와 유대 민족을 지배할 것이기 때문입니다.

유대 현인들은 다음의 예를 들어 설명합니다: '비가 오지 않는 것은 '심판의 속성'이 축복이 임하지 못하도록 하여 가뭄과 파괴를 초래하는 것인데, 반면에 '자비의 속성'으로 비가 너무 많아 축복이 지나치게 많아진다면 그것은 큰 홍수를 발생시켜 세상도 파괴할 수 있다.' 때문에 축복이나 자비는 그 과잉을 막는 특정한 양의 심판의 속성과 공존해야지만 조화를 이룰 수 있습니다.

악인 니므로드는 아브라함이 상징했던 친절의 속성이 무너지도록 그를 심판의 속성인 용광로에 던져넣고자 했습니다. 그러나 하쉠께선 그의 의도와 행위를 '좋은 것'으로 바꾸어 아브라함이 용광로를 이겨내도록 했고, 그의 속성이 심판의 속성을 누를 수 있도록 했습니다. 친절의 속성이 심판의 속성보다 우세해야 한다는 이 개념은 이렇게 아브라함의 첫 번째 시험을 통해서 후에도 성취되어야 할 다른 모든 교정 방식의 근원이 되었습니다.

친절이 지배할 때, 거기엔 거룩함이 지배하며 유대인들 또한 그들의 땅에 정착하여 통치할 수 있습니다. 우리는 이렇게 아브라함이 우르 카스딤으로부터 나와서 그가 상속받을 재산으로서 '이스라엘 땅'을 받은 것에 대한 관계를 이해할 수 있습니다. 이 첫 번째 시험은 '심판보다 친절'이라는 속성에 대한 규칙을 정의했으며, 유대인들은 이를 통해 이스라엘 땅에 정착할 수 있었습니다. 이 관계가 유지되는 한 이스라엘 민족은 이스라엘 땅에 정착하고 통치할 영적 능력을 지니게 되지만, 이에 대한 균형이 깨진다면 이스라엘 민족은 이스라엘 땅에서 통치를 이어나갈 영적 능력의 결핍을 가지게 됩니다.

וַיִּשָּׂא־לוֹט אֶת־עֵינָיו וַיַּרְא אֶת־כָּל־כִּכַּר הַיַּרְדֵּן כִּי כֻלָּהּ מַשְׁקֶה לִפְנֵי ׀ שַׁחֵת יְהוָה אֶת־סְדֹם וְאֶת־עֲמֹרָה כְּגַן־יְהוָה כְּאֶרֶץ מִצְרַיִם בֹּאֲכָה צֹעַר: וַיִּבְחַר־לוֹ לוֹט אֵת כָּל־כִּכַּר הַיַּרְדֵּן וַיִּסַּע לוֹט מִקֶּדֶם וַיִּפָּרְדוּ אִישׁ מֵעַל אָחִיו:

"로트가 그의 눈을 들어 야르덴의 모든 평원을 보니 그곳이 완전히 물이 넉넉했다. 하쉠께서 쓰돔과 아모라를 멸망시키기 전이었으니 쪼아르에 오기까지 하쉠의 정원처럼, 미쯔라임 땅처럼 그러했다. 로트가 야르덴의 모든 평원을 그에게 택하여 로트는 동쪽으로부터 이동했다. 그리고 그들이 그의 형제로부터 서로 갈라졌다." (베레쉬트 13:10-11)

이 구절은 아브라함의 목자들과 로트의 목자들 사이에 일어난 다툼으로 인한 것을 다루는데, 그때에 아브라함은 로트와 갈라서기로 결심합니다. 아브라함은 로트에게 원하는 방향으로 가라고 하고, 아브라함은 반대 방향으로 결정합니다. (13:9)

로트는 고개를 들어 요르단의 전체 풍광과 그곳이 얼마나 풍부한지에 대해 주목했습니다. 토라는 그가 '하쉠의 정원과도, 이집트 땅과도 같은' 쓰돔과 아모라를 보고 로트가 그곳에 정착하기로 선택했다고 말합니다. 하쉠께선 세상을 창조하고서 악한 이들에게 물리적 세상이 제공하는 모든 쾌락을 보여주었습니다. 여기서 의도한 바는 그들이 이 세상에서의 계명에 대한 보상으로 받을 다가올 세상의 기쁨으로부터 주의를 돌리게 하는 것이었습니다.

그런데 왜 이 구절은 악인들의 거주지를 묘사할 때 '하쉠의 정원'으로 언급하는 걸까요?

이것은 앞서 설명한 내용을 암시하는 것으로, 하쉠께선 악한 사람들에게 이 세상에서 제공할 모든 쾌락이 있는 아름답고 풍요로운 땅을 주시는데, 이는 그분께서 의로운 이들에게 다가올 세상에서 '하쉠의 정원'을 내어주는 방식과 같습니다. 악한 사람은 일시적이고 덧없는 이 세상에서 자신의 몫을 차지하려 하며, 다가올 세상의 영원성에는 그들의 몫을 두지 못합니다.

구절에서 쓰돔과 아모라를 '이집트 땅'처럼 비유하는 건 무슨 의미일까요?

그곳이 그토록 물질적으로 매력적이고 '다가올 세상에서의 하쉠의 정원'과 비교될 수 있을 정도라면 적어도 이집트 땅의 풍요와 비교될 수 있을 것이기 때문입니다. 그러나 그 어떤 땅이 에덴 정원의 기쁨과 비교될 수 있단 말인가요?

토라는 앞서 얘기한 바와 같은 원리를 가르칩니다. 이집트 사람들은 극도로 사악하고 타락한 것으로 알려졌습니다. 하쉠께선 그들에게 이 세상이 제공할 수 있는 모든 쾌락으로 가득한 멋진 땅을 제공함으로 그들이 다가올 세상의 기쁨을 받지 못하도록 막았습니다. 그렇게 악에 뿌리를 둔 로트도 의인들을 위해 숨겨놓은 에덴의 기쁨으로부터 돌아서서 이 세상의 쾌락으로 향했습니다.

이것은 '로트는 동쪽으로부터(한글 성경들은 '동쪽으로'라고 오역 – 역자 주) 이동했다'라는 구절에서 암시됩니다. 깊은 차원에서, 이것은 그가 '동편'을 의미하는 케뎀(קדם)으로도 불리는 에덴 정원으로부터 떠났다는 것으로 이해할 수 있습니다. 일부 유대 현인들은 이 내용이 로트가 세상의 선구자(역시 '케뎀'으로 표현하는 – 역자 주)로부터 여정을 떠났다는 의미로도 해석할 수 있음을 가르치는데, 이 두 내용들은 결국 같은 개념을 암시하고 있습니다: 왜냐하면 하쉠께선 '세상의 선구자'이면서 동시에 그분께선 에덴에서 의인들과 함께 거한다고 유대 현인들은 가르치기 때문입니다.

토라는 아브라함과 로트가 '그들이 그의 형제로부터 서로 갈라졌다'라고 말하며 각자의 길을 가는 것을 말하는데, 그 다음 구절(13:12)은 이 분리에 대해 자세히 설명하고 있습니다. '아브라함이 크나안 땅에 거주하고 로트가 평원의 도시에 거주했다'는 것이 이미 그들이 서로 헤어졌다는 것을 분명히 한 것이 아닌가요? 이것은 왜 설명되어야 할까요?

그것은 토라가 그들의 마음의 분리를 암시하고 있기 때문입니다.

이 시점까지, 아브라함은 로트의 악을 고치고 그를 좋은 쪽으로 이끌 수 있다고 생각했습니다. 그러나 아브라함은 그것이 무익한 일이라는 결론을 보고 마음을 돌려 로트가 스스로 선택하도록 조치했습니다. 로트의 악은 지금까지 좋은 자(아브라함)와 가까이 지내는 것으로 스스로를 바로잡을 지 말 지를 망설였으나, 악인들의 풍요로운 땅을 보자 좋은 자와 완전히 단절하고 악한 자들과 합치기로 결심했습니다.

'로트는 평원 성들에서 거하며 쓰돔까지 장막을 쳤다'(13:12)라는 구절은 그가 쓰돔의 악인들과 연합하고자 하는 욕망을 강조하는 의미를 나타냅니다. 그것은 그 다음 구절에서 쓰돔 사람들이 '하쉠께 매우 악하다'라는 표현이 쓰인 부분에서 암시되는데, '매우'를 의미하는 메오드(מאד)라는 단어는 로트(לוט)의 숫자값인 45 와 일치합니다. 이것은 로트가 좋은 사람들과 분리되어 악인들과 어울리는 것으로 매우(메오드) 타락하게 되었음을 보여줍니다.

아브라함은 로트와 갈라섬으로써 죄를 짓는 것이 아닌가 하는 불편한 감정을 느꼈지만, 결국 그를 좋은 편으로 이끌고 그의 악을 고칠 수 있는 가능성을 포기했습니다. 그러나 사람의 생각을 아는 하쉠께선 그 즉시 아브라함에게 악으로부터 자신을 분리한 것이 옳음을 인증하고 위로해 주셨는데, (13:14) 로트와 갈라섬으로써 아브라함은 이제 모든 좋음의 근원이신 하쉠과 더욱 가까운 관계를 맺을 수 있었습니다. 그는 더 이상 로트의 악함과 관련이 없게 되었기 때문입니다. 로트의 악은 지금까지 이러한 관계를 방해해 왔습니다. 따라서 13:14 절에 하쉠께서 아브라함에게 자신을 나타낸 것은 그가 악한 로트의 무리와 갈라선 후에야 가능하다는 것을 보여주었습니다.

파라샤트 바예라 (베레쉬트 18:1 - 22:24)

하쉠께서 아브라함에게 쓰돔과 아모라를 파괴할 계획을 알리셨을 때 아브라함은 그 도시와 주민들을 대신해 하쉠께 간청하기 시작합니다. '친절함의 의인화' 그 자체인 아브라함은 악을 파괴하는 것보다 그렇게 고치는 것을 더 선호했습니다.

유대 현인들은 '오른쪽을 항상 더 가까이하고 왼쪽은 거리를 두라'고 가르칩니다. (그마라 쏘타 47) 오른쪽은 친절함을 상징하며 개선을 위해 가까이 다가가려는 속성을 지니기 때문입니다. 아브라함의 이러한 접근 방식은 이슈마엘을 쫓아내야 한다는 생각으로 그가 겪은 고통에 대해 읽을 때 분명하게 드러납니다. 그것이 비록 하쉠께서 그렇게 하라고 명령하셨음에도 불구하고 말입니다. (오히려 이쯔학크를 제단에 바치라는 명령에 대해서는 고뇌하지 않았다는 점을 비교해볼 수 있다 – 역자 주)

아브라함은 이슈마엘을 [자신에게로] 가까이하면 '거룩한 날개 아래(쉬히나를 의미 – 역자 주)'로 데려올 수 있을 것이라고 생각했습니다. 그러나 심판(판단)에 뿌리를 둔 여성인 싸라는 '왼쪽'으로 거리를 두는 방식으로 행동하여 이슈마엘과 관련된 악을 고치는 것보다 몰아내는 것을 선택했습니다. 그리고 그 심판과 힘을 나타내는 왼쪽의 영향은 악을 몰아낼 수 있었습니다.

다시 돌아와서, 아브라함은 쓰돔을 대신해 기도를 마치는 순간 심판의 속성이 작용하기 시작했습니다. '…그리고 아브라함은 그의 장소로 돌아갔다'(베레쉬트 18:33)라는 말은 아브라함이 그 자신이 상징하는 친절의 속성을 스스로 제거하여 더 이상 쓰돔 사람들을 보호하지 않았다는 것을 가르칩니다.

쓰돔의 멸망은 '저녁에 두 천사가 쓰돔으로 왔고 로트는 쓰돔 성문에 앉아있었다…'(베레쉬트 19:1)라는 말로 시작합니다. 저녁을 강조한 것은 그때가 심판의 속성이 지배적인 시간이기 때문입니다. 유대 현인들은 이 구절에서 얘기하는 바로 이 날에 로트가 쓰돔의 재판관으로 임명되었다고 가르칩니다.

쓰돔의 악한 사람들은 거룩함을 뿌리뽑아 악의 세력을 강화시키고자 했습니다. 악은 거룩함의 뿌리에 붙어서 힘을 얻는데, 로트의 영혼은 아브라함이 지닌 영적 수준에서 그 '뒷부분'인 불결함의 부분에 뿌리를 내리고 있었습니다. 거룩함에 맞서고자 하는 싸움에 있어서 악한 쓰돔 사람들은 거룩함의 뿌리/근본에 대한 이해를 강화하기 위해서 로트를 재판관으로 임명한 것입니다.

천사들의 방문에 대해 토라는 다음과 같이 말합니다:

וַיַּרְא-לוֹט וַיָּקָם לִקְרָאתָם וַיִּשְׁתַּחוּ אַפַּיִם אָרְצָה:

"…로트가 보고 그들을 맞으려고 일어났다. 그리고 그의 얼굴을 땅에 대고 엎드렸다."

(베레쉬트 19:1)

유대 현인들은 그가 아브라함으로부터 사람들을 환대하는 법을 배웠음을 가르칩니다. 여기서 우리는 아브라함과 로트의 수준이 비슷한 면이 있었다는 것에 대한 다른 암시도 발견할 수 있습니다. 로트가 천사들의 방문을 받을 자격이 있었다는 사실은 그것이 비록 덜 정제된 부분이었더라도 아브라함의 수준에 그 뿌리를 두고 있었음을 보여주기 때문이었습니다.

וַיַּעַשׂ אַבְרָהָם מִשְׁתֶּה גָדוֹל בְּיוֹם הִגָּמֵל אֶת-יִצְחָק:

"…아브라함은 이쯔학크가 젖을 뗀 날에 큰 잔치를 베풀었다." (베레쉬트 21:8)

이 축하의 본질은 무엇이고 그것은 왜 큰 잔치로 불린 것이며, 이 시점에서 특별히 치러진 것일까요?

물리적 세계는 영적 세계의 반영일 뿐이며, 물리적 세상에서 발견되는 것은 영적 세계의 대응물의 표식입니다. 세상 전체와 개인은 '성장의 다른 단계'로 표현되는 영적인 발전을 거칩니다. 이것은 임신 – 수유 – 그리고 장성하는 세 단계를 거쳐 발전한다고 가르칩니다. 이러한 각 단계에서 영적인 빛은 거룩함을 높이고, 이는 그 사람을 더욱 단련시키며, 악에 대한 집착을 줄게 만듭니다. 사람은 이러한 발달 단계를 거치며 더 많은 영적인 빛을 받게 됩니다.

이에 대해 우리가 눈으로 직접 볼 수 있는 부분은, 아이가 발달함에 따라(성장함에 따라) 더욱 단련되며 영적으로 기우는 경향을 보이는 것으로도 알 수 있습니다. 아브라함은 이것을 이해했으며, 따라서 이쯔학크의 영적 발달이 '수유' 단계에서 '장성'의 단계로 전환될 때 큰 축하를 한 것입니다. 이쯔학크가 훨씬 더 큰 수준의 영적인 영향을 받기 시작하는 것은 확실히 축하해 주어야 할 만한 일이었습니다.

유대 현인들은 이 잔치가 '큰 잔치'로 불린 이유가 그 세대의 거인들이 참석했기 때문이라는 흥미로운 바탕을 가르칩니다. 이것은 이쯔학크에게 발전하고 있던 위대한 영적 빛을 반영하는 것으로, 그 잔치 자체가 규모적으로 '큰 잔치'는 아니었으나 그렇게 불렸고, 그것이 젖을 뗀 시점에서 특별히 열린 것은 이쯔학크가 '위대한 일', 즉 '영적인 큰 일'을 성취한 것을 축하했기 때문이었습니다.

וַתֵּרֶא שָׂרָה אֶת־בֶּן־הָגָר הַמִּצְרִית אֲשֶׁר־יָלְדָה לְאַבְרָהָם מְצַחֵק: וַתֹּאמֶר לְאַבְרָהָם גָּרֵשׁ הָאָמָה הַזֹּאת וְאֶת־בְּנָהּ כִּי לֹא יִירַשׁ בֶּן־הָאָמָה הַזֹּאת עִם־בְּנִי עִם־יִצְחָק:

"싸라는 미쯔라임 여자 하가르가 아브라함에게서 낳은 아들이 희롱하는 것을 보고 그녀가 아브라함에게 말했다. "이 여종과 그녀의 아들을 쫓아내세요.' 이는 이 여종의 아들이 내 아들 이쯔학크와 함께 상속받으면 안 될 것이기 때문입니다."" (베레쉬트 21:9-10)

수 년 간 함께 살아온 이들은 왜 이 시점에서 그들을 내쫓아야 하는 것이 필수적이었을까요?

싸라는 이쯔학크의 영적 단계에서 이 단계의 중요성을 이해했습니다. 그녀는 이쯔학크가 물리적 세상에서 '사악함'과 전혀 관련이 없는, 그가 새롭게 얻은 영적 상태를 반영하게 해야 한다는 것을 알고 있었습니다. 이를 염두에 두었을 때 이쯔학크와 이슈마엘은 완전히 갈라져야만 했습니다. 아브라함은 앞서 언급했듯이 이쯔학크가 새로이 얻은 지위의 중요성을 확실히 이해했지만, 싸라가 그렇게 하라고 지시할 때까지는 이슈마엘을 내보내지 않았습니다. 왜냐하면 이슈마엘은 아브라함의 아들이었으며, 때문에 그는 싸라가 볼 수 있던 악함을 보지 못했기 때문입니다. 오직 싸라의 지시가 있던 후에야 아브라함도 이슈마엘을 내보내야 한다는 것을 깨달을 수 있었습니다.

이 구절은 싸라가 아브라함에게 이슈마엘이 '놀리고' 있는 것을 보고 쫓아내라고 말하고 있습니다. 그가 놀리고 있었다는 사실이 그를 쫓아내며 '그 여종의 아들은 내 아들과 함께 상속받아서는 안된다'는 것으로 엄히 처벌하는 걸 정당화할 수 있는 것일까요?

아이들은 놀리고 웃고 하는 것이 그들의 방식 아닌가요? 이슈마엘은 어떤 짓을 저질렀기에 그렇게 엄한 처벌을 받아야 했던 것일까요? 게다가 이쯔학크의 이름(יצחק)의 기원은 싸라가 이슈마엘의 악행이란 것을 묘사하는 데 사용한 것(מצחק)과 같은 어근인 웃음(צחק) 아닌가요?

'웃음'에는 두 가지 유형이 있습니다: 이쯔학크는 진정한 행복과 웃음의 의인화였는데, 이는 계명을 지키며 건전한 정신에 참여하는 것으로부터 오는 기쁨으로 인해서였습니다. 이 때문에 그는 '이쯔학크'라고 불렸습니다. 그러나 이슈마엘의 행복은 이 세상의 허영심과 죄에 연루된 것으로부터 비롯되었습니다. 이는 유대 현인들이 '[세상적] '웃음'이라는 단어는 우상 숭배, 간음, 살인만을 가리킨다'라고 가르친(토쎄프타 쏘타 6) 바처럼 하쉠께서 멸시하는 것들입니다. 이 두 가지 웃음의 형태 사이엔 엄청난 차이가 있으며, 거기에 공통점은 이름일 뿐입니다. 싸라는 이슈마엘을 내쫓아야 하며 이쯔학크와 함께 상속받게 해서는 안된다고 강조했습니다. 왜냐하면 이 두 가지 웃음의 형태, 즉 거룩한 웃음과 세속적 웃음이 완전히 분리되어야 하기 때문이었습니다.

우리는 이제 여기서 아브라함의 반응을 읽을 수 있습니다:

וַיֵּרַע הַדָּבָר מְאֹד בְּעֵינֵי אַבְרָהָם עַל אוֹדֹת בְּנוֹ׃

"그러나 그 일이 그의 아들에 관한 것이어서 아브라함의 눈에 매우 나빴다."

(베레쉬트 21:11)

이 구절은 그가 아들에 대한 문제로 매우 괴로워했다는 것을 강조하지만 하가르가 쫓겨나야 한다는 것에 대해서 괴로워했다는 것은 언급하지 않습니다. 이슈마엘은 아브라함의 아들이었고, 이것은 분명 아브라함에게 이슈마엘이 얼마나 악한 자인지를 보지 못하게 만들었으나 하가르의 진짜 모습에 대해서 분별하는 것에는 아무런 문제가 없었습니다. 싸라는 이슈마엘을 하녀로부터 부정적인 성격을 물려받은 '그녀(하가르)의 아들'이라고 부릅니다. 그녀는 그를 '그(아브라함)의 아들'로도 언급하지 않았습니다.

그러나 다음의 구절에서 하쉠께선 아브라함에게 싸라의 말을 듣고 하가르와 이슈마엘의 운명에 지나치게 신경쓰지 말 것을 말씀하십니다.

וַיֹּאמֶר אֱלֹהִים אֶל־אַבְרָהָם אַל־יֵרַע בְּעֵינֶיךָ עַל־הַנַּעַר וְעַל־אֲמָתֶךָ כֹּל אֲשֶׁר תֹּאמַר אֵלֶיךָ שָׂרָה שְׁמַע בְּקֹלָהּ

"엘로킴께서 아브라함에게 말씀하셨다. "그 젊은이와 너의 여종에 관해 네 눈에 나쁘게 여기지 말며 싸라가 너에게 말할 그녀의 소리를 모두 들어라"…" (베레쉬트 21:12)

이것은 이슈마엘의 악함이 이쯔학크 근처에서 완전히 제거되어야 함을 의미했습니다.

וַיִּקְרָא אֵלָיו מַלְאַךְ יְהוָה מִן־הַשָּׁמַיִם וַיֹּאמֶר אַבְרָהָם ׀ אַבְרָהָם וַיֹּאמֶר הִנֵּנִי: וַיֹּאמֶר אַל־תִּשְׁלַח יָדְךָ אֶל־הַנַּעַר וְאַל־תַּעַשׂ לוֹ מְאוּמָה כִּי ׀ עַתָּה יָדַעְתִּי כִּי־יְרֵא אֱלֹהִים אַתָּה וְלֹא חָשַׂכְתָּ אֶת־בִּנְךָ אֶת־יְחִידְךָ מִמֶּנִּי:

"하쉠의 천사가 하늘로부터 그를 부르며 말씀하셨다. "아브라함아, 아브라함아" 그가 말했다. "제가 여기 있습니다." 그가 말씀하셨다. "너는 그 젊은이에게 너의 손을 내밀지 말고 그에게 어떤 것도 행하지 마라. 이는 네가 엘로킴을 두려워하며 내게서부터 너의 하나뿐인 너의 아들을 아끼지 않는다는 것을 이제 내가 알았기 때문이다.""

(베레쉬트 22:11-12)

아브라함이 이쯔학크를 죽이려고 했을 때, 하쉠의 천사가 하늘로부터 그를 불러내어 이쯔학크에게 해를 끼치지 말라고 지시합니다. 하쉠께선 왜 다른 천사들이 아브라함에게 나타났던 것처럼 땅에 임하는 방식을 취하지 않고 하늘에서 그를 부르라고 천사에게 시킨 것일까요?

이 천사가 만약 '인간의 모습처럼' 아브라함에게 나타났다면 아브라함은 그가 이쯔학크를 도살하라는 명령으로 인해 필요한 교정을 막기 위해 나타난 불결함의 천사로 잘못 의심했을 수 있기 때문이었습니다. 그러나 하늘로부터 그를 부른다면 그것은 의심할 여지없이 하쉠으로부터 오는 메시지라는 것을 알 수 있으며, 외부의 불결한 힘으로 인한 것이 아니라는 걸 알 수 있습니다.

파라샤트 바예라 / פרשת וירא

천사는 아브라함의 이름을 두 번 부릅니다. 유대 현인들은 이것이 단지 확실하게 부른다는 이유뿐만 아니라 다른 의미도 있음을 가르칩니다: 이쯔학크의 결박 이전에 아브라함은 그 사건을 통해 도달할 수 있는 건전함의 수준에 아직 도달하지 못했습니다. 이것은 이제 이쯔학크의 결박 명령을 이행함으로써만 도달할 수 있었습니다. 이쯔학크의 결박 이전에 아브라함은 순전히 친절함만의 존재였지만, '힘'의 영적 속성을 동반하는 결박의 명령은 그의 영적 구성에 힘의 속성을 더해주었습니다. 진정한 건전함은 이러한 속성의 조합으로만 존재할 수 있는 것입니다. 그의 이름을 두 번 부른 것은 바로 그 친절과 힘의 아브라함을 모두 부른 의미였습니다.

구절에서 이쯔학크를 '젊은이(또는 '어린 아이'라는 의미로도 사용 - 역자 주)'라는 의미의 나아르(נער)로 부르는 이유는 무엇일까요? 그는 이미 37 살이 지나지 않았나요?

그것은 결박의 순간(정확히는 아브라함이 칼을 치켜든 순간 - 역자 주)에 심판의 속성이 이쯔학크에게 불리하게 작용해 그가 높은 영적 수준을 잃고 젊은/어린 영적 수준으로 내려간 데에 있었습니다. 유대 현인들은 이 순간에 이쯔학크의 영혼이 그의 몸을 떠났다고 가르칩니다. 그러나 그의 영은 영적 영역으로 옮겨가 스스로를 새롭게 하고 더 큰 활력을 지녀 그의 몸으로 돌아갔습니다.

아브라함은 이쯔학크 대신에 숫양이 준비되었다는 사실을 모르고 이쯔학크의 피로 그를 하쉠께 제물로 바칠 수 있기를 원했습니다. 따라서 천사는 아브라함에게 단지 '손을 내밀지 말라'라고 한 것뿐만 아니라 '그에게 어떤 것도 행하지 마라'라고 덧붙였습니다. 아브라함과 이쯔학크는 그런 가슴 아픈 상황에서도 하쉠을 섬기고자 하는 의지를 보였을 때 이쯔학크의 영이 높은 수준을 성취하고자 떠남으로써 이미 이루어졌습니다. 때문에 이쯔학크의 육체적 도살은 그가 더 큰 빛의 높은 영적 수준으로 돌아온 것으로 인해 필요로 하지 않았습니다.

구절은 천사가 '너의 하나뿐인 너의 아들을 아끼지 않는다는 것을 이제 내가 알았기 때문이다'라고 전했음을 말합니다. 그러면 하쉠께선 이 시점까지 아브라함이 그분을 두려워한다는 것을 알지 못했다는 것일까요?

그에 대한 숨겨진 의미는 '알다'라는 말이 [끈적끈적하게 맞붙는] 결합을 의미하는 드비쿠트(דביקות)와 같은 의미라는 것에 있습니다. ('알다'라는 표현이 토라에서 성관계를 의미하기도 하는 이유 - 역자 주) 때문에 하쉠께서 말씀한 의미는 다음과 같습니다: '너가 사랑(친절의 본성에서 비롯된)으로 내게 결합한다는 것을 알았으나, 이제 나는 너가 두려움(힘의 속성에서 비롯된)으로도 내게 결합한다는 것을 본다.'

사람이 그 자신의 아들을 기꺼이 희생하려는 의지보다 하늘에 대한 두려움의 더 큰 표식은 없습니다. 그것은 자신을 바치는 것보다 더 어렵기 때문입니다. 따라서 창조주의 뜻을 이루기 위해 아들에 대한 사랑을 이기는 사람은 분명 하쉠에 대한 두려움을 나타내 보여줍니다.

파라샤트 하예이 싸라 (베레쉬트 23:1 – 25:18)

וַיִּהְיוּ חַיֵּי שָׂרָה מֵאָה שָׁנָה וְעֶשְׂרִים שָׁנָה וְשֶׁבַע שָׁנִים שְׁנֵי חַיֵּי שָׂרָה:

"그리고 그[것]들이 그렇게 되었으니, 싸라의 삶은 127 년이었다. 싸라의 삶의 연수다."

(베레쉬트 23:1)

유대 현인들은 파라샤트 바예라의 마지막 부분(이쯔학크의 결박)과 파라샤트 하예이 싸라의 첫 부분을 나란히 하면 싸라가 아브라함이 이쯔학크를 도살했다는 소식을 듣고 죽었음을 알 수 있다고 가르칩니다. 이쯔학크가 실제로 도살당하지 않았어도, 그가 그렇게 될 것이라는 생각 자체만으로도 싸라는 견딜 수 없었으며 그녀의 영혼은 그녀로부터 즉시 떠나갔습니다.

우리는 파라샤가 "그리고 그것들이 그렇게 되었으니, 싸라의 삶은…"이라는 말로 시작하는 이유에 대해 조하르의 설명으로 이해해볼 수 있습니다. '그것들이 그렇게 되었다' 라는 의미의 바이흐유(ויהיו)라는 말은 싸라의 삶의 해가 이쯔학크가 태어난 이후의 해로만 구성되었다는 개념을 암시합니다. 거기에 그녀의 '불임의 해'는 '살아있던' 것으로 간주되지 않았습니다. 때문에 락헬도 마찬가지로 야아코브에게 이렇게 말했습니다:

הָבָה־לִּי בָנִים וְאִם־אַיִן מֵתָה אָנֹכִי:

"…내게 아들들을 주세요. 그렇지 않는다면 나는 죽을 것입니다." (베레쉬트 30:1)

여자의 본질은 자녀를 낳는 것으로, 그녀가 불임 등으로 자신의 목적을 이룰 수 없다면 그녀는 죽은 것과 마찬가지입니다. 아이를 낳는 것은 그녀의 전부이기 때문입니다. (크투보트 59b)

토라는 의인 싸라가 살았던 해를 우리에게 설명하지만, 다른 여성들은 그들이 의로운 여성들이었더라도 그렇지 않았습니다. 유대 현인들은 그녀들 모두가 선함에 있어 동등했다고 가르치나, 거기에 더해 싸라는 하바가 일으켰던 흠을 바로잡고 악을 좋음으로 바꿀 수 있는 자였습니다. 하바는 뒤틀린 형태의 힘이 의인화된 카인을 낳았으나 싸라는 의의 속성으로 교정된 형태의 힘인 이쯔학크를 낳았기 때문입니다. 그녀는 그로 인해서 하바가 파괴적인 '살인과 악'의 선구자적 형태를 낳았을 때 초래된 파괴를 고친 공로를 지녔습니다.

그리고 그 작업이 완료되었을 때, 그녀는 그 다음 해에 죽었습니다.

גֵּר־וְתוֹשָׁב אָנֹכִי עִמָּכֶם תְּנוּ לִי אֲחֻזַּת־קֶבֶר עִמָּכֶם וְאֶקְבְּרָה מֵתִי מִלְּפָנָי׃

"나는 당신들과 함께 있는 낯선이요 거주민입니다. 당신들과 함께 소유인 매장지를 내게 주어서 내 앞에 있는 죽은 자를 내가 묻을 수 있게 해주십시오." (베레쉬트 23:4)

싸라가 죽은 후에 아브라함은 사랑하는 아내를 위해 헤트 사람들에게 매장지를 요청하면서 그녀의 매장에 관여합니다.

아브라함은 자신의 말을 "나는 당신들과 함께 있는 낯선이요 거주민입니다"라는 말로 시작합니다. 아브라함은 그곳에서 진정 낯선 이방인이었지만, 그의 아내의 죽음이라는 비극은 그를 거주자로 얘기할 수 있도록 만들었습니다. '그의 절반'이었던 그의 아내는 그곳에 묻혀 키르야트 아르바(헤브론의 다른 이름 - 역자 주)의 영구 거주자가 되었습니다. 아브라함 또한 그녀의 옆에 묻히길 원했습니다. 토라적인 개념에서, 영혼의 주요 거주지는 그 몸이 묻힌 곳입니다.

아브라함은 '내 앞에 있는 죽은 자를…묻을 수 있게' 해달라고 요청합니다. 그가 싸라를 묻기 위해 서둘렀던 건, 지체할 시 부정적인 영들이 그녀의 몸을 사로잡을 수 있었기 때문이었습니다. 헤트의 자손은 그들 가운데 묻힐 싸라의 몸의 거룩함을 충분히 알고 있었기에 싸라가 '그들 가운데' 묻히길 바랐습니다. 그러나 아브라함은 그녀의 무덤을 따로 두어서 악인들과 그들의 불결함이 그녀에게 닿지 않기를 바랐습니다. 따라서 아브라함은 싸라를 위한 별도의 매장지를 요구하는 것에 고집을 부렸습니다. 그곳은 악한 헤트 사람들과 떨어진 곳이어야 했습니다.

아브라함은 에프론에게 '밭 끝에 있는 그의 소유인 막흐펠라 굴' (베레쉬트 23:9)을 요청합니다.

아브라함은 이 동굴의 중요성을 깨달았지만 헤트의 악한 사람들에게 이를 밝히고 싶어하지 않았기 때문에 그것이 전혀 중요하지 않은 것처럼 그의 '발 끝에' 있다고 언급합니다. 만약 헤트의 자손이 그곳의 중요성을 깨달았다면 그에게 그것을 파는 것을 거부했을 것입니다.

그 동굴이 막흐펠라(מכפלה) 동굴로 불린 것은 '두 배'라는 의미의 카풀(כפול)이라는 단어로부터 유래했습니다. 또한 막흐펠라 동굴은 '하쉠에게로 가는 문'으로 알려져 있으며, 의인의 영혼은 에덴으로 가는 길에 그곳을 통과해야 했습니다.

동굴의 주인이었던 에프론은 그 동굴의 가치와 중요성을 알지 못했습니다. 그는 아브라함이 볼 수 있었던 거룩함의 빛을 알아차리지 못했습니다. 그가 아브라함에게 동굴을 판 것은 그러함 때문이었습니다.

싸라를 묻은 후, 아브라함의 관심은 이제 아들 이쯔학크의 아내를 찾는 것으로 옮겨졌습니다. 그는 자신의 믿음직한 종 엘리에제르를 불러서 그의 친지의 딸 중에서 적합한 여성을 찾도록 지시했습니다. 엘리에제르는 여정을 시작하자마자 하쉠께서 그에게 기적을 베풀어 주셨는데, 그것은 그의 가는 길이 '짧아진' 것이었습니다. 때문에 그는 매우 짧은 시간에 먼 거리를 여행할 수 있었습니다.

엘리에제르는 우물에 도착해 하쉠께 기도합니다:

יְהֹוָה אֱלֹהֵי אֲדֹנִי אַבְרָהָם הַקְרֵה־נָא לְפָנַי הַיּוֹם וַעֲשֵׂה־חֶסֶד עִם אֲדֹנִי אַבְרָהָם:

"…제 주인 아브라함의 하쉠, 엘로킴이시여, 부디 오늘 제 앞에서 그 일이 일어나게 해 주시고 제 주인 아브라함에 대해 친절을 행해주십시오." (베레쉬트 24:12)

이 기도는 언뜻 부적절해 보입니다. 그는 자신의 요구 사항에 맞는 여성이 그에게 올 뿐만 아니라 그녀가 아브라함의 가족이 될 것이라고 기대하는 '기적'에 전적으로 의존해선 안되기 때문입니다. 그러나 현명한 사람이었던 엘리에제르는 하쉠께서 '부분적인 기적'을 행하지 않으신다는 것을 알고 있었습니다. 자신의 여정이 단축되었다는 것을 안 그는 자신의 사명을 완수할 때까지 계속해서 기적으로 인도받을 것을 알았습니다.

토라는 엘리에제르가 하쉠께 요청하는 것에 대해 자세히 설명한 후, 다음의 내용을 보여줍니다:

וַיְהִי־הוּא טֶרֶם כִּלָּה לְדַבֵּר וְהִנֵּה רִבְקָה יֹצֵאת אֲשֶׁר יֻלְּדָה לִבְתוּאֵל בֶּן־מִלְכָּה אֵשֶׁת נָחוֹר אֲחִי אַבְרָהָם וְכַדָּהּ עַל־שִׁכְמָהּ:

"그리고 이렇게 되었으니, 그가 말을 끝내기도 전에, 보라, 아브라함의 형제 낙호르의 아내 밀카의 아들 브투엘에게서 태어난 리브카가 나왔으니 그녀의 물동이를 어깨에 진 채였다." (베레쉬트 24:15)

여기서 리브카가 '나왔으니'라는 말은 단순한 의미 외에도 그녀가 불결함의 무덤으로부터 나왔다는 암시를 가집니다. 리브카(רבקה)의 이름은 거꾸로 하면 '무덤'이란 뜻의 하케베르(הקבר)가 되는데, 그것은 그녀가 불결함의 무덤에서 거룩함의 무덤이라는 수준으로 자신을 끌어올린 것을 의미합니다.

엘리에제르의 기도는 하쉠께서 그가 기다리던 표징을 제공하도록 조정하셨을 때 응답되었습니다. 리브카가 엘리에제르와 그의 낙타들에게 물을 준 후, 그는 다양한 보석을 꺼내 보이며 리브카에게 주고 이렇게 물었습니다:

בַּת־מִי אַתְּ הַגִּידִי נָא לִי הֲיֵשׁ בֵּית־אָבִיךְ מָקוֹם לָנוּ לָלִין:

"…당신이 누구 딸인지 부디 내게 말해 주십시오. 당신 아버지 집에 우리가 묵을 곳이 있습니까?" (베레쉬트 24:23)

그녀가 아브라함이 찾던 혈통인지 확인하기도 전에 그녀에게 값비싼 보석을 준 이유는 무엇이었을까요? 엘리에제르의 이유는 두 가지였습니다:

- 앞서 설명했듯이 그는 이 여정에서 기적을 경험하고서 하쉠께서 부분적인 기적만 행하지 않을 것이란 것을 알고 있었습니다. 때문에 그녀는 이쯔학크의 아내가 될 운명의 여인이어야 했습니다. 그가 하쉠께 기도하자마자 그가 찾던 기준에 충족되어 보이는 소녀가 즉시 보내짐을 보았을 때 그녀는 그가 원하던 혈통이라는 데 의심의 여지가 없었습니다.

- 엘리에제르는 아브라함의 집에서 살면서 그곳에서 딱히 어떤 이유가 없어도 관대한 모습을 자주 봐왔습니다. 때문에 그는 리브카가 물을 준 선행에 대해 얼마나 더 보답해야 할 지 알고 있었습니다. 그는 그녀가 아브라함의 가문에서 내려오는 요건을 충족했든 아니든 그녀의 친절에 감사를 표했습니다. 그리고 그는 그것에 대해 아브라함이 따지지 않을 것이라 확신했습니다.

וְאֵ֗לֶּה יְמֵ֛י שְׁנֵֽי־חַיֵּ֥י אַבְרָהָ֖ם אֲשֶׁר־חָ֑י מְאַ֥ת שָׁנָ֛ה וְשִׁבְעִ֥ים שָׁנָ֖ה וְחָמֵ֥שׁ שָׁנִֽים:

"이것들이 아브라함이 살았던 삶의 연수니, 175 년이다." (베레쉬트 25:7)

'살았던 삶의 연수'라는 강조 뒤에 숨은 의미는 무엇이었을까요?

토라는 아브라함이 총 175 년을 살았다고 기록하는데, 미드라쉬를 통해 우리는 그가 우상숭배의 헛점을 발견했을 때가 3 살이었다는 것을 알 수 있습니다. 그래서 그의 나머지 172 년은 거룩함의 아케브(עקב)에 대해 바로잡는 사명의 시간으로 볼 수 있는데, 아케브라는 단어는 문자적으론 '발꿈치'를 의미하며, 역시 172 의 숫자값을 지니고 있습니다. 그리고 이 수치는 엘로킴이라는 칭호의 두 배에 해당합니다.

아담과 하바에게 에덴 정원에서 죄를 짓도록 유혹한 후 '너는 그의 발꿈치를 때릴 것이다(베레쉬트 3:15)'라고 저주받은, 뱀을 향한 저주에 숨겨진 의미는 바로 이 '아케브'를 통해 이해할 수 있습니다. 불결의 상징인 뱀은 거룩함의 '발꿈치', 아케브만 공격할 수 있는 것입니다. 불결함은 심판의 속성을 통해 거룩함에 붙으려는 특징을 지니기 때문입니다.

아브라함은 172, '아케브'의 해를 보내며 교정 작업을 하고 거룩함의 발꿈치에서 불결함이 떨어지게끔 하여 그것을 완전히 정화시켰습니다. 이 작업은 아브라함의 엄청난 노력이 필요했기 때문에 토라는 그가 하쉠의 음성에 순종했다고 칭찬합니다. 이는 그가 창조주의 존재를 인식한 이래 172 년 동안 거룩함으로 발꿈치를 고쳐왔다는 것을 암시합니다. 그가 창조주의 존재를 인식하기 시작한 3 살이라는 상징적인 숫자를 더해, 그는 총 175 년을 살았습니다.

아브라함은 100 넘게 순수한 거룩함을 유지하며 자신의 개인적 거룩함의 수준을 충분히 달성하고 바로잡았으며, 이제 다음 세상에서 자신의 노동의 열매를 거둘 수 있게 되었습니다. 그의 영혼은 고통 없이 평화로이 육체로부터 떠났고 그것은 토라가 의로운 자의 죽음을 묘사하는 방식이 되었습니다.

וַיִּגְוַע וַיָּמָת אַבְרָהָם בְּשֵׂיבָה טוֹבָה זָקֵן וְשָׂבֵעַ וַיֵּאָסֶף אֶל־עַמָּיו:

"아브라함이 영혼을 내어주고 죽었으니 좋은 백발로 늙고 만족스레 그의 백성에게로 모아졌다." (베레쉬트 25:8)

파라샤트 톨도트 (베레쉬트 25:19 – 28:9)

וַיֹּאמֶר יְהוָה לָהּ שְׁנֵי גֹיִים בְּבִטְנֵךְ וּשְׁנֵי לְאֻמִּים מִמֵּעַיִךְ יִפָּרֵדוּ וּלְאֹם מִלְאֹם יֶאֱמָץ וְרַב יַעֲבֹד צָעִיר׃

"하쉠께서 그녀에게 말씀하셨다. "두 민족이 너의 뱃속에 있으며 두 나라가 너의 내장으로부터 갈라질 것이다. 한 나라가 다른 나라보다 강할 것이며 큰 자가 작은 자를 섬길 것이다.""(베레쉬트 25:23)

이 내용은 리브카가 예언자에게 임신의 고통에 대한 설명을 부탁했을 때 그로부터 받은 하쉠의 응답이었습니다. 그녀는 태중에 두 개의 나라를 가지고 있었고, 그 힘이 한 곳에서 다른 한 곳으로 넘어가고 큰 자가 작은 자를 섬길 것이란 말을 듣습니다. 이 두 나라는, 즉 야아코브와 에싸브의 후손들은 세대를 거치며 끊임없이 싸움을 벌이는 '흔들리는 추'로 볼 수 있습니다. 야아코브(이스라엘)가 강해지면 에싸브(에돔)는 약해지고, 그 반대로도 마찬가지입니다. 이 패턴은 이스라엘과 에돔 왕국 역사 전반에 걸쳐 지속돼 왔습니다. 그러나 구절에서의 결론처럼 결국 '큰 자가 작은 자를 섬길' 것입니다.

구절에서 '큰 자'로 번역한 단어는 라브(רב)인데, 이것은 문자 그대로는 '많다'는 뜻도 의미합니다. 에싸브는 '내게 많이 있다(יש-לי רב)'는 말(베레쉬트 33:9)로 자신을 '라브'로 만들었으며, 반대로 야아코브는 자신의 중요성을 낮추며 이렇게 얘기합니다:

קָטֹנְתִּי מִכֹּל הַחֲסָדִים וּמִכָּל־הָאֱמֶת אֲשֶׁר עָשִׂיתָ אֶת־עַבְדֶּךָ

"저는 당신께서 당신의 종에게 베푼 모든 친절들과 모든 진리에 비해 작습니다…"
(베레쉬트 32:11)

유대 현인들은 에싸브가 '간의 분노'이고 야아코브는 '이해하는 심장'이라고 가르칩니다. 분노의 특성(에싸브)은 간에서 비롯되고, 이해의 특성(야아코브)은 심장에서 비롯됩니다. 간의 신체 위치는 심장을 섬기기 위한 것이며, 모든 생명체에서 간은 심장보다 그 크기가 큽니다. 즉 '더 큰 것'이 '더 작은 것'을 섬기는 것입니다.

자신을 크게 만든 '나이 든 자'는 자신의 중요성을 떨어뜨린 '나이 어린 사람'을 섬기게 됩니다.

간이 심장을 섬긴다는 이 개념은 이들의 물리적 위치와도 일치합니다. 에싸브를 나타내는 간은 항상 야아코브를 나타내는 심장 아래쪽에 위치합니다. 세상의 나라들은 자신을 '큰 자'로 여겼던 에싸브의 후손들이 '어린 자'를 자청한 야아코브의 후손들을 섬기는 것을 볼 때 이에 대한 진정한 의미를 깨달을 것입니다. (예샤야후 49:23)

וַיָּשָׁב יִצְחָק וַיַּחְפֹּר ׀ אֶת־בְּאֵרֹת הַמַּיִם אֲשֶׁר חָפְרוּ בִּימֵי אַבְרָהָם אָבִיו וַיְסַתְּמוּם פְּלִשְׁתִּים אַחֲרֵי מוֹת אַבְרָהָם

"이쯔학크가 그의 아버지 아브라함때 팠던 우물들을 다시 팠고 플레슈팀인들이 아브라함이 죽은 후 그것들을 막았다…" (베레쉬트 26:18)

이쯔학크가 우물을 파는 데엔 어떤 의미가 있었을까요?

유대 족장들은 매우 높은 영적 수준을 가지고 있었으며, 심지어 평범하고 사소해 보이는 행동조차도 그들은 영적 세계에 미칠 수 있는 교정을 계산하며 행동했습니다. 아브라함은 하쉠의 친절의 속성에 대한 땅에서의 표상이었고, 그를 통해서 그 속성이 전 세계로 퍼졌습니다. 그는 이를 증명하기 위해 우물을 팠는데, 물은 친절의 속성으로부터 나오기 때문입니다. 그런 다음 우리는 '플레슈팀인들이 아브라함이 죽은 후 그것들을 막았다'라는 내용을 읽는데, 그들이 우물을 막은 것은 친절이 퍼지는 것을 막기 위한 행위였습니다.

아브라함이 살아있는 동안에는 친절이 퍼지는 것이 플레슈팀이 막을 수 없을 만큼 강했습니다. 그들은 아브라함이 죽은 후에만 그들의 목표를 달성할 수 있었습니다.

'힘의 속성'을 지닌 이쯔학크는 우물을 다시 파서 열었습니다. 그의 힘은 친절을 보완했으나, 그것이 '힘'만이었으면 그것은 빛과 친절을 가릴 수도 있었을 것입니다. 이쯔학크는 그의 아버지의 행위를 이어가고, 심지어 강화시키고 있다는 것을 보여주기 위해 우물의 이름을 아버지 아브라함이 팠던 것과 같은 이름으로 불렀습니다.

토라는 처음의 두 우물을 파고 나서 그라르의 목동들과 이쯔학크 목동들 사이에 다툼이 일어난 것을 기록합니다. (26:20) 그들이 다툰 두 개의 우물은 아브라함과 이쯔학크를 상징했으며, 불결함이 이 두 우물을 장악한 것을 나타냅니다. 아브라함과 이쯔학크에게서 이슈마엘과 에싸브가 나왔기 때문입니다. 그러나 세 번째 우물에 대한 다툼은 없었는데, 그것은 야아코브를 상징했기 때문이었으며 그의 자손이 모두 의로웠기 때문에 세상의 나라들이 이 우물을 차지하려고 싸우는 상징을 지니지 않았습니다.

이쯔학크가 우물을 파는 것을 끝마쳤을 때 그는 하쉠께서 그에게 말씀했던 브에르 셰바로 갔습니다.

וַיֵּרָ֨א אֵלָ֤יו יְהֹוָה֙ בַּלַּ֣יְלָה הַה֔וּא וַיֹּ֕אמֶר אָנֹכִ֕י אֱלֹהֵ֖י אַבְרָהָ֣ם אָבִ֑יךָ אַל־תִּירָא֙ כִּֽי־אִתְּךָ֣ אָנֹ֔כִי וּבֵרַכְתִּ֨יךָ֙ וְהִרְבֵּיתִ֣י אֶֽת־זַרְעֲךָ֔ בַּעֲב֖וּר אַבְרָהָ֥ם עַבְדִּֽי׃

"그리고 그 날 밤에 하쉠께서 그에게 나타나 말씀하셨다. "나는 네 아버지 아브라함의 엘로킴이다. 너는 두려워하지 마라. 이는 내가 너와 있기 때문이다. 내 종 아브라함으로 인해 너를 축복하고 네 자손을 많게 할 것이다."" (베레쉬트 26:24)

이쯔학크는 아브라함의 교정을 더 강화시킴으로써 아버지의 공로로 축복을 받을 자격을 가질 수 있었습니다.

파라샤트 바예쩨 (베레쉬트 28:10 - 32:3)

וַיֵּצֵא יַעֲקֹב מִבְּאֵר שָׁבַע וַיֵּלֶךְ חָרָנָה:

"그리고 야아코브가 브에르 셰바에서 떠나 하란으로 갔다." (베레쉬트 28:10)

파라샤트 바예쩨를 여는 첫 시작 구절은 야아코브가 브에르 셰바를 떠난 직후에 하란에 도착한 것처럼 암시합니다. 내용을 더 보다 보면 우리는 이것이 사실이 아니라는 것을 알고 있는데, 야아코브는 사다리와 관련한 중요한 꿈을 꾸었던 베이트 엘에서 밤을 보내고 일어났기 때문입니다. 그래서 토라가 야아코브가 실제로 의도했던 목적지인 하란을 언급한 것은, 하쉠께서 그가 브에르 셰바를 떠나자마자 마치 즉시 하란에 도착한 것처럼 그에게 성공적인 여정을 허락하셨다는 의미였습니다. 토라가 브에르 셰바에서 하란으로 바로 옮겨간 것처럼 기재한 내용은, 더 깊은 차원에서 바라보면 야아코브가 불결한 곳을 향해 거룩한 곳으로부터 떠난 그 순간과 함께 극명한 대조를 이룬다는 것을 강조하고 싶어서였습니다.

브에르 셰바와 하란이라는 이름이 이 구별에 대해서 암시해 주는데, 바로 하란(חרן)은 '불타는 분노'나 '어려운 판단' 등을 의미하는 하론 아프(חרון אף)에서 유래하고, 브에르 셰바에서 셰바(שבע)는 보통 히브리어 숫자 '7'의 의미 정도만을 생각하지만, '충만한 기쁨'이나 '배부름/만족'을 의미하는 쓰베아(שבע)라는 단어에서 유래됩니다. 야아코브는 그렇게 거룩한 영향력이 충만했던 곳에서 엄격한 심판의 장소로 옮겨간 것입니다.

그래서 그 심판은 야아코브에게 이제부터 풍요로움이 줄어들었음을 의미할 뿐만 아니라, 미드라쉬에서 가르치는 바처럼 에싸브의 아들 엘리파즈가 야아코브를 공격해서 그의 소유를 모두 빼앗아 가난하게 만든 것처럼, 야아코브가 이미 받았던 거룩한 영향력이 제거되는 것까지 의미합니다. 야아코브는 거룩함으로 가득한 곳에 사는 것과 그러한 곳으로부터 추방당하는 것 사이의 엄청난 차이를 알고 있었고, 이것이 미래 세대의 유배에 대한 표징이 될 거라는 걸 깨달았습니다.

그렇지만 야아코브가 브에르 셰바를 떠나야 하는 것은 하쉠의 뜻과 부모의 뜻을 이루는 것이었기에, 하쉠께선 그가 거룩한 분위기로부터 완전히 떠나가기 전에 거룩한 곳에서 밤을 지새길 원하신 것입니다. 그것이 그가 '성전의 자리'이자 동시에 베이트 엘이라는 지역이기도 했던 그 오묘한 자리를 경험한 이유이기도 하고(미드라쉬에 따르면, 서로 다른 그 두 물리적 자리는 그 순간에 같은 하나의 자리였다 - 역자 주), 꿈에서 그에게 나타나심으로써 하쉠의 신성한 섭리가 그의 후손들의 유배 생활 중에도 멈추지 않고 항상 함께 하실 것이라는 위로를 전해주었습니다.

야아코브의 꿈에서 나타난 사다리는 상위 세계와 하위 세계의 강하고 끊임없는 연결을 암시해 주는데, 중요한 것은 하쉠께서 이 모든 것을 유지하고 인도하며 보호한다는 것입니다. '올라가는 천사들과 내려가는 천사들'로 표현되는 이 두 상반되는 내용은 하늘과 땅이 모두 연결되었다는 것을 보여줍니다. 하쉠께선 꿈 속의 사다리를 통해 야아코브에게 하쉠의 영원한 섭리가 모든 창조물들에게 모든 때에 있고, 거기에 '우연'은 없다는 메시지를 전하고자 하셨습니다. 이것은 야아코브뿐만 아니라 어려운 상황에 있는 자들 모두에게 큰 위로가 되는 내용이 되어줍니다. 그리고 사다리의 목적에 관한 더 깊은 내용은, 하쉠께선 야아코브가 그분의 눈에 얼마나 사랑스럽고 중요한 존재인지를 전달하고자 하는데 있다는 것입니다. 야아코브는 그 신성한 장소에서 하쉠의 임재와 연결될 가치를 지녔던 사람입니다.

וְהִנֵּה אָנֹכִי עִמָּךְ וּשְׁמַרְתִּיךָ בְּכֹל אֲשֶׁר־תֵּלֵךְ וַהֲשִׁבֹתִיךָ אֶל־הָאֲדָמָה הַזֹּאת כִּי לֹא אֶעֱזָבְךָ עַד אֲשֶׁר אִם־עָשִׂיתִי אֵת אֲשֶׁר־דִּבַּרְתִּי לָךְ:

"보라, 이제 내가 너와 함께 있어 너가 가는 모든 곳에서 너를 지킬 것이며 이 땅으로 너를 돌아오게 할 것이니 이는 내가 너에게 말한 것을 행할 때까지 내가 너를 떠나지 않을 것이기 때문이다." (베레쉬트 28:15)

하쉠께선 그 꿈에서 이 구절에서 얘기하는 바로 야아코브에게 약속하셨는데, 이 내용은 하쉠께서 그분의 심오한 심판으로 인해 에싸브로부터 은밀하게 축복을 취한 야아코브에 대해 하쉠께서 악한 영향력들에게도 몫을 주어 [세상이] 야아코브를 비난하게 될 일을 결국 그치게 할 것이란 의도를 지닙니다.

하쉠께선 또한 야아코브가 그의 미래의 성공이 하쉠으로부터 직접 오는 것이고, 그가 아버지 집으로부터 가져온 어떤 것으로부터 나오는 것 등이 아니라는 걸 깨닫길 바라기도 하셨습니다. 야아코브는 그렇게 아무 소유도 없이 라반에게로 갔고, 세상을 '무에서 유'로 창조하신 하쉠께서는 그렇게 '무에서 유의 방식'으로 야아코브에게도 성공을 가져다 주셨습니다.

이것을 깊이 이해하게 될 때 누가 과연 야아코브의 성공의 공로를 '자연적인 흐름' 등으로 돌릴 수 있을까요?

아무것도 없는 가난한 사람이 온갖 속임수를 쓰는 삐뚤어진 친척의 집에 가서 '자녀들과 부유함의 축복'을 지고 떠나게 되는 것이 기적 아닐까요? 하쉠께선 그 부유하다는 야아코브가 빈손으로 라반의 집에 들어갈 수 있도록 계획하셔서 라반이 그 모든 것이 하쉠으로부터 온 것임을 깨닫게 만드셨습니다. 하쉠께서는 야아코브가 거룩한 곳을 떠나 부정한 곳으로 가는 여정이 어려울 것을 아셨기에 구절의 내용으로 약속한 것입니다.

야아코브가 성취해야 했던 티쿤(תיקון), 즉 '고쳐야 하는 교정작업/바로잡음'은 이 부족한 물리적 세계에 거룩한 열 두 지파를 세워야 하는 일이었습니다. 이 세상에 거룩함이 퍼져야 불결한 세력에게 강한 타격을 안기기 때문입니다. 하쉠께서 야아코브를 도우시지 않았다면, 야아코브는 그에게 방해가 될 수많은 악한 영향들에 맞서지 못했을 것입니다.

파라샤트 바이슐락흐 (베레쉬트 32:4 – 36:43)

파라샤트 바이슐락흐는 야아코브와 에싸브의 수 년 간의 떨어짐 이후 만남에 이르기까지의 단계를 설명합니다. 이 설명엔 야아코브와 에싸브로 대표되는 선과 악이 상호작용하는 방식과, 선이 악을 극복하는 데 있어 어떻게 성공하는지에 대한 많은 통찰이 포함되어 있는데, 그들의 만남은 우리가 우리를 대적하는 악한 성향(예쩨르 하라)에 어떻게 대처해야 하는지에 대해 여러 세대를 거치며 교훈을 제공해 줍니다.

וַיִּשְׁלַח יַעֲקֹב מַלְאָכִים לְפָנָיו אֶל־עֵשָׂו אָחִיו אַרְצָה שֵׂעִיר שְׂדֵה אֱדוֹם:

"야아코브가 그의 앞에서 천사들을 에돔 들판 쎄이르 땅으로 그의 형 에싸브에게 보냈다." (베레쉬트 32:4)

여기서 유대 현인들은 멜락힘(מלאכים)이라는 단어가 암시하듯 이들이 '인간 심부름꾼' 같은 이들이 아니라 실제 천사였음을 가르칩니다. 파라샤트 바이슐락흐는 야아코브가 형 에싸브와 재회하기 전 취했던 조치와 '에싸브로 대변되는 악'이란 것과 관계를 맺은, 겉보기에도 특이했던 방식을 알려줌으로써 시작합니다.

악을 물리치려면 일반적으로 그들이 통치하는 곳에서 그들이 복종하도록 강요하는 것이 요구되는데, 에싸브는 "에싸브에게 쎄이르 산을 자치하라고 주었고"라고 예호슈아 24:4 에 나오는 것처럼 쎄이르 산을 통치하고 있었기에 야아코브는 에싸브의 군대를 물리칠 희망으로 힘의 속성에 뿌리를 둔 천사들을 보낸 것이었습니다.

야아코브가 그의 형과 어떤 관계를 맺고 있는지 한 번 보겠습니다: 야아코브는 에싸브를 '나의 주인님'이라고 불렀는데, 이는 에싸브가 완전히 사악하지는 않았다는 것을 암시하며, 그는 분명 몇 가지 긍정적인 특성을 갖고 있었기에 그가 이쯔학크의 아들이라고 말하기에 충분했습니다. 그는 아버지를 공경해야 한다는 계명을 완수했는데, 이것은 확실히 그의 안에 내재된 '좋음'의 산물이었고, 야아코브는 그런 에싸브를 자기의' 주인'이라 부름으로 그의 좋은 면에 자신을 복종시켰습니다. 그러나 야아코브는 에싸브의 '긍정적인 면'에만

파라샤트 바이슐락흐 / פרשת וישלח

빚을 진 것을 분명히 했습니다.

야아코브는 32:5 에서 "라반과 함께 지내면서"라고 에싸브에게 말했습니다.

유대 현인들은 이 '지내면서'에 대해 가르티(גרתי – 토라의 계명 수와 같은 '613'과 같은 숫자값)라는 단어를 사용함으로써 야아코브가 에싸브에게 그가 라반의 집에서 여러 해를 보냈음에도 불구하고 여전히 613 개 계명을 지켜낼 수 있었다고 말합니다. 이것이 에싸브에게 어떤 의미가 있었을까요?

야아코브와 에싸브는 창조의 특정 측면을 바로잡기 위해 각각 이 세상에 배치되었는데, 야아코브의 의미는 거룩함의 측면을 바로잡는 것이었고, 에싸브의 임무는 불결함과 싸워 악한 성향을 굴복시키는 것이었습니다. 그런데 에싸브가 '악의 길'을 선택하고 그의 임무를 무시했을 때, 야아코브는 그의 임무도 함께 도맡아야 했습니다. 그렇기에 야아코브는 라반의 집으로 가서 그 일을 성취해야 했던 것입니다. 야아코브는 결코 라반에게 '의도적으로' 가서 자신을 영적 시험에 빠뜨린 게 아니었습니다. 왜냐하면 유대 현인들도 그것이 '금지된' 것이라 가르칠 정도이기 때문입니다. 오히려 하쉠께선 그가 어머니의 명령에 따라 에싸브로부터 도망쳐 라반에게 가야만 하는 사건들을 설계한 것이었습니다. 그러나 야아코브는 하쉠께서 어떤 일을 성취시키기 위해 인간을 어떤 상황에 두신다는 것을 이해했기에 이것이 우연이 아니라는 걸 알고 견뎠습니다. 야아코브는 원래 에싸브에게 맡겨졌던 목적을 달성하기 위해 자신이 그곳에 배치되어야만 한다는 것을 이해했습니다. 이것이 야아코브가 에싸브에게 보낸 "라반과 함께 지내면서"라는 메시지인 것입니다: '당신(에싸브)이 그 목적을 이루지 못했다고 해서 그것이 이루어지지 않았다고 생각하지 마라. 나(야아코브)는 라반의 집에 가서 그를 강제로 복종시켰다.'

게다가 야아코브가 라반의 집에 머물렀다고 언급한 것은 악을 굴복시키기 가장 좋은 방법이 그 노력 가운데서 '이전의 성공'을 언급하는 것이기 때문이었습니다: '나는 라반과 함께 악의 세력을 물리쳤고, 당신의 세력도 또한 물리칠 것이다.' 그리고 이것이 바로 유대인들이 이집트에서 탈출한 것에 대해 매일 언급하는 이유이기도 합니다.

이스라엘 아들들이 이집트에 있었을 때 그들은 악한 성향의 손에 걸려들어 불결함에 젖어 있었습니다.

이스라엘이 그 불결함으로부터 벗어나 극복할 수 있었던 건 하쉠의 구속을 통해서였습니다. 불결한 자들의 이 패배는 너무나도 커서 이스라엘 아들들이 다시는 그 불결한 자들에게 그때처럼 빠져드는 상황은 없을 것입니다. 이스라엘은 비록 불결한 것들을 완전히 근절하지도 않았고 여전히 끊임없는 싸움을 하고 있지만, 하쉠께선 날마다 이집트로부터의 탈출을 기억하라고 명령합니다. 불결한 자들의 그러한 몰락을 언급함으로써 그것은 매일의 지속적인 전투로부터 불결한 힘을 약화시키는 역할을 해줍니다.

הַצִּילֵנִי נָא מִיַּד אָחִי מִיַּד עֵשָׂו כִּי־יָרֵא אָנֹכִי אֹתוֹ פֶּן־יָבוֹא וְהִכַּנִי אֵם עַל־בָּנִים:

"저를 제 형 에싸브의 손으로부터 부디 구해주십시오. 이는 그가 와서 저를, 그리고 어머니와 아들들을 칠까봐 두렵기 때문입니다." (베레쉬트 32:12)

야아코브는 에싸브를 만나기 전에 하쉠께 그를 구해줄 것을 간구합니다. 야아코브는 왜 '제 형/에싸브의 손으로부터'라고 겉보기에 중복되는 방식으로 강조했던 걸까요? 우리는 이미 에싸브가 야아코브의 형이라는 걸 알지 않나요?

에싸브는 야아코브보다 부모를 더 공경했던 자였습니다. 야아코브는 그 계명에 대한 자격이 에싸브에게 유리하게 작용해 그가 야아코브를 제압하는 데 도움이 될 지 모른다고 두려워했습니다. 이것은 '제 형'이라는 단어에서 암시되는데, 이는 그가 자기의 형이기에 같은 아버지를 공유한다는 것과 아버지를 공경하는 측면에서 그가 더 뛰어났다는 것을 의미합니다. 야아코브는 거기다 에싸브가 할례를 받았다는 추가적인 자격이 그를 보호할 것이라고 두려워했습니다.

그런데 '이는…두렵기 때문입니다'라는 말에서, 만약 야아코브가 하쉠께 자신을 구해달라고 요청했다면 그가 그를 [육체적인 힘의 면에서] 두려워했다는 것은 분명하지 않나요?

'이는 내가 두렵기 때문입니다 (כי ירא אנכי אתו)'라는 글자에서 '내가 그를(אנכי אתו)'이란 것은 '내가 그의 표징을(אנכי את-ו)'이란 의미로도 이해할 수 있는데, 할례는 하쉠과 유대 민족 사이의 표징(אות)이기에 가질 수 있던 이유로 인한 두려움이었습니다.

그러나 야아코브는 에싸브의 임박한 공격에 괴로워하느라 한 가지 간과한 게 있었는데, 바로 그가 에싸브보다 부모를 공경하는데 있어 더 큰 자격을 지니고 있었다는 것입니다. 야아코브가 비록 여러 해를 부모의 곁을 떠나 있었기에 '매일' 그들에 대한 계명을 행할 수 없었다고는 하지만 그는 부모의 지시를 따라 떠난 것이며 그것은 하쉠께 받아들여진 것이기 때문입니다. 야아코브는 처음에는 이것을 기억하지 못했지만 기도 중간에 기억해냈고, 때문에 이렇게 결론 짓습니다:

וְאַתָּה אָמַרְתָּ הֵיטֵב אֵיטִיב עִמָּךְ וְשַׂמְתִּי אֶת־זַרְעֲךָ כְּחוֹל הַיָּם אֲשֶׁר לֹא־יִסָּפֵר מֵרֹב:

"그리고 당신께서 말씀하셨습니다. '내가 반드시 너를 좋게 할 것이며 너의 자손을 바다의 모래처럼 셀 수 없이 많게 할 것이다.'" (베레쉬트 32:13)

그런데 하쉠께선 파라샤트 바예쩨에서 야아코브의 사다리 환상 가운데 '네 자손이 그 땅의 흙처럼 될 것이다 (베레쉬트 28:14)'라고 약속하셨는데 어떻게 된 것일까요?

구절에서 야아코브가 언급한 것은 자신에게 주어진 약속에 대해서가 아닌 아브라함에게 주어진 축복에 대한 언급이었습니다. 이쯔학크는 야아코브에게 '그가 너(야아코브)와 너와 함께 있는 너의 자손에게 아브라함의 축복을 주실 것이다…' (베레쉬트 28:4)라고 약속했기 때문입니다. 야아코브는 그렇게 진실을 말했습니다. 그는 그의 자손이 바다의 모래와 같을 것이라는 약속을 받았습니다.

그래도 여전히 궁금한 점이 있습니다. 하쉠께서 그에게 꿈에서 나타나 '땅의 흙처럼 될 것이다'라고 하신 약속은 충분한 것이 아니었나요?

에싸브의 힘을 통제하기 위해서 야아코브는 '바다의 힘을 제지시키는' 바닷가의 모래와 같은 축복을 필요로 했습니다. 때문에 야아코브는 바다의 모래에 대한 축복의 특성이 깨어나 에싸브의 힘을 억제할 수 있기를 기도했습니다.

파라샤트 바예셰브 (베레쉬트 37:1 – 40:23)

וַיֹּאמְרוּ לוֹ אֶחָיו הֲמָלֹךְ תִּמְלֹךְ עָלֵינוּ אִם־מָשׁוֹל תִּמְשֹׁל בָּנוּ וַיּוֹסִפוּ עוֹד שְׂנֹא אֹתוֹ עַל־חֲלֹמֹתָיו וְעַל־דְּבָרָיו:

"그의 형들이 그에게 말했다. '너가 우리 위에 왕이 된다는 것이냐? 너가 우리를 다스린다는 것이냐?' 그리고 그들이 그의 꿈들과 그의 말들 때문에 더욱 더 그를 미워했다." (베레쉬트 37:8)

파라샤트 바예셰브에서 요쎄프의 꿈에 대한 형들의 반응은 이러했고, 파라샤는 계속해서 형들이 요쎄프를 데려가 그를 죽이려고 고려하기도 했으며, 결국엔 그를 노예로 팔아넘기는 것까지 얘기합니다. 그런데 이것은 이스라엘의 거룩한 지파들인 야아코브의 아들들에 관해 얘기하고 있다는 것을 이해해 볼 때 실로 매우 어려운 내용입니다. 그들은 분명 의로운 이들이라 하지 않았나요? 어떻게 이런 위대한 의인들로부터 이런 행동이 나올 수 있단 말입니까?

그러나 사실 형제들에겐 악의가 없었으며, 그들은 심지어 요쎄프가 모든 것의 '기초'를 이루는 예쏘드(יסוד)의 속성에 뿌리를 두는 자라는 것을 알고 있었습니다. 예쏘드는 그 안에 모든 면에서 더 높은 영적 수준을 포함하는 속성이었기에, 요쎄프는 당연히 모든 형제들의 영적 수준을 포함하는 자였습니다. '왕'이 될 자는 백성 전체를 대표해야 하기 때문에 그러한 특성을 지닌 영이 필요한 것입니다. 요쎄프는 기초/기반에 뿌리를 둔 자였기에 그의 형제들을 다스릴 수 있는 능력을 지닐 수 있었습니다.

그러나 요쎄프의 형들은 요쎄프의 왕권이 하쉠께서 정한 세상의 질서에 깊이 박혀 있다는 것은 알면서도 그 때는 아직 무르익지 않았다고 느꼈습니다. 요쎄프의 기초의 뿌리가 이전 세대들의 죄들로 인해 흠이 있음을 느껴온 겁니다. 그들은 그 흠이 이집트로 유배를 가야 하는 것을 통해서만 고쳐질 것이라는 걸 이해하고 요쎄프가 때 아니게 나서는 모습에 대해 반대한 것이었습니다. 그들의 눈에 요쎄프는 '잘못된 시기'에 나서고 있었고, 세상에 대한 하쉠의 질서를 왜곡하는 것처럼 보였습니다. 이 점이 바로 위대한 의인들이 요쎄프가 '통치자'로서 전면적으로 나서려는 어떠한 조치에 대해 그토록 단호히 막으려고 반대하고 노력한 이유였습니다.

물론 요쎄프는 이에 동의하지 않았으며, 자신의 통치를 위한 때가 실제로 무르익었다고 느꼈습니다. 그러나 그것은 그의 착각으로, 실제로 그의 영적 뿌리는 아직 완전히 고쳐지지 않은 상태였습니다. 그리고 이러한 것은 요쎄프가 이집트에서 통치권을 얻었을 때도 '제한된 의미'에서만 통치하게 된 이유이기도 했습니다. 그의 영적 뿌리는 여전히 흠이 남아있기에 '불결한 것들에게 복종하는' 파르오의 다음을 잇는 두 번째 명령자가 될 수밖에 없었습니다.

토라는 요쎄프의 왕권을 암시해 주는 그의 두 가지 꿈을 설명합니다. 그런데 그는 왜 두 번째 꿈을 꾸고 나서야 첫 번째 꿈을 아버지에게 알리고자 기다렸던 것일까요?

유대 현인들은 반복되는 꿈은 성취된다고 가르쳐줍니다. (그마라 베락호트 55b) 꿈은 앞으로 일어날 일에 대한 계시일 때도 있으나 거기엔 종종 장애물이 있는데, 그 꿈이 '긍정적'이라면 악한 영향에 의해 질투를 받게 되고, 그 악한 힘은 그 사람에 대한 비난이 가해지게 함으로 그의 꿈이 '영의 세계'에서 '물리적 세계'로 내려가 이루어지는 것을 허용하지 않습니다. 그러나 그 꿈이 반복된다면 악한 영향이 이루려는 성취는 방해되며, 더 이상 모든 장애물은 영향을 주지 않게 됩니다. 그렇게 첫 번째 꿈은 요쎄프의 왕권을 드러내는 것이었으며, 두 번째 꿈은 악한 영향으로 인한 장애물을 제거해주는 역할을 했습니다. 그래서 두 번째 꿈을 꾼 후에도 요쎄프에 대한 많은 비난은 남아 있었지만, 그것은 그에게 아무 소용이 없었고 그는 실제로 통치자가 될 수 있었습니다.

요쎄프는 그 꿈 때문에 아버지가 화를 낼까 두렵기도 해서 꿈의 내용을 그에게 알리지 않았습니다. 요쎄프는 야아코브의 말에 대한 엄청난 힘을 알고 있었기에 형제들에게 "제가 꾼 이 꿈을 들어보세요"라고 베레쉬트 37:6 에서 얘기하면서, 만약 야아코브의 반응을 처음의 꿈에 대입했다면 그 꿈은 무효화되었을 수도 있다는 것을 알았습니다. 그러나 요쎄프에게 주어진 '반복된 꿈'은 그것을 굳건하게 해주었으며, 그것이 거부될 것이라는 두려움을 제거해 주었습니다.

וַיַּרְא־שָׁם יְהוּדָה בַּת־אִישׁ כְּנַעֲנִי וּשְׁמוֹ שׁוּעַ וַיִּקָּחֶהָ וַיָּבֹא אֵלֶיהָ: וַתַּהַר וַתֵּלֶד בֵּן וַיִּקְרָא אֶת־שְׁמוֹ עֵר: וַתַּהַר עוֹד וַתֵּלֶד בֵּן וַתִּקְרָא אֶת־שְׁמוֹ אוֹנָן: וַתֹּסֶף עוֹד וַתֵּלֶד בֵּן וַתִּקְרָא אֶת־שְׁמוֹ שֵׁלָה וְהָיָה בִכְזִיב בְּלִדְתָּהּ אֹתוֹ:

"그리고 예후다는 그곳에서 크나안 사람의 딸을 보고 [그의 이름은 슈아다] 그녀를 취해 그녀에게 들어왔다. 그녀가 임신해 아들을 낳았다. 그는 그의 이름을 에르라고 불렀다. 그리고 그녀가 또 임신해 아들을 낳았다. 그녀는 그의 이름을 오난이라고 불렀다. 그리고 그녀가 또 아들을 낳으며 그녀가 그의 이름을 쉘라라고 불렀다. 그녀가 그를 낳았을 때 그는 크지브에 있었다." (베레쉬트 38:2-5)

토라에 기록된 대로 예후다는 거룩함에 반하는 불결함의 근원인 크나안 사람들로부터 아내를 취합니다. 그러나 예후다는 자신의 방식에 오류가 있음을 깨닫고서 크나안 여성과의 결혼으로부터 긍정적인 결과가 나오지 않을 것에 대해 두려워했습니다. 거기엔 이름에 영향이 있다는 것을 알고(베라호트 7b) 그의 첫 아들은 문자 그대로 '깨어 있다'를 의미하는 에르(ער)로 짓습니다. 그 아들이 '깨어나' 모든 거룩함과 순결함에 반응하길 바랐기 때문입니다. 예후다는 그 이름이 크나안 여인으로부터 태어난 것에 대한 부정적 영향을 상쇄해줄 것을 바랐습니다. 그러나 불행하게도 그가 시도한 것은 그 여인에 의해 아이에게 심어진 악이 그의 아버지로부터 받은 뿌리보다도 강한 영향을 미쳤기에 실패했습니다. 에르라는 이름은 그때부터 '악'을 의미하는 라(רע)로 뒤집어졌습니다.

וַיְהִי עֵר בְּכוֹר יְהוּדָה רַע בְּעֵינֵי יְהֹוָה וַיְמִתֵהוּ יְהֹוָה:

"그리고 이렇게 되었으니, 예후다의 장자 에르(ער)가 하쉠의 눈에 악(רע)했다. 하쉠께서 그를 죽이셨다." (베레쉬트 38:7)

예후다는 애도 상태에 빠졌습니다. 그리고 두 번째 아이가 애도 상태에서 임신되었다는 걸 알고 난 예후다의 아내는 아들의 이름을 오난이라고 지었습니다. 애도 기간에 맺어지는 관계에선 좋은 아이가 나오지 않습니다. 행복은 '순수한 영혼'을 낳는데 있어 필수 조건이기 때문입니다. 따라서 두 번째 아들도 형과 같은 악한 특성을 지니고 태어났습니다.

둘째 아들도 악하다는 것을 알게 된 예후다는 '장소를 바꾸면 행운이 있을 것'이라고 생각하여 크지브로 이주하기로 했습니다. 이것은 행운에 변화를 주며 애도의 감정을 달래고자 하는 의도였습니다. 예후다는 실제로 그 새로운 곳에서 두 가지의 더 나은 성과를 거두었는데, 첫째로는 위치의 변화가 앞서 언급했듯 그에게 긍정적 영향을 미쳤고, 두 번째는 그의 아내 속의 악이 이미 처음의 두 아들로 인해 소멸되었다는 것입니다. 때문에 셋째 아들이 태어났을 땐 그녀도 그러한 교정의 과정을 거쳐 아이 또한 교정된 상태로 태어났습니다.

그런데 크지브(כזיב)의 의미를 알면 그 장소로 옮겨간 것이 어떻게 더 나은 변화를 불러올 수 있었는지 궁금하지 않을 수 없습니다. 크지브는 '거짓'이란 의미이기 때문입니다. 거짓과 관련된 이름을 가진 장소에서 어떻게 '진실의 씨앗'을 생산할 수 있었던 것일까요?

사실 그것은 예후다를 위한 위대한 바로잡음으로써 거짓에 위치한 불결함을 [거짓으로] 속이는 데 성공한 것이었습니다. 불결함은 그 장소의 이름이 셋째 아들을 붙잡는 걸 더 쉽게 해줄 것이라 여겼습니다. 그러나 토라는 셋째인 쉘라의 탄생에 대해 하쉠의 이름과 같은 글자로 구성된 베하야(והיה)라는 표현을 들며 그 아이가 자궁에서부터 '바로잡힌' 상태로 나오도록 보장했고, 불결함의 편을 들지 않는 이로 태어날 수 있었습니다.

예후다는 맏아들의 악함을 깨닫고 타마르라는 의로운 여자를 아들에게 아내로 삼게 했습니다. 여자는 종종 남자에게 큰 영향을 끼쳐 그를 올바른 길로 인도할 수 있기 때문입니다. 타마르(תמר)라는 이름은 다음의 구절에서도 표현하듯이 그녀의 의로움을 증거해 주었습니다:

צַדִּיק כַּתָּמָר יִפְרָח

"의인은 대추야자(타마르)처럼 번성하고…" (트힐림 92:13)

그러나 이것은 아무 소용이 없었는데, 에르의 타락함은 아내가 임신함을 막음으로써 처음부터 죄를 지었기 때문이었습니다. 그는 출산을 하게 된다면 아내의 아름다움이 줄어들게 될까 두려운 마음에 그랬습니다. 타마르는 오난에게 넘겨졌지만 그 역시도 악에 뿌리를 둔 것으로 죽은 형을 위해 바로잡을 생각을 하는데 관심을 두지 않았습니다.

파라샤트 미케쯔 (베레쉬트 41:1 – 44:17)

파르오는 왜 "파르오가 요쎄프의 이름을 '짜프나트 파네악흐'라고 불렀다…"라고 베레쉬트 41:45 에서 말한 것처럼 요쎄프의 이름을 바꿀 필요를 느꼈을까요?

파르오는 요쎄프를 백성들의 전면에 세우면서 자신의 백성들이 그를 '노예 요쎄프'로서 연관 짓지 않기를 원했기 때문이었습니다. 파르오는 자신의 백성들이 단순히 '한 노예'였던 자가 그들을 다스리고 있다는 사실을 깨달아 그(파르오)에 대해 반란을 일으킬까 두려워했습니다.

그러나 그 이름의 부여 뒤엔 하늘에서 정한 다른 이유도 있었는데, 첫째로는 요쎄프의 운의 변화무쌍함이 얼기설기 얽혀 있던 이유로 이름의 변경을 필요로 했던 것이 있습니다. 사람의 이름은 그 사람의 특정한 운을 암시하기 때문에 운이 바뀐다면 그 사람의 이름도 새로운 운을 반영하도록 바뀌어야 하기 때문이었습니다. 그와 유사한 개념에 대해 그마라 로쉬 하샤나 16b 에서 라브 이쯔학크는 '하늘로부터의 악한 선고문을 찢어버릴 수 있는' 네 가지를 소개하는데, 그것은 자선, 하늘에 외치는 기도, 그리고 자신의 행동을 바꾸는 것과 자신의 이름을 바꾸는 것입니다. 그리고 두 번째 이유는 요쎄프의 형들이 요쎄프에게서 먹을 것을 구하기 위해 이집트로 내려가야 하는 운명 때문이었습니다. 그가 만약 '요쎄프'라는 이름을 유지했다면 그들은 곧바로 그들이 노예로 팔았던 자기들의 동생을 그로 인식할 수 있었기 때문이었습니다. 요쎄프가 왕이 되었던 것은 그의 형제들이 언젠가 그에게 절할 것이라는 그의 꿈의 성취였는데, 하쉠께선 그들이 요쎄프를 노예로 판 것으로 인한 여러가지 시련과 환난을 겪게 하시고자 이 사실을 그들에게 숨기길 원한 것이었습니다.

그리고 이 두 번째 이유가 바로 새로운 이름인 "짜프나트 파네악흐(צפנת פענח)"라는 이상해 보이는 이름을 선택한 것을 설명해 줄 수 있습니다. '짜프나트'라는 단어는 '왕관'이라는 뜻의 케테르(כתר)와 같은 숫자값을 가지며, '파네악흐'라는 단어는 '머리/정수리'를 의미하는 카드코드(קדקד)와 같은 숫자값을 가집니다. 베레쉬트 49:26 절에서 야아코브가 요쎄프를 축복할 때 이 '카드코드'라는 단어를 사용한 것처럼, 요쎄프는 그의 머리에 왕관을 받을 자격이 있었습니다.

그런데 41:42 에서 요쎄프는 왕의 의복의 많은 요소들을 받았으나 한 가지 빠졌던 것이 '왕관'이었고, 그는 나라에서 '두 번째'로만 큰 사람이 된 것인데 왜 그에게 '왕관을 받은 자'라는 것을 암시하는 이름이 주어진 것일까요?

하쉠께선 육적인 왕관보다 더 중요한 영적인 왕관으로 육체적 왕관의 부족함을 채워 주셨는데, 따라서 그의 이름은 파르오의 머리에 남은 물리적인 왕관을 암시하는 것이 아니라 영적인 왕관을 암시하는 것이었습니다. 영적인 왕관은 매우 높은 것이며 사람의 이해로부터는 숨겨져 있는 것입니다. 따라서 그에게는 앞에서 지적한 바와 같이 '왕관'이라는 숫자값을 갖는 '짜프나트'라는 이름이 주어진 것입니다. 그래서 토라를 아람어로 번역해 낸 온켈로스는 실제로 이 '짜프나트 파네악흐'라는 단어를 번역할 때 '숨겨진 것이 드러난 사람'이라는 의미로 번역했습니다. 요쎄프가 이집트를 완전히 통치하는 것은 하늘이 그에게 부여한 영적인 왕관이 있었기 때문에 가능했습니다.

이제 파르오의 다음 절차는 베레쉬트 41:45 에서처럼 '우상 숭배 제사장'의 딸과 결혼시키는 것이었습니다. 그녀가 요쎄프를 '이집트의 종교'로 개종시켜야 하는 목적을 지녔다는 미드라쉬는 그녀가 '온의 제사장'의 딸이라는 토라의 강조에서 확인할 수 있습니다. 요쎄프가 이집트 우상들의 길을 따른다면 이집트인들은 '이브리(히브리인)'가 그들을 다스린다고 불평할 필요가 없을 것이기 때문이었습니다. 그러나 하쉠께선 그 제사장이 딸을 요쎄프라는 의인에게 줄 때, 악한 영향이 거룩함에 굴복하도록 그 행위를 '좋음'으로 바꿔주셨습니다. 우리는 후에 미드얀의 우상 숭배 제사장이었던 이트로가 자기의 딸 찌포라를 모세에게 줄 때도 이 사실을 발견할 수 있는데, 그렇게 이 의로운 여인은 '요쎄프의 신앙'을 따라 두 거룩한 지파의 어머니가 되며 파르오의 계획을 좌절시킵니다. (41:50 에서 한 번 더 강조되는 '온의 제사장 포티 페라의 딸'이라는 토라의 강조 문구 참고)

남성은 '여성'이라는 짝이 없으면 그의 기초/근간이라는 속성이 완전한 영적 잠재력과 통치라는 능력에 도달하지 못합니다. 그렇기에 하쉠께선 요쎄프가 그 속성을 '땅에서 대표자가 되는 존재'로서 통치를 본격적으로 시작하기 전에 결혼을 하게 하여 '완전한 수준'에 도달하도록 그의 사건을 설계하셨습니다.

וַיֵּצֵ֣א לִבָּ֗ם וַיֶּחֶרְד֞וּ אִ֤ישׁ אֶל־אָחִיו֙ לֵאמֹ֔ר מַה־זֹּ֛את עָשָׂ֥ה אֱלֹהִ֖ים לָֽנוּ׃

"...그들의 마음이 나가서 서로에게 떨었다. 이르기를, "엘로킴께서 우리에게 행하신 이것이 무엇인가?"" (베레쉬트 42:28)

이것은 그들이 자루를 열었을 때 이집트인들에게 지불했던 돈을 도로 발견한 형제들의 반응이었습니다. 토라는 그들의 반응을 문자 그대로 '그들의 마음이 나갔다'라고 묘사합니다. '그들의 마음이'(לבם)라는 단어는 친절(חסד)의 숫자값인 72 와 동등합니다. 형제들은 여기서 친절이 속성이 사라져 지금 일어나는 일이 '심판의 속성의 결과'라고 잘못 믿고 있었습니다. 때문에 형제들은 '엘로킴(심판의 속성의 상징)께서 우리에게 행하신 이것이 무엇인가?'라고 말한 것입니다. 그들은 이것이 다음과 같이 강조하는 하쉠의 섭리에 반하는 것이라고 보았습니다:

וּלְךָ־אֲדֹנָ֥י חָ֑סֶד כִּֽי־אַתָּ֥ה תְשַׁלֵּ֖ם לְאִ֣ישׁ כְּֽמַעֲשֵֽׂהוּ׃

"친절은 주님에게 있으니 당신은 사람이 그가 행한대로 따라 갚으십니다." (트힐림 62:13)

그들은 하쉠께서 왜 그들에 대한 섭리를 지우고 비유대인들에게 '잘못한 사람들'로 의심받게 하는지 이해하지 못했습니다. 유대 현인들은 잘못한 사람으로 의심받는 이에 대해 다음과 같이 가르칩니다: '사람은 무언가를 하지 않는 한 의심받지 않는다. 그가 아무것도 저지르지 않았다면 그는 그중 일부를 한 것이며, 그가 일부를 하지도 않았다면 그는 그것을 하려고 생각한 것이고, 그가 그런 일을 하려고 생각하지도 않았다면 그는 다른 이가 그 일을 하는 것을 보고 기뻐했기 때문이다.' (모에드 카탄 18b)

그러나 거룩한 지파들은 분명 정직했으며, 식료품 값을 지불하지 않겠다는 생각조차 하지 않았습니다. 그렇다면 왜 더더욱 하쉠께서 그들을 이집트인들에게 의심받게 하셨을까요? 그러나 이것은 요쎄프의 집 관리인이 말한 말에서 그 이유가 드러났습니다:

אֱלֹֽהֵיכֶ֞ם וֵֽאלֹהֵ֤י אֲבִיכֶם֙ נָתַ֨ן לָכֶ֤ם מַטְמוֹן֙ בְּאַמְתְּחֹ֣תֵיכֶ֔ם

"...당신들의 엘로킴, 그리고 당신들 아버지의 엘로킴께서 당신의 자루들 안에 보물을 주셨습니다…" (베레쉬트 43:23)

그들은 이제 그것이 그분의 신성한 섭리임을 알았으며, 잘못을 저질렀다는 의심을 위한 것이 아님을 알게 되었습니다.

'그들의 마음이 나가서'라는 것은 또 다른 관점에서도 설명할 수 있습니다. 형제들의 '마음'은 그들에게 머물렀던 거룩함을 암시합니다. 그들의 걱정은 그들에게 임했던 성령을 떠나게 했습니다. 유대 현인들은 성령이 '행복한 상태에 있는 사람'에게만 머물 수 있음을 가르칩니다. 이것이 그들의 마음이 나갔다는 의미입니다.

거룩한 영이 떠났다는 것을 깨달았을 때 그들은 갑자기 '서로에게 떨었'습니다. 두려움은 심판의 속성의 결과로, '나간 마음'은 두려움으로 떨리는 상태를 불러오는 심판의 속성으로 대체되었다는 것을 의미합니다. '엘로킴께서 우리에게 행하신 이것이 무엇인가?'라는 질문에서 그들이 이해하지 못했던 것은 그들의 걱정으로 인해 친절의 속성이 떠나가 심판의 속성을 통해 떨림으로 대체되었다는 것이었습니다.

파라샤트 바이가쉬 (베레쉬트 44:18 - 47:27)

베레쉬트 45:1 에서 "요쎄프가 더 이상 참을 수 없어서 그의 옆에 서 있는 모든 자들에게 소리쳤다…"라고 얘기한 바처럼, 요쎄프는 다른 사람들이 모두 그 자리를 떠날 때까지 형제들에게 자신의 신분을 밝힐 수 없었습니다.

토라의 단어 선택을 한 번 이해해 보겠습니다: 첫째로, 이 구절이 "요쎄프가 더 이상 원하지 않고"라고 하지 않고 "요쎄프가 더 이상 참을 수 없어서"라고 하는 점으로, 요쎄프가 자신을 억제할 수 없었다는 걸 암시한다는 점에 유의해야 합니다. 그는 분명 자신의 신분을 형제들에게 밝힐 것을 주저하지 않았습니다. 그리고 둘째로 토라는 왜 문자 그대로 그의 위에 서 있는 모든(כל הנצבים עליו) 사람들에게 앞에서 물러나라고 하는 것일까요? 표현으로는 오히려 "그의 근처에 서 있는 모든"(לכל העומדים אצלו)이라고 해야 하지 않았을까요? '그의 위에(עליו)'라는 말은 무슨 뜻일까요?

우리는 코헬레트 3:1 에서와 같이 하쉠의 신성한 섭리로 이끌어지는 이 세상에서 모든 사건은 특정한 시간과 장소를 가진다는 것을 알 수 있습니다. 요쎄프는 형제들에게 자신의 신분을 숨길 때가 있었으며, 자신의 정체를 드러내야 할 때가 있었습니다. 하쉠의 섭리는 '아래에 있는 사람들'을 인도해 줄 영적인 빛을 그들의 위에 두심으로 그분의 뜻을 따르게 하십니다. 하쉠의 계획에 따라 요쎄프가 자신의 진정한 정체성을 드러내야 할 때가 되었을 때, 영적인 빛은 그의 정체가 숨겨져야 했던 기간 동안 그를 막았던 방식처럼 이번엔 그를 그렇게 하도록 밀어붙였습니다. 그렇기에 이 구절은 '요쎄프가 자기 위에 서 있는 모든 자들 앞에서 견디지 못하여(참을 수 없어)'라고 말하고 있습니다. 그의 위에 서 있는 영적인 빛이 그의 신분을 드러내기 위해 위에서 그를 밀어내어 자신의 정체를 밝히는 것을 참을 수 없었던 것입니다.

요쎄프는 이러한 영적인 빛이 자기로 하여금 자신의 정체성을 드러내도록 압력을 가함을 깨달았을 때 즉시 그에 따르기로 동의하고 다음과 같이 말합니다: "모든 사람은 내 앞에서 물러가라!" 이것은 그의 가운데서 불결한 이집트인들이 남아있지 않도록 하려는 것이었는데, 형제들과 요쎄프의 거룩한 지파적 연합이 이루어 질 때 큰 영적인 빛이 나타날 것이기 때문이었습니다. 어떤 불결한 자들도 이 위대한 연합의 위대한 영적인 빛으로부터 혜택을 받지 못하도록 제거되어야만 했던 것입니다.

וַיְשִׂימֵנִי לְאָב לְפַרְעֹה וּלְאָדוֹן לְכָל־בֵּיתוֹ וּמֹשֵׁל בְּכָל־אֶרֶץ מִצְרָיִם:

"…그리고 그가 나를 파르오의 아버지로, 그의 모든 집의 주인으로, 미쯔라임 온 땅을 다스리는 자로 두셨습니다." (베레쉬트 45:8)

이 말은 요쎄프가 형들에게 자신을 밝힌 직후에 나온 것입니다. 이것은 꾸지람이 아니었고, 그들에게 자신들의 행동으로 인해 괴로워하지 말라는 위로의 말이었습니다. 요쎄프는 자신이 이집트에 노예로 팔리지 않았다면 자신에게 일어난 모든 좋은 일, 즉 많은 사람들이 혜택을 보게 된 좋은 일들이 결코 일어나지 않았을 것이라고 설명했습니다.

유대 현인들은 '자격은 합당한 사람을 통해서 이루어진다'고 가르칩니다. (그마라 샤바트 32a) 요쎄프가 권력을 잡고 흉년이 들던 때에 야아코브와 그의 가족에게 구원을 가져다준 것은 (음식을 사러 온) 형제들을 통해서였습니다. 그들은 분명 하쉠의 눈에 의로웠습니다.

요쎄프는 구절에서 하쉠께서 그를 위해 행한 모든 일을 자세히 설명합니다. 그런데 요쎄프가 자신을 '파르오의 아버지'라고 소개했던 것은 무슨 의미였을까요? 사실 파르오는 그에 대해 다음과 같이 명확히 말했었습니다:

אַתָּה תִּהְיֶה עַל־בֵּיתִי וְעַל־פִּיךָ יִשַּׁק כָּל־עַמִּי רַק הַכִּסֵּא אֶגְדַּל מִמֶּךָּ:

"너가 내 집 위에 있을 것이고 너의 입에 따라 나의 모든 백성이 다루어질 것이다. 오직 의자로서만 내가 너보다 클 것이다." (베레쉬트 41:40)

이것은 요쎄프가 파르오에게 '아버지가 아들에게 하듯' 행동했다는 것을 보여줍니다. 그는 파르오를 지켜보며 모든 문제에 대해 조언해 주었습니다. 그런데 그렇다면 파르오는 왜 '오직 의자로서만 내가 너보다 클 것이다'라고 했는지 궁금할 수 있습니다.

파르오는 자신의 위상을 낮추고 싶어하지 않았지만 실제로는 요쎄프에게 왕국과 관련된 모든 문제에 대한 통치권/통제권을 주었고, 실로 이보다 더 큰 영예는 없었습니다. 더 깊은 의미에서, '아버지'라는 용어는 지혜와 관련을 가집니다. 그는 요쎄프가 나타나 깨우쳐 줄 때까지 자신의 꿈에 대한 해석이나 통치에 관한 어떤 것도 이해하지 못했을 정도로 무지했습니다.

요쎄프가 자신을 '모든 집의 주인'으로 칭하는 것은 파르오의 가족 구성원조차도 모든 필요를 위해 요쎄프에게 와야 했다는 사실을 가리킵니다. 요쎄프가 왕의 반지를 소유하고 있다는 것은 그가 없이는 아무것도 할 수 없다는 것을 의미했습니다. 더 깊은 의미에서 이것은 파르오의 집안을 특정해 가리키는 것이며, 요쎄프의 통치의 거룩함에 복종하는 수많은 수준의 불결함을 나타냅니다. 때문에 요쎄프는 '이집트 온 땅을 다스리는 자'로 불렸는데, 모든 것이 그가 대표하는 거룩함의 통제에 맡겨졌기 때문이었습니다.

야아코브는 파르오를 떠나기 전에 축복을 했습니다.

וַיְבָרֶךְ יַעֲקֹב אֶת־פַּרְעֹה וַיֵּצֵא מִלִּפְנֵי פַרְעֹה׃

"야아코브가 파르오를 축복하고 파르오 앞에서 나갔다." (베레쉬트 47:10)

유대 현인들은 미드라쉬에서 야아코브가 파르오에게 '나일 강이 솟아올라 땅에 물을 공급할 것'이라 축복했다고 가르쳐 주는데, 그는 왜 파르오에게 그런 축복을 해주었던 것일까요? 그는 파르오에게 장수나 부유함, 또는 파르오가 관심을 가질만한 많은 것들에 대해 축복해 줄 수도 있지 않았을까요?

이 축복의 본질을 이해하려면 먼저 이집트의 영적 뿌리를 파헤쳐 보아야 합니다. 영적인 영역에서, 이집트는 '친절'이라는 하쉠의 속성으로부터 자양분을 공급받았습니다. 우리는 나일 강이 이집트에 뿌리를 내림으로 인해 이러한 친절이 표현된다는 것을 알 수 있습니다. 물은 사람과 동물, 식물에게 생명을 줍니다. 이것은 하쉠께서 직접 세상에 주신 생명의 원천이며, 세상에서 가장 명백히 드러나는 하쉠의 친절 행위 중 하나입니다. 그래서 나일 강의 범람은 그들에게 영적인 뿌리로서 친절함, 강인함 및 풍요로움에 대한 암시가 되어줍니다.

그런데 그 반대로 나일 강이 범람하지 않는다면 그들의 영적 뿌리가 그들에게 풍요를 제공하지 않는다는 증거가 되는 것도 사실입니다. 파르오가 꿈을 꾸었을 때 '나일 강 위에 선' 꿈을 꾸었던 것은 거기에 그의 영적 뿌리가 있었기 때문입니다. 그리고 이것이 바로 후에 있을 '나일 강이 피로 변하는 사건'에 숨은 깊은 의미로, 악인을 낮추게 하려면 질서를 뒤집는 것이 필요하기 때문이었습니다. 물이 피로 변한다는 것은 이집트의 '친절'이란 영적 뿌리가 심판을 받아야 한다는 암시를 주었습니다.

'뿌리'인 물은 그렇게 생계를 제공하는 것과 궁극적 멸망(바다가 갈라지던 것) 등 이집트의 모든 문제에서 중심적인 역할을 해 주었습니다. 그래서 파르오에 대한 야아코브의 축복은 그들의 뿌리, 즉 나일 강이 솟아올라 땅에 적셔주는 물이 그들에게 힘과 자양분을 제공해 줄 것이라는 것이었습니다.

파라샤트 바예히 (베레쉬트 47:28 – 50:26)

베레쉬트 47:28 에서 "야아코브의 날들, 곧 그의 삶의 연수(ימי יעקב שני חייו)"라는 말의 의미는 그 기간이 모두 좋았다는 의미의 토라적 표현입니다.

그런데 토라가 여기서 강조하고 싶은 것이 무엇이었을까요? 우리는 야아코브의 삶의 상당 부분이 고통으로 가득 차 있다는 것을 봐오지 않았나요?

'그의 삶의 연수'라는 단어는 실로 그 구절 자체를 그냥 무시하거나 가볍게 여기고 넘어갈 수 있겠지만, 토라는 이 문장이 '그의 생애'가 좋은 삶의 날들이었다는 것을 강조하기 위해 최선을 다합니다. 고통과 인고의 세월을 포함하는 그의 모든 세월을 '그의 삶의 연수'라고 언급함으로써, 토라는 의인의 세월이 어려운 시련과 환난을 겪었을지라도 그것들이 모두 좋은 것으로 간주된다는 것을 우리에게 가르쳐줍니다.

우리는 이 세상에서 어떤 경험을 하든 중요한 것을 붙잡고 부차적인 것은 버려야 합니다. 이 세상에서의 인간의 주된 목표는 역경 속에서도 그 길로 따라가지 않고 평생 의롭게 남도록 노력하는 것에 있으며, 이는 하쉠과의 친밀하고 긴밀한 관계를 유지하는 것을 보장하고 그의 모든 생애가 참으로 '그의 삶의 연수'가 될 것임을 보장해 줍니다. 인간이 견딜 수 있는 육체적 고통은 결코 영혼에 근본적인 고통을 안겨줄 수 없습니다. 영혼은 하쉠과의 결합을 저버리지 않기 때문입니다.

'악인들은 삶의 시간에서조차 죽은 것으로 불린다'라는 그마라 브락호트 18b 에서의 현인들의 말이 얼마나 아름다운지요!

악인은 모름지기 '하쉠과의 친밀함을 버리고 현세만을 따르는 자'입니다. 그들은 이 세상의 모든 즐거움을 누릴 수 있겠지만 그들의 삶은 '삶'이 아닙니다. 그들은 영혼의 생명에 부차적인 육체를 위해서 살 뿐입니다. 반면에 의인은 일생동안 육체적인 어려움을 경험할 수 있을지언정 그들의 삶은 '가장 기본적인 것', 즉 영혼의 생명을 유지했기 때문에 여전히 '생명'으로 불리게 됩니다.

계명을 준수해야 함(모든 비유대인인 '노아하이드' 포함 – 역자 주)을 언급하는 다음의 구절은 이 내용을 뒷받침해 줍니다:

וּשְׁמַרְתֶּם אֶת־חֻקֹּתַי וְאֶת־מִשְׁפָּטַי אֲשֶׁר יַעֲשֶׂה אֹתָם הָאָדָם וָחַי בָּהֶם אֲנִי יְהוָה:

"그리고 너희는 사람이 행하고 살아야 할 내 법들과 내 법규들을 지켜야 한다. 나는 하쉠이다." (바이크라 18:5)

이것은 분명히 영적인 삶을 의미합니다. 다른 민족들뿐만 아니라 유대 민족의 악인들도 계명을 지키지 않고 이 세상에서 살아가는 동안 엄청난 육체적 쾌락을 경험하기 때문입니다. 그렇기에 이 구절은 확실하게 육체의 생명이 아니라 영혼의 생명을 언급하는 것이라 할 수 있습니다. 그리고 그렇기 때문에 야아코브의 모든 삶을 '그의 삶의 연수'라고 부르는 것이 적절한 것은, 그가 영적인 삶을 살았기 때문입니다. 그것이 진정한 삶입니다.

וַיַּרְא יִשְׂרָאֵל אֶת־בְּנֵי יוֹסֵף וַיֹּאמֶר מִי־אֵלֶּה:

"이쓰라엘이 요쎄프의 아들들을 보며 말했다. "이들은 누구냐?"" (베레쉬트 48:8)

토라는 요쎄프가 두 아들들과 함께 병든 아버지를 방문하는 것에 대해 말하고 있습니다. 야아코브는 그런 요쎄프의 두 아들을 보고 '이들이 누구냐'고 묻습니다. 유대 현인들은 그에 대해 '야아코브는 그들을 축복하고 싶었으나, 슈히나가 그에게서 떠나갔다. 왜냐하면 야라브암(예로보암)과 악흐아브(아합)이 에프라임으로부터, 그리고 예후와 그의 아들들이 므나셰로부터 나올 운명이었기 때문이다.'(라쉬)라고 가르칩니다. 야아코브는 악한 이들이 그들로부터 내려올 운명임을 보았고, 따라서 그들을 축복하는 것에 대해 주저했습니다. 때문에 그가 요쎄프에게 '이들이 누구냐?'라고 물은 것의 의미는 다음과 같습니다: "이들이 정녕 내가 축복해야 할 요쎄프의 아들들이 맞느냐?"

더 깊은 차원에서, 요쎄프의 후손에게 악이 얽힌 까닭은 므나셰와 에프라임이 이집트에서 태어났기 때문이었습니다. 이집트는 불결함이 지배하는 곳이기 때문이었습니다. 요쎄프의 씨에서 악의 측면을 발견한 야아코브는 그들을 축복하는 것이 꺼려질 수밖에 없었습니다.

이것을 더 깊은 차원에서 분석해 보겠습니다: 야아코브가 그들이 누구인지를 실제로 알았음에도 불구하고 왜 불결함을 느낀다는 이유로 그들을 축복할 수 없다라고 설명하지 않고 그렇게 질문한 것일까요?

그런데 '이들은 누구냐?'라는 말 미 엘레(מִי אֵלֶּה)는 실제로 야아코브가 손자들을 축복하길 꺼리는 이유에 대한 직접적인 설명입니다: 이스라엘 왕국의 악한 왕이었던 야라브암은 에프라임의 후손이었는데, 그의 행동은 미(מִי)와 엘레(אֵלֶּה)라는 글자를 분리시킴으로써 '엘로킴(אֱלֹהִים)'이라는 이름에 흠집을 가져왔기 때문이었습니다. 우리의 행동은 분명히 하쉠께 영향을 미치는 것은 아니지만, 창조물에 대한 그분의 행동(예: 심판의 동기 등 – 역자 주)에는 영향을 미칩니다. 야라브암은 그의 행동을 통해서 '엘로킴'이라는 이름으로 표현되는 이 질서들이 깨지게 만들었습니다. 그는 금송아지를 만들고 유대인들이 그것을 섬기도록 유도한 후 '미쯔라임 땅에서 너를 올라오도록 하신 네 엘로킴이 여기 계신다'(멜라힘 상 12:28)라고 선언함으로써 이 위법 행위를 강화시켰습니다.

때문에 야아코브는 그런 후손을 낼 자녀를 어떻게 축복할 수 있는가에 대해 고민했으나, 요쎄프는 그런 아버지의 염려를 이해하고 이렇게 대답합니다:

בָּנַי הֵם אֲשֶׁר־נָתַן־לִי אֱלֹהִים בָּזֶה

"…그들은 엘로킴께서 이곳에서 제게 주신 제 아들들입니다…" (베레쉬트 48:9)

요쎄프는 '그들은 엘로킴의 이름에게서 완전함의 산물로서 이 모든 이름을 유지하고 있습니다'라는 의미로 야아코브에게 얘기했습니다. 야아코브가 우려했던 파괴가 비록 에프라임과 므나셰로부터 나올 것이었지만, 그 둘은 그 자신들이 구현한 완벽함 때문에 축복을 받을만한 가치를 지녔습니다.

야아코브는 죽기 전에 '최후의 구원'이 언제 이루어지고 세상이 온전해질 것인지를 그의 자녀들에게 밝히고 싶어했습니다.

וַיִּקְרָא יַעֲקֹב אֶל־בָּנָיו וַיֹּאמֶר הֵאָסְפוּ וְאַגִּידָה לָכֶם אֵת אֲשֶׁר־יִקְרָא אֶתְכֶם בְּאַחֲרִית הַיָּמִים:

"야아코브가 그의 아들들을 불러 말했다. "모여라. 그리고 내가 너희에게 마지막 날들에 일어날 일을 너희에게 말해줄 것이다." (베레쉬트 49:1)

그러나 그것은 야아코브의 큰 실수였습니다. 마지막 날의 때는 숨겨져 있어야 하기 때문이었습니다. 만약 구속의 때가 밝혀져 있었다면 그 후대들은 최후의 구원을 기대하는 것과 회개하는 일에 대해 느슨해질 것입니다. 온 힘을 다해 하는 회개는 그날의 도래를 앞당기는 힘으로 우리들에게 내재되어 있기도 합니다. 이러한 이유로 그날들이 도래하는 정확한 때는 숨겨지는 것이 적절할 수밖에 없었습니다.

야아코브는 해당 구절에서의 말들에 대해 하쉠의 임재가 자녀들에게 마지막 날을 계시해줄 그의 결정과 함께해줄 것으로 생각했습니다. 그러나 사실은 그 반대로, 야아코브 자신이 비밀을 밝히려고 준비할 때 하쉠의 임재는 그로부터 떠나 그를 혼돈의 상태로 남겨두었고,

그는 자신이 마치 무슨 말을 하는 지 모르는 것처럼 말을 하게 됩니다. 이것은 다음 구절인 49:2 에서 또다시 '모이라'는 명령을 통해 명백해집니다. 더욱이 이 후자 구절은 그가 그들에게 '야아코브의 말'을 들으라고 요청하는 것으로 시작해 '이스라엘의 말'을 들으라고 요청하는 것으로 결론 맺어집니다.

하쉠의 임재가 떠나간 것으로 인해 야아코브는 그렇게 혼란에 빠지게 되었습니다. 그러나 사실 혼란스러워 보이는 그의 말은 '진실'을 향한 과정으로, 야아코브는 우리가 알다시피 어느정도 영적인 완전함에 도달했을 때 이스라엘이란 이름을 부여받았는데, 그렇기에 '높은 영적 고지'를 대변하는 이스라엘이라는 이름은 야아코브가 아들들에게 마지막 날의 비밀을 밝히려고 시도할 때 하쉠의 임재가 떠나면서 그의 '낮은' 영적 수준인 야아코브로 다시 내려가게 되었고, 그래서 그가 그보다도 낮은 영적 수준인 그의 아들들을 부름으로써, 그는 자신의 혼란스러운 상황의 균형을 맞추고자 했습니다. 그러나 어쨌든 그는 자신의 실수를 깨달아 마지막 날들의 때를 밝히려는 욕망을 포기하고, 하쉠의 임재 또한 다시 돌아와 그로 인해 '…너희의 아버지 이스라엘의 말을 들어라'라는 말로 결론을 맺으며 계속해서 축복을 이어갈 수 있게 해주었습니다.

파라샤트 슈모트 (슈모트 1:1 – 6:1)

וַיִּפֶן כֹּה וָכֹה וַיַּרְא כִּי אֵין אִישׁ וַיַּךְ אֶת־הַמִּצְרִי וַיִּטְמְנֵהוּ בַּחוֹל: וַיֵּצֵא בַּיּוֹם הַשֵּׁנִי וְהִנֵּה שְׁנֵי־אֲנָשִׁים עִבְרִים נִצִּים וַיֹּאמֶר לָרָשָׁע לָמָּה תַכֶּה רֵעֶךָ: וַיֹּאמֶר מִי שָׂמְךָ לְאִישׁ שַׂר וְשֹׁפֵט עָלֵינוּ הַלְהָרְגֵנִי אַתָּה אֹמֵר כַּאֲשֶׁר הָרַגְתָּ אֶת־הַמִּצְרִי וַיִּירָא מֹשֶׁה וַיֹּאמַר אָכֵן נוֹדַע הַדָּבָר:

"그가 이리저리 둘러보니 아무도 없었다. 그는 그 미쯔라임인을 쓰러뜨려 모래 속에 그를 숨겼다. 그가 둘째 날에 나가니 보라, 두 이브리 사람들이 싸우고 있어 그가 악한 자에게 말했다. "왜 너는 네 동료를 치느냐?" 그가 말하길 "누가 우리 위에 지도자와 재판관으로 당신을 두었습니까? 당신이 그 미쯔라임인을 죽인 것처럼 나를 죽이려고 합니까? 모셰가 두려워하며 말했다. "참으로 그 일이 알려졌단 말인가!"" (슈모트 2:12-14)

모셰는 이스라엘 아들들이 노예 노동을 하는 것을 지켜보러 나갔다가 한 이집트인이 유대인을 때리는 것을 보고 그를 쓰러뜨립니다. 유대 현인들은 이것이 그를 '물리적으로' 때린 것이 아니라 하쉠의 42 글자 이름을 말하여 죽인 것이라고 가르칩니다. 이것은 모셰가 이집트인을 쓰러뜨렸다는 것에 대한 토라의 설명에서 암시됩니다: '그는 그 이집트인을 쓰러뜨려'에서 '쓰러뜨리다'에 사용된 단어(וַיַּךְ)는 36 의 숫자값을 가지고 있으며, '그 이집트인을'이라는 말에 사용된 단어(אֶת הַמִּצְרִי)의 첫 글자들(א-ה) 숫자값(6)을 합하면 42 가 되는 것을 알 수 있습니다. 그 이름을 말하는 것은 '정의의 속성'을 깨워 이집트인의 죽음을 초래했습니다.

모셰는 그 이집트인을 죽인 것이 발각되지 않았다고 생각하고 다음날 나가보았으나 두 유대인이 다투는 것을 말릴 때 한 사람이 '그 이집트인을 죽인 것처럼'이라고 말한 것을 통해 '그 일이 알려졌다'라는 것을 깨닫습니다. 여기서 모셰가 말한 그 일(הַדָּבָר - 하다바르)이라는 단어는 문맥 상 이집트인을 죽인 것을 가리키는 '그 일'로 보통 번역하지만, 그것은 문자 그대로 '그 말'이 알려졌다는 것을 의미하기도 합니다. 모셰는 그가 거룩한 이름을 부르는 자신의 말로 이집트인을 죽였다는 것이 알려졌음을 알게 되었습니다.

우리는 이제 여기서 모셰의 두려움과 파르오의 반응의 정도를 이해해보려 합니다. 유대 현인들은 그 이집트인이 유대인 남성을 집에서 쫓아낸 다음 한밤 중에 몰래 그의 집으로 들어가 아내를 취해갔고, 그 유대인 남성이 밤새 일을 끝내고 아침에 돌아왔을 때 무슨 일이 일어났는지를 알게 되어 오히려 그 이집트인이 역으로 그에게 극도로 가혹하게 조치했었다고 가르칩니다. 모셰는 일어났던 이 모든 일들을 알게 되어 다른 모든 정의로운 이들이 그러할 것처럼 이집트를 죽이는 조치를 취했습니다. (미드라쉬 슈모트 라바 1:27)

그러면 모셰가 도망칠 정도로 두려워했던 이유가 무엇이었을까요? 그저 파르오에게 무슨 일이 일어났고, 그 이집트인을 죽여야 하는 게 적절한 조치였다고 설명할 수 없었을까요? 파르오의 반응이 긍정적이진 않더라도 '왕위 계승자'일 수 있던 모셰를 죽이고 싶어하지 않았을텐데 말입니다.

사실 모셰는 사람들이 그가 이집트인을 죽였다는 걸 알게 되는 것보다 그가 사용했던 방법, 즉 거룩한 이름을 부르는 것을 알게 되는 걸 더 두려워했습니다. 모셰가 걱정했던 것은 '다바르', 즉 말이었습니다. 파르오는 모셰를 우상 숭배에 젖어있는 분위기 속에서 키웠고, 거룩함과 조금이라도 관련된 것은 무엇이든 싫어했기 때문입니다. 그는 모셰가 자신을 둘러싼 불결함에 완전히 함께 연결되어 있다고 생각했습니다. 그런 파르오가 모셰가 우상 숭배에 젖어들지 않았을 뿐 아니라 오히려 거룩함에 밀접하게 연결되어 있었다는 것을 알면 당연히 격노할 수밖에 없습니다. 모셰가 두려워했던 것은 바로 이것이었으며, 파르오가 '그 말'을 발견한 것에 대해서 과도하게 반응했던 이유를 설명해줍니다.

이스라엘 자손이 이집트에 있었을 때 그들의 많은 죄로 인해서 구원의 때에 다시 한 번 빛날 특별한 영적 빛이 봉인되었습니다. 우리는 다음의 구절에서 이 빛들의 빛남에 대한 암시를 볼 수 있습니다:

וַיַּרְא אֱלֹהִים אֶת־בְּנֵי יִשְׂרָאֵל וַיֵּדַע אֱלֹהִים:

"엘로킴께서 이쓰라엘 아들들을 보셨다. 그리고 엘로킴께서 아셨다." (슈모트 2:25)

여기서 '엘로킴이 보았다'라는 것은 지혜의 영적 빛을 암시하며, 엘로킴이라는 칭호는 이해의 빛을 암시하고, 엘로킴께서 '아셨다'라는 것은 지식의 빛을 암시합니다. 모셰는 '지식'에 뿌리를 두고 있었으며, 영적인 빛이 위로부터 계시된 순간 그는 이스라엘 아들들을 구속하기 위해 '아래(땅)에서 필요한 능력'을 갖출 수 있게 되었습니다.

모셰에게 이스라엘 자손을 구원할 임무가 주어졌다는 설명은 트힐림 11:5 에서의 '하쉠께서 의인은 시험하시나…'로부터 시작됩니다. 유대 현인들은 여기에서 그 시험이 가축 떼를 치는 것과 관련이 있다고 설명합니다. (미드라쉬 슈모트 라바 2:2) 간단히 말해, 가축 떼를 친다는 것은 같은 인간끼리만이 아닌 다른 존재에 대한 헌신과 배려를 보여줍니다. 그럼에도 의심할 바 없이 친절한 마음씨를 소유했던 모셰와 다비드 왕도 '목자'로서 시험을 받은 후에야 유대 민족의 지도자로서 높은 지위를 얻게 되었습니다.

하쉠께선 왜 그토록 고귀한 개개인들에게 특별히 목자가 되게 하심으로 그들을 시험하신 걸까요? 가축 떼를 올바로 돌본다는 것이 그 사람이 이스라엘 자손의 지도자가 될 자격이 있다는 걸 보여주는 의미라서일까요?

이스라엘 자손의 영은 트힐림 80:2 에서처럼 '가축 떼'로 묘사됩니다. 토라는 위대한 의인들을 목자(대표적으로 야아코브)로 부르며, 그것은 세상을 바로잡는데 필요한 섬김인 '불결한 손아귀로부터 신성한 불꽃을 떼어내기 위해 노력하는 이'들을 암시해 줍니다. 의인들은 '좋은 것'만 받을 자격이 있지만, 불결함 안에 담긴 좋은 것들을 빼내고 바로잡기 위해 자신을 불결한 것에 노출되게 함으로 기꺼이 고통을 감내합니다. 물리적 세계에서 가축을 치는 동안 그들의 영혼은 떨어져 있을지도 모르는 좋은 것을 구해내고자 하는 노력의 일환으로 영적 세계의 불결한 분위기로 들어갑니다. 모셰는 영적인 영역을 바로잡으려는 의도를 유지하며 이것이 유대인들의 구원에 필요한 선제조건임을 깨닫고 물질 세계에서 그러한 활동을 위해 참여하게 됩니다.

슈모트 3:3 에서 모셰는 "내가 돌아가서 이 대단한 광경을 봐야겠다. 왜 가시덤불이 타지 않는가?"라고 말합니다. 물리적 거리로 인해 눈으로 명확하게 보기가 어려워서 모셰는 자신이 보고 있는 것이 무엇인지 확인하고자 좀 더 자세히 보고싶어 했습니다.

우리는 이것을 다른 차원으로도 이해할 수 있습니다: '나는 이제부터 지금까지 살아온 비루하고 평범한 생활에서 돌이켜 영적인 고상함과 영적인 뿌리에 가까이 다가가야겠다'

이것이 바로 인간 전체의 목적입니다. 낮디낮은 육체로부터 거리를 두는 사람은 영적인 고상함을 볼 가치가 있게 됩니다.

אָסֻרָה־נָּא וְאֶרְאֶה

"…내가 돌아가서 보아야겠다…" (슈모트 3:3)

וַיַּרְא יְהוָה כִּי סָר לִרְאוֹת וַיִּקְרָא אֵלָיו אֱלֹהִים מִתּוֹךְ הַסְּנֶה וַיֹּאמֶר מֹשֶׁה מֹשֶׁה וַיֹּאמֶר הִנֵּנִי׃

"하쉠께서 그가 보려고 돌리는 것을 보셨다. 엘로킴께서 가시덤불 속에서 그를 부르시며 말씀하셨다. "모셰야, 모셰야" 그가 말했다. "제가 여기 있습니다."" (슈모트 3:4)

여기에서의 암시는 슉히나가 모셰가 영적인 것에 가까워지려는 열망으로 육체적인 것으로부터 멀어지는 것을 볼 때 모셰를 불러 더 가까이 끌어당기는 방식으로 반응하고 있음을 보여줍니다. 이 암시는 훨씬 더 깊은 수준으로 이해해 볼 수 있는데, 거룩한 아리잘(라브 이쯔학 루리아)은 '그가 돌아보았다'라는 단어인 싸르(סר)라는 단어가 '눈 하나'라는 단어가 의미하는 숫자값 130 의 두 배에 해당하는 260 이라는 숫자값을 가짐을 가르쳐줍니다. 이는 '두 눈으로' 보려면 싸르, 즉 두 눈을 모두 돌려야 함을 의미하는데, 이것은 단순히 '행위의 결과'를 설명하는 것이 아니라, 육적인 것과 영적인 것을 보는 것에 대한 의미를 얘기합니다.

육체적인 관찰은 육체적인 눈으로 하는 것이며, 영적인 관찰은 지성을 통해 합니다. 눈을 떠 '지적이고 영적인 장소'를 보고자 하는 이는 물리적인 장소에 끌리는 육체적 눈을 감아야만 합니다. '그가 보려고 [몸을] 돌렸다'라는 것에서, 모셰는 육체로부터 눈을 돌려 영성을 향해 눈을 뜸을 얘기합니다. 그리고 이것이 '누가 눈 먼 자냐? 하쉠의 종이 아니냐?'라는 예샤야후 42:19 의 구절의 숨은 의미입니다.

육적인 것으로부터 눈이 먼 사람만이 지적인 차원을 선명히 볼 수 있고 하쉠의 종이 될 수 있습니다. 그리고 그와 마찬가지로 무언가에 집중하거나 기억하고 싶은 사람도 종종 육체적 눈을 감는데, 왜냐하면 육적인 눈을 감는다는 건 그만큼 명확하게 지적인 것을 보기가 용이해지기 때문입니다.

파라샤트 바에라 (슈모트 6:2 – 9:35)

파라샤트 슈모트의 끝부분에서 우리는 겉보기에 모셰가 '부적절한 방식'으로 하쉠께 말하는 것 같은 모습을 발견합니다:

וַיָּשָׁב מֹשֶׁה אֶל־יְהֹוָה וַיֹּאמַר אֲדֹנָי לָמָה הֲרֵעֹתָה לָעָם הַזֶּה לָמָּה זֶּה שְׁלַחְתָּנִי: וּמֵאָז בָּאתִי אֶל־פַּרְעֹה לְדַבֵּר בִּשְׁמֶךָ הֵרַע לָעָם הַזֶּה וְהַצֵּל לֹא־הִצַּלְתָּ אֶת־עַמֶּךָ:

"모셰가 하쉠께 돌아와서 말했다. "주님, 왜 이 백성에게 나쁘게 행하셨습니까? 왜 당신께서 저를 보내셨습니까? 제가 파르오에게 가서 당신의 이름으로 말한 후 그는 이 백성에게 악을 행했습니다. 그런데 당신께선 당신의 백성을 구하지 않으셨습니다.""

(슈모트 5:22 – 23)

유대 현인들은 미드라쉬 탄후마에서 하쉠께서 모셰에게 "이제 너가 하쉠이 미쯔라임과 벌이는 전쟁을 볼 것이다. 그러나 내가 이스라엘 자손을 이스라엘 땅으로 인도하여 들여보낼 때 31명의 크나안 왕들과의 전쟁은 너가 볼 수 없을 것이다"라고 말하셨음을 가르칩니다. 그러나 그 형벌은 연기되었는데, 이는 모셰가 이스라엘 자손이 이집트에서 고통받는 것을 보고 느낀 자신의 고통을 토로한 것이었기 때문에 하쉠께선 형벌을 미루셨습니다.

파라샤트 바에라의 첫 번째 구절은 하쉠의 '심판의 속성'이 모셰에 대해 깨어남을 명백히 드러냅니다:

וַיְדַבֵּר אֱלֹהִים אֶל־מֹשֶׁה וַיֹּאמֶר אֵלָיו אֲנִי יְהֹוָה:

"엘로킴께서 모셰에게 말씀하셨다. 그가 그에게 이르셨다. "나는 하쉠이다"" (슈모트 6:2)

여기서 엘로킴이라는 칭호는 하쉠의 신성한 심판적 의미의 칭호인데, 원문에서 하쉠께서 보통 말씀하실 때 사용되는 "ויאמר - 바요메르"가 아닌 "וידבר - 바이다베르"로 그 단어가 사용된 것은 무언가에 대한 가혹함을 의미합니다.

그러나 여기서 동료 유대인들의 고통에 대한 모셰의 예민함은 그의 형벌을 지연시킬 하쉠의 '자비의 속성'을 불러 일으켰습니다. 사람이 하쉠의 창조물에 대해 자비를 베풀면 하쉠께서도 그 사람에게 보답으로 자비를 베풀어 주시기 때문입니다.

파라샤트 바에라는 그렇게 가혹함을 의미할 '바이다베르'와 심판의 속성으로 사용되는 칭호인 엘로킴을 사용하면서 '엘로킴께서 모셰에게 말씀하셨다'로 시작합니다. 그런데 바로 이어지는 내용에선 더 부드러운 의미의 '바요메르'를 사용하여 '그가 그에게 이르셨다. "나는 하쉠이다"'라고 자비의 속성을 나타내는 하쉠의 이름을 사용합니다. 하쉠께선 모셰에게 이렇게 말씀하신 것입니다: "너가 비록 너의 부당한 말로 인해 심판의 속성으로 형벌을 받는 것이 합당하나 그것이 이스라엘 자손을 향한 너의 동정심에서 나온 것이기에 나의 자비의 속성을 일으켜 너를 형벌로부터 보호할 것이다."

하쉠께선 그렇게 곧바로 모셰에게 조상들에게 약속한 대로 이스라엘 자손을 곧 구원하겠다고 말씀하십니다. 게다가 하쉠께선 모셰에게 그가 그분의 자녀들에게 합당한 목자임을 입증했음으로 이전엔 결코 계시하지 않고 조상들에게도 나타내지 않던 방법으로 그에게 나타날 것이라는 말씀을 하셨습니다. 조상들에게는 하쉠께서 자신의 '부차적인' 이름 중 하나로 자신을 계시하셨으나, 모셰에게는 그분의 네 글자의 구체적 이름을 통해 자신을 계시하셨습니다. 이 계시를 통해서 모셰는 하쉠에 대한 분명한 이해를 갖게 되었고, 가능한만큼 그분에게 가까이 다가갈 수 있게 되었습니다. 이는 확실히 상급으로, 모셰가 이스라엘 자손에게 베푼 동정심과 자비에 대한 것이었습니다.

하쉠께선 계속해서 모셰에게 말씀하십니다:

וְגַם ׀ אֲנִי שָׁמַעְתִּי אֶת־נַאֲקַת בְּנֵי יִשְׂרָאֵל אֲשֶׁר מִצְרַיִם מַעֲבִדִים אֹתָם וָאֶזְכֹּר אֶת־בְּרִיתִי׃

"또한 나는 미쯔라임인들이 종으로 삼은 이쓰라엘 아들들의 신음을 듣고 내 언약을 기억했다." (슈모트 6:5)

하쉠께선 왜 이런 내용을 반복하신 걸까요? 하쉠께서 이미 조상들에게 약속하신 대로 이스라엘 자손을 구원할 것이라고 모셰에게 알리지 않았던가요?

하쉠께서는 모셰가 구원에 대해 가졌을지도 모를 어떠한 의심도 없애기를 원하셨을 수 있습니다. 모셰가 돌아와서 자신의 시도가 아무런 성과도 거두지 못하고 오히려 이스라엘 자손에게 더 많은 해를 끼친 것처럼 보였을 때, 그는 아마도 구원을 위한 때가 아직 무르익지 않았다고 느꼈을 수 있습니다. 게다가 하쉠께선 아브라함에게 그의 후손들이 400 년간 종살이를 할 것이라 말씀하셨는데, 그때는 종살이가 시작된 지 불과 210 년 밖에 지나지 않기도 했습니다. 모셰는 이것이 아마도 이스라엘 자손에게 '하쉠께서 그들을 잊지 않으셨고 여전히 신성한 섭리로서 그들을 지켜보고 계신다'는 것을 상기시키는 일종의 '각성' 같은 것이며, 실제 구원은 400 년이 다 채워지는 지정된 시간까지 일어나지 않을 것이라 느꼈을 수 있습니다.

이 의심을 불식시키고자, 하쉠께선 그에게 아직 400 년이 채 채워지지 않았지만 육체적으로나 금전적으로, 그리고 아이들이 무자비하게 던져지는 박해로 인해 기한이 되기 전에 구원을 이루기 위해 서두르겠다고 알려주신 것입니다. 이집트가 유대 아이들을 박해하는 것으로 울부짖는 소리를 하쉠께서 들으신 것입니다.

그 울부짖음은 이제 '복수'를 의미할 것으로 바뀌게 됩니다. 하쉠의 복수는 이제 구원을 재촉하며, 이스라엘 자손을 속박으로부터 해방시키게 될 것입니다.

모셰가 생후 3 개월이 되었을 때, 이집트인들의 학살로부터 그를 숨기려는 노력의 일환으로서 그의 부모가 그를 작은 상자에 담아 강에 띄워 보냅니다. 그는 파르오의 딸에 의해 발견되었고, 그를 보호하는 물로부터 그를 꺼내기 시작합니다. 유대 현인들은 모셰가 자신을 구원해준 바로 그 물(나일강)을 쳐야 하는 것과 관련된 '피의 타격'을 행해야 하는 것이 그에게 적절한 행동이 아니었기에 그가 행하지 않았다고 가르칩니다. (미드라쉬 슈모트 라바 10:4)

모셰는 더 깊은 의미에서 영적으로 '친절함'에 뿌리를 두고 있었습니다. 토라는 파르오의 딸이 "이는 물에서 내가 그를 건졌기 때문이다"라고 하며 그를 모셰라고 이름 붙였음을 기록합니다. (슈모트 2:10) 물은 하쉠의 친절하심을 물리적으로 표현한 것이며, 모셰가 영적으로 이끌려진 곳도 바로 이 '물'로 인해서였습니다. 그의 영적 뿌리인 '물'이 그를 보호하고 구원해 준 것입니다.

파라샤트 바에라 / **פרשת וארא**

이집트인들이 피의 타격을 당할 날이 이르렀을 때, 모셰는 다소 난처한 상황에 있었습니다. 피로 이집트인들을 치는 것은 이제 하쉠께서 물로 대변되는 '친절함'을 피로 대변되는 하쉠의 '심판'으로 변화시키겠다는 영적 현실의 표현인 것입니다. 이것이 이집트에 대한 일련의 재앙과 일련의 신성한 보복의 시작이었습니다. 오히려 이 임무에 적합했던 사람은 그 시점에서 하쉠의 심판의 속성에 뿌리를 두었던 아하론으로, 하쉠께선 모셰에게 자신을 계시하실 때 아하론에 대해 "레비인 네 형 아하론"(슈모트 4:14)이라고 불렀는데, 이는 레비인들이 기본적으로 '심판의 속성'에 그 뿌리를 두고 있기 때문이었습니다.

아하론은 레비로서 자신의 영적 뿌리인 심판의 속성을 강화시켜 물을 피로 바꿈으로 이집트인들에게 재앙을 일으킬 수 있었습니다. 그런데 아하론은 유대 현인들이 '평화를 사랑하고 평화를 구하는 사람'(피르케이 아보트 1:12)이라고 묘사할 정도로 친절한 자였는데 어떻게 그럴 수 있었을까요?

그것은 그와 그의 후손들이 후에 제사장직을 부여받은 코헨이 되어서야 가능했던 것이었습니다. 코헨은 '친절함'에 뿌리를 두고 있기 때문입니다. 아하론은 비록 코헨이 되기 전에도 친절했을지는 모르지만, 현인들이 그의 본질을 '평화를 사랑하는 자'로 정의하는 것은 실제로 그가 친절함에 뿌리를 둔 경우에만 적합한 것이기 때문에 그의 본질에 대한 이 정의는 그가 코헨이 된 이후의 영적 뿌리를 의미합니다.

이렇게 아하론은 이집트인들에게 피의 타격을 실행하는 것이 합당했지만, 그럼에도 불구하고 하쉠께선 그에게 직접 지시하지는 않으시고 오히려 모셰에게 그 지시를 아하론에게 전달하라고 말씀하셨습니다. 아무리 의로운 사람이라도 모셰의 도움 없이는 영적인 영역에서 어떤 종류의 바로잡음을 행하는 것이 불가능했기 때문입니다. 현인들은 이것이 아하론의 경우에도 마찬가지였음을 가르치면서, 그것이 모셰의 영적인 힘을 통해 수행되어야만 했음을 얘기합니다. 그렇게 모셰가 아하론에게 말씀을 전달함으로, 모셰는 그 힘을 아하론에게 전달하여 아하론으로 하여금 재앙을 불러올 수 있게 했습니다.

구절은 그에 대해 '아하론에게 "당신의 지팡이를 취하여…"'라고 되어 있습니다. 지팡이를 의미하는 단어(מטה)는 하쉠의 이름의 주권을 의미하는 심판(דן)과 동일한 숫자값(54)을 가집니다.

단(דן)이라는 단어를 구성하는 달레트(ד)와 눈(נ)은 '심판'을 의미하며, 하쉠께서 '재판관'이심과 함께 그분의 심판의 속성을 나타냅니다. 그래서 피의 타격을 불러오려면 이 글자로 표현할 수 있는 심판의 속성이 필요했습니다. 그렇게 '친절함'이라는 물을 압도하고 피로 변하게 만들려면 '심판'이 필요했습니다.

토라는 그러고나서 다음과 같이 말합니다:

וַיַּעֲשׂוּ־כֵן מֹשֶׁה וְאַהֲרֹן כַּאֲשֶׁר ׀ צִוָּה יְהוָה

"모셰와 아하론이 하쉠께서 명령하신 대로 그렇게 행했다…" (슈모트 7:20)

모셰는 비록 피의 타격을 불러오는데 적극적인 역할을 하지 않았더라도, 아하론과 함께 동등한 영예를 얻었습니다. 아하론에게 이 임무를 수행할 능력을 부여한 것은 바로 모셰의 영적인 힘이었기 때문이었습니다.

구절은 계속해서 '그리고 그가…지팡이를 들어올려 예오르 강의 물을 쳤다' (슈모트 7:20)라고 언급하는 바와 같이, 지팡이의 숫자값이 심판을 나타내 주었습니다. 물을 피로 바꿀 때 심판의 능력이 필요했습니다. 그러나 심판의 능력에 대한 존재는 큰 위험을 의미하기도 했는데, 왜냐하면 영적인 힘을 제공하는 동일한 심판은 동시에 불결한 것이 존재할 힘도 제공하기 때문입니다.

하늘의 심판은 하쉠의 [자비의] 면모를 억제한다는 것으로 이해될 수 있습니다. 이것은 하쉠의 거룩하심에 대한 체계인데, 이 억제는 결국 '거룩함이 없는 불결한 것으로 대체되는 특정한 상황/지점'이 이뤄지게 만듭니다. 아주 깊은 의미에서, 이렇게 심판의 속성은 '불결한 것의 뿌리'이기도 하며, 세상의 모든 불결한 것들은 여기로부터 자라나는 것입니다. 아하론은 그 불결함이 하늘의 심판으로부터 자양분을 공급받지 못하도록 지팡이를 들어올려야만 했습니다.

심판의 속성이 존재하는 두 가지의 상황이 있습니다. 그것이 '높아지면' 불결한 것을 압도하고 복종하게 만드는 도구로 작용하며, '낮아지면' 불결한 것이 달라붙어 거기로부터 자양분을 공급받게 됩니다. 이집트와 관련된 불결함을 굴복시키기 위해 심판의 속성을 사용하는 것에 있어서, 그것은 아주 높이 들려진 상태여야만 했습니다.

파라샤트 보 (슈모트 10:1 – 13:16)

וַיֹּאמֶר יְהוָה אֶל־מֹשֶׁה נְטֵה יָדְךָ עַל־הַשָּׁמַיִם וִיהִי חֹשֶׁךְ עַל־אֶרֶץ מִצְרָיִם וְיָמֵשׁ חֹשֶׁךְ: וַיֵּט מֹשֶׁה אֶת־יָדוֹ עַל־הַשָּׁמָיִם וַיְהִי חֹשֶׁךְ־אֲפֵלָה בְּכָל־אֶרֶץ מִצְרַיִם שְׁלֹשֶׁת יָמִים:

"하쉠께서 모셰에게 말씀하셨다. "하늘로 네 손을 뻗어라. 그러면 미쯔라임 땅 위에 어둠이 있으리니 더듬어야 하는 어둠이다." 모셰가 하늘로 그의 손을 뻗으니 미쯔라임 온 땅에 짙은 어둠이 3 일 동안 있었다." (슈모트 10:21-22)

모셰는 이집트인들에게 암흑의 타격을 시작하는 동시에 이스라엘 자손에겐 빛을 가져와야 했습니다. 이 일을 성취하기 위해서 그는 이집트인들에겐 심판을 내리는 것을 촉진시킴과 동시에 이스라엘 자손에겐 친절을 베풀 영적인 힘을 끌어내야만 했습니다. 그래서 이 구절이 모셰가 하늘을 향해 손을 뻗었다고 말하고 있는 것이며, 이것은 그 타격의 근원이었던 하늘, 즉 샤마임(שמים)이란 신성한 특정 속성을 암시해 주고 있습니다. 샤마임이라는 단어는 불을 의미하는 에쉬(אש)와 물을 의미하는 마임(מים)이라는 두 단어의 결합인데, 여기서 불은 하쉠의 심판의 속성을 대표하며, 물은 하쉠의 자비의 속성을 대표하는 것입니다. 암흑의 타격을 입히려면 그렇게 심판과 자비의 속성을 모두 포함하는 매개체는 샤마임이어야만 했습니다.

이제 여기서 그 암흑에 대해 더 깊은 차원에서 이해하고자 어둠과 빛의 진정한 의미를 탐구해 봅시다. 토라는 하쉠께서 세상을 창조하셨을 때 '엘로킴께서 그 빛을 보시니 좋았다. 엘로킴께서 빛과 암흑 사이를 나누셨다. (베레쉬트 1:4)'라고 기록하고 있습니다. 빛은 본질적으로 거룩하고 좋은 것과 연관되어 있고, 어둠(암흑)은 불결한 것과 연관되어져 있습니다. 그래서 창조의 때에서부터 이상적으로는 이 둘이 구별되고 분리되어야만 했으며, 영적인 빛과 어둠이 섞여서는 안되는 것이었습니다. 이집트를 덮은 암흑은 그렇게 불결함으로부터 영적인 빛이 제거된 완전한 '어둠'이었으나, 이스라엘에게는 그와 동시에 '빛'이 있었습니다. (슈모트 10:23)

우리가 사는 세계는 그보다 위인 영적인 세계에서 일어나는 일을 반영하고 있습니다. 이스라엘 자손이 물리적으로 '유배지에서 포로 생활을 하며' 세상의 불결한 민족의 영역에 들어간 것과 마찬가지로, 이 거룩한 빛도 불결하고 어두운 영역으로 들어갔습니다. 그러나 하쉠께서 이집트의 불결함 속에서 영적인 거룩한 빛을 제거하셨을 때, 그 결과는 이집트에게 완전한 암흑의 재앙으로 임했습니다.

유대 현인들은 이 어둠에 대해 두 가지 설명을 가르칩니다: 그 첫 번째 이유로는 이스라엘 자손이 이집트인들의 소유물을 볼 수 있게 하여 그들이 귀중품들을 어디에 숨겼는지를 찾아낼 수 있게 해주는 의미가 있습니다. 실제로 구원의 때가 임했을 때 하쉠께선 유대인들에게 그들의 귀중품들을 달라고 요청할 것을 명하셨습니다. (슈모트 12:35) 유대인들은 이집트인들이 귀중품을 숨긴 곳을 알아내는 데에 암흑의 타격을 활용했고, 이집트인들은 그들에게 '줄 수 있는 것이 없다'라고 주장할 수 없었습니다. 그리고 두 번째 이유는 하쉠께서 '이스라엘 자손 중에서의 악인들'을 쓸어버리고 이집트인들이 그 광경을 보지 못할 때 그들을 묻을 수 있도록 배려하기 위함이었습니다.

이스라엘 자손이 이집트에 있을 때 거룩함과 부정함은 서로 섞였습니다. 그 둘의 분리를 촉진시키기 위해 암흑의 타격이 임했던 것이었는데, 이스라엘의 유배로 인해 발생했던 빛과 어둠의 혼합에는 두 가지 면이 있었습니다. 언급했던 바처럼 거룩함의 어떤 면은 불결한 면에 섞이는 동시에 그 반대로도 그렇습니다. 해서 거룩함과 불결함을 성공적으로 분리하고자 한다면 두 가지 유형의 바로잡음이 이뤄져야 합니다: 첫째로는 불결함의 영역에서 거룩함의 모든 면을 제거하는 것이 있고, 두 번째는 거룩함의 영역에 들어간 불결함을 제거하는 것이 있습니다. 암흑의 타격은 이 두 가지를 모두 바로잡은 것이었으며, 더불어 그것은 이스라엘 자손이 이집트인들의 소유물을 제거하는(그들에게 주도록 만드는 - 역자 주) 것까지 허용하게 만들었습니다. 불결한 영역에 존재하는 거룩함에 대한 제거가 그것이었으며, 동시에 이스라엘 자손 내에 존재했던 악인들에게 멸망을 가져왔던 것은 거룩함의 영역 안에 있는 불결함이 제거됨을 의미했습니다.

우리는 앞에서 이집트인들의 영역에서 귀중품을 제거하는 것에 대한 근본적인 이유를 이해해 보았으며, 이것을 더 깊은 차원에서 연결 지어볼 수 있습니다:

דַּבֶּר־נָא בְּאָזְנֵי הָעָם וְיִשְׁאֲלוּ אִישׁ ׀ מֵאֵת רֵעֵהוּ וְאִשָּׁה מֵאֵת רְעוּתָהּ כְּלֵי־כֶסֶף וּכְלֵי זָהָב׃

"그 백성의 귀에 꼭 말하라. 각 남자는 그의 동료 남자에게, 각 여자는 그녀의 동료 여자에게 은 물건들과 금 물건들을 요청하라." (슈모트 11:2)

이 구절은 '이스라엘 자손에게 말하여 그 물건들을 옮기게 하라' 등의 단순한 내용이 아니라 매우 구체적인 내용을 적시합니다. 이것은 이스라엘 자손이 불결한 자들의 영역으로부터 어떻게 귀중품들을 제거해야 하는지에 대한 매우 구체적인 언어를 사용합니다.

남자가 '그의 동료 남자'에게, 그리고 여자가 '그녀의 동료 여자'에게 물건들을 요청해야 하는 이유에 대한 이 구체적인 지시에는 두 가지의 가능한 이유를 현인들이 가르칩니다: 첫 번째는 '이스라엘 아들들이 이집트로 내려갔고 이스라엘 아들들이 이집트에서 나갔다.'라고 하는 조하르에서의 가르침으로, 이 말은 이스라엘 자손이 '순수한 혈통'으로 이집트로 내려와 이집트를 떠날 때도 '이스라엘 자손'으로 순수하게 남았음을 의미합니다. 유배 기간 내내 이집트인과의 불륜이나 통혼으로 민족이 더럽혀지지 않았으며, 결혼관계에 대한 법을 엄격히 준수했던 공덕이 그들을 구원한 것이었습니다. 이스라엘 자손이 구원의 문턱에 이르렀을 때 남자가 여자에게, 그리고 여자가 남자에게 찾아가 귀중품을 구한다는 혼합으로 결과가 이루어졌다면 불결한 자들이 그 영향으로 성적인 죄를 지을 가능성을 무시할 수 없었을 것입니다. 이스라엘 자손은 불결하고 악한 성향의 어떤 형태라도 그들을 흔들 수 없도록 모든 예방 조치를 취해야만 했습니다. 두 번째로 그 성별 분리의 이유는 남성과 여성의 영역에 모두 불결함과 거룩함이 함께 존재했기 때문으로, 그렇기에 이 구절은 불결한 면이 남성과 여성에게서 각각 제거되어야만 함을 명시하는 의미를 가집니다.

또한 이 구절은 '꼭 말하라'라는 용어를 사용하는데, 하쉠께선 왜 이스라엘 자손에게 이집트로부터 귀중품을 취해가도록 그저 '명령'하지 않고 꼭/부디/제발 등의 의미를 지니는 용어로 '부탁'을 하는 걸까요?

하쉠의 요청은 이스라엘 자손이 이집트인들의 귀중품을 그들의 소유권으로부터 실제로 제거하는 것을 보장해 주는 의미였습니다. 만약 이스라엘이 하쉠께서 아브라함과 맺은 언약(베레쉬트 15장)을 기반으로 하는 '큰 소유를 가지고 떠나도록' 예정된 거룩한 분리를 실현하지 못했다면, 아브라함은 그들이 노예 생활을 완수했음에도 언약된 몫을 제대로 받지 못한 것에 대한 상실감을 가졌을 것입니다. 그렇기에 하쉠께선 이스라엘 자손에게 이집트인들로부터 이 귀중품들을 제거(취해가도록)하라 요구하셨고, 이는 아브라함에게 '이스라엘 자손이 노예 생활의 목적도 달성했으며, 그들이 받은 억압이 불결한 땅에서 거룩함을 취할 가치를 지니게 됐다'라는 것을 알려주기 위한 그를 향한 그분의 '사랑의 목적'도 있었습니다.

토라는 페싹흐에 잡은 어린 가축의 피를 두 문설주와 상인방에 발라야 한다고 기록합니다. 이스라엘 자손은 그 계명을 영원히 지켜야 했습니다. (12:14) 그러나 예루샬라임의 성전에서 페싹흐 제사를 드리는 시기에 피는 제단에만 바쳐졌습니다. 왜 그래야만 했을까요?

이집트에서 이스라엘 자손이 드리는 페싹흐 제물과 이스라엘 땅에서 드리는 제물 사이에는 분명히 차이가 있습니다. 이집트에서는 모든 집이 "미쯔라임에 큰 울부짖음이 있었으니 이는 거기에 죽음이 없는 집이 없었기 때문이었다"(12:30)라고 기록할 정도로 모든 집이 죽음의 영향을 받았습니다. 하쉠께서 죽음의 천사들에게 파괴의 권한을 주셨을 때 그들은 의인과 악인에 구분을 두지 않았습니다. 그래서 이스라엘 자손은 자신들의 집 안에 불결한 것이 없고 집 밖에 불결한 것이 있다는 것을 나타내기 위해 표식이 필요했고, 그것은 집 문설주와 상인방에 세 개의 우슬초 묶음에 적신 피로 묻힌 것으로 표현되었습니다. 그러나 이스라엘 땅에선 비록 다른 민족들의 집이라도 그러한 죽음의 재앙이 나타나지 않았고, 그렇기에 이스라엘 자손은 그러한 피의 표식을 문에 바를 필요가 없게 되었습니다. 다만 그것이 필요가 없어졌더라도 '일치/연합'의 표시로서 페싹흐 제물의 모든 피를 한 제단에 붓게 되었습니다.

하쉠께선 이스라엘 자손에게 토라를 주실 때는 '값없는 선물'이 아닌 '선행'을 통해 보상을 받기를 원하셨습니다. 불결한 것이 남겨진 것은 그러한 이유 때문이었습니다. 하쉠께선 인간에게 좋은 것을 베풀기 위해 세상을 창조하셨습니다. 그러나 하쉠께선 인간이 그 '좋은 것'을 거저 받기보다는 벌기를 원하셨습니다. 인간은 오직 하쉠만을 따르겠다고 선택함으로써 보상을 받아야만 가장 높은 수준의 온전함에 도달할 수 있고 축복을 누릴 자격을 얻습니다. 때문에 자유 의지를 통해 보상을 받고자 한다면 '하쉠의 명령을 따르지 않을 가능성'까지 함께 존재해야 했습니다. 그렇게 '악하고 불결한 것'은 인간이 하쉠의 명령을 따르지 않을 가능성을 용이하게 하도록 창조되었습니다.

하쉠께선 이스라엘이 자신들의 자유 의지를 통해 "우리가 행하고 듣겠습니다"라는 선언으로 토라를 받아들이길 원하셨습니다. 그렇기에 그들은 불결한 자를 상징하는 피를 그들의 문설주에 발라 자유 의지가 남을 여지를 남겨두라는 명령을 받은 것입니다. 그러나 하쉠께선 자유 의지를 허용하고자 불결한 것이 남아있기를 원하셨음에도 그것이 가능한 한 멀리 떨어져 있도록 문설주에 바르라는 의미를 부여하는 자비를 베풀어 주셨습니다.

파라샤트 베샬락흐 (슈모트 13:17 – 17:16)

וַיֻּגַּד֙ לְמֶ֣לֶךְ מִצְרַ֔יִם כִּ֥י בָרַ֖ח הָעָ֑ם וַ֠יֵּהָפֵךְ לְבַ֨ב פַּרְעֹ֤ה וַעֲבָדָיו֙ אֶל־הָעָ֔ם וַיֹּֽאמְרוּ֙

"그 백성이 도망쳤다는 것이 미쯔라임 왕에게 전해졌다. 그 백성에 대하여 파르오와 그의 신하들의 마음이 변하여 그들이 말했다…" (슈모트 14:5)

이 구절은 왜 '이집트 왕'이라는 내용으로 시작해서 '파르오'라는 호칭으로 그를 언급할까요? 오히려 일관성을 위해서 이 구절은 파르오나 이집트 왕 중 하나만을 택해서 언급해야 하지 않을까요?

우리는 이 구절의 중간에 보여지는 문단의 변화에서 그 이유를 알아볼 수 있는데, 그에 대한 숨겨진 의미로는 바로 그 구절이 '이집트 왕'을 언급할 때는 파르오를 언급하는 것이 아니라 이집트를 위해 일하는 천사를 언급하기 때문에 그렇습니다. 이집트의 천사는 이스라엘 자손이 떠날 때 슈히나도 그들과 함께 떠나는 것 때문에 그들을 내보내길 어려워하였습니다.

이스라엘 자손의 유배 생활 동안 그들과 함께했던 슈히나는 이집트를 위해 일하는 천사에게 영적인 부분에서 큰 영예와 중요성을 부여해 주었습니다. 이스라엘 자손이 이집트를 떠났을 때 슈히나는 이집트 천사의 영역을 떠나 그의 모든 영광과 명예를 빼앗아갔습니다. 그렇기에 이 구절은 그 상황을 '힘줄(גידין)'이라는 단어와 유사한 "그리고 그것이 말해졌으니"라는 말(ויגד)로 묘사합니다. 이스라엘이 떠난다는 소식은 이집트의 천사에게 힘줄이 늘어나는 상황같이 힘든 것이기 때문이었습니다.

그리고 이 상황은 이집트의 천사가 이스라엘 자손이 지정된 시간보다 이전에 떠난다는 걸 알게 되고 나서 상황을 더 복잡하게 했습니다. 하쉠께선 아브라함과의 언약에서 그의 자녀들이 400년간 노예 생활을 하게 될 것이라고 말씀하셨으나 실제로는 이집트에서 노예 생활이 시작되고 210년만 지난 때였기 때문입니다.

* 역자의 첨부: 이집트에서의 이스라엘 거주 기간은 어떻게 산정해야 할까?

פרשת בשלח / 파라샤트 베샬락흐

וּמוֹשַׁב בְּנֵי יִשְׂרָאֵל אֲשֶׁר יָשְׁבוּ בְּמִצְרָיִם שְׁלֹשִׁים שָׁנָה וְאַרְבַּע מֵאוֹת שָׁנָה:

"미쯔라임에 살았던 이쓰라엘 아들들의 거주 기간이 430 년이었다." (슈모트 12:40)

이쯔학크가 태어난 때부터 이스라엘 민족이 이집트를 나간 때까지를 합치면 400 년이 된다. 이쯔학크를 언급하는 이유는 그 예언의 성취가 오직 아브라함이 아이를 가질 때부터만 성취될 수 있었기 때문이다. (베레쉬트 15 장) 하쉠과 아브라함의 언약이 공포된 베레쉬트 15 장의 내용에서부터 이쯔학크가 탄생할 때까지는 30 년의 시간이 흘렀다. 때문에 이쯔학크가 태어난 후로부터 400 년을 센다면 이스라엘이 이집트로 가서 이집트를 떠날 때까지 210 년이 걸렸다는 것을 계산할 수 있다. 그 계산은 다음과 같다: 야아코브는 이쯔학크가 60 세일 때 태어났으며, 야아코브는 130 세에 이집트로 들어갔다. 야아코브가 이집트로 간 후로부터 그곳을 나가기 전까지는 210 년으로, 도합 400 년의 계산이 된다.

숫자 210 은 '도망치다'라는 의미(ברח)와 같은 숫자값입니다. 그렇기에 토라는 그들이 도망쳤다는 말이 왕에게 들렸다고 기록한 것이었으며, 210 년이 지난 때의 이집트 탈출은 그렇게 '도망치는' 행위로서 묘사되었고, 그러면서 동시에 이집트의 천사는 파르오와 그의 신하들에게 그들이 이스라엘을 떠나보내는 결정을 후회하게 만들었습니다.

'이집트의 왕'인 이집트의 천사는 파르오와 그의 신하들에게 그들이 저지른 중대한 실수와 그리고 결국엔 이스라엘 민족을 떠나도록 허용함으로 그들이 초래한 멸망을 전한 것입니다. 그것이 다른 민족에 대한 상황이었다면 이집트는 그렇게 걱정하지 않아도 될 문제였지만 창조의 주된 목적이었던 이스라엘 자손을 떠나게 하는 것은 그들과 함께 했던 슈히나를 잃음과 함께 영적, 육체적 유익이 동시에 상실되는 것이었습니다. 이것이 이집트인들이 "우리가 행한 이것이 무엇이냐?"라고 같은 구절에서 놀라는 그들의 반응에 대해 이해할 수 있는 부분입니다. 그렇게 이집트를 위해 일하는, 다른 말로는 '이집트를 관장하는' 천사는 이스라엘 자손의 거룩함을 추구하며 그들을 다시 영토로 불러들이려고 온 힘을 모읍니다:

וַיִּקַּח שֵׁשׁ־מֵאוֹת רֶכֶב בָּחוּר וְכֹל רֶכֶב מִצְרָיִם וְשָׁלִשִׁם עַל־כֻּלּוֹ:

"그가 전차 600 대를 선발하고 미쯔라임의 모든 전차와 그 모두의 지휘관들을 취했다."

(슈모트 14:7)

그러나 하쉠께선 불결한 자들이 상기되도록 허용하시고 특히 파르오의 마음을 완고하게 하셔서 쑤프 바다에서 멸망하게 하였습니다. 이와 동일한 방식은 최종 구속의 때에 번복될 것인데, 이스라엘 자손이 모든 나라로부터 유배 생활을 떠나 이스라엘 땅에 모일 때 세상 모든 나라는 그들을 떠나도록 허용함으로 그들이 얼마나 많은 손실을 입는지 깨닫게 될 것이고, 불결한 영적 세력인 '고그'는 그의 마음을 다해 이스라엘을 쫓아 이스라엘 땅에서 그들을 공격하려는 열망을 가지게 될 것입니다. 그리고 그때 하쉠께선 14:7 이후에 일어나는 '쑤프 바다에서의 파르오의 멸망'처럼 그들과 직접 전쟁을 벌여 신성한 보복의 약속을 이행할 것입니다.

וַיִּסְעוּ מֵאֵילִם וַיָּבֹאוּ כָּל־עֲדַת בְּנֵי־יִשְׂרָאֵל אֶל־מִדְבַּר־סִין אֲשֶׁר בֵּין־אֵילִם וּבֵין סִינָי בַּחֲמִשָּׁה עָשָׂר יוֹם לַחֹדֶשׁ הַשֵּׁנִי לְצֵאתָם מֵאֶרֶץ מִצְרָיִם: וַיִּלּוֹנוּ כָּל־עֲדַת בְּנֵי־יִשְׂרָאֵל עַל־מֹשֶׁה וְעַל־אַהֲרֹן בַּמִּדְבָּר:

"이쓰라엘 아들들의 모든 회중이 엘림에서 이동하여 엘림과 씨나이 사이에 있는 씬 광야에 왔다. 그들이 미쯔라임 땅에서 나온 후 둘째 달 15 일이었다. 이쓰라엘 아들들의 모든 회중이 모셰와 아하론에게 광야에서 불평했다." (슈모트 16:1-2)

이 구절은 이스라엘 아들들이 광야를 통과해 시나이 산에 이르렀을 때 그들이 먹을 것이 부족함에 대해 모셰와 아하론에 대해 불평함을 나타냅니다. 바로 이 시점에서 하쉠께선 이스라엘 자손에게 만(만나)을 공급하기로 응답하셨는데, 하쉠께서 이들이 토라를 받기 위한 준비의 일환으로 '하늘의 빵'을 먹기를 원하셨던 것은, 그들이 하늘로부터 내려오는 '육체적 빵'을 통해 '영적인 빵'인 토라를 받기에 영적으로서도 적합해질 것을 아셨기 때문이었습니다.

어린 아이는 땅에서 나온 빵을 먹기 시작할 때까진 땅에 관해 아무것도 이해하지 못합니다. 마찬가지로 이스라엘도 하늘에서 오는 것을 먹지 않는다면 하늘에서 올 토라에 관한 어떤 것도 이해할 수 없었기에 만은 필연적인 공급이었습니다. 만은 토라를 받기로 예정된 날로부터 20 일 전인 이야르 월 15 일부터 내리기 시작했고, 토라를 받기 위해 영적으로 자신을 준비할 수 있는 충분한 시간을 제공했으며, 토라의 모든 복잡함과 숨겨진 의미를 이해할 수 있는 능력을 부여해 주었습니다.

וַיֹּאמֶר יְהֹוָה אֶל־מֹשֶׁה הִנְנִי מַמְטִיר לָכֶם לֶחֶם מִן־הַשָּׁמָיִם וְיָצָא הָעָם וְלָקְטוּ דְּבַר־יוֹם בְּיוֹמוֹ לְמַעַן אֲנַסֶּנּוּ הֲיֵלֵךְ בְּתוֹרָתִי אִם־לֹא:

'하쉠께서 모세에게 말씀하셨다. "보라, 내가 하늘에서 빵을 너희에게 비처럼 내릴 것이다. 그 백성은 나가서 매일 하루 분을 모을 것이니 이는 그들이 내 토라 안에서 걸어가는지 그렇지 않는지 내가 시험하기 위함이다."' (슈모트 16:4)

우리의 물리적 세상에 존재하는 모든 것은 영적인 영역의 본질과 영혼에 그 뿌리를 두고 있습니다. 만(מן)은 '물리적인 곡물'로 인간의 주요 생계 공급원이기도 한 '밀'의 영적 본질이기에 다간 샤마임(דגן שמים), 즉 '하늘의 곡물'이라고 불렸습니다. 히브리어 글자 22 자로 구성된 토라를 받기 위해서 이스라엘 자손은 22 라는 같은 숫자값을 지닌 영적인 밀(חטה)을 먹어야 했습니다. 만은 일반적으로 밀가루에 자연으로 수반되는 겨 껍질 등의 불순물이 전혀 없는 '순수한 밀'로, 어두움과 불결함이 들어갈 여지조차 있지 않았습니다. 그러한 영적 밀알의 순수함은 이스라엘 자손에게 필요한 좋은 영양을 제공해 주었습니다.

그 거룩한 빵은 고수 씨 같은 순수한 포장에 싸여 있었는데(슈모트 16:31), 육체를 입은 사람이 그것을 흡수하고도 유지될 수 있으려면 '정제된 옷'으로 만을 감싸는 것이 필요했습니다. 만이 만약 순전한 영적 물질이었다면, 그것은 육체를 입은 인간에게 필요한 영양분을 제공하지 못했을 것이었습니다. 그러나 만은 정제된 상태로 인해 일반적으로 곡물에 포함되는 불순물을 의미하는 '어둠과 불결함'으로부터 파생되는 '폐기물'이 되지 않았습니다.

וַיִּסְעוּ כָּל־עֲדַת בְּנֵי־יִשְׂרָאֵל מִמִּדְבַּר־סִין לְמַסְעֵיהֶם עַל־פִּי יְהֹוָה וַיַּחֲנוּ בִּרְפִידִים וְאֵין מַיִם לִשְׁתֹּת הָעָם:

"이쓰라엘 아들들의 모든 회중이 하쉠의 입에 따라 씬 광야로부터 그들의 여정을 이동했다. 그들이 르피딤에서 진을 쳤으나 백성이 마실 물이 없었다." (슈모트 17:1)

이 구절은 이스라엘 자손이 이집트에서 시나이 산으로 가는 여정 중 르피딤에 도착해 목이 마르다고 얘기하고 있습니다. 유대 현인들은 르피딤이라는 이름이 당시의 이스라엘의 영적 상태인 '절뚝이는/약해진' 등을 의미하는 라푸이(רפוי)라는 단어에서 유래했다고 설명합니다. '토라에 대해 그들의 손이 약해진 (미드라쉬 탄후마 베샬락흐 25)' 것인데, 이는 이스라엘의 '물에 대한 목마름'을 물이라는 매개체에 비유되는 토라에 대한 목마름으로도 해석할 수 있기 때문입니다. 그리고 그 결과는 아말렉이 와서 르피딤에서 싸운(17:8) 것입니다. 르피딤에서 토라에 대한 이스라엘의 영향력이 약해졌을 때 아말렉이 그들을 공격했습니다.

야아코브가 에싸브를 위한 축복을 취하기 위해 아버지 이쯔학크에게로 갔을 때, 이쯔학크는 야아코브의 손을 만지면서 "소리는 야아코브의 소리이나 손은 에싸브의 손들이다. (베레쉬트 27:22)"라고 말했는데, 유대 현인들은 그것이 단순한 어떤 사실의 진술이 아닌 거룩함과 불결함 사이에서 야아코브와 에싸브 간에 벌어질 끊임없는 영적 투쟁에 관한 것이었음을 가르칩니다. 에싸브의 손은 '야아코브의 소리'가 없을 때 그보다 더 강해지는데(미드라쉬 베레쉬트 라바 65:20), 유대 현인들은 이스라엘이 더 이상 그들로부터 나오는 '토라의 소리'를 갖지 못할 경우 그 손의 힘이 에싸브에게로 옮겨간다고 가르칩니다. 그리고 바로 이것이 르피딤에서 일어난 일로, 이스라엘이 토라로부터 그들의 손을 약하게 하면서 소리를 그쳤고, 대신 그 손의 힘은 에싸브의 후손인 아말렉의 불결한 자들에게로 옮겨간 것이었습니다.

그리고 그에 대한 더 깊은 의미에서, 이스라엘 자손에게 물이 부족했던 건 하쉠의 친절에 대한 결핍을 의미했습니다. 이것은 토라에 대한 그들의 게으름의 직접적인 결과로, '친절'은 심판의 속성을 누그러뜨려 불결함을 견제하고 불결함이 거룩함에 맞서는 걸 두려워하게 만드는 능력을 지니는데, 친절이 부족하거나 존재하지 않는다면 심판을 약화시키는 데에 도움이 되지 못하기 때문입니다. 그때 심판의 속성은 오히려 불결함이 거룩함에 대항해 일어나는 기회를 제공하는 방식으로 강화작용이 일어납니다.

엘로킴을 두려워하지 않은 아말렉은 이스라엘 자손이 토라에 대해 게으를 때, 즉 '물과 친절'이 부족할 때 정확하게 도착했습니다. 이스라엘이 심판의 속성을 나타내는 '엘로킴'을 두려워하지 않았기 때문에, 엘로킴께서 더 이상 불결함을 잡아 두지 않으셨습니다.

그런데 이것을 바로잡고 불결함을 굴복시키기 위해선 이스라엘 자손이 토라에 대한 그들의 손을 강하게 할 필요가 있었는데, 이것이 바로 모셰가 아말렉에게 승리를 위해서 산 위에서 손을 들고 서 있어야 했던 이유였습니다.

וְהָיָה כַּאֲשֶׁר יָרִים מֹשֶׁה יָדוֹ וְגָבַר יִשְׂרָאֵל וְכַאֲשֶׁר יָנִיחַ יָדוֹ וְגָבַר עֲמָלֵק:

"그리고 이렇게 되었으니, 모셰가 그의 손을 들었을 때는 이쓰라엘이 이겼고 그의 손을 쉬게 했을 때는 아말렉이 이겼다." (슈모트 17:11)

이것은 토라에서 이스라엘 자손이 불결함을 극복할 수 있도록 그들의 손을 강하게 한다는 것을 상징합니다. 그리고서 유대인들은 토라로부터 그들의 손을 약화시켰다는 것을 바로잡기 위해 '너희는 미쯔라임에서 나오는 길에서 아말렉이 너에게 행한 것을 기억하라 (드바림 25:17)' 라는 내용을 토라에서 읽으라는 구체적인 명령을 받습니다.

파라샤트 이트로 (슈모트 18:1 – 20:26)

이스라엘 자손은 하쉠의 친절의 속성을 상징하는 달인 니싼 월에 이집트에서 떠났습니다.

בַּחֹדֶשׁ הַשְּׁלִישִׁי לְצֵאת בְּנֵי־יִשְׂרָאֵל מֵאֶרֶץ מִצְרָיִם

"이쓰라엘 아들들이 미쯔라임 땅에서 나온 지 셋째 달…" (슈모트 19:1)

둘째 달 이야르 월은 하쉠의 심판의 속성을 나타내며 셋째 달 씨반은 자비, 즉 친절과 심판이 균형을 이루는 조합을 나타냅니다. 이스라엘 자손은 이집트를 떠나면서 시간이 지날수록 매달의 속성으로부터 영적인 빛을 받았는데, 바로 첫째 달에는 친절, 둘째 달에는 심판, 셋째 달에는 자비의 속성으로 영적인 빛을 받습니다.

그럼 친절과 심판이 결합된 자비의 때가 왜 이스라엘이 토라를 받기에 가장 이상적인 때였을까요?

그것은 토라 자체가 그 속성이 결합된 집합체이기 때문입니다. 기록 토라는 친절의 상징이며, 구전 토라는 심판의 상징입니다. 그리고 토라의 계명 또한 친절을 상징하는 '긍정 계명'과 심판을 상징하는 '부정 계명'으로 구성되어 있고, '그의 오른손에는 그들을 위한 번쩍이는 불이 있었다'라는 드바림 33:2 의 내용에서도 '오른손'은 친절을, '불'은 심판을 의미합니다. 그리고 기본적으로 토라는 자비에 뿌리를 두고 있기 때문에 자비의 속성이 영향력을 행사하는 달에 이스라엘 자손에게 토라를 계시하는 것이 가장 적절한 때였습니다.

구절은 계속해서 이스라엘 자손이 시나이 산에 접근했을 때의 영적 구성을 묘사해 줍니다:

וַיִּסְעוּ מֵרְפִידִים וַיָּבֹאוּ מִדְבַּר סִינַי וַיַּחֲנוּ בַּמִּדְבָּר וַיִּחַן־שָׁם יִשְׂרָאֵל נֶגֶד הָהָר׃

"그들이 르피딤에서 이동하여 씨나이 광야로 왔다. 그리고 광야에서 진들을 쳤으며 이쓰라엘이 산 맞은편에 진을 쳤다." (슈모트 19:2)

이 내용은 언뜻 보기에는 '…그들이 광야에 진을 쳤다'와 '…이스라엘이 ~에 진을 쳤다'라는 단순한 반복 내용으로 보입니다. 그런데 첫 번째 문장에서 '진을 쳤다'라는 말은 복수형(ויחנו)으로 쓰여진 반면, 두 번째 문장의 '진을 쳤다'라는 말은 단수형(ויחן)으로 쓰여 있는 것을 볼 수 있는데, 그것은 그날에 이스라엘 자손(복수형)이 모두 그곳에 진을 쳤을 뿐만 아니라 이스라엘 자손(단수형)의 영적 뿌리가 완전히 드러남을 알려줍니다. 이스라엘이 자손이 이집트를 떠나면서 시작된 영적 뿌리의 발전은 이제 완성에 가까워집니다.

그렇기에 이 구절은 물리적 세상에 있는 이스라엘 자손을 복수형으로 언급하며 '[그들이] 진들을 쳤다'라고 시작하며, 영적 세상에 있는 이스라엘 자손의 연합된 영적 뿌리를 언급하는 단수형으로 '이스라엘이 진을 쳤다'라고 끝맺습니다. 그날에 그들이 모두 하나가 되어서 뿌리를 붙잡으며 자신들의 육적, 영적 본질이 서로 평행이 됨을 강조하는 것입니다. 그 연합은 토라를 받기 위한 필수 전제조건이었는데, 거룩함은 '불일치'한 곳에서 머물지 않기 때문입니다. 다음 구절인 19:3 에 이어지는 '모셰가 엘로킴께 올라갔다'라는, 모셰가 슈히나에 도달하여 매달릴 수 있는 능력은, 그렇게 '한 몸'인 이스라엘의 통일로 인한 완전함으로 인해 가능했습니다. 그래서 그에 대한 반대편 내용으로 확인할 수 있는 부분도, 이스라엘이 금송아지로 인한 죄를 지었을 때 하쉠께서 모셰에게 "가라, 내려가라"라고 하신 슈모트 32:7 에서 그 의미를 연결할 수 있습니다. '신체'의 파괴는 '머리'에 부정적인 영향을 미치기 때문입니다.

슈모트 19:1 에 대한 더 깊은 수준에서, 토라는 이스라엘 자손이 이집트를 떠난 바로 그날(이날 그들이 씨나이 광야로 왔다)에 영적인 의미에서 시나이 광야로 도착했다고 우리에게 가르쳐줍니다. 이 구절을 간단히 읽는다면 '바로 이날'이 앞에서 있는 '셋째 달'에 연결된다고만 여길 수 있지만, 그에 대한 깊은 암시는 이스라엘 자손이 이집트 땅으로부터 나온 탈출의 날을 가리키기도 합니다. 이스라엘 자손은 그들의 영혼이 이집트의 불결한 것들로 인해 올무에 걸려들어 그 불결함에 굳게 자리를 잡아버렸는데, 그 손아귀로부터 벗어나려면 매우 과감한 조치를 필요로 했습니다.

하쉠께서 만약 이스라엘 자손의 영적 상태를 천천히 높이시기로 했다면, 불결한 힘은 그것을 감지해 그들을 꽉 붙잡아 그들이 빠져나가지 못하도록 했을 것입니다. 이스라엘을 불결함으로부터 빼내기 위해서는 영적인 유입을 위한 빠르고 큰 조치가 필요했습니다. 이집트 탈출에 대해 실제로 토라는 다음과 같이 설명합니다:

$$כִּי בְחִפָּזוֹן יָצָאתָ מֵאֶרֶץ מִצְרָיִם$$

"…왜냐하면 너는 급히 미쯔라임 땅으로부터 나왔기 때문이다." (드바림 16:3)

이스라엘 자손이 이집트의 속박으로부터 구원될 수 있는 것은 '오직 서두르는 것' 뿐이었습니다. 이스라엘 자손이 이집트를 떠난 때부터 토라가 주어질 때까지 겪어야 했던 점진적인 영적 발전은 '바로 이날'로 표현된 한 날, 즉 이집트를 떠난 날에 이루어졌습니다. 바로 그 날에, 그들은 시나이 산에 도착해 시나이 산의 높은 영적 수준, 즉 토라를 받아야 하는데 필요한 수준에 도달할 수 있었습니다.

구절에서 표현하는 방식을 보면, 하쉠께선 그들을 단순히 '이집트'에서 나오게 하신 것이 아니라 '이집트 땅'에서 데리고 나오셨다고 표현합니다. 이집트 땅이라는 표현을 강조하는 이유는 불결함의 가장 밑바닥 수준을 나타내 주는데, 토라는 그러한 가장 낮은 수준의 불결함으로부터 높은 수준의 거룩함으로 즉시 상승할 수 있는 이스라엘의 특별한 능력을 강조하고 있습니다.

그런데 그렇다면 그들이 이집트를 떠난 순간에 높은 수준에 도달했던 것이라면 토라를 받기까지 기다린 7 주는 무엇이었을까요? 그들이 이집트를 떠난 날에 이미 달성한 수준을 다시 도달하는 발전 과정을 거쳐야 한다는 말일까요?

하쉠께선 그들을 이집트로부터 빼내기 위한 유일한 목적을 위해 즉시 그들을 상승시켰으나, 그것은 일시적이고 지속되는 것이 아니었습니다. 그렇게 일단 불결한 것을 제거하고 다시 점진적으로 자신들의 영적 수준을 발전시면서 그것을 내면화 시키는 것이 필요했습니다. 우리는 여기서 우리 자신에게 악한 성향과 불결함을 제거하는 것에 대한 교훈을 얻을 수 있는데, 우리가 그 손아귀로부터 완전히 벗어나고 싶다면 과감한 변화를 시작해야 한다는 것입니다. 더불어서 그 급격한 변화를 위한 전념을 통해 우리는 점진적으로 더 건강한 수준으로 발전할 수 있게 됩니다. 이것은 얼핏 악한 성향/유혹과 싸우는 법에 관해 제안된 다른 심리학/정신의학적 접근법과 상충되거나 모순되는 것이 있는 것처럼 보일 수도 있지만, 오히려 점진적인 발전을 위한 의미에서 이 내용의 의도는 다시는 악한 손아귀에 빠지지 않겠다는 결정으로 시작해야 하는 것이 중요하다는 것에 있습니다. 이러한 결정이 내려질 때, 비로소 차후 보다 점진적인 접근 방식이 효과를 보게 됩니다. 예를 들어, 매일 도둑질을 하는 자가 자기 자신에게 '이제 매일 많이 훔치는 것보다 일주일에 한 5 번 정도만 적당히 훔치자'라는 말로 자신을 다잡는(?)다고 해도 그는 결코 자신의 악순환을 깨는 데 성공할 수 없습니다. 그러나 그가 다시는 도둑질하고 싶지 않다는 것을 결심한다면, 그는 그 습관을 없애기 위한 점진적인 단계를 '줄이겠다는' 의도보다 효과적으로 적용할 수 있게 됩니다.

이스라엘 자손이 이집트를 떠나는 때에 그들은 바로 이 '다시는 도둑질하고 싶지 않다'와 같은 수준으로 격상된 의미였습니다. 그렇기 때문에 그 수준을 유지하기 위해 그 수준을 내면화 시켜 자신과 민족의 본질로 만드는 것을 목표로 하는 점진적인 상승의 기간이 필요하기도 했던 것이었습니다.

'그들이 르피딤에서 이동하여 씨나이 광야로 왔다'라는 슈모트 19:2 의 내용에 대해서, 우리는 지난번 파라샤의 내용을 통해 르피딤에서 그들의 손이 약해졌다는 유대 현인들의 가르침에 대해 배웠습니다. 이러한 영적 손상을 바로잡기 위해선 정반대의 방법인 '토라 안에서' 자신을 강하게 하는 것이 필요했습니다. 그들은 토라가 나오는 근원인 시나이 산의 수준으로 스스로를 높여갔습니다.

이스라엘 자손이 토라를 받는 데 필요한 영적 수준에 도달했을 때, 모세는 비로소 하쉠을 향해 산으로 올라갈 수 있었고 하쉠께선 그에게 이렇게 지시하셨습니다:

כֹּה תֹאמַר לְבֵית יַעֲקֹב וְתַגֵּיד לִבְנֵי יִשְׂרָאֵל:

"…너는 이렇게 야아코브의 집에 말하고 이쓰라엘 아들들에게 말하라" (슈모트 19:3)

이 구절은 왜 '야아코브의 집'이란 표현으로 시작해서 '이스라엘 아들들'로 끝맺을까요? 이 두 표현이 '이스라엘'이라 불리는 하나의 집단을 가리킴에도 여기서 각각의 대상처럼 설명하는 이유는 무엇일까요?

바로 '야아코브'는 보다 낮은 영적 수준의 야아코브를 자체를 언급하는 의미인데, 그가 더 큰 영적 수준으로 성장했을 때 하쉠께서 그에게 '이스라엘'이란 추가 이름을 주심을 기억할 겁니다. 이스라엘 자손은 바로 그 낮은 영적 수준의 '야아코브'와 높은 영적 수준의 '이스라엘'을 모두 성공적으로 완수했습니다. 그들이 두 수준 모두에서 완전함을 얻음으로써, 그들은 하쉠으로부터 진정으로 토라를 받을 준비를 하게 되었습니다.

이스라엘 자손은 하쉠께서 그들에게 토라를 주시기 위해 시나이 산에 임하셨을 때 평화로이 잠들고 있었습니다. 하쉠께선 그들이 평화로이 잠을 자도록 허락하시면서도 동시에 다음 구절이 묘사하는 바처럼 무서운 방식으로 토라를 계시하셨습니다:

וַיְהִי בַיּוֹם הַשְּׁלִישִׁי בִּהְיֹת הַבֹּקֶר וַיְהִי קֹלֹת וּבְרָקִים וְעָנָן כָּבֵד עַל־הָהָר וְקֹל שֹׁפָר חָזָק מְאֹד וַיֶּחֱרַד כָּל־הָעָם אֲשֶׁר בַּמַּחֲנֶה׃

"그리고 이렇게 되었으니, 셋째 날 아침이 되었을 때 천둥들과 번개들과 산 위의 짙은 구름과 매우 강한 쇼파르 소리가 있어 진에 있는 모든 백성이 떨었다." (슈모트 19:16)

모든 소리와 광경을 민족이 두려워한 것입니다. 하쉠께선 이스라엘 자손에게 그분만이 세상을 다스린다는 사실을 보여주길 원하셨습니다. 그분께서 원할 때 그는 친절을 나타내는 방식으로 행동하여 그들이 평화로울 수 있도록 할 수 있으며, 동시에 그분께서 원할 때 그는 쉽게 자신의 힘의 속성을 나타내어서 그들에게 두려움을 심어줄 수도 있습니다. 이 두 가지의 상반된 속성에 대한 지배력을 동시에 보여준 의미는 하쉠만이 세상을 통치한다는 표시였습니다.

하쉠께선 왜 마치 비가 쏟아지기 직전처럼 천둥과 번개, 그리고 짙은 구름들 가운데서 토라를 계시하기로 결정하셨을까요?

단순한 의미로는 그것이 이스라엘 자손에게 토라의 경이로움과 엄격함을 이해시키고 두려워할 수 있도록 일깨우는 의미로 설명할 수 있습니다. 그런데 더 깊은 수준에서의 추가적인 설명이 있는데, 이것은 광야가 '불결함에 대한 통치력을 행사하는 공간'이라는 배경을 알고서 바라봐야 할 것이 있습니다. 하쉠께선 광야라는 공간에서 존재하는 불결함의 측면이 이제 곧 밝혀지게 되는 영적인 빛에 달라붙지 않도록 하기 위해서 무서운 광경과 소리로 그들을 두렵게 만드셨습니다. 사실, 하쉠의 친절하심에 대한 가장 공개적인 표현인 생명의 원천 물을 공급하는 '비'는 천둥과 번개를 동반합니다. 하쉠께선 '비'라는 친절함과 '천둥 번개'로 나타나는 힘의 속성을 동반해서 불결함이 인간에게 달라붙어 그들에게 주어질 풍요를 손상시키지 않도록 보장했습니다. 이 구절은 또한 대기를 '산 위의 짙은 구름'으로 묘사하는데, 토라를 주실 때 보여지는 영적인 빛은 너무도 크고 강렬해서 그에 대한 차양막과 같은 역할을 해줄 '두꺼운' 구름을 입혀야만 했습니다. 만약 그 두꺼운 구름이 없었다면, 이스라엘 자손이 그 빛을 감당하기엔 너무도 강해서 모두 즉사했을 것입니다.

이스라엘 자손은 큰 소리로 인해 잠에서 깨어났지만 큰 두려움으로 인해 장막 밖으로 나가질 못했습니다. 모세는 백성들에게 그 광경과 소리에 대해 설명할 의도로 백성들을 장막 밖으로 불러내었습니다. (19:17)

소리와 번개, 짙은 구름, 쇼파르 소리, 산 위에서 타는 불 이 다섯 가지는 하쉠의 힘의 측면에 대한 물리적인 묘사입니다. 이 다섯 가지 면은 하쉠의 권능의 이름을 상징하는 엘로킴의 다섯 글자에 모두 암시되어 드러납니다. 이 엄청난 힘의 과시에 대한 모세의 설명을 듣고서야, 이스라엘 자손은 이것이 하쉠께서 자신의 '힘의 속성'을 드러내는 방식이며, 두려워해야 할 이유가 없다는 것을 깨닫게 되었고, 그리고 나서야 그들은 그때 드러난 하쉠의 힘의 속성을 맞이하기 위해 '엘로킴을 향하여' 나아갈 수 있었습니다.

파라샤트 미슈파팀 (슈모트 21:1 – 24:18)

וְאִם־אָסוֹן יִהְיֶה וְנָתַתָּה נֶפֶשׁ תַּחַת נָפֶשׁ: עַיִן תַּחַת עַיִן שֵׁן תַּחַת שֵׁן יָד תַּחַת יָד רֶגֶל תַּחַת רָגֶל:

"그러나 만약 치사성이 있으면 갚아야 하되 너는 생명은 생명으로, 눈은 눈으로, 이빨은 이빨로, 손은 손으로, 발은 발로, 화상은 화상으로, 상처는 상처로, 멍은 멍으로 한다."

(슈모트 21:23-24)

유대 현인들은 '생명은 생명으로'라는 구절을 문자 그대로 받아들여서는 안된다고 가르칩니다. 예를 들어, 토라법은 누군가 어떤 사람을 죽일 마음을 품다가 우연히 그걸 본 자를 죽인 사람을 사형에 처하게 돼야 하는 책임을 지게 하지 않고 금전적 보상만 행하게 합니다. 이것은 언급된 다른 처벌들에 대해서도 동일하게 적용되는데, 다른 사람의 눈을 멀게 한 사람은 '그의 눈을 제거하는 것이 아니라' 그가 손상시킨 장기에 대해 금전적인 배상금만 지불하는 것입니다.

구전법은 유대인들에게 배상의 세부 사항을 이해하게 해주며 그 구절을 문자 그대로 받아들이지 않게 하는 데 도움을 줍니다. 그렇다면 기록 토라는 왜 겉보기에 오해의 소지가 있을 표현을 사용하는 것일까요? 결국 그에 대한 단순한 이해는 '동료의 눈을 멀게 한 것의 처벌'로 가해자의 눈을 제거해야 한다는 것인데 말입니다.

어떤 인간도 그에게 요구될 '정확한' 형벌을 감당할 순 없습니다. 그런데 너무 많거나 너무 적은 처벌을 가하지 않았다는 것을 누가 어떻게 확신할 수 있을까요? '땅의 법정'은 문자 그대로 이러한 형벌들을 집행할 수 없지만, '하늘의 법정'은 토라에 기록된 대로 형벌을 집행합니다.

토라는 왜 눈/치아/손/발이라는 '네 군데의 영역'을 구체적으로 언급하는 것일까요? 거기에 귀나 코는 빠져 있는 이유가 무엇일까요? 그것들이야 말로 쉽게 손상될 수 있는 중요한 장기가 아닌가요? 그런데 이 구절은 성전이 파괴된 이후 이스라엘 자손이 입을 피해와 고통에 대한 악에 대해 가해질 형벌을 암시하기도 합니다.

성전이 파괴되면서, 이스라엘 자손은 성전과 예루샬라임에 있던 아름다운 것들을 더 이상 볼 수 없게 되었습니다. 그 아름다운 광경을 다른 민족들이 앗아가게 된 것에 대해서 그 민족들은 '…그의 눈이 눈구멍 속에서 썩으며…'라는 즉하르야 14:12 의 내용처럼 눈은 눈으로 벌을 받을 것이며, 파괴에 대한 것은 '…당신께서 악인들의 이들을 부서뜨렸습니다'라는 트힐림 3:8 의 언급처럼 이빨은 이빨로 갚는 벌을 받게 될 것을 의미합니다. 그리고 코헨들은 더 이상 그의 손을 사용하여 희생제물을 제단 위에 놓을 수 없게 된 것으로 인해 하쉠께선 '그때 하쉠께서 나가셔서 그가 그의 전쟁의 날에 싸우시던 것처럼 민족들과 싸우실 것이다.'라는 즉하르야 14:13 의 기록대로 손은 손으로 벌하실 것이고, 마지막으로 이스라엘 자손이 더 이상 그들의 발로 일 년에 3 번 예루샬라임으로 순례를 할 수 없게 된 것에 대해 하쉠께서 '…그가 그의 발로 서 있을 때 그의 살을 썩게 할 것이니…'라는 즉하르야 14:12 의 예언대로 발은 발로 그들을 벌하실 것입니다.

토라는 계속해서 '화상은 화상으로, 상처는 상처로, 멍은 멍으로'라고 언급하는데, 이것들은 악과 세상의 나라들에게 가해질 신성한 보복을 암시합니다. 그 악 때문에 성전과 코헨들과 레비들이 함께 불태워졌습니다. 에돔의 악한 나라들은 많은 유대인들을 그들이 '믿음을 굳건히 지켰다는 이유'로 산 채로 불태웠습니다. 그 보복으로서, 하쉠께선 화상은 화상으로 그들의 우상 숭배 장소와 우상을 섬기는 제사장들과 그 종들을 멸할 것입니다. 그리고 이유 없이 유대인들을 때리고 다치게 한 것으로 인해 하쉠께선 그들에게 상처는 상처로 벌하실 것이며, 이 형벌은 '내가 내 백성 이쓰라엘의 손으로 에돔에 내 복수를 하리니…'라는 엑헤즈켈 25:14 의 내용처럼 이스라엘 자손이 집행할 것입니다. 거기다 또한 그냥 걸어가는 무고한 유대인들에게 돌을 던지고 모욕하며 그것을 '자기가 행할 일'로 여긴 이들에겐 멍은 멍으로 형벌을 받게 할 것입니다. 유대 민족에게 가해져 온 이 모든 악으로 인해, 민족들은 '…만약 치사성이 있으면 갚아야 하되 너는 생명은 생명으로…'라고 기록된 것처럼 끔찍한 죽음을 맞이해야 할 것입니다.

כִּי־תֵצֵא אֵשׁ וּמָצְאָה קֹצִים וְנֶאֱכַל גָּדִישׁ אוֹ הַקָּמָה אוֹ הַשָּׂדֶה שַׁלֵּם יְשַׁלֵּם הַמַּבְעִר אֶת־הַבְּעֵרָה:

"불이 나서 가시덤불에 옮겨붙어 낟가리나 곡식단이나 밭이 탔을 때 불을 붙인 자는

반드시 값을 치러야 한다." (슈모트 22:5)

이 구절은 화재로 피해를 입은 사람에 대한 형벌과 그에 상응하는 배상금을 지불해야 함을 설명합니다. 우리는 이 구절을 더 깊은 수준에서도 이해해 볼 수 있습니다: 토라의 비밀은 불에 비유될 수 있습니다. 불은 일정 거리를 유지할 땐 매우 유익한 것인데, 토라의 비밀과 숨겨진 의미들도 그와 마찬가지로, 거기에 너무 깊어지고 너무 가까워지는 자는 그러한 비밀의 깊이에 의해 '태워지기도' 쉽습니다. 토라의 비밀인 불이 드러나 가시덤불을 발견하면 그것은 그에 옮겨붙어 피해를 입힙니다. 여기서 '가시덤불'은 이러한 토라의 깊은 비밀을 공부하기에 적합하지 않은 이들을 나타냅니다. 그들이 발견하는 몇몇 비밀들은 큰 피해를 입히며, 불이 가시덤불에 그러한 것처럼 큰 화재를 일으킬 수 있습니다. '하쉠만을 따르는 올바른 기반이 아닌 믿음을 가진 자'가 토라를 공부하려 할 때 그러합니다.

이 구절은 불이 낟가리나 곡식단, 또는 밭을 태울 때의 예를 인용합니다. 이 세 항목은 각각 그마라와 미슈나, 그리고 기록 토라를 나타내는데, 그마라와 미슈나, 기록 토라는 토라의 숨겨진 비밀을 공부하기에 적합하지 않은 사람에게 가르쳐질 수도 있습니다. 낟가리는 그마라를 나타내며, 곡식 더미를 쭉정이로부터 분리하고 짚을 곡물에서 제거해야 하는 것처럼 최종적인 할락하에 도달할 때까지 그마라를 간파하고 분석해야 함을 나타냅니다. 곡식단은 미슈나의 공로가 유배된 자들을 모아 이스라엘 자손을 유배 생활로부터 곡식단처럼 일어나도록 하게 하는 것을 나타냅니다. 그리고 밭은 기록 토라를 나타내는데, 밭에는 곡식과 짚단 등이 모두 있는 것과 마찬가지로 '토라'라는 것에는 그마라와 미슈나가 토라의 모든 영역에 포함되어 있다는 것을 나타내 줍니다.

그래서 이 구절이 우리에게 가르치는 점은 명확한데, 토라의 비밀을 공부하기에 적합하지 않은 '가시덤불'은 그마라와 미슈나, 기록 토라만을 삼켜야 하고, 토라의 비밀인 '불'은 멀리해야 한다는 것입니다. (때문에 비유대인에게는 구전 토라의 구체적인 공부가 허용되지 않는다 – 역자주) 그것을 공부하기에 적합하지 않은 자에게 토라의 비밀을 가르치기로 선택한 선생은 불이 붙어 가시덤불을 태움으로 인해 그 손해에 대해 배상을 해야 합니다.

파라샤트 미슈파팀 / פרשת משפטים

לֹא־תִהְיֶה אַחֲרֵי־רַבִּים לְרָעֹת וְלֹא־תַעֲנֶה עַל־רִב לִנְטֹת אַחֲרֵי רַבִּים לְהַטֹּת:

"너는 악을 위하여 다수를 따르지 말아야 하며…" (슈모트 23:2)

이 구절은 일반적인 삶의 맥락에서뿐만 아니라 법원의 판결 맥락에서도 이해할 수 있습니다. 법의 판결과 관련해, 판사는 단순히 다른 판사 대다수의 판결이라는 이유만으로 자신의 더 나은 판결에 대해 스스로 반대 의견으로 가서는 안됩니다. 만약 그가 정말로 재판받는 자가 결백하다고 느낀다면 그는 유죄 판결이 다수더라도 반대의 목소리를 낼 줄 알아야 합니다. 토라는 '비록 아무런 효과가 없다고 느끼더라도' 반대 의견을 표명할 줄 알아야 한다고 강조하고 있습니다. 왜냐하면 그의 마음과 입은 같아야 하기 때문입니다.

이 구절이 삶을 향한 메시지를 주는 것은, 좋은 마음을 가진 자가 자신의 길에서 벗어나 악을 행하려고 달려드는 다수의 권력자의 길을 따라가게 해서는 안된다는 것입니다. 그는 "나는 그들과 같은 방식으로 행동하며 그들에게 일어나는 일이 나에게도 일어나게 할 것이다"라고 스스로에게 말해서는 안됩니다. 사람은 다른 이들이 자신에게 선의 길을 따라간다고 보이는 증오가 자신이 악의 길을 묵인한 것에 대해 하쉠의 분노로 겪을 자신의 고통과 비교할 수 없다는 것을 깨달아야 합니다. 하쉠께선 그를 사람들의 미움으로부터 구원하실 수 있으나, 사람들은 그를 하쉠의 진노로부터 구할 수 없기 때문입니다. 그렇기 때문에 사람은 하쉠으로부터 미움의 대상이 되는 것보다 사람의 미움의 대상이 되는 것이 더 낫다는 것을 이해해야 합니다.

유대 현인들은 '거짓말쟁이와 아첨꾼은 슈히나를 받을 자격이 없다. (그마라 쏘타 42a)'라고 가르칩니다. 자신의 더 나은 판단에 스스로 반대하며 단순하게 다수의 의견을 따르는 자는 '거짓하고 아첨하는' 죄로 하바를 속인 에덴에서의 뱀의 길을 따르는 것입니다. 최종 결정이 다수의 의견에 따라 내려지더라도 사람은 일어나서 자신이 진실이라고 믿는 것을 선언할 줄 알아야 합니다. 그리고 오직 이런 방식으로만 그는 진리를 특징으로 하는 (그마라 샤바트 55a) 모든 진리의 근원이신 하쉠께 매달릴 수 있습니다.

새끼를 어미의 젖으로 요리하는 것을 금지하는 것은 파종, 쟁기질, 증식에 대한 계명처럼

파라샤트 미슈파팀 / פרשת משפטים

다른 금지된 혼합물을 금지하는 것과 비교할 수 있습니다.

לֹא־תְבַשֵּׁל גְּדִי בַּחֲלֵב אִמּוֹ׃

"…너는 새끼를 그것의 어미젖에 삶지 말아야 한다." (슈모트 23:19)

이러한 금지 사항의 각각은 다양한 영적인 힘의 혼합을 나타내기 때문에 영적인 부분에서도 유사한 피해를 입히게 됩니다. 물리적 세상의 모든 것은 영적인 세상에 뿌리를 두고 있으며, 이 뿌리들 각각은 하쉠께서 세상을 운영하기 위해 사용하는 질서 내에서 고유한 위치를 가집니다. 물리적 세상과 거기에 포함된 모든 것은 영적 세상의 표현인데, 물리적 세상에 있는 사람이 영적 뿌리가 맞지 않는 두 물질을 부적절하게 섞으면 영적인 뿌리도 뒤섞여서 하쉠의 기존 질서를 훼손하게 되는 문제가 있습니다.

거룩함의 영적 세상은 모든 것이 그 자리를 차지하는 '정해진 순서'로 존재합니다. 거룩함엔 두 가지 힘이 있을 수 있지만 그 각각은 고유한 위치에 남아 있어야 하며, 결코 섞이지 말아야 하는 것들이 있습니다. 그 예로, 어미의 젖은 친절에 그 뿌리를 두고 있으며, 새끼는 심판에 뿌리를 두고 있습니다. 이것을 섞으면 하쉠께서 만드신 질서가 어지러워지며, 하쉠의 영광을 나타내기 보다는 오히려 불결함을 닮게 합니다.

토라는 그렇다면 왜 이 금지 사항에 대해 '어미 젖 속에 있는 새끼'라는 것으로 묘사하는 비밀스러운 표현을 사용하는 것일까요? 만약 그것이 '고기와 우유를 섞지 말라'고 간단하게 명시했다면 이 금지 사항이 더 이해하기 쉽지 않았을까요? 기록 토라의 모호함은 구전 토라를 받아들이지 않는 사람들이 그것을 잘못 이해하고 해석할 여지를 남길수도 있는데 말입니다.

이 표현은 사실 금지의 정도를 전달하는 데 사용된 내용입니다. '새끼 염소'는 모든 염소들보다 훌륭합니다. 이는 새끼 염소를 의미하는 게디(גדי)의 숫자값이 '좋다'를 의미하는 토브(טוב)의 숫자값 17 과 동일하다는 점에서 분명합니다. 이 구절은 어미와 새끼가 밀접하게 연결되어 있음에도 불구하고 둘이 '섞일 수 없다는 것'을 우리에게 가르치고자 '새끼'의 어미젖에 대해 구체적으로 명시합니다. 하쉠의 길에 대한 잘못된 이해가 어떻게 발전할 수 있는지에 대해 아는 것은 그리 어렵지 않습니다. 사람의 생각은 가히 하쉠의 생각과 거리가 멉니다.

כִּי לֹא מַחְשְׁבוֹתַי מַחְשְׁבוֹתֵיכֶם וְלֹא דַרְכֵיכֶם דְּרָכָי

"이는 내 생각들이 너희 생각들과 다르며 내 길들이 너희의 길들과 다르기 때문이다…"

(예샤야후 55:8)

만약 토라가 고기와 우유를 함께 요리하는 것을 금지하지 않았다면, 고기를 '친절의 속성'인 우유로 요리하면서 고기가 가진 '삼판의 속성'을 달콤하게 만듦으로 영적인 영역에서 엄청난 개선을 이뤄낼 것이라고 생각할 수 있었을 것입니다. 게다가 그것이 심지어 '논리적으로 엄청난 행동'이라고 추측할 수도 있겠지만, 토라는 우리에게 정반대로 그 두 요소의 혼합이 큰 피해를 입힘을 보여줍니다.

그러면 여기서 우리는 왜 서로 다른 속성을 보이는 하쉠의 두 개 이상의 이름을 혼합하거나 얽는 데에 대한 유사한 금지 사항이 없는지 궁금해할 수 있게 됩니다. 예를 들어, '친절'을 나타내는 하쉠의 네 글자 이름과 '심판'을 나타내는 엘로킴의 경우, 이것 또한 큰 피해를 초래할 영적 뿌리의 혼합으로 간주되어야 하지 않을까요?

그런데 거기서의 차이는, 하쉠의 이름은 그분의 다양한 속성, 즉 하쉠께서 세상과 관계를 맺는 다양한 방식을 나타내는 의미라는 것입니다. 그 이름들이 함께 할 때 그것은 혼합이 아닌 결합을 형성합니다. 창조물들의 힘이 하쉠의 속성과는 달리 질서를 어지럽히는 방식으로 뭉칠 때, 그 결과는 결합이 아닌 혼합이기에 멸망에 이르지만, 하쉠의 이름에 대한 결합은 연합을 형성하여 하쉠의 심판의 속성을 달콤하게 바꿔주는 완화의 작용이 됩니다. 그래서 이러한 부분과의 큰 차이점으로, 우리는 이름의 의미가 서로 얽힌 천사들을 발견할 수 없다는 것이 있습니다. 그 '각각'이 자신의 위치에서 하쉠의 뜻을 전달하는 심부름꾼의 의미이기 때문입니다.

하쉠을 올바로 섬기는 것은 우리를 지탱하며, 생명을 주는 것들에 거룩함을 가져옵니다. 사람이 먹는 음식은 축복이 됩니다. 그 축복은 '적은 양으로도 만족할 줄 알며, 그가 먹는 음식이 그를 건강하고 튼튼하게 만들어줄 필요 영양소가 포함되어 있음'을 의미합니다.

대부분의 질병은 사람의 건강을 제대로 유지시키지 못하는 음식으로부터, 즉 음식이 제대로 축복받지 못한 결과로 인해 발생합니다. 음식이 축복되지 않으면 거룩함은 그 자체로 붙을 수 없으며, 불결함이 들어갈 자리를 남겨 악과 질병을 초래합니다.

음식이 축복될 때 거룩함이 스며들어 사람을 강하게 하고 질병을 예방하며, 이미 걸린 질병을 치료하는 역할도 합니다. 이것이 이 구절에 대한 의미입니다:

וַעֲבַדְתֶּם אֵת יְהוָה אֱלֹהֵיכֶם וּבֵרַךְ אֶת־לַחְמְךָ וְאֶת־מֵימֶיךָ וַהֲסִרֹתִי מַחֲלָה מִקִּרְבֶּךָ׃

"그리고 너희는 하솀, 너희 엘로킴을 섬겨야 한다. 그가 네 빵과 네 물에 축복을 줄 것이고 내가 네 가운데 질병을 없앨 것이다." (슈모트 23:25)

파라샤트 테루마 (슈모트 25:1 – 27:19)

파라샤트 미슈파팀의 결말에서 우리는 이스라엘 자손이 '하쉠의 영광의 모습이 산꼭대기에서 타고 있는 불처럼 (슈모트 24:17)' 환상을 보았음을 읽을 수 있습니다. 이 경이로운 환상은 이스라엘 자손의 마음에 큰 두려움을 심어주었는데, 그들 가운데에 거할 하쉠의 신성한 임재를 그들이 결코 견뎌낼 수 없을 것이라는 절망 때문이었습니다. 그렇기에 파라샤트 테루마는 이스라엘 자손에게 그들이 '착각'을 하고 있으며, 하쉠의 임재는 실제로 그들 가운데에 거할 수 있다는 설명으로 시작합니다. 그들이 해야 할 것은 오직 마음을 준비하고 사랑으로 받아들이기만 하면 되는 거였습니다. 하쉠의 친절의 속성이 그들 가운데 거할 수 있도록 그들의 마음이 신성한 임재를 받아들이고자 준비하려면 각 사람이 그의 자원함이 충만한 마음으로 헌납물을 주어야만 했습니다.

דַּבֵּר אֶל־בְּנֵי יִשְׂרָאֵל וְיִקְחוּ־לִי תְּרוּמָה מֵאֵת כָּל־אִישׁ אֲשֶׁר יִדְּבֶנּוּ לִבּוֹ תִּקְחוּ אֶת־תְּרוּמָתִי׃

"이쓰라엘 아들들에게 말하여 나를 위하여 헌납물을 취하게 하라. 그의 마음이 자원하는 모든 사람으로부터 너희는 내 헌납물을 취하라." (슈모트 25:2)

우리는 여기서 두 파라샤 간 또 다른 연결을 가리킬 수 있습니다: 트루마(תרומה)라는 단어에서 중간의 글자 멤(מ)을 분리하면 나머지 남은 글자는 토라(תורה)가 되는데, 그것으로부터 우리는 토라가 40일(מ의 숫자값) 동안 모셰에게 주어졌다는 암시를 알 수 있습니다. 이스라엘 자손은 하쉠께 그토록 가까이 다가가 있었던 모셰도 하쉠으로부터 토라를 배우기 위해 소멸하는 불 속에서 40일이나 보냈어야 했다면 자기들은 어떻게 토라에 대한 이해를 얻을 지 걱정했기 때문에, 토라는 '그의 마음이 자원하는 모든 사람으로부터 너희는 내 헌납물을 취하라'라고 말하며 그들이 해야 할 일이 단지 '마음'을 준비해야 하는 것뿐이라고 기록합니다.

이제 하쉠께서 이스라엘 자손에게 토라를 주셨기 때문에, 그분은 자신의 신성한 임재가 그들 가운데 있기를 바라셨습니다. 이것은 거룩함이 거하기에 알맞은 '순수하고 정제된'

머물 곳을 필요로 하였는데, 왜냐하면 하쉠의 신성한 임재는 우리의 질 낮은 불결함으로 가득한 세상 어느 곳에도 거하지 않기 때문이었습니다. 하쉠께선 모든 이스라엘 자손이 이 집을 짓는 일에 참여하기를 원하셔서 모든 자들에게 기부를 요청하셨습니다. 미슈칸은 그렇게 영이 육체 안에 거하듯 슈히나가 거할 집과 같은 역할을 하게 되었습니다. 영이 몸의 모든 부분에 퍼져 거하는 것처럼, 슈히나도 미슈칸의 모든 부분에 거했습니다.

어떤 사람의 재산이 그의 신장이라고 가정한다면, 슈히나가 그가 기부한 특정 부분에 거할 때 그것은 사실상 이스라엘 자손의 모든 각 구성원과 함께 거하는 것이며, 몸 곳곳에 자리하는 영처럼 영향을 미칩니다. 이것은 다음과 같은 말들로 암시됩니다: '이것이 [너희가 그들에게서 취할] 몫이니 – אשר תקחו מאתם', 이 각 단어의 첫 글자들을 모아보면 아템(אתם), 즉 '너희와 함께'가 됩니다.

헌납물의 기부는 슈히나가 그들 각자와 거할 수 있게 하는 것이었습니다. 사람이 피부, 살, 힘줄, 뼈로 구성되어 있는 것처럼, 미슈칸은 뼈에 해당하는 널빤지들과 힘줄, 살, 피부에 해당하는 세 개의 하부 덮개로 구성되며, 네 번째이자 마지막 덮개는 몸 위에 입는 옷에 해당합니다. 기록에 언급된 모든 기부는 '세상의 영'인 슈히나가 물리적 세계에 내려온 후에 거할 '물리적 몸' 역할을 하는 미슈칸을 형성했습니다.

사람이 죽으면 영이 몸으로부터 떠나 영의 세계로 돌아가는데, 이스라엘 자손이 죄를 지었을 때 슈히나도 영의 영역으로 물러났으며, 그 몸이 되는 성전도 그대로 남아 있다가 파괴되었습니다. 사람이 죽으면 썩지 않고 남아 있는 뼈로 '루즈'라고 부르는 부위가 있습니다. 사람은 그 뼈를 통해서 부활할 수 있게 되는데, 그것은 그 날이 올때까지 거룩함의 수준에 따라 유지됩니다. 우리가 옛 성전의 자리에서 지금 볼 수 있는 코텔(통곡의 벽)도 세 번째 성전이 건축될 때를 대비해 부활을 지탱해 줄 거룩한 루즈로 남아있습니다.

그런데 슈히나는 유배 중에 성전이 없었어도 이스라엘 자손과 항상 동행하지 않았나요? 그러나 슈히나가 비록 이스라엘 자손 안에 여전히 존재했다 하더라도 그 존재는 제한된 방식이었으며, 성전이 있었을 때 존재했던 것처럼 모든 영적 빛을 완전히 발산한 것은 아닙니다. 그럼에도 불구하고, 그런 제한적인 면에서도 임했던 임재의 가능함은 이스라엘 자손에 대한 하쉠의 거대한 사랑과 함께, 그들을 보호하며 유배 기간동안 저버리지 않고자 하는 그분의 열망 때문이었습니다. 그렇지 않았다면 슈히나는 이미 완전히 떠나버렸을 것입니다. 유대 민족의 '작은 성전'인 회당은 유배 기간 동안 이스라엘 자손에게 남아있던 제한된 빛을 수용하는 역할을 감당해 왔습니다.

하쉠께선 이스라엘 자손에게 기부를 모아서 그분을 위해 미슈칸을 지으라고 명하셨습니다:

דַּבֵּר֙ אֶל־בְּנֵ֣י יִשְׂרָאֵ֔ל וְיִקְחוּ־לִ֖י תְּרוּמָ֑ה מֵאֵ֤ת כָּל־אִישׁ֙ אֲשֶׁ֣ר יִדְּבֶ֣נּוּ לִבּ֔וֹ תִּקְח֖וּ אֶת־תְּרוּמָתִֽי: וְזֹאת֙ הַתְּרוּמָ֔ה אֲשֶׁ֥ר תִּקְח֖וּ מֵאִתָּ֑ם זָהָ֥ב וָכֶ֖סֶף וּנְחֹֽשֶׁת: וּתְכֵ֧לֶת וְאַרְגָּמָ֛ן וְתוֹלַ֥עַת שָׁנִ֖י וְשֵׁ֣שׁ וְעִזִּֽים: וְעֹרֹ֨ת אֵילִ֧ם מְאָדָּמִ֛ים וְעֹרֹ֥ת תְּחָשִׁ֖ים וַעֲצֵ֥י שִׁטִּֽים:

"이쓰라엘 아들들에게 말하여 나를 위하여 헌납물을 취하게 하라. 그의 마음이 자원하는 모든 사람으로부터 너희는 내 헌납물을 취하라. 이것이 너가 그들에게 취할 헌납물이다. 금, 은, 구리, 하늘색실, 보라색실, 진홍색실, 아마실, 염소털, 붉게 물들인 숫양 가죽들, 탁하쉬 가죽들, 아카시아 나무들," (슈모트 25:2-5)

하쉠께서 이스라엘 자손에게 지으라고 명령하신 미슈칸의 본질은 무엇이며 어떤 용도로 쓰였을까요?

미슈칸이 지어지기 전까진 하쉠의 신성한 임재인 슈히나는 영구적인 방식으로 이 세상에 거하지 않았었습니다. 쑤프 바다가 갈라질 때와 토라가 주어질 때 슈히나의 임재가 분명히 있었지만, 이러한 각각의 경우에 대한 나타남은 단지 '일시적으로 잠깐일' 뿐이었습니다. 하쉠께선 슈히나가 영구히 우리의 세상에 거하며 드러나 보여지기를 원하셨고, 미슈칸이 그 목적을 위한 통로 역할을 담당하게 됐습니다.

이 구절은 "하늘은 하쉠의 하늘이지만 땅은 그가 사람들에게 주셨다."(트힐림 115:16)라고 하는 의미로 명시되어 있는데, 언뜻 보기에 우리의 낮은 물질 세계는 하쉠의 큰 빛이 비치기에 적합한 장소가 아닌 것처럼 보일 수 있으나, 하쉠께선 우리 세계에 그분의 빛을 비추기를 원하셨기 때문에 그 집(미슈칸)은 준비와 조정이 필요했습니다. 하쉠께선 헌납물에 대한 계명을 이스라엘 자손에게 명하셨기에 이스라엘 자손이 하쉠을 위해 자기의 소유들을 따로 떼어놓을 때 하쉠의 이름이 그 물질들 위에 거할 수 있게 되었습니다. 그리고 거기에서부터, 하쉠의 빛은 나머지 물리적 세상으로 뻗어 나갈 수 있었습니다.

헌납/기부를 의미하는 테루마라는 단어는 세 번이 언급됩니다: ויקחו לי תרומה (나를 위하여 헌납물을 취하라), תקחו את תרומתי (나의 헌납물을 취하라), וזאת התרומה (이것이 헌납물이니).

테루마에 대한 각각의 언급은 물리적 세계를 바로잡고 거룩함이 그 안에 영구적으로 거하도록 만드는 또 다른 단계를 암시합니다. 테루마(תרומה)라는 단어는 테룸(תרום)과 헤(ה)로 나눌 수 있는데, 테룸이라는 단어는 들어올리는 것을 의미하며, 이스라엘은 그것을 하쉠(השם)의 이름에 대한 약자를 의미하는 헤(ה')에게로 들어올렸습니다. 따라서 테루마를 준다는 것은 우리와 그 육체를 하쉠의 이름까지 드높이는데 기여하는 의미가 됩니다.

이스라엘의 첫 번째 테루마는 우리의 물리적 세계를 불결함으로부터 분리하여 평범한 수준으로 끌어올리는 역할을 했으며, 두 번째 테루마는 세상을 세속적인 수준에서 거룩함의 수준으로 높이는 역할을 했고, 마지막 테루마는 세상을 거룩함의 수준에서 지성소의 거룩함 수준으로 높이는 역할을 했습니다. 하쉠께선 세상이 거룩함의 '낮은 정도'로만 높아지는 것으로 만족하지 않으시고 세상이 가능한 한 높은 수준의 거룩함으로 올라가길 원하셨습니다. 기부의 요청은 각각 하쉠의 13 가지 자비의 속성을 암시하는 13 가지 다른 재료들로 나누어져 있으며, 이것은 전세계에 영향을 미치는 영적 영역의 고결한 뿌리가 되었습니다.

미슈칸은 슈히나가 이 세상에 거주할 수 있도록 할 '몸'이었습니다. 그러나 가장 아름다운 몸 조차도 머리 없이는 의미있게 기능할 수 없죠. '정신'은 사람을 계몽시키고 그의 모든 행동과 노력을 통해 그를 이끕니다. 사람의 얼굴 속에 있는 정신에는 빛을 비추는 7 개의 문들이 있는데, 눈 2 개와 귀 2 개, 콧구멍 2 개와 입 하나가 그것들입니다. 미슈칸이라는 '몸' 안에서 '정신과 머리'는 메노라로 표현됩니다. 메노라는 얼굴의 일곱 가지 문들에 해당하는 일곱 개의 촛대를 통해 미슈칸의 몸을 비추었습니다.

וְעָשִׂיתָ מְנֹרַת זָהָב טָהוֹר מִקְשָׁה תֵּיעָשֶׂה הַמְּנוֹרָה יְרֵכָהּ וְקָנָהּ גְּבִיעֶיהָ כַּפְתֹּרֶיהָ וּפְרָחֶיהָ מִמֶּנָּה יִהְיוּ:

"너는 순금으로 메노라를 만들어야 한다. 메노라는 두들겨 만들어져야 하고 그것의 기초와 그것의 가지, 그것의 장식 잔들, 그것의 둥근 받침들, 그리고 그것의 꽃들이 그것으로부터 함께 되어야 한다." (슈모트 25:31)

미슈칸과 그곳의 모든 것들은 하쉠께서 세상을 인도하는 영적인 틀을 물리적으로 표현한 것들이었습니다. 사람의 가장 높은 수준의 지성을 대표하는 메노라는 영적인 영역에서의 가장 높은 수준의 거룩함을 반영했습니다.

인간이 그에게 숨겨진 메노라의 이 높은 수준의 영성을 표현하기 위해 물리적으로 그것을 만든다는 것은 극도로 어려운 것이었습니다. 토라는 그래서 문자 그대로 "메노라는 두들겨 만들어져야 하고"라고 명령합니다. '두들기다'라는 의미로 사용된 미크샤(מקשה)라는 단어는 '어려운'을 의미하는 카셰(קשה)라는 단어에서 오는데, 이 어려움으로 인해 토라는 '만들어져야 한다'라는 말로 테아쎄(תעשה)라고 말하고 있고, 이는 그것이 '스스로 만들어질 것'을 암시해 줍니다. 그러나 그럼에도 이 구절은 명령 형식으로 시작되는데, "너는 순금으로 메노라를 만들어야 한다"라는 말은 메노라를 만드는 데에 인간이 어느 정도 참여해야 한다는 점을 강조합니다. 그것에 대한 참여는 모셰가 필요한 양의 금들을 준비하여 불에 던지는 것뿐이었으며, 메노라는 그 속에서 스스로 만들어졌습니다.

그런데 메노라가 미슈칸의 정신과 머리를 대표하는 그토록 높은 물질이라면, 메노라는 왜 지성소가 아닌 성소에 놓인 걸까요?

'지성'을 대표하는 메노라가 오직 대제사장만이 욤 키푸르에만 들어가는 지성소에 놓였다면, 그 빛을 온 세상에 퍼뜨리려는 목적을 달성하는 것이 허용되지 않았을 것입니다. 그러나 메노라는 다행히도 그 중요성을 보이기 위해 지성소가 아닌 성소에서 진열상의 오른쪽에 배치됩니다. 메노라가 지성소에 놓여 있지 않다는 것을 더 깊은 차원에서 이해해보는 것도 가능합니다. 지성소에 배치된 증거궤도 또한 지성을 나타내고 있습니다. 그러나 증거궤는 '숨겨야 할 본질적인 지성'을 표현한 반면에 메노라는 지성의 빛을 드러내어 표현했기 때문이었습니다.

메노라의 위치와 암시에서 알 수 있듯, 메노라의 견고함은 인간의 능력을 뛰어넘는 구조로 만들어졌습니다. 메노라는 실제로 하쉠의 직접적인 개입을 통해서만 형성되었습니다. 그렇기에 토라는 다른 물건들과 달리 메노라의 치수를 기록하지 않았는데, 하쉠 자신께서 만드신 것의 측정치는 기록할 필요가 없었기 때문이었습니다.

파라샤트 테짜베 (슈모트 27:20 – 30:10)

파라샤트 테짜베에서 하쉠께선 아하론에게 대제사장의 직분을 맡깁니다:

וְאַתָּה הַקְרֵב אֵלֶיךָ אֶת־אַהֲרֹן אָחִיךָ וְאֶת־בָּנָיו אִתּוֹ מִתּוֹךְ בְּנֵי יִשְׂרָאֵל לְכַהֲנוֹ־לִי אַהֲרֹן נָדָב וַאֲבִיהוּא אֶלְעָזָר וְאִיתָמָר בְּנֵי אַהֲרֹן:

"너는 네 형 아하론과 그의 아들들을 그와 함께 이쓰라엘 아들들 중에서 나를 위하여 제사장직을 행하도록 아하론과 아하론의 아들들인 나다브와 아비후, 엘아자르와 이타마르를 네게 나아오게 하라." (슈모트 28:1)

코헨의 직분은 무엇이 수반되고, 특히 아하론이 대제사장의 직분을 맡은 이유는 무엇이었을까요?

코헨의 주된 임무는 '민족의 제물'을 가져와 미슈칸 또는 성전에서 섬기는 것이 있었습니다. 제사로 번역된 '코르반(קרבן)'이라는 단어는 '가까이 하다'라는 단어 크라브(קרב)에서 유래합니다. 이러한 제물은 올바로 제공된다면 영적인 영역에서 통합의 영향을 미칠 것이었습니다. 그 영향력은 우리의 세상으로 흘러 들어오게 되는데, 하쉠께서 세상을 인도하고 영향을 끼치는 방식은 이러한 영적 통합의 질적 수준에 달려 있었습니다.

유대 현인들은 이 개념을 사용해 자녀를 낳고 부양하며, 교육하고 함께 일하는 남편과 아내의 연합을 설명합니다. 현인들은 아하론이 '샬롬보다 낮으며 샬롬을 추구하는 자'(아보트 1:12)라고 설명하며 남자와 그 동료 간, 그리고 남편과 아내 사이에 '샬롬'의 분위기를 끊임없이 조성하고자 노력했다고 가르칩니다.

샬롬은 남자와 여자, 남편과 아내의 연합을 의미하기도 합니다. 샬롬이 있으면 연합이 있으며, 샬롬이 없으면 연합이 있을 수 없습니다. 부부의 화합을 의미하는 '집안의 평화'를 표현하는 단어 샬롬 바이트(שלום בית)는 단순한 표어 같은 것이 아닌 그 이상인 것입니다. 샬롬의 개념은 우리 세상의 다른 어떤 면에서보다 결혼이라는 맥락에서 더 잘 드러나 보입니다.

아하론이 샬롬을 추구했던 것은 그를 '제사를 통해 연합을 이루게 하는 일'과 '대제사장'이라는 가장 높은 지위가 부여될 자격에 제일 적합하도록 만들었습니다. 대제사장은 여덟 벌의 옷을 입었는데, 네 벌은 '흰 옷', 그리고 네 벌은 '금 옷'으로 불렸습니다. 네 가지 옷으로 이루어진 각 그룹은 하쉠의 이름과 또 다른 칭호들을 상징했으며, 아하론은 영적인 영역에서 하쉠의 이름의 연합이 영향을 발휘할 그 이름의 조합들로 된 의미의 옷을 입고 섬겼습니다.

아하론은 다른 코헨들이 갖지 못했던 특권, 즉 지성소에 들어갈 수 있는 특권을 받은 것으로 인해 '가장 높은 코헨'이라는 의미의 칭호인 코헨 가돌(כהן גדול)로 불렸습니다. 이 특권을 이해하려면 지성소의 의미를 먼저 이해해 보아야 하는데, 영적인 세계는 그 신성함의 순서에 따라 각 단계로 나뉘는 것에 대해 설명해 볼 수 있습니다. 가장 높은 영역은 '창조물'이 없는, 오직 하쉠만이 존재하는 곳입니다. 그리고 두 번째 영역은 '영혼'과 '천사'들이 있는 곳인데, 이곳은 영적인 것들이 있는 영적인 곳이지만 분명한 '창조물'의 세계입니다. 그리고 그보다 아래인 물질적인 모든 창조물의 세계에서 가장 높은 차원은 '창조의 뿌리'라고도 일컬어지는 지성소이며, 나머지의 영역은 그 뿌리의 단순한 파생일 뿐입니다.

우리의 물리적 세상은 이런 영적 세상과 평행하는데, 바로 이스라엘 땅이 '낮은 영역'과 평행을 이루며 이스라엘 땅에 있는 성전의 지성소는 영적 세상인 '높은 영역'과 물리적 평행을 이뤄 균형을 맞춰줍니다. 지성소는 우리의 물리적 세상에서 '창조의 뿌리'이자 '원천'입니다. 그렇기에 제사를 통해 돌아난 모든 파생물들(하쉠에 대한 감사, 회개, 믿음 등 모든 긍정적인 요소 – 역자 주)을 지성소라는 '뿌리'에 가깝게 가져올 역할을 위해 특별히 대제사장이 지성소에 들어가야만 하는 것이 허용된 것이었습니다.

그러나 그럼에도 불구하고 지성소의 신성함이 너무나 큰 것으로 인해 대제사장은 불결함이 아무런 힘을 발휘하지 못하는 날인 욤 키푸르에만 입장이 허용되었으며, 불결함이 자신에게도 해를 끼치는 것을 방지하기 위한 분향을 특별히 지녀야 했습니다. 그러면서도 이러한 모든 예방 조치를 취하면서 대제사장이 '지금/현재'라는 시간에 거룩함을 충분히 지니지 못한다면 그는 죽어야 했습니다.

'샬롬을 쫓는' 아하론은 바로 그러한 자리에 적합한 인물이었습니다. 아하론과 역대 대제사장들은 '곁가지들을 뿌리로 되돌리려는' 섬김에 필수적인 역할을 감당했으며, 그들이 성전의 지성소에 들어가 물리적 세상을 영적 뿌리에 가깝게 다가가는 데 합당하도록 했습니다.

וְאַתָּה תְּדַבֵּר אֶל־כָּל־חַכְמֵי־לֵב אֲשֶׁר מִלֵּאתִיו רוּחַ חָכְמָה וְעָשׂוּ אֶת־בִּגְדֵי אַהֲרֹן לְקַדְּשׁוֹ לְכַהֲנוֹ־לִי׃

"너는 내가 지혜의 영으로 채운 마음이 지혜로운 모든 자들에게 '나를 위하여 제사장직을 행하고 그를 거룩하게 하기 위하여 그들이 아하론의 옷들을 만들어야 한다'라고 말해야 한다." (슈모트 28:3)

옷을 만드는 데 왜 그럴 정도의 지혜가 필요한 걸까요? 지혜의 영이 충만한 사람들만 짤 수 있는 그런 옷이 있을 수 있는 건가요?

그러나 그 지혜는 옷을 바느질하는 데 필요한 의미가 아니라 옷에 거룩함을 불어넣는데 필요한 지혜였습니다. 이를 위해선 그것을 만들 장인의 올바른 의도를 필요로 했습니다. 대제사장 아하론이 입게 될 옷에는 차원 높은 영적 개념에 대한 암시들이 담겨 있었습니다. 앞 부분에서 설명했던 대로, 대제사장의 옷들은 두 그룹으로 나뉘어 각각 하쉠의 이름과 칭호의 의미를 담습니다. 장인들은 그러한 의복에 그것이 표현해야 하는 거룩함을 불어넣는 데에 필요한 의도를 갖게 하기 위해 이러한 개념의 중요성들을 이해해야 했습니다. 명확하고 올바른 의도가 없이는 그 옷은 거룩하게 구분되지 않는, 일반적인 의복들과 다를 바 없을 것이었습니다.

장인들은 '마음이 지혜로워야' 했으며 '지혜의 영'으로 가득해야 했습니다. 그것은 그저 마음이 지혜롭고 자연적인 삶의 지혜 등을 소유한다는 것만으로는 충분한 것이 아니었습니다. 그들은 진정으로 올바른 의도를 가질 수 있는 능력인 '지혜의 영', 즉 하늘로부터의 지혜를 필요로 했습니다. 하늘로부터의 지혜가 없다면 그들은 그토록 높은 차원의 개념을 이해하여 옷에다가 필요한 거룩함을 불어넣을 수 없을 것이기 때문입니다.

토라는 같은 구절에서 '그를 거룩하게 하기 위해' 옷을 만들어야 한다고 기록하고 있습니다. 필수적인 거룩함을 지닌 의복은 그것을 입는 동안 아하론을 거룩하게 해줄 것입니다.

וְאֵלֶּה הַבְּגָדִים אֲשֶׁר יַעֲשׂוּ חֹשֶׁן וְאֵפוֹד וּמְעִיל וּכְתֹנֶת תַּשְׁבֵּץ מִצְנֶפֶת וְאַבְנֵט וְעָשׂוּ בִגְדֵי־קֹדֶשׁ לְאַהֲרֹן אָחִיךָ וּלְבָנָיו לְכַהֲנוֹ־לִי:

"이것들이 그들이 만들어야 할 옷들이니, 흉패와 에포드, 겉옷과 상자 모양의 속옷, 터번과 띠다…" (슈모트 28:4)

대제사장은 여덟 벌의 옷을 입는다고 소개했습니다. 그러나 여기선 왜 여섯 벌만 언급되는 걸까요?

그것은 토라가 높은 영적 개념과의 병행을 위해 올바른 의도가 필요한 의복만을 언급하기 때문에 그렇습니다. 여기서 언급되지 않은, 머리에 착용할 순금패 찌쯔(ציץ)와 지금의 속옷 개념인 모시 바지 믹흐네쎄이 바드(מכנסי בד)는 바로 그러한 의도가 필요하지 않은 것들이었습니다. 대제사장이 이마에 착용해야 하는 순금패는 '하쉠께 거룩'이라고 쓰여 있어야 했는데(28:36), 그 자체에 하쉠의 이름이 이미 쓰이는 것으로 인해 거룩함이 깃들어 있었습니다. 거기에 장인의 의도는 별도로 필요한 것이 아니었습니다. 그리고 모든 코헨들이 공통적으로 다른 모든 옷 안에 입어야 하는 모시 바지도 단순히 '벌거벗은 하체를 가리도록 하기 위한 것'(28:42)이었기 때문에 벌거벗음에 대한 개념을 두지 않는 영적인 영역 안에서 옷을 꿰매야 할 때 어떤 의도도 두지 않았습니다.

그런데 그렇다면 처음부터 옷을 입은 것이 아니었던 첫 사람 아담의 경우는 무엇이란 말인가요?

아담은 매우 높은 영적 수준에서 창조되었지만, 죄를 지은 후에는 그 수준으로부터 내려오게 됩니다. 그리고 토라는 그런 다음 그가 '벌거벗음을 알았다'고 말하고 있습니다(베레쉬트 3:7). 그와 하바가 벌거벗었다는 것을 깨닫는 것에 그 시점까지 시간이 걸렸던 이유는 무엇이었을까요? 바로 그들이 있었던 높디 높은 영적 수준에선 벌거벗음에 대한 개념이 없었으며, 그것은 그들이 그 수준에서 내려온 후에야 드러났기 때문입니다.

하쉠께선 이 장인들이 '정직하고 정직함'을 모셰에게 알려주셨는데, 그렇지 않았다면 그들

은 결코 지혜의 영으로 충만함을 받지 못했을 것입니다. 하쉠께선 그리고 모셰에게 이렇게 말씀하셨습니다:

וְהֵם יִקְחוּ אֶת־הַזָּהָב וְאֶת־הַתְּכֵלֶת וְאֶת־הָאַרְגָּמָן וְאֶת־תּוֹלַעַת הַשָּׁנִי וְאֶת־הַשֵּׁשׁ:

"그들은 금, 하늘색실, 보라색실, 진홍색실, 아마실을 취해야 한다." (슈모트 28:5)

그 장인들은 매우 신뢰할 수 있는 성격을 갖고 있었기 때문에 민족의 기부가 남용되지 않도록 보호를 위해 그들의 작업을 감독할 필요가 없었습니다. 그렇기에 모셰는 백성들로부터 재료를 모아 장인들에게 나누어 줄 필요가 없었고, 오히려 장인들이 백성으로부터 직접 재료를 모을 수 있었습니다. 그들의 정직함과 올곧음은 그들이 지혜의 영을 통해 더 높은 수준의 거룩함에 도달하는 것이 합당해지도록 했고, 그렇게 그들에게 아하론과 그의 아들들을 거룩하게 할 제사장 의복들을 만드는 능력이 부여되었습니다.

모셰와 이스라엘 자손이 미슈칸을 위해 만들어야 하는 명령을 받았던 마지막 기물은 매일 분향하는 데 사용될 내부 제단 미즈베악흐 크토레트(מזבח קטורת)였습니다.

וְעָשִׂיתָ מִזְבֵּחַ מִקְטַר קְטֹרֶת עֲצֵי שִׁטִּים תַּעֲשֶׂה אֹתוֹ:

"너는 분향할 제단을 만들되 아카시아 나무들로 그것을 만들어야 한다." (슈모트 30:1)

그것이 마지막으로 언급된 이유는 무엇일까요?

내부의 제단은 코헨이 모든 영적 수준을 하나로 연결할 수 있도록 해주기 때문에 하쉠께 가장 귀중한 기물이었습니다. 모든 섬김과 기물들이 각기 특정 수준에서 연결되는 동안, 분향은 모든 것을 함께 연결해주는 기능을 추가로 지녔습니다. 그러나 분명한 건 이 모든 것을 포괄하는 연합은 다른 기물들이 이미 존재하지 않고서는 성취될 수 없는 것이었습니다. 분향단은 그러한 의미로 마지막에 언급되었습니다.

내부 제단은 '심장/마음'의 영적 확장의 의미였습니다. 미슈칸의 심장은 다름아닌 증거궤임을 지난 파라샤에서 설명했습니다. 우리는 그렇기에 분향단이 휘장 안에 있는 증거궤의 위치와 직선으로 위치하는 휘장 밖의 위치에 놓인 것을 볼 수 있습니다.

심장은 모든 신체 기관에 생명을 부여하고 하나로 연결시키는 신체의 주요 원동력입니다. 증거궤와 그에 평행하도록 확장된 분향단은 미슈칸의 심장 역할을 하는 동일한 기능을 수행했습니다. 그리고 비록 '덜 정제되고 거친 연결'이기는 하지만 외부의 제단 역시 거룩한 연결을 만들어 냅니다. 제물의 주요 영적 연결은 제단에 피를 바르는 것이 있으나 피뿌림을 통한 연결은 비교적 낮은 수준의 연결로, 그렇기에 외부 제단의 연결은 덜 정제되고 거친 연결이라 표현됩니다.

토라는 '피는 혼(생명 – 역자 주)이기 때문이다'(드바림 12:23)라고 기록합니다. 바깥 제단에 뿌려진 피는 '혼(נפש - 네페쉬)의 수준'에서 연결을 만드는 역할을 했지만, 내부 제단의 분향은 더 높은 수준인 '루악흐(רוח - 영)'에 연결되었습니다. 거기서 좀 더 정제된 수준의 연결은 향을 곱게 갈아낸 정도의 여부에 따라 달랐습니다. 욤 키푸르에 올려지는 분향은 가장 높은 수준의 거룩함과 영혼을 모두 연결하는 역할을 해야 했기에 분향단에서 옮겨져 지성소에서 올려질 분향은 매우 미세하게 갈려진 최고급 향이어야 했습니다.

그렇게 매일 깊은 연결을 이뤄내는 것은 내부의 분향단이었으며, 따라서 그것은 미슈칸의 모든 요소가 연결되는 (가운데) 지점임을 강조하기 위해 마지막으로 언급되었습니다.

파라샤트 키 티싸 (슈모트 30:11 – 34:35)

וַיִּקַּח מִיָּדָם וַיָּצַר אֹתוֹ בַּחֶרֶט וַיַּעֲשֵׂהוּ עֵגֶל מַסֵּכָה

"그가 그들의 손에서 취하여 그것을 새기는 도구로 모양을 만들었고, 그것이 녹인 송아지로 만들어졌다…" (슈모트 32:4)

아하론은 모셰에게 자신이 금을 불에 던졌더니 송아지가 나왔다고 알렸습니다.

וָאֹמַר לָהֶם לְמִי זָהָב הִתְפָּרָקוּ וַיִּתְּנוּ־לִי וָאַשְׁלִכֵהוּ בָאֵשׁ וַיֵּצֵא הָעֵגֶל הַזֶּה׃

"나는 그들에게 '누구든 금이 있는 자는 떼어오시오'라고 말했고 그들이 내게 주어 내가 그것을 불에 던지니 이 송아지가 나오게 되었습니다." (슈모트 32:24)

그것은 왜 구체적으로 '불 속에서 나온 송아지'였던 것일까요?

소는 '힘의 속성'을 나타내고, 그 속성은 이 세상에 불결한 존재를 허용합니다. 소는 하쉠의 친절하심을 제한하며, 하쉠의 친절이 제한될 때는 불결함이 존재할 여지가 남습니다. 하쉠께선 '무한한 자비'보다 '상과 벌'의 제도를 통해 인간의 행위에 따라 세상을 인도하길 원하십니다. 이를 달성케 하기 위해 인간은 좋은 것과 나쁜 것 간의 투쟁으로 들어가야 하며, 그에 따라 인간은 불결한 것을 거부하거나 받아들인 것에 대해 보상이나 처벌을 받게 됩니다. 하쉠의 힘의 속성은 어떤 의미에서는 불결한 존재와 그 자양분의 원천을 제공하고 있습니다. 하쉠께서 힘의 속성이 없이 그저 무한한 친절로만 세상을 이끄신다면 불결함이 존재할 이유가 없고 사람은 시험받을 필요가 없습니다.

그마라 바바 카마를 여는 미슈나 부분에선 네 가지 종류의 '피해'가 나열되어 있는데, 그 중 첫 번째는 불결함과 파괴에 대한 주요 원인으로 소가 지목되어 있습니다. 불결함은 거룩함이 들어가는 것을 막는 것으로 인해 그 금송아지는 에겔 마쎄하(עגל מסכה)로 불렸는데, 마쎄하(מסגה)라는 단어는 '덮개'라는 의미의 마싹흐(מסך)와 하쉠을 의미하는 글자 헤(ה)가 의미하는 '슈히나' 간의 관계를 나타내 줍니다. 그 얘기는 불결함이 이스라엘 자손과 쉬히나 사이에 덮개를 통한 분열을 만들었음을 의미합니다. 이 죄로 인한 분열은 너무나도 컸습니다. 그렇기에 모셰의 신속한 대응으로 죄인들에 대한 공의를 행하는 일이 없었다면 이스라엘 자손에게 돌아갈 피해는 돌이킬 수 없었을 것입니다.

하쉠께선 대체 어떻게, 그리고 왜 아하론이 악한 이들의 함정에 빠지도록 허락하셨던 걸까요? 하쉠께서 이스라엘 자손에게 세상이 목격한 가장 위대한 계시인 토라를 주셨을 때, 어떻게 그분께선 동시에 싸탄이 그토록 큰 몰락을 일으키도록 허락하셨을까요?

우리는 세상이 돌아가는 방식에 대해 매우 제한적인 사고를 갖고 있지만, 그럼에도 여기서 두 가지의 가능한 설명이 가능합니다: 첫 번째로, 당시의 이스라엘 자손 가운데엔 여전히 악인이 많았습니다. 이 악인들은 그들을 이스라엘 가운데에서 제거하길 원하는 하쉠의 거룩한 민족 가운데 산재해 있었고, 하쉠께선 이 악인들을 징벌하여 이스라엘 자손을 그들로부터 깨끗하게 하기 위한 구실로 금송아지의 죄가 일어나도록 허락하셨습니다. 그리고 두 번째로는, 유대 현인들은 '사람은 넘어지지 않으면 서지 못한다'라고 가르치는데 (미드라쉬 샤하르 토브), 악한 성향의 희생양이 되어서 부정적인 영향을 경험하면 미래의 악한 성향의 공격에 맞서 굳건히 서 있을 수 있도록 도움이 된다는 것 때문입니다. 하쉠께선 그렇게 이스라엘 자손의 넘어짐을 허락하셔서 그들이 우상 숭배의 가혹함과 백해무익함을 스스로 깨닫도록 하셨고, 이는 이스라엘 자손이 금송아지의 죄에 대해 자유 의지를 통한 선택권을 가지지 못했으며, 그것이 '하늘로부터 내린 선고'라는 그마라 아보다 자라 4a 와의 가르침과 일치합니다.

그러면 송아지가 나타났을 때 에레브 라브가 다음과 같은 주장을 하는 건 무슨 의미였을까요?

וַיֹּאמְרוּ אֵלֶּה אֱלֹהֶיךָ יִשְׂרָאֵל אֲשֶׁר הֶעֱלוּךָ מֵאֶרֶץ מִצְרָיִם:

"…그들이 말했다. "이쓰라엘아, 이것들이 미쯔라임 땅으로부터 너를 올라오게 한 네 신들이다."" (슈모트 32:4)

에레브 라브는 어떻게 이 금송아지가 이스라엘에 대한 책임을 가진다거나 수많은 이적으로 그들을 이집트로부터 구원했다는 터무니없는 주장으로 '지혜롭고 이해심 많다는' 이스라엘 자손을 유인할 수 있다고 보았을까요?

그런데 더 충격적인 건 이스라엘 아들들은 실제로 이 주장을 진지하게 받아들였다는 것에 있습니다. 이런 주장에 신뢰성을 부여했던 것은 아하론의 개입을 통해서였습니다. 에레브 라브는 송아지가 불로부터 나올 수 있는 진정한 근원이었던 자신들의 마법을 숨겼으며(미드라쉬 슈모트 라바), 의인 아하론은 거룩함을 유지하고 있었습니다. 그러나 이스라엘 아들들이 '금을 모은 사람'이 바로 아하론이고, 그것을 불 속에 던진 것도 바로 아하론임을 알았을 때 그들은 거기서 나오게 된 것이 '거룩함으로 물든 것'이라고 보았습니다. 그렇게 그들은 그 송아지가 이집트로부터 구원해 낼 책임을 진 하쉠으로부터 온 '신성한 계시'라고 쉽게 확신했던 것이었습니다.

게다가 그것이 사실 '송아지'의 형상으로 나타났다는 것도 그들에게 설득력을 지녔는데, 하쉠께서 모셰에게 말씀하신 강한 손으로 이스라엘 자손을 구원하겠다고 하신 말씀에 관련해서, 송아지와 소는 바로 그 하쉠의 힘의 속성을 의미하는 '강한 손'이란 깊은 의미를 이해하던 것으로 인해 에레브 라브의 주장 역시 믿게 되었던 것입니다. 아하론은 실제로는 그 송아지를 만드는 것에 개입하지 않았음에도 불구하고, 그들은 그 송아지의 출현이 하쉠께서 이스라엘 민족을 이집트로부터 구원하기 위해 사용하겠다고 말씀하신 속성(강한 손)이 금송아지라는 계시로 나타났다고 이해했습니다.

에레브 라브는 바로 그 영적 의미를 이용하여, 하쉠의 힘의 속성을 예표하는 이름인 '엘로킴'이란 칭호를 사용해 "이것이 네 신들(אלהים)이다 / 이것이 네 엘로킴이다"라고 언급했던 것입니다.

토라는 모셰가 시나이 산 꼭대기에서 내려와 이스라엘 아들들이 우상 숭배에 참여하는 것을 보며 돌판을 깨뜨리고 죄인들을 처벌하는 일을 시작했다고 기록합니다.

וַיִּקַּ֞ח אֶת־הָעֵ֨גֶל֙ אֲשֶׁ֣ר עָשׂ֔וּ וַיִּשְׂרֹ֣ף בָּאֵ֔שׁ וַיִּטְחַ֖ן עַ֣ד אֲשֶׁר־דָּ֑ק וַיִּ֨זֶר֙ עַל־פְּנֵ֣י הַמַּ֔יִם וַיַּ֖שְׁקְ אֶת־בְּנֵ֥י יִשְׂרָאֵֽל׃

"그는 그들이 만든 송아지를 취하여 불에 살라 고운 가루가 될 때까지 빻았다. 그리고 물

표면에 뿌려 이쓰라엘 아들들에게 마시게 했다." (슈모트 32:20)

이 구절은 그가 '간음한 여인'을 의미하는 쏘타(סוטה)를 분별하는 방식으로 이스라엘 아들들을 확인하기 위해 우상을 가루로 만들어 물 위에 뿌리는 것을 묘사합니다. 간음한 것으로 의심되는 여인에게 물에 탄 재를 마시게 하듯, 하쉠을 배반한 것으로 의심되는 이스라엘 아들들에게도 동일한 형벌을 받게 하는 것입니다.

그런데 먼저, 우리는 이 일어난 일에 대해 기뻐해야 합니다. 모셰는 어떻게 이 모든 악한 사람들로부터 맞서서 그들의 우상을 불태워 가루로 만들뿐만 아니라 그들에게 마시게 할 정도까지 담대함을 가질 수 있었던 걸까요? 그들이 마신 물은 악한 사람들의 몸에선 그 물이 아침에 그들을 죽게 했는데, 모셰가 그것을 할 힘이 있었고 많은 사람들이 그에 대해 항의하지 않고 용인했다는 것은 실로 놀라운 일입니다. 분명 모셰는 이전에 "제가 이 백성에게 어떻게 해야 합니까? 조금 더 있으면 그들이 나를 돌로 칠 것입니다!"(슈모트 17:4)라고 하쉠께 따지지 않았나요? 모셰는 분명 이 사람들의 힘을 알아 그들이 그에게 무슨 짓을 할 지 두려워했었습니다. 그러면 그가 어떻게 갑자기 이런 위험을 무시하고 그들의 우상을 파괴해 그들 모두에게 하늘의 형벌을 집행함으로써 자신의 두려움을 극복한 것일까요?

모셰는 하쉠의 특별한 도움을 받는 사람이었습니다. 하늘의 명예를 위해 열심으로 행동하는 자는 특별한 영적인 힘을 얻습니다. 이 열심은 '요쎄프'의 영적인 뿌리로부터 나오는데, 요쎄프(יוסף)라는 이름이 가진 숫자값은 '질투/열심/열정'이라는 뜻의 킨아(קנאה)와 동일한 156 이라는 숫자값입니다. 이러한 추가적인 힘을 입고, 모셰는 악한 사람들 어느 누구도 두려워하지 않고 하쉠의 명예를 지키고자 나섰습니다.

일반적으로 킨아는 토라에서 쏘타를 '질투의 곡식 제물'이라고 언급하는 것처럼(바미드바르 5:18 참조) '불법적인 관계'에 대한 질투/열정과 관련하여 사용되는 단어임을 볼 수 있습니다. 요쎄프는 자신의 주인의 아내의 접근을 거부함으로 불법적인 관계의 유혹에 맞서는 능력을 완성했는데, 그렇기에 '킨아'라는 단어가 '요쎄프'와 같은 숫자값의 가치를 지닌다는 것은 놀라운 일이 아닙니다. 또한 핀하쓰도 자신의 시대에 불법적인 관계를 대놓고 위반하던 것을 복구하기 위해 이러한 힘을 사용했습니다. (바미드바르 25:6-8 참조)

여성이 쏘타로 분류되는 데에는 두 가지의 필수 조건이 있었습니다:

- 남편이 아내에게 특정 남자와 단둘이 있지 말 것을 경고한 것의 위반 (키누이 קינוי)

- 기혼 여성이 다른 남자와 단둘이 있는 것을 목격한 위반 (쓰티라 סתירה)

쏘타의 죄로 끌려온 여성은 간음죄에 대해 무죄 판결을 받더라도 그녀의 행동에는 여전히 어느정도 정숙함이 부족한 면이 남습니다. 그렇기에 토라는 남편이 아내에게 쏘타 절차를 거치게 하는 것을 '어떤 남자가 질투(킨아)의 영이 그에게 생겼다'(바미드바르 5:30 참조)라고 묘사합니다. 왜냐하면 그것은 남편이 '정숙의 위반'을 바로잡으려는 행위이기 때문입니다.

그런데 모셰의 행동은 '정숙함의 위반'을 바로잡으려는 것이었을까요? 그것이 아니라면 그의 반응을 묘사하는 데에 있어 킨아라는 단어가 사용된 이유가 무엇일까요?

바로 토라는 아보다 자라(우상 숭배를 포함한 하쉠이 아닌 다른 것을 섬기는 것 – 역자 주)를 간음을 보는 것과 같은 방식으로 보기 때문입니다. 이스라엘 아들들은 하쉠과 결혼했으며(미슈나 타아니트 4:7), 이스라엘의 아들들이 낯선 신적 존재를 찾는다는 것은 하쉠을 거역해 간음하는 것과 같습니다. (이르메야후 3:1-4 참조) 우리는 열 가지의 말들(십계명이라 번역한 것 – 역자 주)에서도 아보다 자라와 관련해 '킨아'라는 단어가 사용된 예를 발견할 수 있습니다. (슈모트 20:5 참조)

간음에 대한 의심에 맞서 고집을 세운 아내에게 남편의 질투로 그녀를 검사할 마실 것을 주는 쏘타의 검사처럼, 유대인들도 금송아지의 죄에 대해 하쉠을 위한 모셰의 질투와 열심으로 마실 것을 받았습니다.

וַיְדַבֵּר יְהֹוָה אֶל־מֹשֶׁה פָּנִים אֶל־פָּנִים כַּאֲשֶׁר יְדַבֵּר אִישׁ אֶל־רֵעֵהוּ

"하쉠께서는 모셰에게 마치 어떤 사람이 그의 동료에게 말하는 것처럼 대면하여 말씀하셨다…" (슈모트 33:11)

이 구절은 하쉠께서 어떤 간섭도 없이 모셰와 대면하여 말씀하셨다는 것을 가리키는 듯합니다. 그런데 그렇다면 우리는 그 직후 모셰가 하쉠께 간구했던 것에 대해 어떻게 설명할 수 있을까요?

וַיֹּאמַר הַרְאֵנִי נָא אֶת־כְּבֹדֶךָ:

"그가 말했다. "부디 당신의 영광을 제게 보여주십시오"" (슈모트 33:18)

모셰가 어떠한 방해도 받지 않고서 하쉠을 '볼 수' 있었다면 그가 하쉠의 영광을 보고자 구하는 것은 무엇을 더 요구한다는 것입니까?

하쉠께선 지금까지 '구름 기둥'이라는 가면을 통해 모셰에게 말씀하셨습니다 (슈모트 33:9 참조). 하쉠께서 모셰에게 "너는 내 얼굴을 보지 못할 것이다."라고 슈모트 33:20 에서 말씀하셨듯, 인간은 직접적으로 하쉠의 빛을 보는 것이 불가능했습니다.

그렇다면 토라에서 설명하는 "어떤 사람이 그의 동료에게 말하는 것처럼 대면하여"라는 이 의미는 무엇일까요?

이 구절은 바로 모셰의 예언의 수준이 다른 예언자들과 차원이 달랐음을 구별 짓기 위해 등장하는 의미입니다. 다른 예언자들은 '닦이지 않은' 렌즈를 통해 예언을 받았고, 예언을 받을 때마다 그들은 그것에 완전히 압도되고 흔들렸습니다. 어떤 예언자는 심지어 깊은 잠에 빠진 나머지 체력을 모두 소진할 정도였습니다. 그러나 모셰는 하쉠의 네 글자 이름으로부터 유래한 훨씬 더 높은 수준의 예언을 받았습니다. 이것이 '잘 닦인' 렌즈를 통해 보는 것이었습니다. 모셰는 예언을 받을 때 두려움에 사로잡히지 않았고, 마치 동료와 일반적으로 얘기하듯 침착하고 말끔한 정신이었습니다. 그렇기에 토라는 모셰와 대면하여 말씀하시는 하쉠을 묘사할 때 꼭 그분의 네 글자 이름을 사용합니다. '대면하여'라고 묘사한 모셰의 예언의 수준은 하쉠의 네 글자 이름과 함께였습니다.

그런데 하쉠과 모셰 사이에 어떤 종류의 중재가 존재했다면 토라는 굳이 어렵게 왜 그 만남을 '대면하여'라고 묘사할까요?

그러나 사실, 어떤 종류의 중재 개입이더라도 '대면'이라는 표현은 적절한 설명이었습니다. 우리는 왕과 직접 대화를 하는 어떤 자가 설령 왕이 가면을 쓰고 그 사람을 맞이한다고 해도 그 왕과 '대면'한다고 표현합니다. 대면이라는 표현은 그렇게 단지 실질적으로 중재가 없다는 사실을 강조하는 것이며, 왕이 무엇을 입거나 무엇을 쓰고 있는 문제와는 관련이 없습니다. 왕은 위에서 언급했듯 '잘 닦인' 렌즈를 통해 모셰에게 직접 말씀하셨습니다.

그러나 다른 예언자들에게 말씀하실 때는 중개 역할을 하는 천사들의 선 안에서 다뤄지는 '닦이지 않은' 렌즈를 통해 말씀하셨습니다. 그래서 모셰가 "당신의 영광을 제게 보여주십시오"라고 간청했던 것은 바로 하쉠께서 가면 없이 자신을 나타내 주시기를 바라는 마음이었습니다. 그는 어떤 인간이라도, 심지어 자신도 그러한 것을 견딜 수 없다는 것을 알고 있었지만 그럼에도 불구하고 모셰는 이렇게 요청했습니다. 그렇게 하쉠께서는 모셰를 향한 깊은 사랑으로 모셰가 견딜 수 있는 정도까지만 자신을 드러내기로 결정하고 그에게 설명하셨습니다.

אֲנִי אַעֲבִיר כָּל־טוּבִי֙ עַל־פָּנֶ֔יךָ... וְחַנֹּתִי֙ אֶת־אֲשֶׁ֣ר אָחֹ֔ן וְרִחַמְתִּ֖י אֶת־אֲשֶׁ֥ר אֲרַחֵֽם:

"…"나는 내 모든 선량함을 너 앞으로 지나가게 하고…나는 내가 은혜를 베풀 자에게 은혜를 베풀고 나는 내가 자비를 베풀 자에게 자비를 베풀 것이다."" (슈모트 33:19)

그 의미는 하쉠께선 한편으론 가능한 한 많은 것을 드러냄으로써 모셰에게 은혜를 베풀 것이지만, 동시에 모셰에게 해를 끼칠 수 있는 것을 너무 많이 드러내지 않음으로써 그에게 자비를 베풀 것이라는 얘기입니다.

하쉠께선 모셰에게 그분의 네 글자 이름의 내적 빛은 사람이 감당할 수 없기에 드러내지 않고 외적인 빛만 드러내겠다고 말씀하십니다:

לֹ֥א תוּכַ֖ל לִרְאֹ֣ת אֶת־פָּנָ֑י כִּ֛י לֹֽא־יִרְאַ֥נִי הָאָדָ֖ם וָחָֽי:

"…"너는 내 얼굴을 보지 못할 것이다. 이는 어떤 사람도 나를 보고서 살지 못하기 때문이다."" (슈모트 33:20)

하쉠께서 모셰에게 '나를 보지 못할 것이다'라고 말씀하신 바는 그가 빛을 밝히고 싶지 않아서 막고 있다는 뜻이 아니라 심지어 모셰조차 '너가 할 수/살 수 없기 때문이다'라고 말씀하신 의미입니다.

비우르 하그라 티쿠네이 조하르 티쿤 70 에선 모셰가 비록 하쉠의 네 글자 이름을 통해 예언을 받았던 유일한 예언자라고 해도 여전히 그 이름을 '볼 수'는 없었다고 가르칩니다. 모셰는 그분의 네 글자 이름의 수준 안에서 하쉠을 알 수는 있었지만 그렇게 높은 수준에서 그분을 볼 수는 없었습니다. 심지어 다른 예언자들은 그분의 이름의 수준조차 알지 못했습니다. 이것은 하쉠께서 '엘 샤카이'라는 이름을 통해 조상들에게 세 조상들에게 나타났다고 말씀하시는 파라샤트 바에라의 시작 구절(슈모트 6:3)을 이해하게 만드는데, 즉, 그 세 조상들은 역으로 실제로 그 수준을 보았었으나, 하쉠의 네 글자 이름(의 의미 - 역자주)을 그들 자신에게 알도록 만들지 않았음을 의미합니다. 그러나 모셰는 하쉠의 이름에 대해 '아는 지식'을 얻었어도 그것만 받았으며, 그 수준을 보지는 못했습니다.

파라샤트 바야크헬 (슈모트 35:1 – 38:20)

וַיַּקְהֵל מֹשֶׁה אֶת־כָּל־עֲדַת בְּנֵי יִשְׂרָאֵל

"모셰가 이쓰라엘 아들들의 모든 회중을 모아서 그들에게 말했다…" (슈모트 35:1)

미슈칸에 대한 묘사는 왜 금송아지의 죄를 뒤따르는 걸까요? 더욱이 토라는 왜 미슈칸의 계명과 실제 구성을 이번 파라샤에서 그토록 자세하게 반복하는 걸까요?

조하르는 하쉠께서 미슈칸을 위한 기부에 대해 이스라엘 자손에게 처음으로 명령하셨을 때 토라가 다음과 같이 강조하는 바처럼 에레브 라브를 포함해 모든 사람으로부터 기부를 받아들이려는 의도를 가지셨었다고 말합니다.

מֵאֵת כָּל־אִישׁ אֲשֶׁר יִדְּבֶנּוּ לִבּוֹ תִּקְחוּ אֶת־תְּרוּמָתִי:

"…그의 마음이 자원하는 모든 사람으로부터 너희는 내 헌납물을 취하라." (슈모트 25:2)

이 '모든 사람'이라는 강조에는 에레브 라브가 포함되어 있었습니다. 그러나 크나큰 영적 몰락을 가져온 금송아지의 죄 이후에, 하쉠께선 더 이상 그에 대한 책임을 가진 에레브 라브로부터는 기부 받기를 원하지 않으셨습니다.

에레브 라브는 세상의 불결한 수준을 높이는 데에 관해서만 관심이 있음을 보여줌으로 '그들의 진정한 색깔'을 드러냈고, 그들 자신을 세상의 거룩한 수준을 높이는 것이 목적인 거룩한 미슈칸 건설에 참여할 수 없도록 만들었습니다. 그렇기에 파라샤트 바야크헬은 모셰가 에레브 라브를 제외한 이스라엘 아들들의 모든 회중을 모으는 것으로 시작하는 것입니다.

오직 '이스라엘 회중의 일부'인 사람들만이 미슈칸 건설을 위해 기부할 수 있었으며, 그런 다음 토라는 에레브 라브 같은 이들이나 다른 사람들이 아닌 '너희 자신으로부터 (너희들 중에서)' 가져갈 것을 강조합니다. (슈모트 35:5) 그렇게 사람들을 모은 후, 모셰는 "이것들이 하쉠께서 여러분들에게 행하라고 명령하신 말씀들입니다."라고 시작하는데, 여기서

'이것'은 유대 현인들이 가르치는 바처럼 이전에 언급된 것의 일부 또는 전체를 부정하며 기부한 모든 이들을 무효화(초기화 - 역자 주) 시키고 그것을 이스라엘 자손의 회중에게만 제한시키는 의미입니다. 그렇기에 파라샤의 시작에서 금송아지의 죄를 이어 토라가 미슈칸 건설에 대한 계명을 반복해야 했으며, 죄를 범한 자들의 기부는 받아들여지지 않으리라고 발표하는 것이 중요한 바였습니다.

וַיֵּצְאוּ כָּל־עֲדַת בְּנֵי־יִשְׂרָאֵל מִלִּפְנֵי מֹשֶׁה: וַיָּבֹאוּ כָּל־אִישׁ אֲשֶׁר־נְשָׂאוֹ לִבּוֹ וְכֹל אֲשֶׁר נָדְבָה רוּחוֹ אֹתוֹ הֵבִיאוּ אֶת־תְּרוּמַת יְהוָה לִמְלֶאכֶת אֹהֶל מוֹעֵד וּלְכָל־עֲבֹדָתוֹ וּלְבִגְדֵי הַקֹּדֶשׁ: וַיָּבֹאוּ הָאֲנָשִׁים עַל־הַנָּשִׁים כֹּל ׀ נְדִיב לֵב

"이쓰라엘 아들들의 모든 회중이 모셰 앞에서 나갔다. 그리고 그의 마음이 움직인 모든 사람이 왔다. 그리고 그의 영이 그것을 자원하는 모든 자가 회막의 작업과 그것의 모든 일들, 그리고 거룩한 옷들을 위하여 하쉠의 헌납물을 가져왔다. 남자들이 여자들과 함께 왔으니 마음이 자원하는 모든 자가…" (슈모트 35:20-22)

여기서 그들이 '나갔다' 그리고 '왔다'라는 말은 이스라엘 자손이 모셰의 말을 듣고 아주 민첩하고 신속하게 행동했다는 것을 의미합니다. 그들은 미슈칸을 건설함이 금송아지의 죄를 속죄하는데 도움이 될 것이라는 점을 이해해 그들이 매우 '빠르게' 죄를 지은 것처럼 그들의 잘못을 매우 '빠르게' 속죄하길 원했습니다. 그렇기에 그 구절은 '그들(모든 회중)이 모셰 앞에서 나갔다'라고 강조했으며, 모셰의 얼굴로부터 발산되는 거룩함을 마주할 때 그들의 신속함과 거룩함에 대한 열망은 더 커졌습니다.

이 구절은 미슈칸을 위해 헌납물을 가져온 사람들을 묘사하면서 두 가지 다른 표현을 사용했습니다: 바로 마음이 움직인 모든 사람과 영이 자원하는 모든 자입니다.

이 두 표현은 서로 다른 두 그룹의 사람들을 묘사했는데, 하나는 '천성적으로' 후하고, 다른 하나는 '특정 상황에서' 후한 사람을 나타냅니다. 그들의 본성의 일부인 '인간적인 후함'은 유대 민족 가운데서 그들의 모든 행동과 동료 간의 거래에서도 볼 수 있으며, 심지어 특정 상황에서만 후한 사람도 실제로는 인색하게 굴더라도 때로는 타고난 성향을 극복해 내는 모습을 보이기도 합니다.

토라는 타고난 그 후함에 대해 '마음이 높이 들어올려진 자'로 묘사합니다. 그런 이들은 항상 후하고 관대해야 한다는 마음이 그들 안에 뿌리 깊이 박혀 있으며, 특히 미슈칸을 건설할 때 더욱 그러했습니다. 반면에 특정 상황에 후한 자들은 기부가 평소의 성품에 맞지는 않지만 이러한 상황(미슈칸 건설)에서는 기부하려는 욕구에 압도되는 모습을 보인 자를 의미합니다. 그들은 모세의 얼굴에서 나타난 광채를 보고 그들의 '정신'이 일깨워졌으며, 그로 인해 타고난 인색함을 극복하고 기부를 해낼 수 있었습니다.

천성적으로 후한 사람은 그의 몸이나 그의 '그릇'이 영혼과 협력하여 행동함을 유대 현인들은 가르칩니다. 이것이 '마음이 높이 들어올려진 자'라는 설명 뒤에 숨은 의미로, 마음은 사람의 영을 담는 그릇, 또는 몸이면서 동시에 동등하게 기꺼이 협력하는 파트너이기 때문입니다. 사람의 영(네샤마)은 머리에 자리잡으며, 또 다른 영(루악흐)은 가슴에 자리잡고, 혼(네페쉬)은 간에 자리를 잡고 있습니다. 마음이 넉넉하면, 그의 영(루악흐) 역시 마찬가지입니다. 사람이 인색할 때는 마음이 함께 행동하지 않기 때문이며, 그의 영 또한 동등하게 협력하지 않습니다. 그런 사람이 '특정 상황에서 후한' 경우는 마음이 기부에 아무런 역할을 하지 않아도 그의 영이 움직이기에 가능한 것일 뿐입니다. 특정 상황에서만 후한 인색한 자를 '영이 자원하는 자'로 표현한 이유는 자기 마음의 '비참한 본성'을 극복해 대신 관대하게 나서는 것이 그의 영, 루악흐이기 때문입니다.

וַיַּעַשׂ אֵת כִּיּוֹר נְחֹשֶׁת בְּמַרְאֹת הַצֹּבְאֹת אֲשֶׁר צָבְאוּ פֶּתַח אֹהֶל מוֹעֵד:

"…그는 구리 키요르와 그것의 구리 받침대를 만들었으니 회막 입구에 모여든 군단의 거울들로 했다." (슈모트 38:8)

유대 현인들은 이것이 여성들이 남편들을 위해 자신을 아름답게 가꾸고자 사용했던 거울을 기증한 것임을 가르칩니다. 이집트에서의 노동은 모든 이스라엘 자손에게 큰 타격을 입혀 그들의 육체적 욕구에 대한 심각한 영향을 초래해 출산율마저 감소시켰습니다. 이스라엘 자손의 존속은 그렇게 위협을 받았고, 여자들은 그런 일이 일어나지 않도록 스스로들

노력했습니다. 각자가 거울을 사용함으로 남편에게 아름다워 보이게끔 꾸며 자녀를 임신할 가능성을 높였습니다. 이것이 바로 미슈칸의 '물두멍'으로 번역된 키요르를 위해 기증한 거울들이었습니다.

그런데 이 여성들은 왜 '모여든 군단'이라고 불렸을까요? 그건 전투에 나가는 전사나 군인들에게 더 적합한 표현이 아닌가요?

그러나 그것은 그녀들도 실제로 전쟁에 참여하고 있었기 때문이었는데, 바로 물리적 전쟁이 아닌 영적 전쟁을 의미합니다. 실로 '이 세상의 것'을 버리고 거룩함을 추구하기로 결심한 사람을 공격하는 악한 성향과의 전투는 그보다 더 치열할 수 없습니다. 불결하고 악한 성향은 그 자체로 번성하여 이 세상에서의 헛된 것을 추구하게끔 사람을 양육시킵니다. 그렇기에 사람이 그러한 생활 방식을 버리고자 한다면 그 악한 성향은 그것을 막고자/되돌리고자 그와 치열한 싸움을 벌이게 됩니다.

이스라엘 여성들은 '반격'을 통해 악한 영향의 손아귀로부터 벗어날 수 있었습니다. 그녀들의 거울들은 애초부터 계명을 이행하는 데 사용되었고, 그것을 사용하고 있지 않을 때에도 그녀들은 그것을 미슈칸에 기부하는 계명을 행함으로써 악한 성향에 맞서 전투를 벌였습니다. 그녀들은 전투에서 승리했을 뿐만 아니라 그 거울이란 요소를 더 거룩한 행위로 사용하는 진정한 '군단'의 가치를 보여주었습니다.

하쉠께서는 이 세상의 허무한 것으로부터 자신을 정결하게 하려는 의도를 가진 여인들이 기증한 그 거울들을 키요르를 만드는 데 사용함으로써 코헨들도 성막에서의 섬김을 준비하면서 자신을 정결하게 하는 데 사용하도록 명령하셨습니다. 그리고 그것은 비단 여성들에게만 의미 있는 것이 아니었으니, 남자들 역시 키요르가 거울의 기부로 이루어짐을 알아보고서 그것을 기증한 여인들이 이 세상의 헛된 것을 없애길 원했던 의미처럼 그들 역시 거룩함을 고수하기를 원할 수 있었습니다.

파라샤트 페쿠데이 / פרשת פקודי

파라샤트 페쿠데이 (슈모트 38:21 - 40:38)

토라는 파라샤트 바야크헬에서 이 세상에 슈히나를 거하게 할 성스러운 거처인 미슈칸 건설에 대한 이스라엘 아들들의 공로를 열거하고 있습니다.

* 역자의 첨부: 슈히나를 설명해야 하는 초기에는 그것을 어떻게 설명해야 할까에 대한 수많은 고민이 있었다. '하쉠의 현현', '하쉠의 임재' 등으로 표현해 보았으나 어느 것 하나 뚜렷하게 그 의도를 담기는 어려웠다. 슈히나는 무엇이며 어떻게 이해해야 할까?

슈히나는 미슈칸의 건설을 다루는 토라 파라샤들의 중심적인 개념으로, 슈히나를 이스라엘 자손 안에 거하게 하는 것이 미슈칸의 목적 자체이고, 미슈칸 위에 머무는 슈히나의 구름은 그 완성을 의미해준다. 그런데 이 개념은 다소 고차원적인 문제를 지니고 있는데, 슈히나를 '거한다'라고 표현하면 그것은 분명 물리적인 표현이 아닌가?

거기에 대한 예시로 이런 생각을 해볼 수 있다: 사람이 하는 '생각'이란 것은 특정 장소에 머물거나 있는 것이라고 설명할 수 있는 요소가 아니다. 마찬가지로 '사랑'이나 '평화' 같은 것도 어디에 '있는' 것이라고 설명할 수 없다. 우리가 '여기엔 사랑이 있다'라고 표현하는 경우, 그것은 우리가 사랑의 '행동'을 통해 나오는 '결과'를 얘기하는 것이다. 이처럼 물리적 특징이나 움직임을 나타내는 것 같은, 하쉠을 표현하는 타낙흐의 모든 용어는 '비유'라는 것을 철저히 이해해야 한다. 람밤이 모든 유대인에게 공식화한 13가지 신앙 원리 중 하나에는 하쉠께서 '물리적인 실체와 형태가 없음'을 분명하게 명시한다.

그렇다면 하쉠께서 임재하신다는 것에 대한 의미로 설명할 수밖에 없는 슈히나는 어떻게 이해해야 할까? 하쉠께서는 분명 다른 장소들을 배제하고 미슈칸이라는 특정 장소에 거주하겠다는 걸로 보이는데 말이다.

토라는 드바림 12:5 에서 성전을 '하쉠의 이름이 거하는 곳'으로 기록하고 있는데, 그것도 분명 람밤이 정리한 신앙 원리의 내용과도 위배되어 보인다. 람밤은 그래서 '모레 네북힘'이란 책에서 다음과 같이 정리하였다: "슈히나라는 용어를 하쉠 자신과 혼동해 이해해서는 안된다. 슈히나는 특정 장소나 집단에 대한 하쉠의 '관심'을 상징하기 위해 만들어진 빛이나 명예 등을 의미한다." - 그리고 이 말이 중요한 이유는 바로 이것이다: 슈히나는 엄연한 '창조물'이라는 것이다. 그러면서도 슈히나는 하쉠께서 직접 다루는 '형태적 존재'이기에 그것이 특별한 이유이다. 어떤 장소나 모임에서 하쉠의 신성한 관심을 직접적으로 드러내 보여주는 것이기에 모셰와 이스라엘 자손은 그로 인해 광야에서도 안심할 수가 있었다. 그래서 어떤 이미지를 통해서 '슈히나'라는 것에 대한 개념을 현실화해보자면, 많은 사람들이 '집주소'와 함께 별도의 '사서함 주소'도 두고 있는 경우를 떠올릴 수 있다. 그런데 집주소라는 것은 그 사람을 실제로 발견할 수 있는 곳이지만, 우편 사서함 주소는 그를 발견할 수 있는 곳이 아닌 그 사람과 연락을 할 수 있는 곳이란 차이를 지닌다. 그래서 미슈칸이나 성전을 '하쉠께서 사는 곳'이라고 이해하고 말한다면 그것은 혼란을 초래하고 이단을 만들어낼 수밖에 없게 된다.

파라샤트 페쿠데이 / פרשת פקודי

성전은 하쉠께서 실거주를 하는, '사는 곳'이 아니다. 미슈칸/성전은 오히려 하쉠께로 다가가는 연락을 취할 수 있는 우편 사서함인 것이다. 그렇기에 성전에서 드리는 기도는 독특하고도 효과적일 수밖에 없는 특성을 지닌다. '통곡의 벽'이라 부르는 코텔도 그러한 이점을 그 어느 곳보다도 크게 지니고 있는 곳이다. 그분의 이름이 거기에 있으며, 그곳이 우편 사서함이다. 그곳에서의 통신이 의도했던 수신자에게 가장 분명하게 직통으로 전달되는 것이다.

기부는 모세에게 주어졌고, 모세는 그것을 장인들에게 분배했습니다. 모세는 자발적으로 이스라엘 자손에게 각 품목의 용도를 보여주기 위해 회계 장부를 제공하길 원했습니다.

미드라쉬 바이크라 라바 32:2 는 모세가 새긴 돌판에서 남은 돌(실제로는 사파이어 종류의 보석 – 역자 주) 조각들로부터 막대한 부를 이미 얻었음을 가르치는데, 그에 따라 그는 자신의 부가 '미슈칸을 위해 주어진 기부'를 통해 이루어진 게 아니라는 것을 보여주고자 했습니다.

미슈나 슈칼림 3:2 는 사람이 하쉠 앞에서 행실이 깨끗해야 하는 것처럼 사람들의 눈에도 깨끗해야 하며, 부적절한 행동에 대한 의심을 피하기 위해 가능한 한 모든 것을 해야 한다고 가르칩니다. 그렇지 않으면 실제로는 아무 잘못을 행하지 않았음에도 그의 행동으로 인해 하쉠의 이름이 모독되는 결과를 낳게 되기 때문입니다. 모세는 자신이 '지도자'로서 훨씬 더 큰 감시를 받게 될 것을 깨닫고서 의심을 피하고자 더 많은 노력을 기울였으며, 모든 기부가 무엇에 어떻게 사용되었는지에 대해 회중에게 자세히 설명했습니다.

우리는 거기서 좀 더 깊은 수준으로 모세의 설명을 이해해 볼 수 있습니다: 지상의 미슈칸은 영적 영역의 또 다른 미슈칸을 반영합니다. 영적 미슈칸은 각각의 영적인 빛의 영향력을 나타내 주는 정확한 치수로 건축되었기 때문에, 모세는 지상의 미슈칸이 영적인 미슈칸과 평행을 이루는 구체적인 치수와 양으로 건축되었다는 것을 사람들에게 가르치고자 '계산'을 했습니다.

אֵלֶּה פְקוּדֵי הַמִּשְׁכָּן מִשְׁכַּן הָעֵדֻת אֲשֶׁר פֻּקַּד עַל־פִּי מֹשֶׁה עֲבֹדַת הַלְוִיִּם בְּיַד אִיתָמָר בֶּן־אַהֲרֹן הַכֹּהֵן:

"이것들이 모세의 명에 따라 계산된 미슈칸, 곧 증거의 미슈칸의 계산된 것들이니 코헨 아하론의 아들 이타마르의 권한 아래 있는 레비인들의 일이다." (슈모트 38:21)

여기서 미슈칸이라는 단어는 '이것이 모세의 명에 따라 계산된 미슈칸', '증거의 미슈칸'이라는 말들로 이번 파라샤의 첫 구절에 두 번 나타납니다.

이것이 왜 단순히 '이것이 모셰의 명에 따라 계산된 증거의 미슈칸'이라고 간결하게 기록되지 않았을까요?

그것은 바로 토라가 여기서 두 개의 미슈칸을 암시하기 때문입니다. 첫 번째 언급은 영적인 미슈칸을 가리키며, 두 번째인 '증거의 미슈칸'은 지상의 미슈칸을 의미합니다.

그럼 지상의 미슈칸은 왜 '증거의 미슈칸'이라고 불리는 걸까요?

그것은 법정에서 증인이 일반적으로 판사가 보지 못한 사건에 대해 증언한다는 점을 이해해 보면 알 수 있습니다. 증인의 증언은 재판관의 눈에 숨겨진 사실이 드러나게 합니다. 미슈칸에 대해서도 같은 말을 할 수 있어서, 지상의 미슈칸이 '증거의 미슈칸'이라고 불리는 이유는 그것이 볼 수 없는 또 다른 미슈칸의 존재에 대한 증언을 암시하고 있기 때문입니다. 거기다가 미슈칸의 주요 기물로 '돌판을 담은 증거궤'를 떠올려볼 수 있는데, 그 궤가 '증거의 궤'라는 의미인 아론 하에두트(ארון העדות)로 불리기 때문에 미슈칸 전체에도 그러한 이름이 붙었습니다. 또한 그러한 '증거의 미슈칸'은 슈히나가 세상의 민족들 가운데 있는 것이 아니라 오직 이스라엘 자손 가운데서만 거한다는 것을 세상에 증거해 주는 역할도 했습니다.

미슈칸이 완성되자 구름이 내려와 그 위에 영구적으로 머물게 되었습니다.

וַיְכַס הֶעָנָן אֶת־אֹהֶל מוֹעֵד וּכְבוֹד יְהֹוָה מָלֵא אֶת־הַמִּשְׁכָּן׃

"구름이 회막을 덮었다. 하쉠의 영광이 미슈칸을 가득 채웠다." (슈모트 40:34)

구름의 영속성은 두 가지의 목적을 달성했습니다: 첫째 목적은 이스라엘 자손의 명예와 영광을 세상의 민족들에게 나타내려는 것이었습니다. 이스라엘 자손과 항상 함께하는 거룩한 구름의 특별함을 본 이들은 유대 민족이 하쉠의 자녀임을 깨닫게 했습니다. 그리고 두 번째 목적은 이스라엘 자손에게 그들의 여정이 그들 자신의 욕망에 기초한 것이 아니라 오로지 하쉠의 뜻에만 맞춰질 것이라는 표징이었습니다.

이스라엘 자손이 각각 진을 치며 광야를 떠돌아다니는 것은 이스라엘 자손이 마침내 높은

파라샤트 페쿠데이 / פרשת פקודי

영적 고지에 도달할 때까지 이스라엘 자손과 함께 슈히나도 들어올려졌음을 의미합니다. 이스라엘 자손은 여정을 재개하기 전에 항상 미슈칸 위에 구름이 떠오르는 신호를 기다려야 했습니다.

וּבְהֵעָלוֹת הֶעָנָן מֵעַל הַמִּשְׁכָּן יִסְעוּ בְּנֵי יִשְׂרָאֵל בְּכֹל מַסְעֵיהֶם:

"구름이 미슈칸 위로부터 올려질 때면 이쓰라엘 아들들은 그들의 모든 여정들을 이동했다." (슈모트 40:36)

이것은 이스라엘 자손이 이동하는 것이 단순히 그늘을 찾아 방황하는 등의 '자연적 현상'을 통해서가 아닌, 구름 속의 슈히나를 통해 하쉠의 신성한 계획으로 인도되었다라는 점을 모든 사람에게 분명히 했습니다. 그들의 모든 여정은 슈히나와 이스라엘 자손에게 있어 (육체적/영적) 상승을 의미했기 때문에, 슈히나라는 옷을 입은 구름은 '여정 중'이라고 표현되지 않고 '들어올려진'이라고 표현됩니다. 이스라엘 자손은 슈히나가 그들을 인도하는 것을 깨달아 그들의 여정이 결정되는 사항에 대해 결코 이의를 제기하지 않았습니다. 그로 인해 수많은 세월이 지나 광야의 유대 민족은 '씨 뿌리지 못하는 땅인 광야에서 나를 따라 걸은(이르메야후 2:2)'이들이라고 칭찬을 받게 됩니다. 그것은 위로부터 어떤 종류의 인도나 도움이 없었다면 그 상승도 불가능했습니다.

슈히나 역시 그것을 더 높이는 면으로 도움이 있어야만 높아질 수 있었습니다. (슈히나가 '하쉠 자신'이 아닌 이유 – 역자 주) 슈히나는 하쉠께서 이스라엘 자손을 대하시는 면인 '높은 수준'으로부터 영적인 영향을 받아 이스라엘 자손에게 전해주는 '가장 낮은' 수준을 나타냅니다. 이스라엘 자손의 높아지는 수준은 슈히나를 상승시켰기에, '들어 올려진 구름'은 그렇게 외적인 힘이 그 구름을 들어올렸다는 것을 강조하는 수동태로 기록되었습니다.

וְאִם־לֹא יֵעָלֶה הֶעָנָן וְלֹא יִסְעוּ עַד־יוֹם הֵעָלֹתוֹ:

"그러나 만약 구름이 올려지지 않으면 그것이 올려질 날까지 그들은 이동하지 않았다."

(슈모트 40:37)

이 구절은 '오랜 기다림에도 불구하고' 하쉠께서 지시하지 않는다면 움직이지 않는 이스라엘 자손을 위한 칭찬입니다. 이스라엘 자손은 하쉠께서 더 깊은 영적 계획에 따라 그들을 인도하시며 모든 것이 그들에게 유익한 것이라는 점을 이해했습니다. 그들은 그렇기에 하쉠의 지시가 없는 한 더 여정을 떠나는 것을 시도하지 않았습니다.

파라샤트 바이크라 (바이크라 1:1 – 5:26)

바이크라는 주로 미슈칸과 성전에서 올려질 다양한 제물들을 다루고, 코헨들과 관련된 구체적인 법들을 담고 있기 때문에 토라트 코하님(תורת כהנים)이라고도 불립니다.

거룩한 성전이 파괴되고 제사가 중단된 현재, 유대인들이 처한 극도로 긴 유배 생활로 인해 제물을 통해 하쉠을 섬긴다는 개념은 대부분의 사람들에게 낯설고 오해까지 받고 있습니다. 토라법들에 대한 공부와 그에 대해 더 깊은 의미들을 밝히려는 시도는 무시되고 있으며, 심지어는 이러한 형태의 섬김에 관한 '가장 기본적인' 개념조차도 많은 사람들에게 '신비'로 인식됩니다. 그러나 제사가 한때 가장 필수적인 섬김의 형태였다는 것에는 의심의 여지가 없습니다. 왜냐하면 제사만이 오직 하쉠을 향한 섬김이라고 불렸기 때문입니다.

바이크라의 파라샤들을 읽는 것은 다소 번거로울 수도 있습니다. 우리는 이 섬김의 뒤에 숨은 의미들을 연결해 내기 어렵고 각 사항들이 왜 그리도 많은 세부 사항들로 구성되어 있는지 완전히 이해할 수 없기 때문입니다. 그러나 혼동하면 안됩니다. 토라에 추가적인 말이 없다는 걸 기억하세요. 모든 제물과 그에 수반되는 법들에는 영적인 바로잡음을 제공하는 위대하고도 난해한 의미와 암시들이 많이 포함되어 있습니다. 유대인들은 그것을 '발견'하는 것이며, 결코 자신의 '상상'을 통한 해석을 덧붙이지 않습니다.

제사는 하쉠의 풍성한 자비를 이 세상에, 특히 이스라엘 자손에게 전할 수 있는 능력을 지니고 있으나, 제사가 중단되면서 이스라엘은 이 능력 또한 상실하게 되었습니다. 하쉠의 영광은 온 세상에 드러나는 것이지만, 그분께선 자신의 영광을 더욱 분명하고 날카롭게 드러내기 위해 특별한 한 장소를 선택하셨는데, 그곳은 바로 성전이었습니다. 성전 내의 각 물리적 공간은 인간에게 하쉠께 매달릴 수 있는 기회를 제공하는 독특하고 예리한 계시들이 담겨있었습니다. 코헨들이 하쉠의 영광을 드높이는 제물을 올린 곳이 바로 이곳이었습니다.

온 세상은 예샤야후 43:7 에서의 말씀처럼 하쉠의 영광을 나타내기 위해 창조되었습니다.

하쉠의 영광은 창조된 각 종들이 지정된 목적을 성취할 때만 나타날 수 있습니다. 코헨들도 하쉠의 영광을 온전히 나타내기 위해선 이러한 점을 이해하고 그러한 모든 면들을 통일시키는 의도를 가지고 섬겨야 했습니다.

샤바트와 명절에는 그날만의 영적 상승과 관련된 고유한 제물들이 있습니다. 다양한 유형의 제물의 수는 각 특정한 날들의 영적인 본질을 반영하고 있습니다. 코헨들은 그러한 날들의 제사를 통해 모든 창조물을 통일하기 위한 각 날들의 영적 본질과 관련된 깊은 비밀들을 이해해야 하며(그것이 원래 성전 시대에 백성들에게 토라를 가르치는 주요 계층이 코헨들이었던 이유 - 역자 주), 피 뿌림과 제물을 태우는 것, 그리고 그 외의 다른 측면에 담긴 깊이 숨겨진 의미를 이해함으로써 그들은 온 창조물의 영적 수준을 높여 하쉠의 영광에 더 가까이 다가가게 할 수 있도록 해야 했습니다. 이러한 섬김은 가장 높은 천사부터 물질 세상에서의 가장 낮은 요소까지 '가장 높은 영적 수준'으로 풍요를 일깨우게 됩니다.

제물은 시간이란 '한정적인 개념' 안에서 매일의 필수적 구성 요소였습니다. 매일매일은 독특하고 신성한 계획 안에서 그 자체의 역할을 하기 때문입니다. 매일마다 새로운 목적이 주어지기 때문에 매일 올려지는 제물은 그 제물을 통해 영적 풍요의 새로운 유입을 불러왔습니다. 그렇게 창조의 각 요소는 일상적인 일을 수행하는 데 필요한 영적 영향력을 부여받았습니다. 이를 위해서 코헨들이 '올바른 의도'로 하쉠을 섬기는 데에 대한 세부 사항을 적절히 수행하는 것을 필요로 했으며, 우리는 이를 염두에 두어 제사와 관련된 각 측면과 의도에 크고 심오한 의미들이 포함되어 있다는 사실을 이해하기만 해도 바이크라에 포함된 위대한 세부 사항들을 이해해 나갈 바탕을 마련하게 됩니다.

제단 위에서 완전히 태워지는 제물인 올림 제물은 부적절한 생각과 긍정 계명을 이행하지 않은 데 대한 것을 속죄해 줍니다. (토라트 코하님 1:31) 자신의 행동과 그로 인한 결핍은 자신의 영적 뿌리에 부정적 영향을 미치며 손상을 시킵니다. 이 영적인 파멸을 바로잡기 위해선 실제로는 자기 자신을 바쳐야만 하지만, 하쉠께선 크신 자비로 사람 대신 동물이 바쳐지는 것을 허락하셨습니다.

올림 제물을 올리기 전에 주인은 먼저 자기의 동물 위에 손을 얹어 온 힘을 다해 동물에게 안수하는 쓰미하(סמכה)를 행해야 합니다. 이는 동물이 그를 대신해 바쳐진다는 선언이며, 동물에게 적용되는 그 절차는 마치 자신에게 적용되는 것처럼 보여야만 하는 선언입니다. 토라는 그렇기에 제물에 대해 다음과 같이 말하고 있습니다:

וְסָמַךְ יָדוֹ עַל רֹאשׁ הָעֹלָה וְנִרְצָה לוֹ לְכַפֵּר עָלָיו:

"그는 그 올림제물의 머리 위에 그의 손을 얹어야 한다. 그것이 그를 위한 속죄로 받아들여질 것이다." (바이크라 1:4)

여기서 문맥적으로 '그를 위한'의 의미로 쓰인 알라브(עליו)라는 단어는 문자 그대로는 '그의 위'를 의미하기도 하며, 제물을 통해 바로잡히는 '그의 위'를 의미하는 영적 뿌리에 대한 속죄를 암시하고 있습니다.

유대 현인들은 안수 직후 즉시 도살해야 하는 원칙에 대해 가르치고 있습니다. (그마라 제박힘 33a) 제물의 의도가 영적인 불완전성을 바로잡는 것이라면, 불결함이 이 바로잡음을 방해하려고 시도할 것이란 우려가 있을 수 있는데, 그래서 안수 직후 동물을 도살해야 된다는 할락하는 불결함이 그에 대한 바로잡음과 속죄를 방해하는 것을 방지하는 역할을 해줍니다. 안수에서 도살 사이에 지연이 있다면 불결한 영향은 그로 스며들어 쉽게 취약하게 만들 수 있을 것입니다.

제사와 관련된 추가적인 할락하로, 거의 모든 섬김의 방식은 제사장 옷을 입은 영적으로 순수한 코헨들에 의해 행해져야 하지만, 동물만은 코헨이 아닌 일반인에 의해 도살될 수 있다는 것입니다. 제사의 가장 필수적인 구성 절차 중 하나인 '도살'은 왜 일반인이 할 수 있도록 허용되는 것일까요?

그 이유는 코헨의 영적 뿌리가 '친절'에 있기 때문인데, '심판'의 행위인 도살은 그의 본질에 어긋나는 것으로 인해 합당하지 않기 때문입니다. 그래서 피를 받는 순간부터만 코헨이 필요한 이유입니다. 하쉠께선 그분의 크신 친절로 인간의 피 대신 동물의 피를 사용해 영적인 파멸을 초래한 자에 대한 속죄를 할 수 있도록 명하셨습니다. 그래서 그러한 친절함이 수반되는 섬김은 본질이 '친절'인 코헨에 의해서만 행해질 수 있습니다.

코헨에게 주어진 피는 바깥쪽 제단의 아랫부분 모퉁이에 뿌려집니다. 그 전체가 '거룩한 육체'를 대변하는 미슈칸에서 각 물건들과 그 위치들은 각기 다른 거룩함의 수준을 나타내는데, 미슈칸의 바깥쪽에 있는 외부 제단은 영적 영역의 낮은 수준을 나타내는 곳으로, 그래서 그곳에 뿌려지는 피는 불결함이 거룩함의 가장 바깥쪽 면에서 자양분을 공급받는다는 것을 의미합니다. 불결함이 인간을 (하늘에) 고소하려고 끊임없이 따라붙기 때문에 코헨은 사람의 피 대신 동물의 피를 취해 제단 바깥쪽 모퉁이에 버립니다. 그 자리에 피를 흘려보냄으로써 코헨은 불결함의 필요도 충족시켜주며, 이를 통해 (제물을 바치는) 사람은 어떠한 비난도 받지 않을 수 있게 됩니다.

וְהִפְשִׁיט אֶת־הָעֹלָה וְנִתַּח אֹתָהּ לִנְתָחֶיהָ׃

"그는 그 올림제물을 벗기고 그것의 각들을 위해 각을 떠야 한다." (바이크라 1:6)

이제 제단에서 불태울 준비를 위해 동물의 가죽을 벗기고 잘라냅니다. 가죽(עור)이라는 단어는 악(רע)이라는 글자를 포함하고 있습니다. 제단에 바치기에 합당한 제물이 되려면 '가죽'으로 대표되는 '악'을 먼저 제거해야만 합니다. 그리고 많은 코헨들이 제단에서 희생제물의 조각을 태우는데 참여할 수 있게끔 동물을 여러 조각으로 절단합니다.

언급했던 대로, 동물을 사람을 대신했으며, 각 부분은 별도의 코헨들에 의해 다루어져 제물의 각 측면에 그 코헨들의 친절의 속성이 스며들게 합니다. 그 동물의 주인 또한 자신을 대표해 제물을 바친 의미로 그에게도 역시 그러합니다. 그러나 중요한 것은, 이것이 토라에서 명령한 제사법의 '하위 구성 요소'가 아닌 중요한 본질 행위로, 유대 현인들은 그것의 의미를 더 세분화시키는 경우 그것은 더 이상 친절의 행위가 아니라 심판의 행위라고 가르칩니다.

우리는 여기서 왜 본질이 '친절함'인 코헨이 제단에 불을 놓는 '심판'의 행위를 맡았는지 궁금해질 수 있습니다.

וְנָתְנוּ בְּנֵי אַהֲרֹן הַכֹּהֵן אֵשׁ עַל־הַמִּזְבֵּחַ וְעָרְכוּ עֵצִים עַל־הָאֵשׁ׃

"코헨 아하론의 아들들은 제단 위에 불을 피우고 그 불 위에 나무들을 진열해야 한다."

(바이크라 1:7)

불 자체는 심판의 속성이지만, 불의 목적은 친절로, 제물을 태워 주인을 위한 속죄를 제공할 수 있습니다. 그리고 태워지는 동물도 하쉠을 향한 숭고한 섬김의 일부로 사용되는 것이기에 그 주인이 그로 인한 친절을 받을 수 있는 것이 가능합니다. 그러면 여기서 도살도 '친절을 위한 심판의 행위'로도 볼 수 있을 텐데 이것도 그럼 당연히 코헨만이 행해야 하지 않을까요?

그런데 동물을 도살하는 것과 제단에 불을 놓는 것 사이엔 두 가지의 차이점이 있습니다:

1. 도살은 전적인 심판의 행위이며, 그 반면에 불을 놓고 배열하는 것은 제물을 영적으로 상승시키는데 도움이 될 '친절의 상징'인 제단에서 제물을 태우는 걸 직접적으로 촉진합니다. 불은 친절에 직접적인 관련이 있는 만큼, 불을 준비한다는 건 순수한 심판의 행위로 간주되지 않습니다.

2. 도살 이후 동물에 찢긴 흠이 있는 징후가 있는지 검사해 제물의 적합 여부를 판단하는데, 그 동물이 부적합하다고 선언되면 그것은 속죄 과정의 일부가 아닌 순수한 심판의 행위로 간주됩니다. 이런 일이 일어날 수 있는 가능성을 고려하는 것으로 도살이 심판으로 간주되는 것이며, 당연히 친절에 뿌리를 둔 코헨에게는 어울리지 않는 행위입니다.

동물의 지방은 머리 위에 놓여 동물이 도살된 부위를 덮었습니다.

וְעָרְכוּ בְּנֵי אַהֲרֹן הַכֹּהֲנִים אֵת הַנְּתָחִים אֶת־הָרֹאשׁ וְאֶת־הַפָּדֶר עַל־הָעֵצִים אֲשֶׁר עַל־הָאֵשׁ אֲשֶׁר עַל־הַמִּזְבֵּחַ:

"아하론의 아들들인 코헨들은 그 각들을 머리와 기름과 함께 제단 위의 불 위에 있는 나무들 위에 진열해야 한다." (바이크라 1:8)

이것은 꼭 필요했던 일로, 피가 심판을 상징하기에 그 심판의 상징이 깨어나지 않게 하고자 덮는 것이 필요했던 것입니다. 이 내용은 코헨들이 영적으로 친절함에 뿌리를 두고 있기에 가능한 한 최대한 심판의 속성을 가려야 하는 이유 때문입니다.

올림 제물은 세 가지 절차로 구성됩니다. 가죽을 벗기고 사지를 잘라내며 제단 위에서 완전히 불사르는 것이 그것입니다. 이러한 각 절차는 제물을 가져오는 사람의 잘못된 생각들을 바로잡는데 도움이 되었습니다.

가죽을 벗기는 것은 부적절한 생각의 외적 측면을 벗겨내는데 도움이 되었으며 사지를 잘라내는 것은 그 사람의 사지에 친절이 스며들어 정제되게 하고, 완전히 불사르는 마지막 절차는 올림 제물에만 해당되는 것으로, 부적절한 생각 모두를 속죄하는 역할을 해줍니다. 사람의 생각은 몸 전체를 지배하고 지시하기에, 불결한 생각으로 가득한 사람은 몸의 모든 부분을 거룩함으로부터 멀어지게 만듭니다. 올림 제물은 이를 바로잡기 위해 제단에서 완전히 소멸시켜 신체의 각 부위를 적절한 수준의 거룩함으로 높이고 회복시키는 의미가 있습니다.

וַיְדַבֵּר יְהוָה אֶל־מֹשֶׁה לֵּאמֹר: דַּבֵּר אֶל־בְּנֵי יִשְׂרָאֵל לֵאמֹר נֶפֶשׁ כִּי־תֶחֱטָא בִשְׁגָגָה מִכֹּל מִצְוֺת יְהוָה אֲשֶׁר לֹא תֵעָשֶׂינָה וְעָשָׂה מֵאַחַת מֵהֵנָּה: אִם הַכֹּהֵן הַמָּשִׁיחַ יֶחֱטָא לְאַשְׁמַת הָעָם וְהִקְרִיב עַל חַטָּאתוֹ אֲשֶׁר חָטָא פַּר בֶּן־בָּקָר תָּמִים לַיהוָה לְחַטָּאת:

"하쉠께서 모세에게 말씀하셨다. 이르시기를, "이쓰라엘 아들들에게 말하라. 이르기를, 어떤 사람이 행해지지 말아야 할 하쉠의 모든 계명들 중에 실수하여 죄지었으면 다음 중 한 가지를 행해야 한다. 만약 기름부음 받은 코헨이 죄지어 백성의 과실이 되면 그는 그가 지은 그의 죄를 위해 흠 없는 어린 수소 1 마리를 하쉠께 속죄제물로 가져와야 한다."

(바이크라 4:1-3)

이 명령은 특별히 이스라엘 자손에게 명령된 것입니다. 왜냐하면 이스라엘만이 영적으로 거룩함에 뿌리를 내리고 있기 때문이었습니다. 따라서 의도하지 않은 죄일지라도 그들의 영혼에 부정적인 영향을 미치게 되는데, 어떤 귀중한 물건이 진흙에 떨어지면 그것이 고의였든 고의적이지 않았든 더러워지는 것과 마찬가지로 이스라엘 자손의 영혼도 고의였든 고의적이지 않았든 불결한 것과의 접촉으로 더러워집니다. 그러나 이것은 거룩함에 뿌리를 두지 않은 다른 민족들에게는 적용되지 않는데, 의도적으로 저지르지 않은 범법은 불결함에 뿌리를 둔 사람들의 영혼에 어떠한 인상도 남기지 않기 때문입니다. ('남이 모르면 그만'이라는 개인적/사회적 인식을 생각해 볼 수 있다 - 역자 주) 이스라엘 자손은 '죄를 짊어진 백성'으로 묘사되는데(예샤야후 1:4), 왜냐하면 그들의 죄가 비록 의도치 않은 것이었더라도 그들의 영혼에 부담을 주기 때문입니다. 그래서 이스라엘 민족의 모든 구성원이 저지른 범법은 그것이 전체적이든 부분적이든, 의도적이든 비의도적이든 그의 영혼과 그 뿌리에 부정적인 영향을 미칩니다. 그의 범법으로 인한 피해를 바로잡기 위해선 불결한 것을 달래어 그 사람의 영혼과 영적 뿌리로부터 불결한 것이 떠나가게끔 하는 제물을 필요로 합니다.

특히나 사람이 위대해질수록(중요한 위치에 올라갈수록 - 역자 주) 그의 행동이 더 큰 영향을 미치는 것처럼, 죄도 작은 이보다 더 큰 이에게 깊은 영향을 미칩니다. 따라서 그 사람의 수준이 높을수록 죄로 인한 피해를 바로잡기 위해선 더 많은 제물을 필요로 합니다.

영적인 뿌리 기준으로 볼 때, 대제사장은 가장 높은 수준에 위치해 있습니다. 그의 속죄 제물은 그의 신분과 비례해야 했기 때문에, 그는 제물로 바쳐지는 모든 동물 중 가장 큰 수소를 드려야 했습니다. (4:3 참조) 대제사장은 높은 영적 수준에 뿌리를 두며 거룩한 제사에 끊임없이 참여했기 때문에 죄가 '그의 죄의 결과'가 되는 것은 거의 불가능했습니다. 그래서 대제사장의 죄를 얘기하는 것처럼 보이는 3 절의 내용은 실제로는 민족 내의 영적 결함의 결과로 비롯된 내용을 얘기하는 것입니다. 토라는 사람들이 이 메시지에 주의를 기울이고 그들의 길을 개선하며, 회개하도록 강조하고 있습니다.

대제사장의 죄는 거룩함의 모든 측면을 정화해야 될 필요를 만들어냈습니다. 왜냐하면 그의 높은 영적 수준이 그 자신뿐만 아니라 아래로 있는 모든 거룩함의 수준에도 영향을 미치기 때문이었습니다. 그래서 토라는 대제사장에게 제물의 피를 미슈칸 내에서 가장 성스러운 곳 중 한 곳인 휘장에 일곱 번 뿌리도록 요구하고 있습니다. 그런 다음 내부 제단(분향 제단)의 모서리에 피를 바르고, 나머지 피를 바깥 제단에 쏟아야 했습니다.

여기에 설명된 미슈칸의 세 영역, 즉 휘장/내부 제단/바깥 제단은 우리 몸의 세 영역에 해당합니다.

일곱 번의 피를 뿌리는 것은 눈 2 개, 귀 2 개, 콧구멍 2 개, 입 1 개의 '얼굴/머리'를 상징하는 일곱 개의 문을 의미하며, 안쪽 제단은 사람의 몸통에 해당하고 바깥 제단은 사람의 배/장기를 나타냅니다.

코헨은 신체의 각 해당 부위를 정화하는 수단으로 각 위치에 피를 바른 것이며, 이것은 머리와 몸, 그리고 장기로 대변되는 사람의 네샤마/루악흐/네페쉬라는 영혼의 종류를 정화시키는데 사용되었습니다.

파라샤트 짜브 (바이크라 6:1 – 8:36)

제물은 많은 양의 기름/지방과 피를 냅니다. 그것들은 다 누가 섭취하는 걸까요?

각 제물의 기름과 피는 제단에 놓이면서 하쉠에 의해 삼켜지는 것이기에, 그것을 인간이 사용하는 것은 적절치 않았습니다.

כָּל־חֵלֶב שׁוֹר וְכֶשֶׂב וָעֵז לֹא תֹאכֵלוּ׃

"…소나 양이나 염소의 어떤 기름도 너희는 먹지 말아야 한다." (바이크라 7:23)

기억해야 할 점은, '가축'만 제단에 바쳤다는 점을 고려하면 그 금기 사항은 '지방'에 국한되는 것이며, 제물로 바치지 않는 동물에게는 적용되지 않는다는 것입니다. 파라샤트 바이크라에서도 설명했듯이, 지방은 친절의 속성을 나타내는 반면 피는 심판의 속성을 나타냅니다. 친절의 속성은 심판의 속성보다 우월하기 때문에 토라는 동물의 피에 관해 이스라엘에게 명령하기 전에 지방에 관한 법에 대해서 말하고 있습니다. 친절함에 뿌리를 둔 지방은 어떤 목적으로도 사용될 수 있었습니다:

וְחֵלֶב נְבֵלָה וְחֵלֶב טְרֵפָה יֵעָשֶׂה לְכָל־מְלָאכָה וְאָכֹל לֹא תֹאכְלֻהוּ׃

"죽은 것의 기름과 찢긴 것의 기름은 모든 일을 위하여 쓰일 수 있다. 너희는 그것을 먹지 말아야 한다." (바이크라 7:24)

지방은 그것을 먹는 것 외의 어떤 목적으로도 사용할 수 있었는데, 여기서 토라는 죽은 것과 찢긴 것을 먹는 데 대한 일반적인 금지 사항에 더해, 지방을 먹는 사람은 그 금지 사항을 어김으로써 자신의 영혼에 배로 흠을 내는 것이라고 가르칩니다. 이 가중 처벌을 강조하고자 토라는 '먹는 방식'으로 그것을 먹지 말라는 명령을 이렇게 내립니다:

כִּי כָּל־אֹכֵל חֵלֶב מִן־הַבְּהֵמָה אֲשֶׁר יַקְרִיב מִמֶּנָּה אִשֶּׁה לַיהוָה וְנִכְרְתָה הַנֶּפֶשׁ הָאֹכֶלֶת מֵעַמֶּיהָ׃

"하쉠께 사르는 제물로 바친 동물의 기름을 먹는 모든 자는 그 먹은 목숨이 그의 백성에게서 끊어져야 한다." (바이크라 7:25)

파라샤트 짜브 / פרשת צו

토라는 여기서 지방을 먹어서는 안되는 이유가 그것이 '제단에 바쳐지기에 합당하기 때문'임을 강조합니다. 제단에서 하쉠께 드리는 것은 사람이 먹기에 합당하지 않기 때문입니다. 이제 친절에 뿌리를 둔 지방을 섭취하는 것에 대한 경고 뒤에 심판에 뿌리를 둔 피의 섭취에 대한 금지가 뒤따릅니다.

וְכָל־דָּם֙ לֹ֣א תֹאכְל֔וּ בְּכֹ֖ל מוֹשְׁבֹתֵיכֶ֑ם לָע֖וֹף וְלַבְּהֵמָֽה׃

"너희가 사는 모든 곳에서 새든지 동물이든지 어떤 피도 너희는 먹지 말아야 한다."

(바이크라 7:26)

토라는 (모든) 동물의 피를 먹지 말라는 것을 명시적으로 금하지는 않지만 '가축'의 피를 먹는 것을 금지하는 것으로 그 조항에 구분을 둡니다.

그런데 동물의 지방이 허용되는 경우와 달리 동물의 피가 금지되는 이유는 무엇일까요? 제단에 '가축'만 바쳐지는 것이면 우리가 (일반적인) 동물의 피를 먹는 것은 왜 허락되지 않는 것일까요?

피와 지방에 대한 서로 다른 구분은 그것이 서로 다른 영적 뿌리에 근거하기 때문입니다. 앞서 언급한 바와 같이 피는 심판에 뿌리를 두고 있기 때문에, 불결한 것이 존재할 가능성이 높은 장소나 상황으로 인해 동물의 피는 제단에 드리는 것과 상관없이 금지됩니다. 그러나 물고기와 메뚜기의 피는 섭취될 수 있는데, 왜냐하면 그 안에 있는 심판적인 면이 상대적으로 약해 많은 양의 불결함이 존재하기 어렵기 때문입니다. 그러나 허용된 것과 금지된 것을 구별하는 세부 전통의 결핍으로 인해 (유대인들은) 일반적으로는 메뚜기와 그 피를 섭취하지는 않습니다.

어떤 음식은 되고, 다른 음식은 안되는 이유는 그 음식의 영적 본질에 달려 있습니다. 하쉠께서는 (이스라엘에게) 불결함이 강화되는 것을 피하게 하기 위해 영적 뿌리 자체가 불결함에 취약한 음식은 그것을 섭취하지 않도록 금지하셨습니다. 그러나 반면 그 뿌리가 불결함을 허용하지 않는 음식이라면 그것은 섭취할 수 있도록 하셨습니다. 그렇기에 토라는 금지된 피를 마시는 자에 대해 다음과 같이 얘기하고 있습니다:

כָּל־נֶ֛פֶשׁ אֲשֶׁר־תֹּאכַ֥ל כָּל־דָּ֖ם וְנִכְרְתָ֛ה הַנֶּ֥פֶשׁ הַהִ֖וא מֵעַמֶּֽיהָ׃

"어떤 피든지 먹는 모든 사람은 그 목숨이 그의 백성에게서 끊어져야 한다." (바이크라 7:27)

피를 섭취함으로 불결함을 강화시키기로 선택한 자들은 그것을 택한 자의 영혼이 거룩함의 뿌리로부터 끊어지고 불결한 세력에 넘겨지는 등 그에 상응하는 처벌을 받게 됩니다.

대제사장 아하론과 그의 아들들의 위임식 절차의 일부로서, 모셰는 '친절'을 상징하는 관유와 '심판'을 상징하는 희생제물의 피를 그들에게 뿌리라는 명령을 받습니다.

וַיִּקַּח מֹשֶׁה מִשֶּׁמֶן הַמִּשְׁחָה וּמִן־הַדָּם אֲשֶׁר עַל־הַמִּזְבֵּחַ וַיַּז עַל־אַהֲרֹן עַל־בְּגָדָיו וְעַל־בָּנָיו וְעַל־בִּגְדֵי בָנָיו אִתּוֹ

"모셰는 관유와 제단 위에 있는 피 중의 일부를 취하여 아하론과 그의 옷들에, 그리고 그와 함께 있는 그의 아들들과 그의 아들들의 옷들에 뿌렸다…" (바이크라 8:30)

그는 그 두 가지를 섞어 '친절한 심판'으로 조합한 다음 그것을 아하론과 그의 아들들에게 뿌렸습니다. 유대 현인들은 아하론과 그의 아들들에게 피를 뿌리기 전까지는 위임식 절차가 완료될 수 없었다고 하며, 피를 뿌린다는 절차가 다른 절차보다도 더 큰 의미가 있음을 가르칩니다. 그렇다면 왜 마지막으로 피를 뿌리는 절차가 그들을 '제사장'으로 삼았던 걸까요?

미슈나 아보트 1:12 에서 대제사장 아하론에 대해 '평화를 사랑하고 평화를 추구하는 사람'이라고 말했듯이 코헨의 본질은 '친절'에 그 뿌리를 둔 것인데, 친절이 그의 온화함을 통해 그 친절함에 복종할 판단력(심판의 속성/'피' – 역자 주)을 포함시키는 마지막 단계가 있기 전까지 완성이 되지 않기 때문입니다.

그래서 유대 현인들은 다음의 예를 통해 이를 설명합니다: "축복이 임하지 못하도록 하는 심판의 속성은 비를 그치게 해 가뭄을 만듦으로 멸망에 이르게 할 수도 있다. 그러나 자비의 속성으로부터 비롯된 '비'라는 축복의 과잉은, 한편으로는 전세계를 멸망시킬 만큼의 대홍수를 초래할 수도 있다."

조화라는 것은 축복에 대해 '과잉 친절'을 방지하기 위한 적절한 판단이 공존할 때 존재하며 이루어집니다. 피를 뿌린다는 올바른 조합을 통해, 심판의 속성을 누그러뜨리고 친절의 속성을 넘치지 않게 바로잡는 것입니다. '친절의 기둥'이었던 아브라함도 9번의 믿음의 시험을 통과한 이후에 열 번째이자 마지막 시험인 '이쯔학크의 결박'이 있기 전까지 완전한 영적 수준에 도달하지 못했습니다.

그럼 이쯔학크를 결박하는 것이 최종 시험이었던 이유는 무엇이었을까요?

먼저 언급했듯, 아브라함은 친절의 기둥이며, 이쯔학크는 심판의 기둥이었는데, 아브라함이 이쯔학크를 결박했던 것은 심판(판단)이 친절과 하나가 되어 친절함에 완전히 복종케 하는 속성을 의미하는 것이었습니다. 아브라함이 이쯔학크를 묶었던 것과 함께 이쯔학크 자신도 '자신을 묶는 것을 허락했다는 것'을 기억하세요. 그렇게 이쯔학크 또한 아브라함에게 완전한 복종을 함으로써 이 시험을 통과한 것입니다. 해당 사건을 설명하는 조하르의 내용에서, 우리는 그때에 이쯔학크의 영혼이 그의 몸으로부터 떠나 새로운 영혼을 부여받았음을 볼 수 있습니다. 심판의 속성이 친절에 종속됨으로 인해서 그 속성은 '달콤'해졌습니다. 이쯔학크가 받은 새로운 영혼은 더욱 더 달콤하고 더욱 더 단련된 영혼이 되었습니다.

다시 파라샤의 이야기로 돌아와서, 친절함에 뿌리를 둔 대제사장 아하론은 그렇게 심판의 속성과 합쳐질 때까지 미슈칸에서 섬길 수 있는 최종적인 수준에 도달하지 못했습니다. 그렇기에 그 의식은 아하론에게 섬김의 능력을 부여할 수 있는 의식이었습니다.

파라샤트 슈미니 (바이크라 9:1 – 11:47)

$$\text{זֹאת הַחַיָּה אֲשֶׁר תֹּאכְלוּ מִכָּל־הַבְּהֵמָה אֲשֶׁר עַל־הָאָרֶץ:}$$

"…이것이 땅 위에 있는 모든 동물 중 너희가 먹을 수 있는 짐승이다." (바이크라 11:2)

이 구절은 왜 동물을 '동물(חיה)'로 묘사하는 것으로 시작해서 '짐승(בהמות)(또는 특정 맥락에서 가축으로 번역 – 역자 주)'으로 묘사하는 것으로 결론지을까요?

우리가 사는 세상을 생각할 때, 창조의 중심에 인간이 있다는 사실에는 의심의 여지가 없습니다. 하쉠께선 사람을 위해 세상을 창조하시고 그를 에덴 정원에 두어서 그곳에서 일하고 지키도록 하셨습니다. 그렇기에 창조의 나머지 부분들은 인간에게 '부차적인' 것으로 간주될 수 있습니다. 사람의 옷이 '부차적'이어서 필요한 기능을 행하도록 돕는 것처럼, 이 세상의 동물도 사람에게 부차적이며 다양한 기능을 행할 수 있도록 도와줍니다.

토라는 인간이 '하쉠의 형태대로' 창조되었다고(베레쉬트 1:27) 말합니다. 물리적 형태는 영적인 영역의 축소판을 나타냅니다. 인간에겐 그렇게 물질 세계에서 그를 돕기 위한 '부차적이며 거룩함의 외적 측면을 반영하는' 동물이 주어졌습니다. 그런데 이 체계는 '불결함'과 병행하며 거룩함 속에 존재하고 있습니다. 정결한 동물은 거룩함의 외적인 면을 대표하나, 불결한 동물은 불결함의 외적인 면을 대표합니다. 거룩함은 '생명'으로 언급되는 반면, 불결한 것은 '죽음'으로 언급되는데, 그것은 다음 구절에서 이해해 볼 수 있습니다:

$$\text{רְאֵה נָתַתִּי לְפָנֶיךָ הַיּוֹם אֶת־הַחַיִּים וְאֶת־הַטּוֹב וְאֶת־הַמָּוֶת וְאֶת־הָרָע:}$$

"보라, 내가 오늘 너의 앞에 삶과 좋음, 그리고 죽음과 악을 주었다." (드바림 30:15)

유대인들이 먹을 수 있는 정결한 동물은 생명의 원천인 거룩함으로부터 나오기에, 문자 그대로 생명이라는 뜻을 가진 하야(חיה)로 불립니다.

유대인들이 먹을 수 있는 동물은 '거룩함'에 뿌리를 둡니다. 이스라엘 자손이 그것을 먹게 되면, 그것이 속에 흡수될 때 그들을 '동물의 수준'에서 '인간의 수준'으로 끌어올려줍니다.

이러한 동물을 먹는다는 건 그것이 단지 '허용되어서'라는 것뿐만 아니라 계명을 이해하는 것으로도 볼 수 있는데, 왜냐하면 동물 안에 존재하는 거룩함을 훨씬 더 높은 수준으로 높이고 정화하는 도움 작업이기도 하기 때문입니다. 그리고 이것은 세상의 모든 면면을 대대적으로 고치는 최종 결과이기도 합니다.

식물은 흙으로부터 영양분을 받아 흙이 대표하는 거룩의 요소를 식물의 수준으로 끌어올려주며, 그 다음 그 식물은 동물에 의해 먹혀 동물의 수준으로 높아집니다. 그리고 마지막으로 사람이 동물을 먹어서 동물을 사람의 수준으로 높이면 거룩함의 상승 과정이 완성됩니다. '인간은 정결한 동물을 먹어야 한다'라는 것에 대한 중요성은 어떠한 동물을 먹을 수 있다는 주제를 소개하는 구절이 바이크라 11:2 에서 명령형으로 표현된 이유로부터 이해할 수 있습니다.

코셔 동물로 간주되려면 두 가지의 표식이 필요합니다:

되새김질 / 발굽의 갈라짐

이 두 가지 표식이 코셔 동물을 의미하는 이유가 무엇일까요?

우리의 행동과 행위는 영적인 영역에 직접적인 영향을 미쳐 그보다 아래인 물리적 영역에 쏟아지게 되는 신성한 영향력의 형태로 반응을 일으킵니다. 정결한 동물을 의미하는 두 가지 표식은 다음과 같이 거룩함과 연결됩니다:

되새김질을 하는 것은 행동이 수준 높고(다른 미드라쉬에서는 더 쉬운 말로 '차분한'이라고 표현 – 역자 주) 영적인 부분에 영향을 미치는 것을 반영하는 반면에, 갈라진 발굽은 그 영적인 영역이 물리적 영역에 영향을 미칠 수 있는 길을 열어주는 '구멍'을 의미합니다. 그렇기에 우리는 거룩한 하요트(חיות) 천사의 발이 '송아지 발바닥들' 같다고 묘사된 것을 볼 수 있는데(에헤즈켈 1:7), 이는 발굽의 갈라짐을 알 수 있는 의미입니다.

갈라진 발굽에 대한 요구 사항엔 다음과 같이 중복된 말을 포함합니다:

כֹּל ׀ מַפְרֶסֶת פַּרְסָה וְשֹׁסַעַת שֶׁסַע

"동물 중 굽이 나누어지고 굽이 두 쪽으로 갈라진 모든 것과…" (바이크라 11:3)

이에 대한 설명은 다음과 같습니다: '일부 동물의 발굽에서 [갈라져 보여도] 발굽의 바닥 부분은 실제로는 붙어 있는 경우 때문이다.'

발굽이 완전히 열려 있지 않은 이러한 경우는 동물을 불결하게 만듭니다. 거룩함의 영향력이 통과하도록 허용하는 '완전한 개방'이 부족한 것으로, 이런 동물은 분명 거룩함과 관련이 없음을 알 수 있습니다.

'되새김질'로 표현되는, 아래에서 위로 올라가는 과정으로부터 해서 '갈라진 발굽'으로 표현되는 [거룩함의] 영향력이 비처럼 쏟아지는 순차적 시스템에 따르면, 질문이 하나 생기게 됩니다. 토라는 11:3 의 내용을 되새김질을 해야 한다는 것으로 시작해 발굽의 갈라짐을 요구하는 순서로 하는 것이 더 적절하지 않았을까요?

그러나 위에서 비처럼 쏟아지는 영향력은 가장 중요한 것이기에, 비록 그것이 어떠한 '먼저 진행되야 할 행동의 결과'일지라도 먼저 언급할 가치가 있기에 기록된 결과입니다.

물리적 세계의 존재와 지속은 전적으로 이 영향 아래에 달려 있습니다. 그러나 하쉠께선 그분의 크신 자비로 우리의 행동이 [그분의 뜻에 반하는] 결핍을 보일 때에도 이러한 영향을 완전히 억제하지 않으십니다.

토라는 두 가지의 필수 정결 표시 중에서 하나만 가진 네 마리의 동물들을 나열합니다. (바이크라 11:4-7) 토라는 왜 정결한 동물의 표식을 묘사한 후에 이 네 가지 동물들을 명시적으로 나열하고 그것들이 불결한 이유를 설명하는 것일까요? 어차피 우리가 두 가지 표식 모두의 부족으로 인해 그것들이 불결하다는 것을 스스로 알 수 있지 않나요?

유대 현인들은 정결함의 표시 중 하나만을 가지고 있는 네 마리의 부정한 동물은 이스라엘 아들들이 유배당한 네 왕국에 해당한다고 가르칩니다. (미드라쉬 바이크라 라바 13:5)

정결함의 표시가 하나만 있다는 것은 이 네 왕국이 그들 안에 어떠한 좋은 면을 갖고 있는 결과로 인해 강력한 지위를 획득했다는 사실을 암시해 줍니다. 이러한 이유만으로도 그들은 왕권의 영적인 뿌리로부터 어느 정도 영향력을 부여받아 통치할 능력을 가질 가치를 지녔습니다.

이 영적 뿌리는 그들이 통치하도록 운명지어진 기간 동안에 계속해서 그들 위에서 빛났으며, 그들이 새로운 왕국으로 대체될 때까지 지속되었습니다. 그 효과는 한 왕국이 기본적으로 다음 왕국을 그의 자리로 '끌어준' 데 있습니다. 바벨론 왕국이 세력을 잃자 그것이 페르시아 왕국을 세상의 패권자라는 자신의 위치로 끌어들인 것으로 비유하는 방식입니다.

단 하나만의 정결한 표식을 지닌 네 동물에 해당하는 왕국은 다음과 같습니다:

낙타 – 바벨론 왕국

사반 – 페르시아 왕국

토끼 – 그리스 왕국

돼지 – 에돔

이 각각의 왕국은 결국 힘들을 잃어 그 다음 왕국들을 탄생시켰습니다. 우리는 '~는 되새김질을 하나'라는 표현들로부터 이러한 연속에 대한 암시를 발견할 수 있습니다. 첫 세 왕국을 대표하는 처음의 세 동물은 동일한 정결의 표시를 공유하고 있습니다. 그들은 각각 되새김질을 하지만 발굽이 갈라지진 않았죠. 이들 왕국은 다음 왕국들을 '끌어들여서' 패권의 후계자를 낳습니다. 그러나 한 가지 예외가 되는 동물이 돼지로 비유되는 에돔인데, 그것은 발굽이 갈라졌지만 되새김질을 하지 않습니다. 그렇기에 토라는 다음과 같이 강조하고 있습니다:

וְאֶת־הַחֲזִיר כִּי־מַפְרִיס פַּרְסָה הוּא וְשֹׁסַע שֶׁסַע פַּרְסָה וְהוּא גֵּרָה לֹא־יִגָּר טָמֵא הוּא לָכֶם:

"돼지도 굽이 있고 굽이 갈라졌으나 되새김질을 하지 않아 그것이 너희에게 부정하다"

(바이크라 11:7)

그리고 우리는 이를 통해 에돔이라는 마지막 왕국에는 어떤 왕국도 뒤따르지 않을 것이라는 점을 추론할 수 있습니다.

에돔 왕국은 '더러운 땅을 걷는 발'로 대변되는, 모든 왕국 중 가장 낮은 왕국입니다. 이는 그들의 두려움 결핍과 말하는 방식, 그리고 그들이 저지르는 행동에서 명백히 드러납니다.

토라는 그들을 모든 동물 중에서 가장 더러운 돼지에 비유하며, 이 마지막 왕국은 그 뒤에 어떤 왕국도 끌어오지 않습니다. 그들은 불결함의 가장 미천하고 최종적인 면모를 드러내며 그들이 파괴되는 때에는 불결함 전체가 정복되게 될 것입니다. 그리고 이 시점에서 거룩함에 뿌리를 둔 진정한 다비드 자손의 왕국이 세상을 다스리게 될 것입니다.

그러면 돼지는 왜 하나의 표시만 있는 모든 불결한 동물들 중 가장 낮은 위치에 있는 것이며, 왜 유일하게 이런 방식으로 표시되는 것일까요?

이에 대해서 두 가지 설명이 있습니다:

- 이스라엘 자손을 위해: 이스라엘 자손이 에돔 땅(또는 에돔의 영향력 아래 – 역자 주)에 유배되어 있는 동안 계속해서 영적 영향력을 받기 위해서 그 영향력의 통과를 용이하게 하도록 발굽이 갈라져야 한다는 것으로, 가장 위험한 이 유배 기간 동안 이스라엘이 공개적으로 영향력을 행사할 수도 없는 상황에서 에돔의 더러움과 불순함에 잠겨 있다면 심각한 위험이 될 것이기 때문입니다.

- 에돔이 멸망한 후를 위해: 세상을 바로잡기 위해서 영적 영향력을 세상에 흘러 들어가게 해야 하기 때문으로, 이것은 에돔의 많은 이들이 하쉠의 진리를 인지하게 되고 그들의 잘못된 숭배들로부터 떠나도록 깨우쳐 줄 것이기 때문입니다.

갈라진 발굽은 영적인 영향력이 이스라엘과 에돔, 그리고 온 세상의 자손들을 바로잡을 수 있게 전달해주는 통로가 되어줍니다.

מִבְּשָׂרָם לֹא תֹאכֵלוּ וּבְנִבְלָתָם לֹא תִגָּעוּ טְמֵאִים הֵם לָכֶם:

"그것들의 고기를 너희는 먹지 말아야 하고 그것들의 죽은 것에 너희는 닿지 말아야 한다…" (바이크라 11:8)

이 구절은 이스라엘 자손에게 이 네 가지 동물이 정결 표식이 하나가 있더라도 먹어서는 안된다고 명령하고 있습니다. 왜냐하면 그들은 결국 '부정한 것'에 뿌리를 두고 있기 때문입니다. 이는 당연히 정결의 흔적이 전혀 없는 동물들에게도 적용됩니다.

더 깊은 차원에서, 이 구절은 이스라엘 자손에게 네 왕국의 통치 하에 포로 생활을 하는

파라샤트 슈미니 / פרשת שמיני

동안 비유대인과 결혼을 하지 않도록 매우 조심하라고 경고하고 있습니다. 이스라엘 자손은 거룩함에 뿌리를 두고 있기에 불결함을 상징하는 나라/민족들과 관계를 맺어서는 안됩니다. 토라는 이를 명시적으로 언급하지 않지만 '네 번의 유배'를 암시하기 위해 '네 마리의 동물'을 사용하고 있는데, 왜냐하면 하쉠께선 이스라엘 자손이 각 유배지마다 종속될 것이라는 점을 공개적으로 드러내 고통을 주길 원하지 않으셨기 때문입니다.

'그것들의 죽은 것에 너희는 닿지 말아야 한다. 그것들이 너희에게 부정하다'라는 같은 구절의 결론에서는 이러한 나라들의 궁극적인 멸망이 암시되어 있습니다. 민족들이 멸망하여 '죽은 것'이 될 때 그들의 멸망이 이스라엘 자손에게 영향을 미치지 못하는 것은, 이스라엘 자손이 이집트와 바벨론으로부터 풀려났을 때 이미 명백히 드러났으며, 그것은 미래에 다가올 최종 구속에서도 그러할 것임을 알려줍니다.

כִּי־אִתְּךָ אֲנִי נְאֻם־יְהֹוָה לְהוֹשִׁיעֶךָ כִּי אֶעֱשֶׂה כָלָה בְּכׇל־הַגּוֹיִם ׀ אֲשֶׁר הֲפִצוֹתִיךָ שָּׁם אַךְ אֹתְךָ לֹא־אֶעֱשֶׂה כָלָה

"이는 내가 너와 함께 있어 [하쉠의 말씀] 너를 구원할 것이니 이는 내가 너를 흩어지게 했던 모든 민족들을 끝낼 것이나 너만은 내가 끝내지 않을 것이기 때문이다…"

(이르메야후 30:11)

세상은 인간 앞에 삶의 다양한 길을 제시하는 미로와 비슷합니다. 이러한 경로 중 일부는 진실로 이어지는 반면, 다른 경로는 거짓으로 이어집니다. 인간은 쉽게 넘어지고 실수로 그를 거짓으로 이끄는 길을 따라갈 수 있도록 창조되었습니다. 그렇기에 하쉠께선 그분의 친절로 우리를 진리의 길로 이끄는 진리의 토라를 주셨습니다.

טוֹב וְיָשָׁר יְהֹוָה עַל־כֵּן יוֹרֶה חַטָּאִים בַּדָּרֶךְ׃

"하쉠께서는 좋으시고 올곧으시니 그러므로 죄인들에게 길을 가르치신다." (트힐림 25:8)

토라(תורה)라는 단어는 이 구절에서 '가르치다'라는 단어에서 사용된 요레(יורה)라는 어근으로부터 유래했는데, 그것은 토라가 인간을 올바르게 인도하며 흔들리는 것을 방지하기 때문입니다. 토라를 무시하는 사람은 방향을 잃어 진리의 길을 찾을 수 없습니다.

세상의 모든 요소에는 진리를 향한 길과 거짓을 향한 길이 포함되어 있기 때문에 토라는 명시적으로 '토라'라는 단어로 많은 계명들을 시작합니다. 이는 토라의 명령을 따름으로써 사람이 진리의 길로 인도된다는 것을 우리에게 가르쳐줍니다. 오직 토라의 명령을 따름으로만 사람은 진리의 길을 갈 수 있으며, 다른 길은 거짓으로 이어집니다. 하쉠께선 우리가 어떤 길을 선택하고 싶은지 고를 수 있는 기회를 부여하셨습니다.

이제 금지된 음식에 대해 설명하는 부분은 다음과 같이 끝맺습니다:

זֹאת תּוֹרַת הַבְּהֵמָה וְהָעוֹף וְכֹל נֶפֶשׁ הַחַיָּה הָרֹמֶשֶׂת בַּמָּיִם וּלְכָל־נֶפֶשׁ הַשֹּׁרֶצֶת עַל־הָאָרֶץ:

"이것이 동물과 새와 물에서 움직이는 모든 생물과 땅 위에서 기는 모든 생물에 관한 가르침이니" (바이크라 11:46)

허용된 동물은 사람을 진리의 길로 인도하고, 금지된 동물은 사람을 거짓된 길로 인도합니다. 불결한 자들은 거룩함을 '모방'하려 최선을 다하고, 따라서 다른 민족들의 마음은 그들 자신의 토라들을 쓰도록 자극받습니다. 다른 이들도 종교적 지침이 담긴 책을 가지고 있지만, 이러한 토라들은 그들을 진리의 길로 인도하기보다는 거짓의 길로 인도합니다. 오직 하늘에서 이스라엘에게 주어진 토라만이 사람을 진리의 길로 인도합니다.

하쉠께선 빛과 어둠, 거룩함과 불결함, 이스라엘과 세상의 나라들을 나누셨습니다. 그처럼 그분께선 이스라엘 자손에게 적합한 정결한 음식과 부정한 음식을 구분하는 구체적인 '표'를 정리해 주셨습니다. 그렇기에 다음 구절에선 이렇게 말하고 있습니다:

לְהַבְדִּיל בֵּין הַטָּמֵא וּבֵין הַטָּהֹר וּבֵין הַחַיָּה הַנֶּאֱכֶלֶת וּבֵין הַחַיָּה אֲשֶׁר לֹא תֵאָכֵל:

"부정한 것과 정결한 것을 나누고 먹을 수 있는 생물과 먹히지 말아야 하는 생물이다."

(바이크라 11:47)

파라샤트 타즈리아 (바이크라 12:1 – 13:59)

파라샤트 슈미니는 이스라엘 자손이 삼가야 하는 부정한 음식에 관한 법의 결론을 내고, 계속해서 파라샤트 타즈리아에서는 멀리해야 하는 다른 것에 대해 자세히 설명하고 있습니다. 이 파라샤는 출산을 통해 생성된 불결함과 메쪼라(짜라아트에 걸린 자 – 역자 주)와 관련된 불결함에 대한 법을 설명합니다.

אִשָּׁה֙ כִּ֣י תַזְרִ֔יעַ וְיָלְדָ֖ה זָכָ֑ר וְטָֽמְאָה֙ שִׁבְעַ֣ת יָמִ֔ים כִּימֵ֛י נִדַּ֥ת דְּוֺתָ֖הּ תִּטְמָֽא׃

"…어떤 여자가 임신하여 남자 아이를 낳으면 그녀는 7일 동안 부정하리니 그녀의 월경 기간처럼 부정할 것이다." (바이크라 12:2)

여성은 임신하는 동안 일반적으로 월경 중 배출되어야 하는 혈액이 몸 안에 남게 됩니다. 이 혈액의 정제된 면은 태아의 발달에 기여하는 반면, 덜 정제되는 면은 모여서 출산 시 배출되게 됩니다. 출산 중에 배출되는 '덜 정제된 면'을 포함하는 혈액은 출산과 관련한 불결함의 원천이 됩니다. 출산 후의 여성은 월경 주기 동안의 여성이 불결한 상태인 것과 마찬가지로 같은 입장이 됩니다. 이에 대한 암시는 구절 자체에서 가르쳐집니다. (12:2 뒷부분)

'월경 기간'이라는 내용을 다루는 단어는 니다트 도타(נדת דותה)라고 쓰여 있는데, 도타라는 단어는 질병과 고통, 우울을 의미하는 마드베(מדוה)라는 단어에서 유래되었으며, 이는 피를 흘려보내는 것과 그에 따른 불결한 기간을 의미하고 있습니다. 이러한 기간을 묘사하는 데 있어 그런 의미의 용어가 사용되는 이유가 무엇일까요?

그것은 '니다' 기간 동안 남편과 육체적 관계를 갖는 것이 금지되는 데서 오는 여성의 우울감과 함께, 불결한 힘이 그녀에게 붙어 '자신들의 몫'인 불결한 피를 제거해 감으로 인해 신체적으로 아프고 무거움을 느끼게 되기 때문입니다. 7일 동안 그 불결함은 여성이 내보내는 피와 함께 그녀를 차지하며, 세상에 나온 아이는 매일 영적인 빛을 부여받는 기간입니다. 8일 째는 그 아이가 모든 빛을 완전히 부여받게 되는 날인데, 그 때 사내 아이의 포피는 제거하여 불결한 힘에게 던져냅니다.

פרשת תזריע / 파라샤트 타즈리아

וּבַיּוֹם הַשְּׁמִינִי יִמּוֹל בְּשַׂר עָרְלָתוֹ:

"8 일째에는 그의 포피가 잘라져야 하고" (바이크라 12:3)

이 '선물'은 불결한 힘을 계속 사로잡아주어 아이에게 거룩함으로 이르는 것을 방해하지 않게 해줍니다. 불결한 힘에게 주어진 포피는 다음 구절에서의 암시처럼 땅에 던져져야 합니다:

וְנָחָשׁ עָפָר לַחְמוֹ

"…뱀(불결함에 대한 암시 – 역자 주)이 흙을 그의 빵으로 먹으니…" (예샤야후 65:25)

생후 7 일간 아이가 영적인 빛을 받을 때, 불결함은 여전히 그를 붙잡을 수 있는 공간을 파고들 수 있기에 이 시점에서 '몸과 관련한 불결함'을 상징하는 포피를 제거하는 것이 불가능하나, 8 일째에는 아이가 불결한 힘이 다가설 수 없는 더 높은 영적인 빛을 받는 날입니다.

유대 현인들은 할례는 낮에만 행해야 하며 밤에는 행하면 안된다고 가르칩니다. (그마라 예바모트 72a) 낮은 친절이 지배하는 시간으로, 불결함을 정복하고 제거하기에 적절한 시간이나, 밤은 불결함이 고삐를 풀고 날뛰는 시간이기 때문입니다. (데렉흐 하쉠 6:1) 이것은 대부분의 죄가 밤에 일어나는 이유로도 잘 이해해 볼 수 있습니다. 포피를 제거하고 불결함을 멀리할 수 있을 만큼 아이가 영적으로 충분히 발달하는 때는 바로 생후 8 일째가 되는 날로, 그것이 할례가 8 일 전에 행해질 수 없는 이유입니다.

אָדָם כִּי־יִהְיֶה בְעוֹר־בְּשָׂרוֹ שְׂאֵת אוֹ־סַפַּחַת אוֹ בַהֶרֶת וְהָיָה בְעוֹר־בְּשָׂרוֹ לְנֶגַע צָרָעַת וְהוּבָא אֶל־אַהֲרֹן הַכֹּהֵן אוֹ אֶל־אַחַד מִבָּנָיו הַכֹּהֲנִים:

"어떤 사람이 그의 피부에 부스럼이나 얼룩이나 흰 반점이 있어 그의 피부에 짜라아트의 환부가 생기면 그는 코헨 아하론이나 코헨들인 그의 아들들 중 하나에게 데려가져야 한다." (바이크라 13:2)

이러한 피부 문제인 '짜라아트'는 사람의 죄의 결과로, 그 사람에게 붙은 불결한 영적 힘입니다. 영적인 힘은 눈에 보이지 않기 때문에 그와 평행하는 물리적 형태를 입는데, 짜라아트로 인한 피부의 고통은 그런 불결함의 물리적인 표현을 나타냅니다.

하쉠께선 그분의 무한한 친절하심으로 정결한 자들에게 불결한 자들과 거리를 두도록 하는 의미의 경고로서 일반적으로는 숨겨진 그 불결한 영적인 힘이 물리적으로 드러나게 하셨습니다. 거기에다 이 불결한 존재의 등장은 괴로움을 겪는 사람이 회개하고 자신을 정화하며 바로잡도록 코헨에게 접근하게끔 일깨워 줍니다.

토라는 짜라아트에 걸린 자의 피부의 정결함이나 불결함은 코헨의 선언에 달려 있다고 규정합니다. 친절함에 뿌리를 둔 코헨은 그 사람을 '부정하다'라고 선언할 수 있는 영적인 힘을 부여받았습니다. 친절함은 불결함이 비키도록 하는 힘을 가지고 있기 때문에 코헨은 자신의 선언을 통해 그 불결한 자를 이스라엘 자손의 나머지로부터 멀어지도록 할 수 있으며, 또한 그 사람을 '정결하다'라고 선언할 힘 역시 보유하고 있습니다. 이는 불결함을 정화하는 데 사용되는 '물'의 영적 본질로부터도 분명한 것이며 치유의 과정은 전적으로 코헨의 역할로, 거기에는 어떠한 의사나 의학적인 개입도 포함되거나 허용되지 않습니다. 짜라아트의 고통이란 것은 위에서도 언급한 바처럼 '영적인 질병'이 '물리적'으로 나타난 것이기에 물리적 질병만 치료하는 의사는 그러한 고통을 치유할 수 없습니다.

하쉠께서는 때로 사람이 자신의 길을 바로잡도록 돕게 하는 수단으로 사람의 영적 발전에 대한 그분의 관심을 통해 사람을 괴롭게도 하십니다. 그러나 하쉠께선 전적으로 악을 선택하고 행하는 자에게 관심을 두지 않으시며, 그가 자기 파멸의 길을 계속 하게 둠으로써 그가 다가올 세상에서도 추방되도록 두십니다. 그렇기에 짜라아트는 하쉠께서 여전히 그 사람을 사랑하시고 그 사람에 대한 희망을 포기하지 않는다는 징표였습니다.

유대 현인들은 '…데려가져야 한다'라는 구절의 마지막 부분의 말이 단순한 수동적 이해를 얘기하는 것이 아닌 [짜라아트 걸린 자] 스스로가 적극적으로 가야 함을 암시한다고 가르칩니다. 짜라아트라는 것이 사람이 적절한 교정을 겪어야 하는 것에 대한 하쉠의 사랑과 관심의 산물이라는 점을 감안할 때, 그분께선 사람이 회개하도록 일깨우고 자신을 고치며 정화하는데 도움이 되도록 적극적으로 코헨을 찾아야 한다는 일종의 '영적 압력'을 행사합니다.

이에 대한 암시는 다음의 내용을 통해서 배워볼 수 있습니다: '그 피부의 환부를 볼 때'라고 시작하는 13:3 의 내용에서 그 내용(את-הנגע בעור-הבשר)의 첫 글자들을 조합하면 '사랑'이라는 뜻을 가진 아하바(אהבה)를 형성하는데, 이는 고난/고통이란 것이 사람을 향한 하쉠의 사랑으로부터 비롯된 것임을 나타내 줍니다.

만약 어떤 코헨이 짜라아트의 표징과 관련된 법에 능숙하지 않다면, 그는 능숙한 다른 코헨을 동반해야 합니다. 짜라아트의 첫 번째 징후로 볼 수 있는 것은 다음과 같습니다:

וְשֵׂעָר בַּנֶּגַע הָפַךְ ׀ לָבָן

"…환부의 털이 하얗게 변했고…" (바이크라 13:3)

흰색은 일반적으로 친절함과 순수함을 상징하기 때문에 이것이 '불결함'을 나타낸다는 건 실로 특이한 표시가 아닐 수 없습니다. 그렇다면 왜 흰색이 짜라아트의 불결함과 연관되어야만 할까요?

하쉠께선 거룩함과 불결함을 병행하는 힘으로 세상을 창조하셨는데, 흰색이 '친절과 순수함'을 나타내기도 하듯, 한편으로 그것은 [다른 방식으로도] 불결한 세상에서도 존재합니다. 신성한 영역에선 그것이 '참된 친절'이지만, 불결한 영역에선 그것이 '거짓된 형태'의 친절인 것입니다.

그것이 바로 '…그녀의 하체를 보고 그녀도 그의 하체를 보면 그것은 수치스러운 일이다…'라고 바이크라 20:17 에서 문맥상으로 '…수치스러운 일이다'라는, 자매와의 불법적인 관계를 얘기하는 바의 내용이 문자 그대로는 '친절함이다'라는 이해할 수 없는 단어로 쓰여진 것에 대한 숨은 의미입니다. 거룩함의 친절만이 아닌, 불결함에서 비롯된 거짓 친절을 보여주고 있는 것입니다. 그렇기에 짜라아트는 사람에게 나타나는 '불결한 친절의 계시'이며, 그 결과로 그는 깨어나서 자신의 길을 고치고 바로잡을 수 있게 됩니다.

וְהַצָּרוּעַ אֲשֶׁר־בּוֹ הַנֶּגַע בְּגָדָיו יִהְיוּ פְרֻמִים וְרֹאשׁוֹ יִהְיֶה פָרוּעַ וְעַל־שָׂפָם יַעְטֶה וְטָמֵא ׀ טָמֵא יִקְרָא׃

파라샤트 타즈리아 / פרשת תזריע

"그에게 짜라아트가 있는 그 걸린 자는 그의 옷들이 찢겨야 하고 그의 머리는 풀어져야 하고 수염을 가려야 한다. 그리고 '부정하다! 부정하다!'라고 그는 외쳐야 한다."

(바이크라 13:45)

짜라아트에 걸린 자는 그의 불결함으로 인해 그의 '영혼의 옷'의 망가져버린 영적 상태를 물리적으로 표현하는 의미로 그의 옷이 찢겨야 했습니다. 그의 머리카락을 풀어놓는 것은 과다한 심판을 상징했으며, 수염을 가리는 것은 영적인 빛이 없어짐으로 그의 말에 제한이 걸린다는 것을 상징했습니다. (모에드 카탄 15a)

이러한 행위는 두 가지 기능을 수행했습니다:

1. 이러한 행위는 그로 하여금 통회하는 마음을 가지도록 하여 고난의 원인이 된 죄를 회개하도록 마음을 움직여 주었습니다.

2. 이러한 표시는 사람들로 하여금 [자신과] 거리를 유지하게 하도록 하고 이러한 고난을 초래한 죄에 [함께] 얽매이지 않도록 경고하는 역할을 했습니다. 이것은 사람들에게 그들 역시도 죄의 길을 따른다면 어떤 일이 일어날 것인지에 대한 경고의 의미를 담았습니다.

사람의 영적 뿌리의 내면에 영향을 미치는 중대한 죄가 있는 것처럼, 외적인 면에만 영향을 미치는 작은 죄들도 있습니다. 거룩함의 내면에 영향을 미치는 방식으로 죄를 짓는 사람은 그의 피부가 짜라아트로 고통을 받으며, 거룩함의 외적인 면에 영향을 미치는, 비교적 덜 심각한 성격의 죄라면 짜라아트는 그 사람 대신 그의 의복에 고통을 안겨줍니다.

וְהַבֶּגֶד כִּי־יִהְיֶה בוֹ נֶגַע צָרָעַת בְּבֶגֶד צֶמֶר אוֹ בְּבֶגֶד פִּשְׁתִּים:

"옷에 짜라아트 자국이 있을 때 양털이나 아마에," (바이크라 13:47)

사람이 그의 영혼의 영적 뿌리를 손상시키는 방식으로 죄를 범할 때, 하쉠께서는 불결한 힘이 이 세상에서 그의 '물질적 옷'에 달라붙도록 허용하셨습니다. 이는 그 사람이 자신이 초래한 영적 손상을 인식하고 불결함이 옷에서 몸으로 퍼지기 전에 회개하도록 하여 불결함을 제거하도록 일깨우기 위함이었습니다.

אוֹ בִשְׁתִי אוֹ בְעֵרֶב לַפִּשְׁתִּים וְלַצֶּמֶר אוֹ בְעוֹר אוֹ בְּכָל־מְלֶאכֶת עוֹר:

"또는 아마나 양털의 날실이나 씨실에, 또는 가죽이나 어떤 가죽 제품이나" (바이크라 13:48)

짜라아트는 어떻게 날실과 씨실을 의복으로 짜지 않은 상태에서도 발생할 수 있을까요?

이것은 험담으로 혀를 재빠르게 놀려 말을 한 것과 같이 하쉠께서도 그가 옷을 짜기 전에부터 괴롭도록 하시는 것입니다. 유대 현인들은 악한 험담을 하는 것이 짜라아트의 주요 원인 중 하나라고 가르칩니다. (에럭힌 15b)

사람은 영혼의 뿌리인 내면의 영적 본질을 손상시킬 수 있는 경우가 있지만, 하쉠께선 그분의 크신 자비로 짜라아트를 그의 물질적 본질인 육체에 바로 부여하시지는 않습니다. 하쉠께선 사람의 피부를 짜라아트로 괴롭히는 것보다 죄인의 피부를 다른 피부(가죽)로 바꾸기도 하십니다. 그래서 짜라아트는 '그의 가죽 제품'에 대해서도 불평의 요소로 등장하여 그를 회개하게 만들 수도 있습니다.

고난을 겪고 있는 사람에게는 회개할 수 있는 기회를 주어 고난이 더 이상 퍼지게 되는 것을 방지합니다. 하쉠의 표징에 귀를 기울이는 사람은 깨어나서 회개하여 그의 것들이나 그의 몸이 깨끗하다고 선언될 것입니다. 그렇지 않다면 그 고통은 퍼져서 그를 불결한 자로 선언하게 할 것입니다. 그렇기에 심판의 불이 그의 '영적 의복'을 붙잡았다는 의미로 그의 것을 태워야 합니다. (13:52 참조) 그가 겪게 될 재정적 손실과 더불어 불태우는 일은 그의 마음을 아프게 하며, 완전한 회개를 불러 일으킵니다. 의복과 가죽 물건의 물리적인 파괴는 그렇게 영적 의복에 대한 바로잡음으로 이어지게 됩니다.

파라샤트 메쪼라 (바이크라 14:1 – 15:33)

우리는 파라샤트 타즈리아의 끝부분에서 짜라아트의 영향을 받은 옷이 정화되기 위해선 물에 담그기만 하면 된다는 것을 볼 수 있습니다. (13:54 참조) 그리고 토라는 이번 파라샤의 시작에서 이 '간단한 과정'과 함께 몸이 고통받는 자를 정화하는 데 필요한 '복잡한 과정'을 나란히 놓고 싶어합니다.

זֹאת תִּהְיֶה תּוֹרַת הַמְּצֹרָע בְּיוֹם טָהֳרָתוֹ וְהוּבָא אֶל־הַכֹּהֵן:

"이것이 짜라아트에 걸린 그의 정결의식 날의 가르침이다. 그는 코헨에게 데려가져야 한다." (바이크라 14:2)

지난 파라샤에서 설명했듯이, 사람의 몸에 가해지는 고난은 그의 행위가 거룩함의 내면에 초래한 영적인 손상을 나타내는 것입니다. 이것은 거룩함의 외면에 초래한 영적 손상만을 나타내는 옷에 나타나는 짜라아트와 대조를 이룹니다. 그 중 육체의 고난은 거룩함의 내면에 영향을 미치는 더 심각한 영적 손상을 나타내는 것이기에 그에 대한 교정 작업과 정화 작업은 더욱 정교해져야 합니다.

파라샤의 시작 단어인 '이것(זֹאת)'은 슈히나에 대한 것을 암시합니다. 토라는 다음의 구절처럼 사람이 불결한 상태에 있더라도 슈히나가 사람에게서 떠나지 않는다고 가르쳐 주고 있습니다:

לְאֹהֶל מוֹעֵד הַשֹּׁכֵן אִתָּם בְּתוֹךְ טֻמְאֹתָם:

"…그리고 그는 그들의 부정함 가운데서 그들과 함께 거하는 회막을 위하여도."

(바이크라 16:16)

그러나 여기에 묘사된 '그들과 함께 거하는'이라는 의미는 심판의 속성을 묘사하며, 친절의 속성이 포함된 의미가 아닙니다. 그래서 슈히나에 대한 설명이 단지 '이것'으로 표시되는 것이며, 하셈의 이름에 포함되는 글자인 바브(ו)가 포함된 '그리고 이것이…'라고 기록되지 않음으로써 이전의 명령들과 내용을 연결 짓지 않는 것으로 인해 친절의 속성이 포함되어 있지 않다는 것을 알려줍니다.

파라샤의 이러한 서두 내용을 통해, 그가 죄악된 길을 회개하고 정결함을 구할 때 그의 마음이 친절을 얻을 수 있는 소망과 능력을 가지게 될 것을 가르쳐 줍니다. 그는 '친절'을 뿌리로 둔 코헨에게로 가서 그의 죄로 인한 피해를 바로잡도록 하여 세상에 친절을 불러와야 합니다.

코헨은 그 거룩함으로 인해서 이스라엘 자손의 세 진영의 구분 중 가장 안쪽에 거주했습니다.

וְיָצָא הַכֹּהֵן אֶל־מִחוּץ לַמַּחֲנֶה

"코헨은 진 바깥으로 나가야 한다…" (바이크라 14:3)

반면의 메쪼라(짜라아트에 걸린 자 - 역자 주)는 그 불결함으로 인해 세 진영 모두에서 쫓겨나야 했습니다. 하쉠께서 거룩하고 정결한 코헨에게 가장 안쪽의 진영으로부터 나와 불결한 메쪼라를 만나러 가서 더럽혀진 이스라엘 아들의 '불꽃'을 정화하라고 명령하신 것은 자기 백성에 대한 그분의 큰 사랑 때문이었습니다.

고통에서 치유된 메쪼라를 관찰하는 코헨은 그에게 붙어 있던 불결한 힘이 떠나갔다는 신호를 의미했습니다. 이제 코헨이 그 사람의 거룩함을 완전히 회복시키기 위해 정결 과정을 수행해야 할 때가 무르익었는데, 그 거룩함을 회복시키는 것은 그에게 남아 있던 '이것'(14:2 에 관한 내용)과 함께 친절을 의미하는 바브(ו)를 얻는 것이 여기서 포함됩니다.

정결 의식을 행하기 위해서 코헨은 살아있는 정결한 새 2 마리, 백향목, 진홍색실, 우슬초 이렇게 다섯 가지의 물건을 가져갑니다. 이 다섯 가지 항목의 각각은 그 사람이 다시 얻게 될 바브에 포함되어 있는 친절의 측면을 나타냅니다. 그런데 히브리어의 숫자값을 아는 사람이라면 글자 바브의 숫자값이 6 이기 때문에 앞서 말한 숫자 5 는 무언가 부족함을 나타내 줍니다.

그 여섯 번째는 바로 역시 같은 친절함에 뿌리를 둔 코헨 자신이며, 다섯 가지의 물건을 통해 친절을 전파해야 하는 사람이 바로 그 코헨 자신인 것입니다.

파라샤트 메쪼라 / פרשת מצורע

코헨의 '메쪼라 정화 작업'은 그렇게 그 사람에게 거룩함과 함께 '사라진 바브'를 회복시키는데 필수적인 역할을 감당합니다.

유대 현인들은 짜라아트의 원인 중 하나가 라숀 하라(험담)의 말이라고 가르칩니다. (에루힌 15b) 라숀 하라를 하는 사람은 사람이 소리를 내는 데 사용하는 신체의 다섯 부분인 목, 혀, 잇몸, 치아, 입술에 영적인 손상을 입힙니다. 그렇기에 메쪼라는 정결한 새 2 마리, 백향목, 진홍색실, 우슬초 이렇게 5 가지 항목을 포함하는 정화 과정을 통해 이러한 부분에 발생한 피해를 씻어내야 하는 것입니다.

이러한 과정을 행하는 것은 코헨의 일로, 거기에는 두 가지의 이유가 있습니다:

1. 죄를 짓는 사람은 세상에 불결한 힘을 증가시킵니다. 이에 대해 코헨은 그 사람을 대신해 속죄 제물을 올려야 하는데, 제물은 죄인의 행위로 인한 불결함으로부터 세상을 속죄하고 정결하게 해줍니다. 코헨의 역할이 세상의 불결함을 제거하는 것으로, 그는 메쪼라의 정결을 촉진시키도록 지정되었습니다.

2. 짜라아트의 고통은 라숀 하라를 하는 사람에게 내려진 가혹한 '심판'입니다. 그것은 '친절'을 대표하는 코헨만이 누그러뜨릴 수 있습니다.

그런데 코헨이 정화 과정을 수행하는 것이긴 해도 유대 현인들은 이 다섯 가지 항목을 '행해야' 하는 것이 코헨 자신이 아니며, 그가 새를 도살해서는 안된다고 가르칩니다. 이러한 작업은 코헨이 아닌 사람이 수행할 수 있는 것입니다. 코헨은 토라에서 명령한 대로 이러한 행위를 행해야 하는 대상에게 '명령'을 내리는 역할이어야 합니다.

וְצִוָּה הַכֹּהֵן וְשָׁחַט אֶת־הַצִּפּוֹר הָאֶחָת אֶל־כְּלִי־חֶרֶשׂ עַל־מַיִם חַיִּים׃

"그리고 코헨은 새 1 마리를 토기 안의 생수 위에서 잡도록 명령해야 한다." (바이크라 14:5)

그러면 코헨 자신의 역할이 필요하지 않은 것처럼 보이기도 하는데, 왜 그가 메쪼라에게 그것을 행하도록 지시해야 하는 걸까요?

그러한 행위들이 메쪼라의 정화 과정의 일부이며 코헨만이 그에 대한 권한을 갖는다는 점을 고려하면, 정화 작업에서 불결한 힘이 그 과정을 방해하지 못하도록 그의 감독이 필요하는 것을 이해할 수 있습니다. 그래도 여전히 코헨은 그 행위를 행할 사람에게 명령하는 것으로 충분해서, 정화 행위를 수행하는 사람은 '코헨의 전달자'로 간주되며, '어떤 사람의 전달자는 그 자신과 같다'라는 그마라 키두쉰 41b 의 원칙에 의해 이행됩니다.

짜라아트의 원인 중 하나에는 교만도 있는데, 새를 토기 그릇에 도살하는 것은 메쪼라가 '땅의 흙'으로부터 왔으며, 그곳으로 돌아가야 하는 운명임을 상기시키는 역할을 합니다. 그로 인해 그의 마음을 다스려 올바른 정화가 이루어지도록 합니다.

치유 과정의 마지막 부분에선 메쪼라가 세 가지의 제물(흠 없는 숫양 2 마리, 흠 없는 1 년 된 암양 1 마리)을 가져오는 것과 함께 곡식 제물, 그리고 1 로그(기름의 단위)의 기름을 포함합니다.

וְלָקַח הַכֹּהֵן אֶת־הַכֶּבֶשׂ הָאֶחָד וְהִקְרִיב אֹתוֹ לְאָשָׁם וְאֶת־לֹג הַשָּׁמֶן וְהֵנִיף אֹתָם תְּנוּפָה לִפְנֵי יְהוָה׃

"코헨은 숫양 1 마리를 취하여 기름 1 로그와 함께 배상제물로 그것을 바치고 그것들을 하쉠 앞에 흔드는 제물로 흔들어야 한다." (바이크라 14:12)

첫 번째 제물은 배상 제물로, 이 제물의 피는 메쪼라의 몸의 세 군데 각기 다른 위치에 발라지는데, 우리는 이스라엘 자손이 이집트에서 바른 페싸흐의 피와 관련해서도 비슷한 적용을 발견할 수 있습니다. 이집트에서도 두 문설주와 상인방에 피를 바른 것이 그것입니다. 그 피는 이집트의 첫째들을 죽이기 위해 보내진 죽음의 천사가 이스라엘의 집엔 들어가지 못하게 하는 역할을 했는데, 희생의 피는 자신들을 멸망으로부터 보호하고자 하는 노력의 일환으로 그들의 영혼을 속죄하는 역할을 해주었습니다.

וְלָקַח הַכֹּהֵן מִדַּם הָאָשָׁם וְנָתַן הַכֹּהֵן עַל־תְּנוּךְ אֹזֶן הַמִּטַּהֵר הַיְמָנִית וְעַל־בֹּהֶן יָדוֹ הַיְמָנִית וְעַל־בֹּהֶן רַגְלוֹ הַיְמָנִית׃

"코헨은 그 배상제물의 피 중 일부를 취하여 정결함을 받는 자의 오른쪽 귓볼과 그의 오른쪽 엄지손가락과 그의 오른쪽 엄지발가락에 발라야 한다." (바이크라 14:14)

메쪼라의 제물의 피는 그의 오른쪽 귀와 오른쪽 엄지손가락, 오른쪽 엄지발가락에 발라져 불결함을 제거하고 그를 더 이상 괴롭히는 능력이 없어졌다는 사실을 나타내었습니다. 이 세 곳은 모든 면에서 그 사람의 완전한 영적 순결을 나타내 주었습니다. 그것은 귀가 네샤마(영)의 자리인 머리에 있으며, 손은 루악흐(영)의 자리인 몸통의 연장선상에 있고, 다리는 네페쉬(혼)의 자리인 배로부터 나오기 때문입니다.

וּמִיֶּתֶר הַשֶּׁמֶן אֲשֶׁר עַל־כַּפּוֹ יִתֵּן הַכֹּהֵן עַל־תְּנוּךְ אֹזֶן הַמִּטַּהֵר הַיְמָנִית וְעַל־בֹּהֶן יָדוֹ הַיְמָנִית וְעַל־בֹּהֶן רַגְלוֹ הַיְמָנִית עַל דַּם הָאָשָׁם:

"그의 손바닥에 남은 기름은 코헨이 정결함을 받는 자의 오른쪽 귓볼과 그의 오른쪽 엄지손가락과 그의 오른쪽 엄지발가락, 곧 배상제물의 피를 바른 곳에 발라야 한다." (바이크라 14:17)

코헨은 기름 1 로그를 취해서 일곱 번 뿌린 다음, 메쪼라를 거룩하게 하기 위해 그에게 바릅니다. 앞서 언급한 바처럼, 피를 세 군데에 바르는 것은 세 곳의 영적 측면을 정화하는 것인데, 이제 그 정화된 상태에서 더 높여 거룩하게 하기 위해서 그 자리들에 기름들을 바릅니다. 여기서 배울 수 있는 점은 사람은 먼저 정결함을 얻지 않고서는 거룩함을 얻을 수 없다는 것입니다. 따라서 메쪼라는 기름을 통해서 거룩함을 입기 전에 먼저 피를 통해 정화되어야 했습니다. 이 구절에서 볼 수 있는 바처럼 그 기름은 정확히 피가 발라진 자리에 발라졌는데, 이는 정결함이 있는 곳에만 거룩함이 깃들 수 있다는 것을 가르쳐 줍니다.

'정결함과 거룩함'이라는 두 가지 특성은 각각 레비와 코헨으로 대변됩니다. 토라는 레비에게 '정화하다'라는 용어를 사용하여 정결함을 얻기 위한 과정을 설명하며, 코헨의 제사장직 절차에 관련해선 '거룩히 하다'라는 용어를 사용합니다.

כִּי תָבֹאוּ אֶל־אֶרֶץ כְּנַעַן אֲשֶׁר אֲנִי נֹתֵן לָכֶם לַאֲחֻזָּה וְנָתַתִּי נֶגַע צָרַעַת בְּבֵית אֶרֶץ אֲחֻזַּתְכֶם:

"내가 너희에게 소유지로 주는 크나안 땅에 너희가 올 때 나는 너희 소유지인 집에 짜라아트 자국을 줄 것이다." (바이크라 14:34)

유대인의 집은 두 가지의 이유 중 하나로 인해 짜라아트의 영향을 받을 수 있었습니다:

1. 집주인이 영적인 현실에 피해를 입혔을 때.

만약 그의 집에 짜라아트가 보인다면, 이는 그가 이스라엘 땅에 있는 그의 집에 대해 '집이 너무 좁고 작다!'라며 멸시하는 말을 한 표시의 대가입니다. 그에 따라, 그의 집은 짜라아트(צרעת)라는 글자를 역순으로 해서 문자 그대로 '감금의 때'를 의미하는, 에트 짜르(עת-צר)에 시달리게 됩니다. 이것은 그가 후회하도록 만들어 자신에게 집을 주신 하쉠을 찬양하게끔 깨어나도록 합니다. 하쉠께서 이스라엘 자손을 위해 유업으로 택하신 땅의 집은 나쁘지 않았습니다. 그렇기에 토라는 그 고난이 '너희 소유지인 집에'라고 강조하고 있습니다. 그 짜라아트는 그가 '하쉠께서 주신 유업'을 부정적인 시각으로 보았기 때문에 발생합니다.

2. 우상의 이름으로 지어진 집.

조하르 타즈리아 50a 에서는 크나안 인의 주택이 그들의 우상의 이름으로 지어졌었다는 것을 확인할 수 있습니다. 그렇기에 불결한 힘이 그 집에 스며들었는데, 하쉠께서는 그러한 집들에 짜라아트를 보내어 집주인이 그 집을 파괴함으로 불결함을 제거하고 거룩함의 이름으로 집을 다시 지을 것을 강요합니다.

이러한 이해에 따르면, 이 짜라아트는 어떤 특정 죄에 대한 '처벌'이 아니며, 소유자는 사실상 어떠한 손실도 겪는 것이 아닙니다. 그렇기에 하쉠께서는 그 집주인이 집을 헐 때 벽 안에 숨겨둔 크나안 인들의 귀중품들을 발견하도록 하셨으며, 이를 통해 그 집이 파괴되어 재건축할 때 그에 대한 재정적 손실을 만회할 수 있도록 해 주셨습니다. 경우에 따라, 그 집주인을 더욱 부유하게 만들어 그분의 친절하심에 행복감으로 감사를 올릴 수 있도록 하기도 하셨습니다.

이렇게 집이 짜라아트에 걸릴 수 있는 두 가지 이유를 보았는데, 그것이 소유자의 '죄로 인한 결과'라면 정화 과정을 거쳐야 해도 완전히 파괴될 필요까지는 없었으나, 그것이 죄의 결과가 아니고 단지 '불결한 힘을 쫓아내기 위해'서라면 그 집은 반드시 파괴되어야 했습니다.

파라샤트 악하레이 모트 (바이크라 16:1 – 18:30)

וְהָיְתָה לָכֶם לְחֻקַּת עוֹלָם בַּחֹדֶשׁ הַשְּׁבִיעִי בֶּעָשׂוֹר לַחֹדֶשׁ

"그것은 너희에게 영원한 법으로 있어야 한다. 일곱째 달 그 달 10 일에…" (바이크라 16:29)

토라는 욤 키푸르를 법으로 언급하는데, 그 단어는 낮에는 햇빛, 밤에는 달과 별빛을 '법'으로서 언급하는 이르메야후 31:34 의 내용에서처럼 세상의 바로잡음과 유지를 위한 필수 사항을 설명하는데 사용되는 것과 동일한 단어인 후킴(חוקים)입니다. 여기서 우리는 욤 키푸르가 해와 달처럼 마찬가지로 세상의 연속성을 위한 필수라고 추론할 수 있습니다. 그런데 해와 달은 우리가 그러한 것으로 이해할 수 있다고 해도, 욤 키푸르는 대체 어떤 면에서 세상을 유지하는데 필수적이라는 것일까요?

이 크고 거룩한 날에, 세상은 완전한 정결함을 받기 위해 영적인 차원에서 '높은 차원'으로 돌아가게 됩니다. 이것은 세상의 불결함을 정화하고 세상이 계속 존재하도록 허용하기 위한 전제 조건이 됩니다.

욤 키푸르는 세상이 창조된 달인 유대력 일곱 번째 달 '티슈레이' 월에 위치해 있습니다.

세상의 창조를 묘사하는 토라의 시작 단어 베레쉬트(בראשית)를 구성하는 문자를 재배열해 보면 'בא תשרי', 즉 '티슈레이[월]의 첫 번째'라는 의미가 됩니다. 매년 이맘때에 세상은 다가올 해에 삶이 발전할 방식에 따라 재창조됩니다. 그 창조 과정은 로쉬 하샤나에 시작해 슈미니 아쩨레트(쑤코트 명절에서 이어지는 마지막 날 – 역자 주)에 그 정점에 이릅니다.

하쉠께서 세상에 영향을 미치고 인도하는 방식은 네 글자로 된 하쉠의 이름에 암시되어 있습니다. 그 글자 중 헤(ה)의 숫자값은 5 로, 두 번이 들어가는 그 글자의 합은 숫자값 10 이 되는데, 이는 티슈레이 월 열 번째 날인 욤 키푸르와도 연관됩니다. 그리고 '헤'라는 글자 고유의 숫자값 5 는 그 상황에서 가장 정결한 영적 빛을 받는 날인 욤 키푸르에 다섯 가지 즐거운 영역(먹기, 마시기, 목욕하기, 부부관계, 가죽 제품 착용 – 역자 주)을 금하는 기준을 암시해 줍니다.

유대인들은 이날 '육체적인 것'이 없는 영적인 상태로 승화되기 때문에 신체적 작업이 그 승화된 상태와 반대된다는 것을 알 수 있습니다. 따라서 토라의 명령은 다음으로 이어집니다: "…너희는 너희 자신들을 괴롭게 하며 어떤 작업도 하지 말아야 한다…"

כִּי־בַיּוֹם הַזֶּה יְכַפֵּר עֲלֵיכֶם לְטַהֵר אֶתְכֶם

"왜냐하면 이 날에 너희를 정결하게 하기 위하여 너희를 위한 속죄가 이루어져…"

(바이크라 16:30)

우리는 이 구절에서 속죄가 그 날의 영적인 힘을 통해 달성된다는 것을 추론할 수 있습니다.

낮 동안의 영적인 빛은 너무나도 커서, 그것이 드러날 때 모든 수준의 거룩함으로 퍼져 그것들을 정화시켜 줍니다. 문자 그대로 케테르(כתר), '왕관'이라는 가장 높은 수준의 거룩함은 그 숫자값 대로 620 개의 영적인 빛을 발산합니다. 이 빛 중 절반은 제자리에 남으며 나머지 310 개의 빛도 낮은 수준의 거룩함에서 퍼지는데, 이것은 '나를 사랑하는 자들(이스라엘)에게는 유업으로 줄 것이 있고…'라는 미슐레이 8:21 의 구절에서 암시됩니다. 그러한 것이 '있다'라는 예쉬(ש)라는 단어는 숫자값 310 을 의미하며, 앞서 본문의 '너희를 위한 속죄가 이루어져'라는 것의 단어 옉하페르(יכפר) 또한 310 이라는 동일한 숫자값을 가집니다.

מִכֹּל חַטֹּאתֵיכֶם לִפְנֵי יְהוָה תִּטְהָרוּ:

"…너희 모든 죄들로부터 하쉠 앞에서 너희가 정결하게 되기 때문이다." (상기 동일)

여기서 '너희가 정결하게 되기 때문이다'라는 단어 티트하루(תטהרו)의 숫자값은 앞에서 언급한 케테르의 숫자값인 620 과 동일합니다. 이 거룩한 날 세상이 영적으로 성화될 때, 이스라엘 자손은 영적인 빛으로 완전한 정화를 얻게 됩니다. 이러한 높은 영적 수준의 결과로서, 욤 키푸르에 대제사장이 성전에서 이러한 구절과 관련된 하쉠의 이름을 선포할 때 그곳에 참여한 모든 사람은 땅에 완전히 엎드려 다음과 같이 선언합니다: "복되신 이름, 그의 왕국의 영광이 영원 영원하다." 이스라엘 자손이 이룬 높은 영적 수준으로 인해 이 날은 다음과 같이 묘사됩니다:

שַׁבַּת שַׁבָּתוֹן הִיא לָכֶם וְעִנִּיתֶם אֶת־נַפְשֹׁתֵיכֶם חֻקַּת עוֹלָם:

"그것은 너희에게 샤바트의 샤바트니 너희는 너희 자신들을 괴롭게 해야 한다. 영원한 법이다." (바이크라 16:31)

모든 샤바트는 영적으로 높아지는 시간이자 특정 작업만 금지되는 날인 반면에, 욤 키푸르는 이스라엘 자손의 정결함이 실현되기 위한 훨씬 더 높은 수준이 요구되는 날입니다. 그렇기에 구절은 이 날이 너희 자신들을 위한 날이며, 정화와 속죄를 얻을 수 있도록 하는 자신의 영적 유익을 위한 날임을 강조하고 있습니다. 육체를 괴롭힌다는 것은 더 높은 수준의 영적인 상승과 정화를 가능하게 합니다.

우리는 '영원한 법이다'라는 부분에서 욤 키푸르가 매년 발생하지 않는다면 세상이 존재할 수 없다는 것을 추론할 수 있습니다. 세상이 정화되지 않는다면 하쉠께선 그분의 신성한 섭리를 제거하여 세상이 존재하지 않게 될 것입니다. 그러나 이스라엘 자손이 욤 키푸르를 제대로 준수한다면 세상은 계속해서 존재할 수 있을 것인데, 여기서 누군가는 의문을 던질 수 있을 것입니다: 이 구절은 '대제사장이 수행해야 하는 욤 키푸르 제사'를 언급하는 것이지 그 날의 명령을 지켜야 하는 이스라엘 자손에 대한 언급이 아니지 않는가?

이러한 의문처럼, 이스라엘이 유배 생활을 하는 동안 욤 키푸르 제사도 없었고 그 섬김을 행할 대제사장도 없었으나 세상은 계속 존재해 왔습니다. 그렇다면 그것은 무슨 의미일까요?

대제사장이 행하는 제사가 없어도 유대인들은 다섯 가지 금기 사항에 주의를 기울이며 무싸프 기도(정해진 아침 기도 외 추가 기도 - 역자 주)와 함께 욤 키푸르 제사 방식을 공부하는 것이 성전에서 행해지는 제사를 대신합니다. 하쉠께선 그분의 크신 자비로 이스라엘의 기도로 세상을 낮은 상태로도 충분히 유지하도록 받아들여 주셨습니다. (호세아 14:3 참고 - 한글 번역들은 14:2) 그러나 분명한 것은, 안타깝게도 우리는 성전이 서 있던 기간 동안 욤 키푸르에 일어났던 실제 섬김이 수행되지 않음으로 우리가 달성할 수 있는 수준까지 올라가지 못하고 있습니다.

바라건대 우리의 시간에 이 모든 것이 속히 회복되어 보여지기를 바랍니다, 아멘.

דַּבֵּר אֶל־בְּנֵי יִשְׂרָאֵל וְאָמַרְתָּ אֲלֵהֶם אֲנִי יְהוָה אֱלֹהֵיכֶם:

"이쓰라엘 아들들에게 말하여 그들에게 일러라. 나는 하쉠, 너희 엘로킴이다."

(바이크라 18:2)

이 구절에는 하쉠의 두 가지 이름, 즉 네 글자의 이름과 엘로킴이라는 칭호가 함께 포함되어 있습니다. 이 이름들의 각각은 하쉠의 서로 다른 속성을 나타내 주는데 네 글자 이름은 하쉠의 자비를 나타내며, 엘로킴이라는 칭호는 하쉠의 심판을 나타내 줍니다. 이 두 이름은 이 구절에 사용된 '말하여'와 '일러라'의 두 가지 동사, 다베르(דבר)와 베아마르타(ואמרת)에 연결됩니다.

'다베르'라는 동사는 좀 더 거친 어조를 내포하며, 이스라엘 자손이 부적절하게 행동하고 하쉠의 말씀에 귀를 기울이지 않을 경우 그들을 처벌할 심판의 속성을 암시합니다. 반면 '아마르'(베아마르타가 쓰인 원형 – 역자 주)는 일반적으로 하쉠의 자비를 암시하는, 보다 부드러운 어조를 의미합니다. 자비는 이스라엘이 하쉠의 계명을 따르고 세상 민족들의 관습을 따르지 않을 때 그들 위에 머물며 그들에게 좋은 것을 베풀고 그들을 보호할 것입니다.

하쉠께선 인간의 행위에 따라 세상을 운영하시는데, 그렇기에 이 세상은 '행동의 세상'이라고 하는 올람 하아씨야(עוֹלָם הָעֲשִׂיָּה)로 불립니다. 우리는 창조에 대한 설명의 결론에서 이에 대한 암시를 볼 수 있습니다:

אֲשֶׁר־בָּרָא אֱלֹהִים לַעֲשׂוֹת:

"…엘로킴께서 행하라고 창조하신" (베레쉬트 2:3)

이 세상은 '행하기 위해', 즉 엘로킴께서 [사람에게] 행하라고 창조하셨습니다.

세상의 민족들은 그들의 행동으로 세상에 불결한 자들을 늘려왔습니다. 그러나 결국 불결한 자들과 그 발전에 기여한 자들은 세상으로부터 근절될 것입니다.

그와 반대로, 이스라엘 자손의 행동은 세상에 거룩함을 늘려왔는데, 거룩함은 영원한 것이기에 그 거룩함의 발전에 기여한 사람들의 몫은 영원히 남을 것입니다. (이것이 노아하이드가 올람 하바에 참여할 수 있다는 결정적인 이유 – 역자 주) 그리고 이는 실제로 다음 구절에서 암시됩니다:

כִּי כָּל־הָעַמִּים יֵלְכוּ אִישׁ בְּשֵׁם אֱלֹהָיו וַאֲנַחְנוּ נֵלֵךְ בְּשֵׁם־יְהֹוָה אֱלֹהֵינוּ לְעוֹלָם וָעֶד:

"모든 백성들이 각자 그의 신의 이름으로 갈 것이나 우리는 하쉠, 우리 엘로킴의 이름으로 영원히 갈 것이다." (믹하 4:5)

거룩함의 길을 버리고 다른 민족의 길을 선호하는 유대인도 '일시적이고 덧없는 것'을 붙잡고 영원한 삶을 버립니다.

כְּמַעֲשֵׂה אֶרֶץ־מִצְרַיִם אֲשֶׁר יְשַׁבְתֶּם־בָּהּ לֹא תַעֲשׂוּ וּכְמַעֲשֵׂה אֶרֶץ־כְּנַעַן אֲשֶׁר אֲנִי מֵבִיא אֶתְכֶם שָׁמָּה לֹא תַעֲשׂוּ וּבְחֻקֹּתֵיהֶם לֹא תֵלֵכוּ:

"너희는 너희가 살았던 미쯔라임 땅의 관습처럼 행하지 말아야 하고 너희는 내가 너희를 데리고 가는 크나안 땅의 관습처럼 행하지 말아야 한다. 너희는 그들의 법들대로 걸어가지 말아야 한다." (바이크라 18:3)

그들의 행위와 관행은 결국 '없어질 것'이기 때문에 그들을 따르지 말고 생명의 엘로킴이시며 영원한 왕이신 하쉠께서 지시한 법과 관습을 준수해 거룩함을 높이는 데 집중해야 할 것입니다.

אֶת־מִשְׁפָּטַי תַּעֲשׂוּ וְאֶת־חֻקֹּתַי תִּשְׁמְרוּ לָלֶכֶת בָּהֶם

"너희는 내 법규들을 행하며 너희는 내 법들을 지켜 그것들 안에서 걸어가야 한다…"

(바이크라 18:4)

하쉠의 뜻을 따르는 것이 힘들고 제한적이라고 느껴 사람이 '좋은 삶'을 사는 것을 오히려 방해한다고 느낄 수도 있습니다. 따라서 다음의 구절은 이렇게 얘기하고 있습니다:

וּשְׁמַרְתֶּם אֶת־חֻקֹּתַי וְאֶת־מִשְׁפָּטַי אֲשֶׁר יַעֲשֶׂה אֹתָם הָאָדָם וָחַי בָּהֶם אֲנִי יְהֹוָה:

"그리고 너희는 사람이 행하고 살아야 할 내 법들과 내 법규들을 지켜야 한다. 나는 하쉠이다." (바이크라 18:5)

계명을 충실히 지키는 자는 자신의 육체적 평안을 보장해 주는 더 높은 근원으로부터 생명을 끌어낼 수 있습니다. 그런데 계명을 지켜서 생명을 얻는 것이라면 그것을 지키는 유대인들은 왜 죽는 것일까요?

계명을 준수하는 것은 인간에게 육체적 보호를 제공하면서 생명을 가져오는 것이긴 하지만, 삶의 주요 측면은 '영적인 면'에 있기 때문입니다. 유대 현인들이 영적인 의미로 가르치는 바처럼, 의인은 실제로 죽지 않습니다: '의인은 죽어도 살아있다 일컬음을 받는다.' (그마라 베라코트 18a) 그들은 심지어 죽어서도 [그들의 영향력이] 다가올 세상에서 영원한 삶을 부여할 더 높은 근원을 계속해서 끌어내기 때문에 여전히 '살아있는' 것으로 간주됩니다.

하쉠께서 세상을 인도하기 위해 세우신 질서를 뒤집고 혼란시켜 다양한 거룩함의 수준을 분리시키는 '불법적인 (성)관계'의 죄만큼 하쉠의 '하나됨(연합)'에 대한 표현에 큰 영향을 미치는 죄는 없습니다. 하쉠께서는 남자와 여자를 창조하셔서 토라에서 다음과 같이 말씀하신 바처럼 관계를 형성하고 '하나'가 되도록 결합하라고 창조하셨습니다:

עַל־כֵּן יַעֲזָב־אִישׁ אֶת־אָבִיו וְאֶת־אִמּוֹ וְדָבַק בְּאִשְׁתּוֹ וְהָיוּ לְבָשָׂר אֶחָד:

"그러므로 남자는 그의 아버지와 그의 어머니를 떠나 그의 아내와 붙어 한 몸이 되어야 한다." (베레쉬트 2:24)

남자와 여자의 이러한 연합은 영적인 영역에 있는 다양한 수준의 거룩한 관계를 '물리적으로' 표현한 것입니다. 남자가 '금지된 여자'와의 관계를 가질 때 그 결과는 남자와 여자 사이의 관계가 단절되는 것뿐만 아니라 영적인 영역에서도 연합이 아닌 분리가 있게 됩니다. 그리고 그 결과로 거룩함의 다양한 면이 서로 분리되어 불결함이 침입할 수 있는 길을 터주게 됩니다.

따라서 불법적인 관계를 설명하는 구절에는 다음과 같은 표현이 포함됩니다: '벌거벗은 것이 드러났다'(베레쉬트 3:7)는 것은 거룩함이 제거되고 불결함이 위풍당당하게 들어갈 길을 열어준 것을 의미합니다.

이것이 금지된 관계를 설명하는 에르바(ערוה)라는 단어(바이크라 18:6)에서 암시됩니다.

우리는 이 단어를 두 단어의 조합으로 볼 수 있는데, 바로 '악'을 의미하는 라(רע)와 같은 문자를 쓰는 에르(ער)와 하쉠 이름의 마지막 두 글자인 바브-헤(ו-ה)입니다. 불법적인 관계로 저질러진 악은 처음의 두 글자(ער)와 마지막 두 글자(ו-ה) 사이에 분리를 만들어내며, 그 처음의 두 글자는 거룩함에 침투할 불결함을 가리키는 라(רע)로 뒤집어집니다. 그렇기에 이스라엘 자손은 이러한 불법적 관계로부터 자신을 보호해야 하는 특별한 임무를 지니고 있습니다. 왜냐하면 그들은 예샤야후 43:21 의 구절처럼 하쉠의 '하나됨'의 표현을 보호하기 위해 창조되었기 때문입니다. 해당 구절에서의 '이 백성(이스라엘)'에서 '이'를 의미한 조(זו)의 숫자값은 13 으로, 이것은 '하나'를 의미하는 엑하드(אחד)와 동일한 값입니다.

하쉠께선 자신의 '하나됨'의 표현을 보호하시고자 이스라엘 백성을 창조하셨습니다. 그렇기에 불법적인 관계를 행한 데 대한 형벌은 그들을 창조한 하쉠의 목적인 어긴 것이기에 매우 큽니다. 불법적인 관계의 위험성은 다음과 같습니다:

וַתִּטְמָא הָאָרֶץ וָאֶפְקֹד עֲוֹנָהּ עָלֶיהָ וַתָּקִא הָאָרֶץ אֶת־יֹשְׁבֶיהָ:

"그러므로 그 땅이 부정해졌다. 내가 그것에 그의 죄악을 벌할 때 그 땅이 그곳에 사는 자들을 토해냈다." (바이크라 18:25)

이스라엘 땅에 처음 거주했던 여러 민족들은 불법적인 관계를 이어나간 것으로 인해 땅이 문자 그대로 그들을 뱉어내고 그 대신 거룩한 이스라엘 민족을 흡수했습니다.

하쉠께선 이스라엘 자손에게 이전 민족들의 관습을 따르지 말라고 경고하셨습니다. 그들은 이스라엘 땅을 자신들이 불법적 관계에 대한 법을 어기더라도 그곳에 남을 수 있는 땅이라고 생각해선 안됐습니다. 하쉠께서는 차별이 없으십니다. 이스라엘 땅의 신성함은 그에 대해 위반하는 자가 누구이건 간에 이러한 불결함을 용납할 수 없습니다.

אַל־תִּטַּמְּאוּ בְּכָל־אֵלֶּה כִּי בְכָל־אֵלֶּה נִטְמְאוּ הַגּוֹיִם אֲשֶׁר־אֲנִי מְשַׁלֵּחַ מִפְּנֵיכֶם:

"이런 모든 것으로 너희 자신을 너희는 부정케 하지 말아야 한다. 왜냐하면 이런 모든 것으로 내가 너희 앞에서 쫓아내는 이방 나라들이 부정케 되었기 때문이다."

(바이크라 18:24)

פרשת אחרי מות

'내가 너희 앞에서 쫓아내는'이란 말은 이스라엘 자손에게 하쉠이 아니었다면 어떤 민족이라도 스스로 그 민족들을 이스라엘 땅으로부터 쫓아낼 수 없을 것이란 점을 가르칩니다. 그들은 물리적으로 강하고 용맹한 민족들이었기 때문입니다. 그들이 제거된 유일한 이유는 이스라엘 땅과 관련된 거룩함이 더 이상 그들을 용납할 수 없기 때문이었습니다. 그 땅은 정화되어야만 했습니다.

어떤 이들은 "불법적인 관계로 손해볼 것은 아무것도 없으며, 일어날 수 있는 최악의 상황은 그저 그 땅으로부터 추방당하고 그냥 다른 땅으로 가서 거주하면 되는 것뿐이다"라고 주장할 수 있습니다. 그렇기에 토라는 다음과 같이 말하고 있습니다:

כִּי כָּל־אֲשֶׁר יַעֲשֶׂה מִכֹּל הַתּוֹעֵבֹת הָאֵלֶּה וְנִכְרְתוּ הַנְּפָשׁוֹת הָעֹשֹׂת מִקֶּרֶב עַמָּם:

"이 모든 가증한 것들 중에 어떤 것을 행하는 자는 누구든지 그 행하는 자의 목숨들이 그들의 백성 가운데서 끊어져야 한다." (바이크라 18:29)

이렇게 죄를 지은 이들은 유배를 당할 뿐만 아니라 그들의 영들도 거룩함의 뿌리로부터 끊어져 불결함에게 넘겨지고, 그것은 그렇게 인간과 그의 가증한 행위에 속할 방법을 찾아냅니다.

이 구절에선 추가 요점이 파생되는데, 그분의 백성이 유배 생활을 하는 동안에도 하쉠의 임재는 그들과 함께 남아 죽은 자들의 영들을 모은다는 것입니다. 그러나 그 가운데서 후회나 회개를 하지 않고 금기 사항을 어긴 이들의 영들은 의인의 영들과 함께 모아지지 않게 되며, 그 대신 그들의 영들은 불결한 힘에게 넘겨지게 됩니다. 우리는 다음의 구절에서 그에 대한 암시를 발견할 수 있습니다:

בְּרָעָתוֹ יִדָּחֶה רָשָׁע וְחֹסֶה בְמוֹתוֹ צַדִּיק:

"악인은 그의 악함으로 버림 당하며 의인은 그의 죽음으로 피난처를 얻는다."

(미슐레이 14:32)

이러한 '죄의 희생물'이 되지 않도록 자신을 보호하며 불결함이 거룩함에 집착하는 것을 막는 의로운 자들에 대한 보상은 클 것입니다.

파라샤트 케도쉼 (바이크라 19:1 – 20:27)

דַּבֵּר אֶל־כָּל־עֲדַת בְּנֵי־יִשְׂרָאֵל וְאָמַרְתָּ אֲלֵהֶם קְדֹשִׁים תִּהְיוּ כִּי קָדוֹשׁ אֲנִי יְהוָה אֱלֹהֵיכֶם:

"이쓰라엘 아들들의 모든 회중에게 말하여 너는 그들에게 일러야 한다. 너희는 거룩해야 한다. 왜냐하면 하쉠, 너희의 엘로킴인 내가 거룩하기 때문이다." (바이크라 19:2)

파라샤트 악하레이 모트는 이스라엘 자손에게 불결함을 불러오는 가증한 것들로부터 자신을 보호하라고 경고하는 토라로 결론을 맺습니다. 그리고 토라는 계속해서 이스라엘 자손에게 거룩함을 불러올 계명을 지킬 것을 경고하고 있습니다.

이스라엘 자손은 거룩함을 통해야 하쉠께 매달릴 수 있습니다. 왜냐하면 그들의 '아래에서의(땅에서의) 행동'이 하늘의 영적인 영역을 깨우기 때문입니다. 이스라엘이 하쉠께 매달리고 싶다면 '하쉠, 너희의 엘로킴인 내가 거룩하기 때문이다'라고 하쉠께서 말씀하신 바처럼 그들 자신을 거룩하게 하는 것부터 시작해야 했습니다. 사람이 거룩함을 위해 노력할 때, 유대 현인들이 가르치는 바처럼 하쉠께서는 그를 도와주십니다. "자신을 정결히 하러 오는 자는 신성한 [섭리의] 도움을 받는다." (그마라 요마 39a)

사람이 자신을 거룩히 할 수 있는 유일한 방법은 '거룩함의 구체화'이신 하쉠의 계명을 지키는 것입니다. 단지 많은 사람들이 믿기 때문이라는 것이나 또는 우상을 숭배하는 제사장들, 무당들 사이에서 흔히 행해지는 것들과 달리, 육체와 영혼에 대한 자해의 연속을 통해서는 결코 거룩함을 얻을 수 없습니다. 이러한 관행은 실제적인 목적에 도움이 되지 않을뿐더러 단순히 시간과 에너지를 낭비하고 사람의 사망을 앞당겨 초래할 뿐입니다. 이 개념에 대한 뒷받침은 거룩함의 달성과 관련한 첫 번째 계명에서 찾아볼 수 있습니다:

אִישׁ אִמּוֹ וְאָבִיו תִּירָאוּ וְאֶת־שַׁבְּתֹתַי תִּשְׁמֹרוּ אֲנִי יְהוָה אֱלֹהֵיכֶם:

"너희 각 사람은 그의 어머니와 그의 아버지를 두려워해야 하고 나의 샤바트들을 지켜야 한다. 나는 하쉠, 너희의 엘로킴이다." (바이크라 19:3)

그 반면에 우상 숭배 제사장이나 소위 '구도를 행한다'는 이들은 부모를 공경해야 한다는 관념을 버리고 우상들이나 또는 그러한 가치를 지닌 방식과 함께 생활합니다. 그것은 마치 그의 부모가 존재하지 않는다는 것과 같으며, 마치 그들이 그를 이 세상에 데려오지도, 키우지도 않았다는 것과 같습니다. 이것은 분명하게 거룩함을 얻는 길이 아닙니다.

인간이 이 낮은 세상에서 자신을 거룩하게 하라는 [토라의] 명령을 이행할 때, 하쉠께선 그에게 위로부터 내려주는 거룩함을 부여할 것입니다. 그렇기에 20:7 은 다음과 같이 결론을 맺습니다: "왜냐하면 나는 하쉠, 너희의 엘로킴이기 때문이다."

거룩함에 이르는 길은 계명을 지키는 것입니다. 오직 이스라엘 자손만이 거룩함에 뿌리를 두고 있으며, 계명을 행함으로 그들 스스로 거룩함을 얻을 수 있습니다. 하쉠께선 '나는 하쉠, 너희의 엘로킴'이라고 하셨기 때문에 이스라엘은 위로부터 이 거룩함을 얻을 수 있게 될 것이라 약속 받았습니다. 하쉠께선 이스라엘에게 거룩함을 쏟아부을 준비가 되어 있는 것입니다.

이를 달성하는 방법은 자해를 통해서가 아니라는 점에 주의하세요. 하쉠께선 사람이 살기를 원하시며, 자신을 파멸의 길로 이끌길 원하지 않으십니다. 토라는 '어떻게 죽는가'가 아닌 어떻게 살아야 하는가에 대한 지침입니다. 그렇기에 우리는 거룩함을 얻기 위해선 계명을 지키면 되며 자해는 필요하지 않습니다.

토라는 이스라엘에게 일 년에 단 하루만 금식하고 스스로를 괴롭게 하라고 명령합니다. 그 외 다른 모든 금식일들과 괴로움은 토라에서 명령한 것이 아니라 이스라엘의 죄의 결과로 인한 것들이 그 차이입니다. 그렇기에 다음 구절은 이렇게 말하고 있습니다:

וּשְׁמַרְתֶּם אֶת־חֻקֹּתַי וַעֲשִׂיתֶם אֹתָם אֲנִי יְהוָה מְקַדִּשְׁכֶם:

"너희는 내 법들을 지켜야 하고 그것들을 행해야 한다. 나는 너희를 거룩하게 하는 하쉠이다." (바이크라 20:8)

오직 하쉠의 계명을 지킴으로써만 거룩함을 얻을 수 있으며, 거기에는 고통스럽고 비참한 삶을 살아야 할 필요가 없습니다. 지나친 자해는 사람의 육신을 약화시킬 뿐이며, '기쁨과 만족스러움'으로 계명을 올바르게 수행하지 못하게 합니다.

파라샤트 케도쉼 / פרשת קדושים

거룩함을 고수한다는 것은 자신의 행동을 보호하고 하쉠의 길과 그분의 신성한 섭리를 본받는 것을 포함하고 있습니다. 유대 현인들은 이스라엘에게 '하쉠과 같아야' 한다고 가르치는데, 그것은 그분께서 벌거벗은 자를 입히는 은혜처럼 이스라엘도 그러해야 함을 가르칩니다.

가난은 때때로 죄에 대한 형벌일 수 있으나 하쉠께선 결코 가난한 자들을 버리지 않으십니다. 자비로우신 하쉠께선 그분이 만든 작품을 파괴하기를 원치 않으시기에, 부유한 사람들에게 추수할 때 가난한 사람들에게 [필요한] 공급이 이루어질 수 있도록 남겨두어야 한다고 명령합니다. 부유한 자들은 하쉠의 질서와 길을 지키고 본받음을 통해 하쉠께 매달릴 가치를 얻게 됩니다.

וּבְקֻצְרְכֶם אֶת־קְצִיר אַרְצְכֶם לֹא תְכַלֶּה פְּאַת שָׂדְךָ לִקְצֹר וְלֶקֶט קְצִירְךָ לֹא תְלַקֵּט:

"너희 땅의 수확물을 너희가 거둘 때 너는 네 밭 모퉁이까지 완전히 거두지 말고 네 수확물 중 떨어진 것을 하나까지 너는 줍지 말아야 한다." (바이크라 19:9)

하쉠께서 명령하신 '가난한 자들을 위해 밭의 한 구석을 남겨두어야 한다는' 의미는 무엇일까요?

이 내용 뒤에 숨겨진 의미는 가난한 자가 자신의 죄의 결과로 하쉠의 심판의 속성으로부터 '남겨진' 생계수단을 받는다는 것입니다. 이러한 방식은 심각하게 '제한적'이어서, 모퉁이를 의미하는 페아(פאה)라는 단어는 이것을 반영해 줍니다. 바로 페아의 숫자값이 하쉠의 '심판의 속성'을 의미하는 칭호인 '엘로킴'의 숫자값 86 과 동일하기 때문입니다. 그와 마찬가지로, 수확하는 사람이 수확하는 동안 떨어진 줄기를 남겨두어야 하는, 가난한 사람들을 위한 또 다른 선물의 명령인 레케트(לקט) 역시 비슷한 암시를 제공해 줍니다.

유대 현인들은 미슈나 페아 6:5 에서 두 줄기가 동시에 떨어지면 가난한 이들을 위해 남겨두어야 하지만 세 줄기 이상은 레케트의 지위를 갖지 않기 때문에 추수하는 자가 가져갈 수 있다고 가르칩니다. 왜 두 줄기이면 가난한 사람이 가져갈 수 있지만 세 줄기는 주인의 소유라는 것일까요?

하쉠께선 세 가지의 주요 속성으로 세상을 운영하시는데, 친절 – 심판 – 자비의 순서로 세상을 운영합니다. 할락하는 앞서 언급된 두 가지(친절과 심판) 속성이 가난한 사람들을 위한 공급의 요소와 연결되어 있기 때문에 그들을 위해 '두 줄기'를 남겨두도록 명령합니다. 그러나 세 줄기 이상은 가난한 사람들에게 닿지 않은 '자비의 속성'을 나타내기에, 가난한 자에게 세 줄기가 아닌 두 줄기까지 주어지는 것이 명령되었습니다.

우리는 여기서 질문이 나올 수밖에 없습니다. 어느 양에 관계없이 가난한 사람들에게 생계를 제공하는 것이 하쉠의 '자비의 기능' 아닌가요?

그러나 거룩함의 영역에서 심판조차도 자비의 측면을 포함하긴 하나, 하쉠의 자비의 속성의 수준까지는 미치지 못합니다. '페아'와 '레케트'를 통해 가난한 자를 부양하는 것은 거룩함이 지니고 있는 심판의 속성까지라는 선을 지키는 것입니다.

וְכַרְמְךָ לֹא תְעוֹלֵל וּפֶרֶט כַּרְמְךָ לֹא תְלַקֵּט לֶעָנִי וְלַגֵּר תַּעֲזֹב אֹתָם אֲנִי יְהוָה אֱלֹהֵיכֶם:

"네 포도원을 너는 모두 거두지 말고 네 포도원의 떨어진 포도를 너는 줍지 말아야 한다. 가난한 자와 개종자를 위하여 너는 그것들을 내버려 두어야 한다. 나는 하쉠, 너희의 엘로킴이다." (바이크라 19:10)

가난한 사람들을 위해 이러한 선물을 남겨두는 것은 영적인 영역에서의 하쉠의 질서를 반영하고 있습니다. 이 구절에는 하쉠의 두 가지 속성을 나타내는 두 개의 하쉠의 이름이 포함되어 있습니다. (하쉠/엘로킴) 부유한 자의 공급은 하쉠의 친절의 속성인 네 글자 이름으로부터 나오며, 가난한 자의 생계는 하쉠의 심판의 속성인 엘로킴이라는 칭호로부터 나옵니다. 부유한 이들은 '나는 하쉠, 너희의 엘로킴이다'라고 나란히 표현된 이 이름들[의 영향]을 통합하기 위해 가난한 이들을 부양해야만 합니다.

가난한 이들에게 공급하는 것은 이러한 이름들의 통일을 이루어줍니다. 부는 부자가 가난한 사람들을 돕기 위해 자신이 가진 부의 일부를 기꺼이 나눠줄 것인지를 알아보는 믿음의 시험이며, 가난은 가난한 이들이 자신의 빈약한 몫으로도 도둑질을 하지 않고 계속 살 수 있을 것인지를 알아보는 믿음의 시험입니다. 따라서 구절은 다음과 같이 명령하고 있습니다:

לֹא תִּגְנֹבוּ

"너희는 도둑질하지 말아야 한다…" (바이크라 19:11)

각 사람에게 삶의 몫이 주어진 것은, 그들이 하쉠의 시험에 맞설 수 있는지 알아보기 위함입니다.

לֹא תַעֲמֹד עַל־דַּם רֵעֶךָ

"…네 동료의 피 곁에 서지 말아야 한다…" (바이크라 19:16)

동료가 심각한 위험에 처해 있는 것을 본 사람은 그를 구하기 위해 할 수 있는 모든 일을 거부해선 안됩니다.

생명을 구할 기회가 있는데도 그렇게 하지 않는 사람은 그 사람의 생명을 빼앗은 것으로 간주됩니다. 그 사람 외에는 그 사람이 다른 사람의 생명을 구할 능력이 있는지를 확인할 수 있는 자가 없기 때문입니다. 그렇기에 토라는 여기서 다음과 같이 강조하고 있습니다:

אֲנִי יְהוָה:

"…나는 하쉠이다." (상기 동일)

사람의 마음을 아시는 하쉠만이 한 사람이 다른 사람의 생명을 구할 능력이 있는지를 분별할 수 있습니다. 하쉠께선 반드시 그 사람의 행위와 부족함을 보고 심판하십니다.

한 유대인이 동료 유대인의 곤경을 무시함으로 발생되는 파멸은 더 큰 것인데, 싸탄이 이스라엘의 적들을 불러오는 방법은 그들이 동료에 대해 관심이 없으며 서로에 대해 관심이 없다는 것을 지적하는 방법으로, 적이 왜 [그러한 기회에] 그들을 가만히 두는가를 자극하는 것입니다. 다른 사람의 피가 흘려지고 있는 동안 가만히 서 있는 것에 대한 금지 사항은 '기본적인 생계 필수품이 부족한 심각한 경제난에 처한 사람'에게도 확대될 수 있는 부분입니다. 가난한 자를 부양할 능력이 있으면서도 그렇지 않은 자는 가난한 자를 굶어 죽게 한 죄를 범하는 것으로, 자기 손으로 그를 죽인 것과 같습니다.

파라샤트 케도쉼 / פרשת קדושים

우리는 낙훔 이쉬 감주의 이야기에서 이에 대한 이해를 해 볼 수 있습니다. (타아니트 21a)

그마라는 가난한 사람이 낙훔 이쉬 감주에게 도움을 요청했으며, 그가 그 가난한 이에게 당나귀에서 내려오는 동안 잠깐 기다려 달라고 요청한 내용을 기록합니다. 그 가난한 사람은 그 사이에 죽고 말았는데, 낙훔 이쉬 감주는 그 사람의 죽음을 초래한 것으로 간주되어서 그 결과로 극심한 고통을 겪게 되었습니다. 먹을 음식도 준비하지 않고 동료 유대인에게 제공하는 것을 자제하거나 도움이 필요한 사람들과 접촉을 피하고자 사람들로부터 멀리하는 부유한 개인들은 분명히 그들의 행동에 대해 책임을 지게 됩니다.

그리고 때로는 동료에 대한 증오심 때문에 동료를 돕고 싶지 않을 수도 있습니다. 그렇기에 다음 구절은 다음과 같이 강조하고 있습니다:

לֹא־תִשְׂנָא אֶת־אָחִיךָ בִּלְבָבֶךָ

"너는 네 형제를 네 마음으로 미워하지 말아야 한다…" (바이크라 19:17)

'네 마음으로'라고 번역한 빌바벡하(בלבבך)는 두 가지의 마음, 즉 악한 성향과 좋은 성향을 의미합니다. 그런 의미가 아니었다면 그것은 벨레브하(בלבך)로 쓰였을 것입니다.

동료에 대한 증오는 '악한 성향'에서 비롯됩니다. 왜냐하면 악은 '균열'을 만들기 때문입니다. 그러나 좋음은 화합을 바탕으로 번성하게 됩니다. 어떤 상황에선 증오가 '좋은 성향'에서 파생되기도 하는데, 예를 들어 동료가 죄악을 저지르는 것을 발견해 그렇게 한 것에 대해 미워하는 경우가 그런 것입니다. 그럼에도 불구하고 이것은 여전히 '부정적인 특성'으로 간주되는데, 구절의 계속 이어지는 부분에서 알 수 있듯 남의 범법으로 인해 마음에 미움을 품는 것보다 그 동료를 책망하는 것이 더 낫습니다.

הוֹכֵחַ תּוֹכִיחַ אֶת־עֲמִיתֶךָ וְלֹא־תִשָּׂא עָלָיו חֵטְא:

"…너는 네 동료를 책망해야 한다. 그래서 너가 그 때문에 죄를 짊어지는 일이 없어야 한다." (상기 동일)

그를 계속 미워하는 것보다는 책망해야 합니다. 미움은 균열을 일으키고 반드시 죄를 초래하게 되어 있습니다. 이 구절은 동료를 책망하지 않고 계속해서 미워하는 자가 사실상 죄를 지었다는 의미임을 우리에게 가르쳐줍니다.

וְכִי־תָבֹאוּ אֶל־הָאָרֶץ וּנְטַעְתֶּם כָּל־עֵץ מַאֲכָל וַעֲרַלְתֶּם עָרְלָתוֹ אֶת־פִּרְיוֹ שָׁלֹשׁ שָׁנִים יִהְיֶה לָכֶם עֲרֵלִים לֹא יֵאָכֵל: וּבַשָּׁנָה הָרְבִיעִת יִהְיֶה כָּל־פִּרְיוֹ קֹדֶשׁ הִלּוּלִים לַיהוָה:

"너희가 그 땅에 들어가서 먹을 것을 위하여 어떤 나무를 심을 때 너희는 그것의 열매를 금지된 채로 두어야 한다. 3년 동안 그것은 너희에게 금지된 것으로 여겨져서 먹히지 말아야 한다. 4년째에는 그것의 모든 열매가 하쉠께 찬양 드리는 성물이 될 것이다."

(바이크라 19:23-24)

과일 나무의 첫 3년 동안 생산된 열매는 먹을 수 없으며, 이를 오를라(עָרְלָה)라고 합니다.

'오를라'라는 단어의 변형은 오를라와 관련된 불결한 세 가지 면을 암시하는 구절 내에서 세 번 나타납니다. 넷째 해에는 그 열매를 예루샬라임에서 먹거나 놔주어야 하고, 그 돈은 예루샬라임에서 음식을 사는 데 써야 합니다.

할례를 할 때 아이의 몸으로부터 제거되는 포피, 즉 불순물과 관련된 오를라는 나무가 자라는 첫 3년 간 그것이 '오를라'로 비유되어 열매도 버려져야 합니다. 그러나 4년째에는 할례 시 남은 피부의 일부가 쪼개져 뒤로 벗겨지는 프리아(פְּרִיעָה)의 절차에 비교해, 피부가 치유되고 몸에 흡수되는 것으로 비유됩니다. 그렇게 네 번째 해와 관련된 특별한 의미는 개종자의 영적 뿌리를 의미합니다. 유대인으로 전환한 개종자는 세상 각지의 민족 안에서 불결함에 잠긴 삶으로 시작했지만, 그러한 불결함을 버리고 이스라엘 회중의 거룩함 안에 자신을 통합시켰습니다.

וּבַשָּׁנָה הַחֲמִישִׁת תֹּאכְלוּ אֶת־פִּרְיוֹ לְהוֹסִיף לָכֶם תְּבוּאָתוֹ

"5년째에는 너희가 그것의 열매들을 먹고 너희에게 그것의 소산이 더 많아질 것이다…"

(바이크라 19:25)

오를라의 세월을 제대로 관찰한 농부는 잃어버린 수확물들로 인한 괴로움과 절망을 느끼지 않도록 하늘에서 보상합니다. 하쉠께선 풍요를 약속하셨으며, 그분만이 그 풍요를 성취할 능력을 갖고 계십니다. (이러한 할락하는 '이스라엘 땅'에서 해당되는 내용이다 – 역자 주)

우리는 여기서 '열매 맺는 나무'라고 종종 불리는 의인들에 관한 교훈을 얻을 수 있습니다. 하쉠께선 그들을 불결한 것에 노출시켜 그들의 믿음을 시험하십니다. 그들이 시험을 받는 동안 하쉠께선 불결함이 '안전한 요새'를 얻지 못하도록 영적 영향력을 붙잡아 두십니다. 그렇게 그들이 일련의 믿음의 시험을 견디고 나면, 그들은 더 이상 불결함에 노출되어 시험을 받지 않게 되고, 그 후에는 그들에게서 보류된 수년 동안의 [풍요로운] 영향력을 쏟아부어 주십니다. 그리고 이러한 풍부한 영향력은 명백하게 나타나 그들의 위대함을 알려주게 됩니다.

우리는 유대 민족의 조상들과 관련해 이에 대한 근거를 찾을 수 있는데, 파르오가 싸라를 빼앗은 후에 아브라함이 부유해지게 되었고, 야아코브는 라반의 손에 고난을 받은 후에 부유해진 것 등이 그것입니다. 이스라엘의 조상들이 시험을 성공적으로 이겨내어 풍요를 누릴 수 있던 것처럼, 이스라엘 자손의 유배와 살해에 대한 고통이 끝나는 날에도 그보다 더한 풍요를 누릴 것입니다.

파라샤트 에모르 (바이크라 21:1 – 24:23)

> וַיֹּאמֶר יְהֹוָה אֶל־מֹשֶׁה אֱמֹר אֶל־הַכֹּהֲנִים בְּנֵי אַהֲרֹן וְאָמַרְתָּ אֲלֵהֶם לְנֶפֶשׁ לֹא־יִטַּמָּא בְּעַמָּיו:
>
> "하쉠께서 모셰에게 말씀하셨다. "코헨들, 곧 아하론의 아들들에게 일러라. 그의 백성 중의 시신에 자신을 부정케 하지 말라고 너는 그들에게 일러야 한다." (바이크라 21:1)

파라샤트 케도쉼에서는 이스라엘 아들들을 거룩하게 하고 부정함을 멀리하라는 명령이 주어지고, 이어지는 파라샤트 에모르에서는 이스라엘 아들들 중 가장 거룩하게 된 코헨들에게 그들의 정결함을 유지하기 위해 특별히 주의를 기울이라는 따뜻함으로 그 구절이 시작됩니다. 이는 그 구절이 단어 선택에 있어 중복되는 내용이 있어 보이는 이유를 설명해 주는데, 바로 '코헨들[에게 일러라]', 그리고 '곧 아하론의 아들들에게 일러라'라는 내용에 대한 것입니다.

'코헨들'이라는 부분은 하쉠께서 모셰에게 파라샤트 케도쉼에서 가르쳤던 모든 계명을 코헨들에게 알리라고 지시하는 것을 의미하는데, 불결함으로부터 거리를 유지해 거룩함의 수준을 유지하는 것입니다. 그리고 후자의 '아하론의 아들들'이라는 부분은 '…너는 그들에게 일러야 한다'라고 하는 것과 연결해 코헨들이 그들의 높은 지위로 인해 고수해야 하는 더 높은 차원의 정결함을 요구하는 것을 가르쳐줍니다.

그리고 그 정결함을 유지하는 첫 번째 방법은 '죽은 시체와의 접촉'을 피하는 것입니다. 토라가 이러한 명령으로 시작하는 이유는, 그것이 의식적 불결함의 가장 높은 형태이기 때문입니다. 어떤 코헨은 죽은 자를 묻어준다는 것이 '위대한 계명'을 수행하는 것이라고 생각할 수도 있겠지만 토라는 그에게 분명 다르게 알려줍니다. 유대 현인들은 죽은 자를 챙겨줄 수 있는 다른 사람이 주변에 있을 때 코헨이 [대신] 그 시체에 접촉함으로써 자신의 거룩함을 타협해선 안된다고 가르칩니다. 그러나 죽은 이를 묻어줄 다른 사람이 주변에 없다면 코헨은 그를 묻어주는 것이 허용되며, 그렇게 해야만 한다고 명령받습니다.

구절은 '자신을 부정케 하지 말라고'라고 하는 표현 중 '자신'이라는 부분에 혼을 의미하는 네페쉬(נפש)를 사용합니다. 그것은 왜 강조되었을까요?

사람의 영혼은 네페쉬(נפש), 루악흐(רוח), 네샤마(נשמה)라는 세 가지 주요 부분으로 나눌 수 있습니다: 네페쉬는 사람의 영혼 중 가장 낮은 측면을 나타내며, 육체와 가장 많이 연결이 되어 있습니다. (동물에게도 포함되는 혼 - 역자 주) 반면 루악흐는 네샤마가 뒤따르는 수준을 나타내며, 사람이 죽을 때 루악흐와 네샤마는 육체를 떠나 영적인 뿌리로 돌아가게 됩니다. 이것은 코헬레트 12:7 에서도 분명하게 드러납니다:

וְיָשֹׁב הֶעָפָר עַל־הָאָרֶץ כְּשֶׁהָיָה וְהָרוּחַ תָּשׁוּב אֶל־הָאֱלֹהִים אֲשֶׁר נְתָנָהּ׃

"흙은 그것이 있었던 곳으로 돌아가며 영(루악흐)은 그것을 주신 엘로킴께로 돌아간다."

(코헬레트 12:7)

루악흐가 하쉠께로 돌아간다는 것으로, 그보다 더 높은 수준인 네샤마 또한 반드시 그 근원으로 돌아가게 된다는 것을 알 수 있습니다. 그래서 육체와 함께 남아있는 유일한 혼이 네페쉬이기에, 토라는 코헨에게 '자신'으로 대신 표현한 그의 '네페쉬'를 더럽혀선 안된다고 가르칩니다. 루악흐와 네샤마가 떠나갈 때 그들은 더 이상 네페쉬를 불결함으로부터 보호하고 지켜줄 수 없게 됩니다. 따라서 사람이 이 세상을 떠날 때면 그의 네페쉬는 그의 몸이 불결함에 오염되도록 더럽게 두게 됩니다.

구절에서 '코헨들, 곧 아하론의 아들들…'이라고 중첩되게 언급한 이유는 무엇일까요? 코헨은 그에 대한 정의가 이미 '아하론의 아들들'이 아니었나요? 이것을 명시적으로 언급할 필요가 무엇이었을까요?

유대 현인들은 이 금지의 범위가 아하론의 아들들에게만 국한되는 것이며, 아하론의 여자 후손들은 시체와 접촉함으로 자신을 더럽히는 것이 가능하다고 설명합니다. (그마라 쏘타 23b)

그렇다면 코헨 가문의 여성이 그 금기 사항에서 제외되는 이유는 무엇일까요?

바로 여성은 이미 불결함에 영적인 면이 연결되어 있는 것이 있기 때문입니다. (예: 생리, 출산 후 하혈 등 - 역자 주) 이미 불결함과의 연결이 있는 것으로 인해, 여성 코헨은 죽은 자를 묻어주는 것이 가능합니다.

토라는 이제 규칙에 대한 예외, 즉 코헨이 자신을 더럽히더라도 고인의 장례를 치러야 하는

경우를 가르칩니다:

כִּי אִם־לִשְׁאֵרוֹ הַקָּרֹב אֵלָיו לְאִמּוֹ וּלְאָבִיו וְלִבְנוֹ וּלְבִתּוֹ וּלְאָחִיו: וְלַאֲחֹתוֹ הַבְּתוּלָה הַקְּרוֹבָה אֵלָיו אֲשֶׁר לֹא־הָיְתָה לְאִישׁ לָהּ יִטַּמָּא:

"그에게 가까운 그의 친척, 곧 그의 어머니나 그의 아버지나 그의 아들이나 그의 딸이나 그의 형제나 그녀에게 남편이 없는 그의 가까운 처녀인 그의 누이 외에는 자신을 부정케 하지 말아야 한다." (바이크라 21:2-3)

유대 현인들은 특히 '그에게 가까운'이란 말에서 그것이 '자신의 육체'로도 간주되는 아내를 의미함을 가르칩니다. 토라는 왜 이런 특별한 경우들에 코헨에게 자신을 더럽힐 의무를 주는 것일까요? 다른 누군가 코헨의 필요를 대신 행해줄 수 있다면 어차피 그것이 코헨이 하는 것보다 더 낫지 않을까요?

그런데 코헨이 그들을 위해서 자신의 거룩함을 더럽힌다는 것이 '고인에 대한 예우'임을 가정할 시, 그것이 '공경의 의무'가 있는 그의 부모에게라면 말이 되겠지만 그의 아들이나 딸에겐 여전히 그것이 적용되어서는 안됩니다. 이러한 상황에서 토라가 코헨에게 자신을 더럽히도록 요구하는 것에는 분명 또 다른 이유가 있어야만 합니다.

죽은 자의 혼(네페쉬)은 그의 매장을 돌봐줄 가까운 혈연을 특히 필요로 합니다. 가까운 혈연은 공통된 영적 뿌리를 공유하기에, 가까운 혈연과 관련된 행동과 그에 따른 공덕은 고인의 혼에 대한 평안과 영의 상승에 깊은 영향을 미칠 수 있습니다. 그것의 장점이라면 '[죽은 자가] 스스로 얻을 수 없는 평화'를 가져올 수 있다는 것입니다. 그래서 하쉠께선 그분의 크신 자비로 죽은 자에게 이러한 혜택을 제공하고자 코헨들에게 매장 행위로 특별히 그들을 더럽힐 수 있도록 명령하셨습니다. 그러나 그와 다른 모든 경우에선 코헨은 자신을 더럽힐 수 없으며, 오직 자신의 매장을 돌봐줄 이가 당장 주변에 없는 고인의 경우에만 코헨은 자신을 더럽혀 그를 '묻어야 하는' 의무를 지닙니다.

דַּבֵּר אֶל־אַהֲרֹן לֵאמֹר אִישׁ מִזַּרְעֲךָ לְדֹרֹתָם אֲשֶׁר יִהְיֶה בוֹ מוּם לֹא יִקְרַב לְהַקְרִיב לֶחֶם אֱלֹהָיו:

> "아하론에게 말하라. 이르기를, 네 자손 중에 그들 대대로 흠이 있는 사람은 그의 엘로킴께 빵을 바치려고 나아오지 말아야 한다." (바이크라 21:17)

외적인 육체적 흠은 사람의 영혼 안에 있는 '내면의 흠'을 반영합니다. 만약 그가 흠을 갖고 태어났다면 그것은 그의 영혼이 이전의 생애에서 저지른 죄의 결과일 수도 있습니다. 그럼에도 불구하고 그것은 그를 창조주로부터 멀어지게 만드는 영적 구조의 '내부 결함'을 반영하는데, 그래서 그는 제사장직을 행하며 영적인 영역으로부터 풍요를 끌어오는 목적을 가지는 제물을 바치며 섬길 자격이 없습니다. 흠이 있는 코헨의 섬김은 멸시를 받으며, 그의 행위는 연합을 이루기는커녕 정반대로 분열을 초래합니다.

만약 코헨이 자신의 흠 때문에 하쉠으로부터 멀어졌다면, 그는 섬기기 위해 가까이 다가갈 수 없습니다. 그 흠은 그 사람에 대한 하쉠의 심판이었는데, 이것은 흠을 의미하는 단어 뭄(מום)이 심판의 속성을 나타내는 하쉠의 칭호 엘로킴과 동일한 숫자값(86)을 갖는다는 사실에서 파생됩니다.

כִּי כָל־אִישׁ אֲשֶׁר־בּוֹ מוּם לֹא יִקְרָב אִישׁ עִוֵּר אוֹ פִסֵּחַ אוֹ חָרֻם אוֹ שָׂרוּעַ:

> "왜냐하면 흠이 있는 모든 사람은 나아오지 못하기 때문이다. 곧 눈먼 사람이나 다리를 저는 사람이나 얼굴이 일그러진 사람이나 팔다리가 짧거나 긴 사람이나" (바이크라 21:18)

흠은 영적인 결함이 있는 곳에 나타납니다. 예를 들어, 눈을 잘못 사용하는 죄를 범하면 눈이 멀게 되고, 다리를 잘못 사용하면 절게 되며, 후각을 잘못 사용하면 코가 움푹 들어가고, 다른 특정 사지를 부적절하게 사용하면 사지가 짧아지거나 늘어나게 됩니다. 부러진 팔다리(21:19)는 다음 구절에 나오는 영적인 흠의 표식이기도 합니다:

שֹׁמֵר כָּל־עַצְמוֹתָיו אַחַת מֵהֵנָּה לֹא נִשְׁבָּרָה:

> "그의 모든 뼈들을 지키시니 그것들 중 하나도 부러지지 않을 것이다." (트힐림 34:21)

우리는 이 구절에서 부러진 팔다리가 그 팔다리의 영적 흠집을 반영한다는 것을 알 수 있습니다.

어떤 사람은 주의를 끌기 위해 자신의 몸에 기름을 바르고 향수를 뿌리는 일에 지나치게 빠져서 자신의 악한 성향은 물론, 다른 이의 악한 성향도 유혹함으로써 피부와 육체에 흠을 입힐 수도 있습니다. (이것은 '화장으로 치장해서는 안된다'와 같은 의미 등으로 연결되지 않는다. - 역자 주) 이것은 예샤야후 예언자가 '찌욘의 딸들'에게 그들의 무례한 행동에 대한 징계로 선언한 형벌이기도 했습니다:

יַעַן כִּי גָבְהוּ בְּנוֹת צִיּוֹן וַתֵּלַכְנָה נְטוּיוֹת (נטווֹת) גָּרוֹן וּמְשַׂקְּרוֹת עֵינָיִם הָלוֹךְ

"…찌욘의 딸들이 거만하여 목을 빼고 다니며 눈으로 추파를 던지고…" (예샤야후 3:16)

사람이 자신의 길을 고쳐 하쉠께로 돌아올 경우 일부의 흠은 [완전히] 치유되거나 고쳐질 수 있습니다. 그러나 그때까지 그는 영적으로나 육적으로나 하쉠께 제물을 드리기엔 부적절한 상태로 남아 있습니다.

וְלֹא תְחַלְּלוּ אֶת־שֵׁם קָדְשִׁי וְנִקְדַּשְׁתִּי בְּתוֹךְ בְּנֵי יִשְׂרָאֵל אֲנִי יְהוָה מְקַדִּשְׁכֶם:

"너희는 내 거룩한 이름을 더럽히지 말아서 내가 이쓰라엘 아들들 안에서 거룩하게 여겨져야 한다. 나는 너희를 거룩하게 하는 하쉠이다." (바이크라 22:32)

이것은 하쉠의 이름과 그분의 계명을 거룩하게 하기 위해 생명을 바쳐야 한다는 키두쉬 하쉠(קידוש ה') 계명의 근원이 됩니다. (비유대인에게는 하쉠의 이름을 거룩히 하기 위해서 생명을 바쳐야 하는 계명이 주어지지 않는다. 다른 종교를 위하여 순교하는 것이 무의미한 이유 - 역자 주) 사람은 실제로 '하쉠의 이름으로' 자신의 생명을 바칠 의무를 갖기 전에 충족해야 하는 특정 기준들이 있지만, 그럼에도 거기에 대한 일반적인 의무도 존재합니다. 유대인들은 족장 시대때부터 이 계명을 하쉠을 섬기는 궁극적인 희생의 표징으로서 자랑스레 지켜왔습니다.

이에 대한 계명과 그 심오한 효과는 더 깊은 차원에서도 이해될 수 있습니다. 사람이 하쉠의 이름을 거룩하게 하고자 자신의 생명을 포기하게 될 때, 그의 영혼은 영적인 영역에서 높아지며 슈히나의 임재를 위한 촉매제 역할이 됩니다.

슈히나와 함께 그 영혼은 영적인 영역에서 연합을 이루는 큰 영적 상승을 겪게 되며, 그 연합은 우리의 세상에서 하쉠의 '한 분 되심'과 함께 우리의 세상과 존재에 대한 그분의 전적인 주권을 보여주게 됩니다.

위대한 현인 중 한 명인 라비 아키바도 '키두쉬 하쉠'으로 목숨을 바쳤습니다. 그는 이 세상을 떠나면서 다음과 같은 말로 하쉠께서 한 분이심을 선포했습니다 (베락호트 61b):

"쉐마 이쓰라엘 하쉠 엘로케이누 하쉠 엑하드"

(들어라 이스라엘아, 하쉠, 우리 엘로킴은 한 분이시다)

그의 행동과 말은 가장 심오한 연합을 이루어 냈습니다.

제자들이 "라비여, 여기까지에요! 잔혹하게 살해당하면서도 이런 말을 계속 하실 수 있겠습니까?"라고 물었을 때, 라비 아키바는 "내가 이 계명을 이행할 기회를 평생 기다려왔고 이제 드디어 이행할 수 있게 되었는데 어찌 이 기회를 포기해야 하는가?"라고 답했습니다.

유대 현인들은 천사들이 이것을 보며 다음과 같이 물었다고 가르칩니다: '이것이 정녕 토라며, 이것이 토라를 배우는 자의 보상이란 말인가?'

이에 대한 하쉠의 응답은 '그것이 내 앞에서 먼저 내 생각으로 떠올랐다'였습니다. (베락호트 61b, 메낙호트 29b)

이 응답은 실로 난해하고 이해하기 어려운 것 같은데, 이에 대한 하쉠의 응답은 '라비 아키바의 헌신의 표현이 슈히나와 함께 그의 영을 높이는 데 성공했다'는 의미로, 여기서 하쉠의 '생각'으로 언급된 것은 그가 영적인 영역에서 매우 높은 수준(하쉠의 생각의 수준에 도달한 것과 같다 – 역자 주)으로 올랐다는 것을 암시했습니다. 자신의 삶을 포기하는 사람만이 그러한 상승을 이룰 수 있을 뿐만 아니라, 토라와 계명을 준수하며 의로운 삶을 계속 살아가고 사랑으로 고통을 받아들이는 사람 또한 이러한 상승을 얻을 자격이 있습니다.

다비드 왕은 트힐림 63:2 에서 이렇게 선언합니다:

אֱלֹהִים ׀ אֵלִי אַתָּה אֲשַׁחֲרֶךָּ צָמְאָה לְךָ ׀ נַפְשִׁי כָּמַהּ לְךָ בְשָׂרִי בְּאֶרֶץ־צִיָּה וְעָיֵף בְּלִי־מָיִם׃

"엘로킴이시여, 당신은 나의 엘로킴이시니 제가 당신을 애타게 찾습니다. 제 혼이 당신을 향해 갈망하며 물이 없어 메마르고 곤핍한 땅에서 제 몸이 당신을 열망합니다." (트힐림 63:2)

이 내용은 다음과 같습니다: '비록 당신의 심판의 속성인 '엘로킴'에게 순종함으로 고난을 당하고 있으나, 당신은 나의 하쉠이시니 제가 그것을 친절로 바라봅니다.'

שֵׁשֶׁת יָמִים תֵּעָשֶׂה מְלָאכָה וּבַיּוֹם הַשְּׁבִיעִי שַׁבַּת שַׁבָּתוֹן מִקְרָא־קֹדֶשׁ כָּל־מְלָאכָה לֹא תַעֲשׂוּ

"6일 동안 너는 일을 해야 한다. 그리고 7일째는 샤바트의 샤바트, 곧 거룩한 모임이니 너희는 어떤 일도 하지 말아야 한다…" (바이크라 23:3)

토라는 먼저 일주일의 일곱 번째 날을 샤바트로 거룩하게 해야 한다는 요구 사항을 가르치면서 축일들에 대한 논의를 시작합니다. 샤바트는 다음 구절에서 말하는 것처럼 모든 날 중에서 가장 거룩하게 된 날입니다:

וּשְׁמַרְתֶּם אֶת־הַשַּׁבָּת כִּי קֹדֶשׁ הִוא לָכֶם

"너희는 샤바트를 지켜야 한다. 이는 그것이 너희에게 거룩하기 때문이니…" (슈모트 31:14)

축일들은 '거룩함을 위해 지정된' 축제라고는 하지만 본질적으로 거룩한 것은 아닙니다. 이것은 이스라엘 자손이 축일을 지킬 날들을 결정한다는 사실에서 분명한 것입니다. 유대 법정인 베이트 딘은 초승달이 거룩하게 될 날을 정해서 축일과 관련된 날짜가 언제 일어날지 결정했습니다. 그러나 반면에 샤바트는 이스라엘 자손이 정한 것이 아니라 하쉠께서 거룩하게 하신 날입니다. 그래서 샤바트는 '본질적으로' 거룩하지만 다른 절기들은 그렇지 않다는 것을 알 수 있습니다.

이스라엘 자손은 샤바트에 완전히 거룩한 수준으로 올라갈 수 있지만, 다른 절기에는 부분적으로만 올라갑니다. 그래서 샤바트에는 '다른 요일/날들의 흔적'이 남아 있지 않기 때문에 특정 작업들이 금지되는 상징을 지니는 것입니다. 인간은 육체와 상호 작용 시 일반적으로 '영적인 고상함'이라는 상태로부터 멀어지게 되기 때문에 샤바트에는 육체와 관련된 상호 작용의 활동을 제한합니다. 샤바트의 영적인 상승은 다음과 같이 설명됩니다: "…그것은 너희가 사는 어느 곳에서나 하쉠의 샤바트이다."

하쉠께선 이스라엘 자손에게 그들이 어디에 있든지 샤바트를 지킬 수 있을 것임을 약속하셨습니다.

이스라엘 자손이 샤바트를 지키는 것을 막으려고 시도하는 나라는 하쉠께서 샤바트를 금지하는 법령을 발표했던 그리스인들에게 그러하셨듯 제거할 것입니다. 샤바트의 거룩함은 조하르 트루마 151a 에서도 언급하듯 그때에는 게히놈의 불도 멈춰 악인들조차 형벌을 면할 수 있는 '쉼'의 날입니다.

하쉠께서는 다가올 세상에서 '영원한 기쁨'으로 보상받을 수 있는 기회를 제공하기 이전에 모든 시련과 고난이 존재하는 지금의 물리적 세상에 샤바트라는 '일시적 기쁨'을 맛보게 하셔서, 다가올 세상에서 자격이 없는 인간이 보상을 받을 때 느낄 수 있는 당혹감을 줄이는 의미를 두셨습니다.

파라샤트 베하르 (바이크라 25:1 – 26:2)

토라는 파라샤트 베하르에서 이스라엘 땅 내의 토지 매매에 적용되는 다양한 법들을 다루고 있습니다. 그 법은 소유자가 부동산을 상환하고 재구매해야 하는 기간들과 희년인 '요벨'이 도래할 때의 상태와 관련해 특정 토지 유형에 따라 달라집니다.

그리고 더 깊은 수준에서, 그 내용은 이스라엘 땅이 이스라엘 자손의 영적 뿌리인 슈히나를 대표해주며 그들이 유배 생활을 하던 동안에도 그들과 함께 해 주었음을 보여주고, 그렇기에 토지 매매와 관련된 그 법들은 더 깊은 수준에서 비록 땅이 불결함에게 '팔렸지만', 결국에는 구원될 '이스라엘 자손과 슈히나에 관한 다양한 측면'을 언급하는 것으로 이해해 볼 수 있습니다.

וְהָאָרֶץ לֹא תִמָּכֵר לִצְמִתֻת כִּי־לִי הָאָרֶץ כִּי־גֵרִים וְתוֹשָׁבִים אַתֶּם עִמָּדִי:

"그 땅은 영원한 소유로 팔리지 말아야 한다. 왜냐하면 그 땅은 내 것이며 너희는 체류자들이고 내 곁에 사는 거류민들이기 때문이다." (바이크라 25:23)

이 구절은 땅이 테루마(선물/헌납물)로서 이스라엘 자손에게 주어지고, 그들의 죄의 결과로 강탈당했음을 암시하고 있습니다. 이스라엘 땅은 이스라엘 자손이 범죄할 때 그들과 함께 포로로 잡혀갈 하쉠의 '신부'인 슈히나(하쉠의 이름과는 달리 슈히나라는 글자는 여성형 명사인데에서 볼 수 있는 이해 – 역자 주)를 가리키기도 합니다. 하쉠께서는 그 땅을 이스라엘 자손에게 돌려줄 날이 이르기에 유배 상황이 지속되지 않을 것이라고 약속하십니다.

슈히나는 테루마로서 팔리더라도 그 판매는 지속되지 않습니다. 왜냐하면 그 조건은 하쉠께서 구속하는 날까지만 유효하기 때문입니다. 하쉠께선 슈히나가 돌아올 것이라고 약속하셨는데, 구절의 '그 땅은 내 것이며(כי־לי הארץ)'라는 글의 첫 글자들을 조합해 보면 '신부'를 뜻하는 칼라(כלה)라는 글자가 됨을 알 수 있습니다. 이것은 하쉠의 신부인 슈히나가 궁극적으로 귀환하게 될 것을 암시하는 의미를 지닙니다.

וְאִישׁ כִּי־יִמְכֹּר בֵּית־מוֹשַׁב֙ עִיר חוֹמָ֔ה וְהָיְתָה֙ גְּאֻלָּת֔וֹ עַד־תֹּ֖ם שְׁנַ֣ת מִמְכָּר֑וֹ יָמִ֖ים תִּהְיֶ֥ה גְאֻלָּתֽוֹ:
וְאִם לֹֽא־יִגָּאֵ֗ל עַד־מְלֹ֣את לוֹ֮ שָׁנָ֣ה תְמִימָה֒ וְ֠קָם הַבַּ֨יִת אֲשֶׁר־בָּעִ֜יר אֲשֶׁר־לֹ֣א (לוֹ) חֹמָ֗ה לַצְּמִיתֻ֛ת לַקֹּנֶ֥ה אֹת֖וֹ לְדֹרֹתָ֑יו לֹ֥א יֵצֵ֖א בַּיֹּבֵֽל:

"어떤 사람이 성벽 안에 있는 집을 팔았을 때 그것을 판 지 1년 안에 그것을 상환할 수 있다. 1년의 기간이 그것을 상환하는 기간이다. 그리고 만약 1년이 찰 때까지 상환하지 못하면 성벽 안에 있는 그 집은 대대로 그것을 산 자의 영원한 소유로 된다. 그것은 요벨 해에도 풀리지 않을 것이다." (바이크라 25:29-30)

토라는 밭의 판매 및 상환과 관련된 다양한 절차를 설명합니다.

밭은 구속되어야 하는 거룩함의 외적 측면으로 간주되며, 성벽으로 둘러싸인 '도시' 안의 집들은 거룩함의 더 높은 내적 측면으로 표현됩니다. 성벽으로 둘러싸인 도시 내의 집은 더 높은 내적 측면을 나타내기에 토라는 그 판매자가 가능한 빨리 부동산을 상환하도록 권하고 있습니다. 그리고 판매자에게 동기를 부여하고자, 토라는 해당 재산이 첫 해 이내에 상환되지 않으면 판매된 상태로 유지될 것이라고 명시하고 있습니다. 그러나 들판에 위치한 집에는 들판 자체의 상태가 부여되며, 역으로 즉시 상환되지 않는다면 요벨 해에 원래의 소유자에게 반환됩니다.

וּבָתֵּ֣י הַחֲצֵרִ֗ים אֲשֶׁ֨ר אֵין־לָהֶ֤ם חֹמָה֙ סָבִ֔יב עַל־שְׂדֵ֥ה הָאָ֖רֶץ יֵחָשֵׁ֑ב גְּאֻלָּה֙ תִּהְיֶה־לּ֔וֹ וּבַיֹּבֵ֖ל יֵצֵֽא:

"그들 주위에 성벽이 없는 마을들의 집들은 땅의 밭처럼 여겨진다. 그래서 상환하는 것이 있을 수 있고 요벨 해에는 풀려진다." (바이크라 25:31)

이러한 자산은 판매자가 이를 상환하기 위해 어떠한 조치도 취하지 않더라도 원래의 소유자에게 되돌아갑니다.

토라는 왜 성벽으로 둘러싸인 도시의 집을 파는 이에게는 추가 동기를 부여하면서, 밭이나 들판의 집을 파는 사람에게는 그렇지 않는 걸까요?

집이란 것은 영적인 '뿌리'를 대표하는 특징을 지니는데, 그것이 헌납물로 그냥 넘겨지면 집을 구해내기 위해 많은 노력을 기울여야만 합니다.

집의 고귀한 본성은 그것이 가능한 빨리 거룩함으로 돌아가야 할 것을 요구하고 있습니다. 이스라엘 자손은 불결함으로부터 거룩함의 면을 빼내기 위하여 적절한 조치를 취하지 않을 시 그보다 상위의 영적 영역에서도 그러한 영향을 발휘할 수 없을 것이었습니다. 그래서 토라는 이러한 방식의 경고를 통해 인간에게 동기를 부여하고 있습니다. [사람도] 내적인 면이 '높아지고 구속될' 때, 구절에서 언급된 것처럼 외적인 측면도 덩달아 향상되고 구속되게 되기 때문입니다.

그러면 이스라엘과 쉭히나는 어떻게 '유배의 불결한 상태'로부터 거룩함의 내적 측면의 구원을 일깨워 낼 수 있을까요?

이를 달성하는 유일한 방법은 토라의 공부와 계명의 준수뿐입니다. (토라의 소유는 '이스라엘'이지만 그 안에 기본적인 계명의 본질들은 '모든 인간'에게 있음을 기억해야 한다 - 역자 주) 그렇기에 마지막 예언자인 말악히 예언자는 이스라엘 자손에게 이렇게 권고했습니다:

זִכְרוּ תּוֹרַת מֹשֶׁה עַבְדִּי אֲשֶׁר צִוִּיתִי אוֹתוֹ בְחֹרֵב עַל־כָּל־יִשְׂרָאֵל חֻקִּים וּמִשְׁפָּטִים:

"내가 호레브에서 모든 이스라엘을 위해 법들과 법규들로 명령한 나의 종 모셰의 토라들을 기억하라." (말악히 3:22)

예언자가 말했듯이, 그에 대한 결과는 완전하고 최종적인 구원이 될 것입니다.

הִנֵּה אָנֹכִי שֹׁלֵחַ לָכֶם אֵת אֵלִיָּה הַנָּבִיא לִפְנֵי בּוֹא יוֹם יְהוָה הַגָּדוֹל וְהַנּוֹרָא: וְהֵשִׁיב לֵב־אָבוֹת עַל־בָּנִים וְלֵב בָּנִים עַל־אֲבוֹתָם פֶּן־אָבוֹא וְהִכֵּיתִי אֶת־הָאָרֶץ חֵרֶם:

"보라, 내가 크고 두려운 하쉠의 날이 오기 전에 너희에게 예언자 엘리야를 보낼 것이며 그가 아버지들의 마음을 아들들에게로, 아들들의 마음을 그들의 아버지들에게로 돌이키게 하려 하니 그렇지 않다면 내가 와서 땅을 쳐 헤렘이 되게 할 것이다."

(말악히 3:23-24)

וְכִי־יָמוּךְ אָחִיךָ וּמָטָה יָדוֹ עִמָּךְ וְהֶחֱזַקְתָּ בּוֹ

"네 형제가 가난하게 되어 그의 손이 네게 주춤거릴 때 너는 그를 붙들어…" (바이크라 25:35)

만약 어떤 이가 자신의 죄로 인해 어려움을 겪고 심각한 재정적 손실을 입게 된다면 그가 완전히 흔들리는 것을 막는 것은 당신에게 달려 있습니다. 그렇게 함으로써 당신은 다음 구절에 나오는 대로 하쉠의 길을 모방하게 됩니다:

כִּי־יִפֹּל לֹא־יוּטָל כִּי־יְהֹוָה סוֹמֵךְ יָדוֹ:

"그가 넘어져도 내던져지지 않을 것이니 이는 하쉠께서 그의 손을 붙드시기 때문이다."

(트힐림 37:24)

그 의무는 개종자에게도 적용되어, 누구도 자신이 '헌납물'에 영적인 뿌리를 두고 있는 개종자를 도와야 할 의무가 없다고 생각해서는 안됩니다. 개종자는 거룩함의 뿌리에 집착한 자로, 그는 이스라엘의 형제[동료]입니다. 그들은 거룩함을 통해 영적인 양식을 받았듯, 이스라엘로부터 육체적인 양식도 제공받아야 합니다:

גֵּר וְתוֹשָׁב וָחַי עִמָּךְ:

"…개종자나 거류민처럼 네 옆에 살게 해야 한다." (바이크라 25:35)

다음 구절들은 동료를 강하게 붙드는 방법이 이자를 받지 않고 돈을 빌려주는 것임을 알려주고 있습니다. 대출은 지원을 제공함으로 인해 발생할 수 있는 잠재적 난처함을 제거해주며, 무이자로 대출해 주는 것은 빈곤층에 대한 추가 재정의 지출을 막아줍니다.

אַל־תִּקַּח מֵאִתּוֹ נֶשֶׁךְ וְתַרְבִּית וְיָרֵאתָ מֵאֱלֹהֶיךָ

"너는 그에게서 이자나 이익을 취하지 말고 네 엘로킴을 두려워해야 한다…"

(바이크라 25:36)

그런데 질문이 생깁니다. 차용자가 나서서 이자를 '제안'하면서까지 돈을 빌리려는 경우 대출자는 이를 수락해도/수락해야 할까요?

그래서 구절은 다음과 같이 강조하고 있습니다: '너는 그에게서 이자나 이익을 취하지 말고' 비록 차용자가 제안을 하더라도 받지 말아야 하는 것입니다. 하쉠께선 이자를 받고서 빌려주지 말라고 명하셨습니다. 그리고 토라는 '네 엘로킴을 두려워해야 한다'라고 덧붙입니다.

차용인이 자신의 의지로 이자를 제공해도 어떤 상황에서도 그것을 받는 것을 거부해야 합니다. 엘로킴이라는 칭호는 심판의 속성을 나타내며, 대출을 빌려주는 사람은 이 속성과 관련된 '신성한 보복'을 두려워해야 합니다.

게다가 유대 현인들은 이자를 붙여 빌려주는 이는 텍히야트 하메팀(תחיית המתים)이라는 큰 부활의 시간에 살아나지 못할 것이라고 가르칩니다. 죽은 자들의 부활은 이 세상을 떠난 이스라엘 자손의 뼈 속에 남아있는 영적인 불꽃을 통해 일어나게 되는데, 이자를 받고 돈을 빌려주는 이는 그 영적인 불꽃이 제거되어 부활을 촉진시킬 필수 요소가 없어지게 됩니다. 그는 그 결과로 그와 같은 나머지 형제들과 함께 일어나지 못하고 무덤에 남게 됩니다. 이에 대한 놀라운 개념은 다음 부분에서 암시됩니다:

וְחֵי אָחִיךָ עִמָּךְ:

"…그리하여 네 형제로 너와 함께 살게 하라." (상기 동일)

이러한 내용들을 간단히 이해해 보면, 대출 기관 혹은 대출자 개인은 그의 형제의 재정적 어려움을 완화하기 위해 필요한 조치를 취하라는 명령을 받고 있는 것이며, 다른 차원에서 이 구절은 대출 기관/개인이 그의 형제들과 '함께 살 수 있도록' 스스로를 보장하라는 필요로 이해할 수 있습니다. 그리고 이를 위해선 동료 유대인에게 무이자로 대출을 빌려주어야 합니다.

이자를 지칭하는 데에는 두 가지 용어가 사용됩니다. 네쉑흐(נשך; 이자)와 마르비트(מרבית; 이익)는 각각 이자를 붙인 대출로 인해 발생하는 영적 파괴와 함께 그 금지 사항을 위반한 자에 대한 처벌의 암시를 지니고 있습니다.

אֶת־כַּסְפְּךָ לֹא־תִתֵּן לוֹ בְּנֶשֶׁךְ וּבְמַרְבִּית לֹא־תִתֵּן אָכְלֶךָ:

"네 돈을 이자로 그에게 주지 말고 이익을 위하여 네 식량을 주지 말아야 한다."

(바이크라 25:37)

네쉑흐라는 단어는 '깨물다'라는 '나샼흐'라는 동사에서 유래했습니다.

뱀이 물기 위해 쏘아대는 것이 사람에게 영향을 미치는 것과 같이, [재정적 이득을 위한] 관심으로 쏘아대는 것은 그 상대를 천천히 갉아먹어 결국 재정적 파멸로 이끕니다.

그리고 마르비트라는 단어는 '쓰디 쓴 집'을 의미하는 마르 바이트(מר-בית)라는 단어로 나눠서 볼 수 있는데, 이 금지를 어기는 이는 자신의 집에 '쓴 맛'을 불러오는 것이며, 그 결과 역시 영원한 죽음으로 다시 살아나지 못하게 되는 것입니다. 돈을 빌려주는 자가 이자를 붙이면 안된다는 계명은 유대인들이 서로를 위해 해야 되는 것으로 명령된 계명입니다. 그런데 유대인 또한 '뱀의 길'을 따른다면 그 또한 뱀의 공격을 받게 될 것입니다.

네쉑흐와 마르비트라는 두 용어는 이자를 받고 빌려줌으로써 초래되는 영적 파멸의 진행을 강조합니다. 뱀은 땅의 흙을 먹고 살도록 저주받았는데(베레쉬트 3:14), 그 낮은 지위로 인해 뱀은 거룩함에 복종하게 됩니다. 이자를 받고 돈을 빌려주는 사람은 그 이자와 함께 뱀이 낮은 자세에서 머리를 들어 거룩함의 발뒤꿈치를 물게 만듭니다. 뱀이 머리를 움직일수록 그 독은 거룩함 속으로 점점 더 깊숙이 들어가며 독침의 불결한 효과가 증대됩니다. 이자를 받고 돈을 빌려주는 사람은 아담과 하바를 죄로 유인해 세상과 거룩함과 생명의 영역에 죽음을 가져온 뱀의 독침이란 불결한 것을 가져오는 것입니다. 그로 인해 그러한 이는 인류의 부활 동안 생명을 경험하기 보다 죽음을 경험하게 될 것입니다.

하쉠께서 이스라엘을 이집트의 종살이로부터 구원하시고 이스라엘이 그것을 받을 자격이 없었음에도 이스라엘 땅으로 인도해 주신 것 같이 유대인들은 서로 이자와 이익의 대가 없이 형제에게 빌려주어 궁핍한 자를 도와야 합니다.

그러나 이자가 없이 빌려주는 건 실로 어려운 일이 아닌가요? 그래서 토라는 이렇게 말하고 있습니다:

אֲנִ֣י יְהוָה֩ אֱלֹֽהֵיכֶ֨ם אֲשֶׁר־הוֹצֵ֤אתִי אֶתְכֶם֙ מֵאֶ֣רֶץ מִצְרַ֔יִם לָתֵ֥ת לָכֶ֖ם אֶת־אֶ֣רֶץ כְּנַ֑עַן לִהְי֥וֹת לָכֶ֖ם לֵאלֹהִֽים׃

"나는 크나안 땅을 너희에게 주고 너희에게 엘로킴이 되려고 너희를 미쯔라임 땅에서 나오게 한 하쉠, 너희의 엘로킴이다." (바이크라 25:38)

하쉠께서는 아무리 그것이 '어려워' 보일지라도 그분의 계명을 따르겠다고 스스로 받아들이는 조건하에 친절의 행동을 행하셨습니다.

이는 특별히 이 법(대출법)에 적용되는 것인데, 왜냐하면 이 목적은 하쉠의 인자하심이 이스라엘 자손 안에 '머물 수 있도록' 하는 것이기 때문입니다. 사람이 아래에서 서로 친절하게 대한다면 하쉠께서도 위에서 우리를 친절하게 대할 것입니다.

파라샤트 벡후코타이 (바이크라 26:3 – 27:34)

אִם־בְּחֻקֹּתַי תֵּלֵכוּ וְאֶת־מִצְוֺתַי תִּשְׁמְרוּ וַעֲשִׂיתֶם אֹתָם׃

"만약 내 법들대로 너희가 걸어가고 내 계명들을 너희가 지키고 그것들을 너희가 행하면"

(바이크라 26:3)

하쉠의 법들을 지킨다는 것은 사람이 따라야 할 곧은 길을 걷기 위한 지침입니다.

자신을 위해 마련된 길을 따라 여행하는 여행자는 어려움 없이 목적지에 도착할 수 있지만, 그 길에서 벗어나면 길을 잃고 혼란에 빠지며, 어떤 경우는 목적지에 결코 도달할 수 없을 수도 있습니다. 하쉠의 법들은 그분께서 이스라엘을 위해 마련하신 길입니다. 이를 따르게 되면 이스라엘은 목적지에 안전하게 도착하게 됩니다. 그러나 길을 잃을 때는 자칫하면 영원히 길을 잃을 수도 있습니다. '만약 내 법들대로 너희가 걸어가고'라는 부분에서 '걸어가고'라는 단어가 쓰인 이유는 법들을 준수한다는 것이 곧 옳은 길을 걷는 것이기 때문입니다.

그리고 계명들은 밤의 어둠 속에서 길을 밝히기 위해 여행자가 사용하는 등불이나 횃불에 비유됩니다. 등불을 갖추지 않거나 그 불을 적절하게 지켜내지 못한 여행자는 그가 내딛는 각 단계마다 있는 위험들과 함께 어둠 속에 홀로 남게 됩니다. 그래서 계명과 관련해서 토라는 그것을 '지키라'고 경고합니다. 우리는 '밤'에 비유되는 우리의 물리적 세상을 여행하는 사람의 길을 비추는 빛인 계명을 적절하게 지켜야만 합니다. 자신의 계명을 충분히 지키지 않는 사람은 이 세상의 어둠 속에서 걸려 넘어지기 쉽게 됩니다.

다비드 왕은 이에 대해 이렇게 말했습니다:

נֵר־לְרַגְלִי דְבָרֶךָ וְאוֹר לִנְתִיבָתִי׃

"당신의 말씀은 제 발의 등불이며 제 길에 빛입니다." (트힐림 119:105)

하쉠의 말씀과 토라와 계명은 인간이 이 세상을 여행할 때 빛을 제공해 줍니다.

파라샤트 벡후코타이 / פרשת בחקתי

'어리석은 자는 어둠 속에서 걸어간다'는 코헬레트 2:14 에서의 슐로모 왕의 말은 계명의 요구 사항을 이해할 의지가 없고 올바르게 준수하지 않는 사람을 의미합니다. 그런 사람은 계명을 준수함으로 주어지는 빛이 부족함으로 인해 어둠과 협상하며 그 안에서 끊임없이 넘어지는 어리석음을 보여줍니다.

우리의 낮디낮은 물리 세계는 영적인 위험이 도사리고 있고, 그에 대해 계명의 영적인 빛을 활용하지 않는다면 사람은 결코 하쉠과 가까워질 수 없는 큰 위험에 처하게 됩니다. 유대 현인들은 토라가 사람을 '깨어 지키게' 만든다고 가르칩니다. (그마라 아보다 자라 20b)

토라가 없는 사람은 하쉠의 뜻에 따라 '자신의 삶'을 살고 있는지를 확인하고자 그의 길을 계산하고 감시할 수 없습니다. 그러한 조심성이 없이 인생을 살아가는 사람은 사실상 어둠 속에서 인생을 살아가는 것이며, 자신이 하고 있는 일이 옳은 지 그른 지에 대해 결코 생각하고 숙고하지 않습니다. 그러한 사람은 계속해서 구부러진 길을 따라가게 됩니다.

그런데 그보다 더 나쁜 것은, 그의 무지로 인해 실제로 그에게 진정으로 옳은 것이 '그렇지 않다'라고 결정할 수 있다는 것이며, 진정한 길을 따라서 실제 목적지에 도착할 의지가 없이 엉뚱한 길을 따라 계속 도는 것만 강화시킬 수 있다는 점입니다. 자신의 길을 밝혀줄 토라와 그 계명을 가진 사람은 좋은 것과 악한 것을 구별하는 데 필요한 빛을 부여받는 특성을 얻을 수 있습니다. 그러한 사람은 진리의 길에 머물며 거짓의 위험을 피하게 됩니다.

토라는 빛을 세상에 가져온 데에 대한 보상으로 하쉠께서 '적절한 때에 비를 내려 주실 것'에 대해 약속하고 있는데, 이는 하쉠께서 사람에게 주는 모든 육체적 선물 중 가장 중요한 것이기도 합니다. 적절한 때에 내리는 비는 초목을 싹트게 하여 사람이 살아가는데 필요한 물질적 자양분을 공급해주기 때문입니다. 비는 단순한 보상 그 이상으로, 그것은 계명을 준수하고 영적인 빛을 가져옴으로 우리의 물리적 세계를 비추는 영적 영역의 '자연스러운' 반응입니다.

토라는 인간에게 하쉠께 반역하지 말며 계명들을 어기지 말라고 경고하고 있습니다. 만약 그렇게 한다면 하쉠께선 다음 구절에서 말하는 것처럼 '다양한 고난'으로 그를 처벌한다

하셨습니다:

אַף־אֲנִי אֶעֱשֶׂה־זֹּאת לָכֶם וְהִפְקַדְתִּי עֲלֵיכֶם בֶּהָלָה אֶת־הַשַּׁחֶפֶת וְאֶת־הַקַּדַּחַת מְכַלּוֹת עֵינַיִם וּמְדִיבֹת נָפֶשׁ

"내가 또한 이것을 너희에게 행할 것이다. 나는 공포와 폐병과 열병을 너희에게 지정하여 눈들을 쇠하게 하고 혼을 쇠약하게 할 것이다…" (바이크라 26:16)

이러한 고난들은 인간의 죄로 인해 발생합니다. 이는 '눈들을 쇠하게 하고 혼을 쇠약하게 할 것이다'라는 단어(נפש ומדיבת עינים מחלות)들의 첫 글자를 결합할 때 '죄로부터(מעון)'라는 글자가 파생된다는 것에서 알 수 있습니다.

많은 사람들은 질병이 '자연적인 원인'으로 인해 발생한다고 잘못 믿고 있으며, 의사만을 찾고 있습니다. 그러나 사람은 고난이 '부정적인 행동의 결과'라는 것을 이해해야 하며, 고난의 영적인 원인을 밝히고자 자기 성찰에 힘써야 합니다. 그리고 부정적 행동을 식별한 후에는 그에 대한 고통이 끝나도록 회개해야만 합니다. 실제로 하쉠께서는 이스라엘 자손이 바다의 마른 땅 위로 건너간 후에 이렇게 말씀하셨습니다:

וַיֹּאמֶר אִם־שָׁמוֹעַ תִּשְׁמַע לְקוֹל ׀ יְהוָה אֱלֹהֶיךָ וְהַיָּשָׁר בְּעֵינָיו תַּעֲשֶׂה וְהַאֲזַנְתָּ לְמִצְוֺתָיו וְשָׁמַרְתָּ כָּל־חֻקָּיו כָּל־הַמַּחֲלָה אֲשֶׁר־שַׂמְתִּי בְמִצְרַיִם לֹא־אָשִׂים עָלֶיךָ כִּי אֲנִי יְהוָה רֹפְאֶךָ

"만약 너가 하쉠, 너의 엘로킴의 소리를 잘 들어 그의 눈에 바르게 행하고 그의 계명들에 귀 기울이고 그의 모든 법들을 지키면 내가 미쯔라임에 두었던 모든 질병을 네게 두지 않으리니 이는 내가 너를 치료하는 하쉠이기 때문이다." (슈모트 15:26)

우리는 이 구절을 통해 하쉠께서 사람에게 그의 행위에 상응하는 질병을 가한다는 것을 알수 있습니다. 질병이란 것은 고통을 일으키는 육체적 옷을 입히는 영적인 힘입니다. 그렇기에 회개하지 않는다면 의사를 찾거나 약을 먹는다 해도 소용이 없습니다. 그래서 구절은 '눈들이 쇠하고 혼이 쇠약하게 된다'고 강조합니다. 사람이 갈망하는 눈으로 자신의 병에 대한 의학적 치료법을 찾는다 하나, 고통의 진정한 원인인 죄를 회개하지 않는다면 치유는 찾아오지 않습니다.

우리는 여기서 '병에 걸렸다가 회개하지 않았는데도 회복약만 먹고서도 나은 악인들도 많지 않은가?'라고 생각할 수 있습니다. 하쉠께서 사람에게 고난을 주시는 것은 그 사람으로 하여금 자신의 길에서 잘못을 깨닫고 회개하도록 하는 것입니다. 이런 메시지에 귀를 기울이지 않는 사람은 거룩함으로부터 멀어지는데, 그런 이가 메시지에 귀를 기울이지 않을 때 하쉠께서 그의 고통을 완화시켜 주는 것처럼 보이는 경우도 있으나, 이것은 그가 '의로워서'가 아닌 그가 악한 성향을 따르도록 '버려져서' 나오는 악의 표시입니다.

유대 현인들은 거룩함에서 멀어진 사람이 더 이상 '살아있는 존재'로 간주되지 않음을 가르칩니다 (베락호트 18b). 왜냐하면 그런 이들은 더 이상 '진짜 생명'을 갖고 있지 않기 때문입니다. 그러나 의인에 관해선 정반대인데, 그들은 육체적으로 죽음을 맞더라도 [여전히 그 혼이] 거룩함과 연결되어 있는 것으로 인해 실제로 살아있습니다.

그렇다면 불치병으로 인해 고통받는 의인의 경우는 어떨까요?

이러한 고통은 죄에 대한 형벌이 아니며, 오히려 사랑으로 인한 고통으로 불립니다. (그마라 베락호트 5a) 그들의 고난은 불결함의 범위 안에서가 아닌 거룩함으로부터 비롯됩니다. 그들의 고난은 그들의 영에 더 많은 힘을 불어넣기 위해 육체를 약화시키는 역할을 합니다. 그러한 영혼은 예샤야후 예언자가 말했듯이 하쉠과 최대한 가까워지게 됩니다.

וַיהוָה חָפֵץ דַּכְּאוֹ הֶחֱלִי אִם־תָּשִׂים אָשָׁם נַפְשׁוֹ יִרְאֶה זֶרַע יַאֲרִיךְ יָמִים וְחֵפֶץ יְהוָה בְּיָדוֹ יִצְלָח:

"하쉠께서 그를 병으로 상하게 하기를 원하셨으니 그가 자신을 배상제물로 놓으면 그가 자손을 볼 것이며 날들이 길 것이고 하쉠의 뜻을 그가 이룰 것이다." (예샤야후 53:10)

의로운 사람이 그의 고통을 통해 영적인 상승에 이르면, 유대 현인들이 "의인의 시작은 고난이나 그 끝은 평화로다."라고 가르치는 바(미드라쉬 베레쉬트 라바 66:5)처럼 그는 자신의 육체로부터 벗어나 질병을 극복하고 평화로운 삶을 살 수 있게 됩니다.

토라는 하쉠께서 그분의 계명에 대해 순종하지 않은 이스라엘 자손에게 내릴 다양한 형벌에 대해 얘기하고 있습니다.

파라샤트 벡후코타이 / פָּרָשַׁת בְּחֻקֹּתַי

이스라엘 자손이 겪게 될 형벌과 고난의 길고 긴 목록 가운데, 우리는 다음과 같은 사실을 발견할 수 있습니다:

וְזָכַרְתִּי אֶת־בְּרִיתִי יַעֲקוֹב וְאַף אֶת־בְּרִיתִי יִצְחָק וְאַף אֶת־בְּרִיתִי אַבְרָהָם אֶזְכֹּר וְהָאָרֶץ אֶזְכֹּר:

"나는 야아코브와의 내 언약을 기억할 것이다. 또한 이쯔학크와의 내 언약도, 아브라함과의 내 언약도 나는 기억하고 그 땅을 나는 기억할 것이다." (바이크라 26:42)

이것은 여러가지로 수수께끼입니다:

- 이 구절이 모든 형벌을 나열하는 가운데서 나타나는 이유가 무엇일까요? 하쉠의 형벌과 그 전체의 목록을 뒤따라 기재되는 방식이 더 적절하지 않았을까요?

- 유대 족장들의 이름은 왜 그 순서가 야아코브로 시작해서 거꾸로 기록되어 있을까요?

- 야아코브로 그 순서가 시작되어야 할 이유가 있더라도 토라는 왜 이쯔학크의 언약과 아브라함의 언약을 또한 따른다고 할까요? 그리고 그들과의 언약을 기억하는 것은 야아코브와의 언약을 기억하는 것보다 덜 중요하다는 것을 보여주는 것일까요?

- 야아코브는 원래 יעקב로 쓰이지만, 이 구절에서는 바브(ו)라는 글자를 붙여 יעקוב로 쓰고 있습니다. 어째서일까요?

이러한 난제는 다음과 같이 답해집니다: 이 구절은 이스라엘 자손의 궁극적인 구원을 위해 요구되는 '여러 단계'를 암시합니다. 이스라엘 자손이 하쉠의 말씀에 귀를 기울이지 않은 것에 대한 형벌로 견뎌야 하는 쓰라린 유배를 묘사하는 가운데, 토라는 이스라엘에게 그 구원에 관해 알려주고 있습니다. 모든 고난 가운데서, 하쉠께선 이스라엘에게 '구원의 일면'을 보여주시고 이스라엘을 강하게 하여 견디기를 원하시며, 모든 형벌 가운데서도 하쉠께서 유대 조상들과의 언약을 기억할 것이라는 메시지를 안겨줍니다.

그리고 더 깊은 차원에서 그 내용을 본다면, 악과 불결한 것이 근절될 때 최종 구속이 도래할 것입니다. 그러한 바로잡음은 야아코브가 '아브라함과 이쯔학크보다 높아질 때'에만 일어날 것이며, 그 시점에서 불결한 힘은 그 바로잡음을 방해할 수 없게 됩니다.

아브라함과 이쯔학크[가 야아코브보다 뒤로 기재된 이유]는 그들이 각각 불결한 원동력의 측면을 대표하는 이슈마엘과 에싸브를 낳았기 때문입니다. 그러나 야아코브의 자녀들은 모두 의인이었으며, 거룩함의 기초가 되었습니다. 유대 현인들의 말에 따르면, 야아코브는 그의 침상이 '완전'했다고 가르칩니다. (미드라쉬 쉬르 하쉬림 라바 4:7) 왜냐하면 자녀들 중 어느 누구도 '불결함'으로 오염되지 않은 궁극적인 구원을 얻었기 때문입니다.

이제 여기서 우리는 야아코브의 이름이 왜 하쉠께서 그들에게 주신 약속을 기억하는데 관한 명단에서 가장 먼저 두드러지는지 이해해 보겠습니다. 물론 하쉠께서 아브라함과 이쯔학크에게 하셨던 약속을 기억하는 것도 필수이지만, 여기서 그것은 야아코브와의 언약에 이은 부차적인 것이기에 구절은 '또한'이라고 첨부하며 강조합니다.

야아코브라는 이름에 글자 바브가 첨부된 이유는 그럼 무엇일까요?

이스라엘 온 민족을 대표하는 야아코브가 낮은 영적 상태에 있을 때, 그는 예언자가 말한 대로 유배와 영적 죽음의 뿌리가 됩니다:

מִי יָקוּם יַעֲקֹב כִּי קָטֹן הוּא:

"…야아코브가 작으니 누가 [그와] 일어나겠습니까?" (아모스 7:2)

구절의 '작으니'라는 표현은 바로 이스라엘 자손이 낮은 영적 상태에 있다는 것을 가리키는 것으로 볼 수 있으며, 예언자는 그런 그들이 어떻게 살아남을 수 있을지 궁금해합니다. 그래서 여기서 야아코브가 '생명의 확신'을 상징하는 문자 바브를 추가로 얻을 때, 그것은 그의 높은 영적 수준의 표식이 되며 구원을 가져오게 됩니다.

바브라는 글자는 여기서 어떤 이유로 생명의 확신이 된다는 것일까요?

바로 카인이 동생을 살해한 이후 아무도 그를 죽이지 않도록 하기 위해 하쉠께서 그에게 붙여주었던 표식(베레쉬트 4:15)이 바브라는 글자였기 때문이며, 또한 하쉠 이름의 영광을 위해 불법적인 관계를 맺고 있던 지므리와 코즈비를 죽인 핀하스(바미드바르 25:7)에게 그의 용기 있는 행동에 대한 보상으로 하쉠께서 핀하스에게 '평화의 언약'으로 그와 이스라엘 민족에게 생명의 확신을 주신 것이 연관이 있습니다. (바미드바르 25:11)

핀하스는 바로 엘리야후 예언자와 동일 인물인데, (그렇게 그는 실제로도 영원한 생명을 얻었다 –

파라샤트 벡후코타이 / פרשת בחקתי

역자 주) 엘리야후(אליהו)는 '마지막 때를 위해 보내짐'이 예언된 말악히 예언자의 구절(말악히 3:23)에 글자 바브가 빠진 엘리야(אליה)로만 그 이름이 기록됨으로써 영적인 균형이 맞춰졌습니다. 그를 통해 엘리야후 예언자는 '생명의 확신'인 바브가 다시 붙은 이름으로 돌아오며 구속을 불러오게 될 것입니다.

본문의 구절은 그렇게 각 족장들의 이름과 함께 언약을 강조하며 구속에 필요한 영적인 힘에 대해 언급하고 있습니다. 하쉠께선 그렇게 '고난과 격려의 서술' 가운데서 그분께서 유대 족장들과 맺으셨던 언약을 기억하고 구속할 날이 올 것을 상기시키며 그러한 사상을 드러내었습니다.

אִישׁ כִּי יַפְלִא נֶדֶר בְּעֶרְכְּךָ נְפָשֹׁת לַיהוָה:

"…어떤 사람이 하쉠께 사람들을 네 정한 값으로 드리는 서원을 했을 때" (바이크라 27:2)

토라는 여기에서 사람이 다른 사람의 가치에 대해 맹세하는 에렉힌(ערכין)이라는 특정 유형의 서약에 대해 논의하고 있습니다. 서원한 사람은 성별과 나이에 따라 정해진 금액을 내게 되고, 그 기부금은 성전을 유지하는 데 사용됩니다.

에렉힌에 관한 법은 언뜻 보면 수수께끼처럼 보입니다. 인간에게 금전적 가치를 부여하는 것이 어떻게 가능한가요? 게다가 설령 인간에게 금전적 가치가 부여될 수 있다고 하더라도 그것은 토라에서 규정한 가치들보다 훨씬 더 큰 가치 판단이 있어야 하지 않을까요?

유대 현인들은 '한 유대인 영혼의 생명을 유지시켜 주는 사람은 온 세상을 유지시키는 것과 같다'라고 가르칩니다. (미슈나 산헤드린 4:5) 그럼 한 사람이 '온 세상'이라면 그 사람에게 대체 어떻게 금전적 가치를 부여할 수 있을까요? 거기다 토라는 왜 이러한 형태의 서약을 단순히 '정한 값'이라고 하지 않고 네 정한 값으로 설명할까요?

토라는 그 평가가 엄격히 '너가 정한 것', 즉 인간이 자신의 인식에 기초해 부여한 가치라고 가르치고 있습니다.

우리는 물리적 세계에 살며 모든 것을 물리적 수준에서 인식하고 물리적 가치를 지니고 살아갑니다. 그러나 진리를 아시는 하쉠께선 사람의 영적 존재라는 관점에서 그 사람의 진정한 가치를 보실 수 있으며, 인간은 그러한 가치를 부여할 수 없습니다. 그렇기에 유대 현인들이 얘기한 바 역시 다시 들여다보면 '유대인의 생명'이 아닌 '유대인 영혼의 생명'이라고 언급하며 영적인 요소를 강조하고 있습니다.

온 세상을 대표하는 것은 한 개인의 영적 가치이기 때문에 그래서 본문에 할당된 인간적 가치 평가는 영적이며 진정한 가치인 '나(하쉠)의 가치 평가'가 아니라 '너의 가치 평가'입니다. '육체적 가치'라는 것에 대한 우리의 인식은 나이와 성별에 따라 결정되지만, 영적인 가치는 그러한 제한이 없습니다.

사람은 육체적으로 발전함에 따라 그의 영성도 발전합니다. 가치 평가는 기본적으로 육체적일 뿐이나, 하쉠께서는 그것이 영적인 현실의 가치도 반영하기를 원하셨습니다. 그렇기에 육체적인 부분과 관련된 그러한 가치는 각 발달 단계마다 개인의 영적 수준에 해당하는 더 깊은 의미에 뿌리를 두고 있습니다.

파라샤트 바미드바르 (바미드바르 1:1 – 4:20)

וַיְדַבֵּר יְהוָה אֶל־מֹשֶׁה בְּמִדְבַּר סִינַי בְּאֹהֶל מוֹעֵד בְּאֶחָד לַחֹדֶשׁ הַשֵּׁנִי בַּשָּׁנָה הַשֵּׁנִית לְצֵאתָם מֵאֶרֶץ מִצְרַיִם

"그들이 미쯔라임 땅에서 나온 지 2년 둘째 달 초하루에 하쉠께서 씨나이 광야 회막에서 모셰에게 말씀하셨다…" (바미드바르 1:1)

모든 유대인에게서 발견할 수 있는 '거룩함의 불꽃'(겉으로 드러나는 종교인의 모습 같은 것을 얘기하는 것이 아닌 유대인 한 사람 한 사람의 거룩한 잠재력의 의미 – 역자 주)과 각 사람이 하쉠께 얼마나 특별한지에 대해서는 하쉠께서 그들의 수를 세라고 명하신 부분들에서 분명하게 드러납니다. 그리고 토라의 한 책 자체가 그러한 계수를 위한 것으로 시작된다는 사실은 모든 유대인의 중요성을 더욱 강조하고 있습니다. 그런데 왜 이집트를 떠난 직후가 아닌, 이집트에서 나온 지 두 번째 해의 둘째 달에 그 계산을 하는 것일까요?

우리의 물리적 세상에서 '신성한 존재의 거처'를 대표하는 미슈칸의 건설은 니싼 월(한 해의 첫 달로 규정하는 – 역자 주) 첫 번째 날에 완료되었고 다음 달인 이야르 월에 계수가 이루어졌는데, 이는 이스라엘 아들들이 미슈칸을 둘러싼 주변의 특정 야영지에 진을 치고 정렬할 수 있도록 시간이 필요했던 것 때문이었습니다. 그리고 또한 이스라엘 자손의 대열에 에레브 라브가 계속해서 존재했던 것으로 인해, 이집트를 떠나자마자 그 명령이 이루어지지 않았던 것도 있습니다. 이스라엘 아들들이 정결해지기 위해선 에레브 라브가 금송아지의 죄와 그에 따른 형벌을 통해 제거되어야만 했습니다.

이 악한 이들의 대다수를 제거한다는 것은 이스라엘 자손이 이제 더 높은 수준으로 올라갈 수 있다는 것과 함께 하쉠의 임재에 매달릴 수 있다는 것을 의미했습니다. 이러한 상승은 1:2 에서 나오는 '이쓰라엘 아들들의 모든 회중의 머리를 세되'라고 구절에서 바로 이 머리(로쉬 - ראש)로 나오는 사례를 통해 암시됩니다. 그 머리는 '이스라엘 아들들의 머리'와 미슈칸의 건설로 완성된 '신성한 임재의 머리'를 모두 의미합니다.

유대 현인들은 '회중'이라는 단어가 사용될 때 그 경우가 최소 남성 10 명의 참석자를 의미함을 가르칩니다. '이스라엘 아들들의 모든 회중'이라는 말에서 그 숫자가 영적인 완성도를 나타낸다는 것을 고려하면, 이 시점에서 하쉠의 임재는 완전한 상태에 도달했다고 말할 수 있습니다. 그리고 그 수는 20 세 이상의 남자들로 구성되었는데, 여성은 왜 집계에 포함되지 않는 것일까요? (본문 중 남자들만을 의미하는 '이스라엘 아들들'과 여성도 포함된 '이스라엘 자손'의 의도적인 표현 구분을 눈여겨보면 내용의 이해가 훨씬 깊어질 수 있다 – 역자 주)

그 이유는 모든 영혼에는 남성과 여성의 구성 요소가 동시에 모두 포함되어 있기 때문입니다. 그래서 '남성'의 영적 구성 요소가 상승할 때 여성의 요소도 동시에 자동으로 상승하기 때문에, 남성의 수만 세어도 되었습니다.

그러면 남성만의 계산은 그렇다고 해도 20 세부터 계산하는 것은 왜 그럴까요?

사람의 영적 발달은 몇 가지 상태로 나눌 수 있는데, 첫 번째로 사람이 태어난 날부터 토라의 명령을 준수하라는 13 세가 될 때까지(여성은 12 세 – 역자 주), 그 다음은 13 세부터 18 세까지이며, 유대 현인들은 이때 사람이 결혼해야 한다고 가르칩니다. 그리고 마지막 단계로 18 세에서 20 세까지로, 이 시점에서 사람은 '완전히' 발달되며, 그 때에만 영적인 영역에서 자신의 죄에 대해 형벌을 받을 수 있게 됩니다.

20 세 이상의 계수는 영혼을 높이고 그것을 뿌리에 연결하는 역할을 했습니다. 그 높은 지점이 바로 '머리'라는 단어로 지칭되었으며, 그 수준은 영혼이 낮은 수준으로부터 완전히 발달했을 때만 도달할 수 있는 것이었습니다. 그렇게 그러한 발전은 20 년에 걸쳐 이루어지는 것이며, 인간의 영적 요소가 20 세까지 발달하는 것처럼, 영혼을 담는 그릇인 '육체'도 그와 함께 성장이 필요합니다. 신체 발달의 완성이 스무 살이 될 때쯤이라고 하는 것은 그러한 이유에서입니다.

사람이 군대에서 복무하라는 명을 받는 것은 스무 살이 되어야 합니다. 그 시점까지 그는 자신이 직면할 수 있는 많은 장애물에 맞서 싸울 영적 준비가 되지 않기 때문에 전쟁에 나간다면 큰 위험이 됩니다.

שְׂאוּ אֶת־רֹאשׁ כָּל־עֲדַת בְּנֵי־יִשְׂרָאֵל לְמִשְׁפְּחֹתָם לְבֵית אֲבֹתָם בְּמִסְפַּר שֵׁמוֹת כָּל־זָכָר לְגֻלְגְּלֹתָם:

"이쓰라엘 아들들의 모든 회중의 머리를 세되, 모든 남자를 그들의 머릿수대로 이름들의 수에 따라 그들 조상의 그들 가문에 따라라." (바미드바르 1:2)

모셰와 아하론은 이스라엘 민족의 남자 중 전투에 적합한 나이인 스무 살부터 세라는 명령을 받습니다. 각 개인을 강조하는 계수는 각 사람에게 전투를 수행하고 적을 정복하는데 필요한 영적인 힘을 주입함으로, 당시 이스라엘 땅에 살던 거주민들로부터 이스라엘 땅을 정복할 전쟁을 준비하도록 의도됩니다. 그리고 이 시점에서 이스라엘 자손의 '이스라엘 땅으로 곧장 가고자 하는 의도'는 정탐꾼들의 죄로 인해 광야에서 40년을 머무는 것을 명령받게 됩니다.

하쉠께선 불결함이 지배하고 있는 광야에서 특별히 이러한 준비를 하도록 그들에게 명령하셨습니다. [불결함의] 근원을 정복하면 그의 산물인 적을 쉽게 물리칠 수 있기 때문입니다. 이스라엘 아들들을 세라는 명령을 받은 모셰와 아하론이 이 영적인 준비를 촉진하는 임무를 맡은 것은, 그들이 이스라엘 회중의 가장 위대한 영혼으로서 이 중요한 바로잡음이 그들을 통해 수행되어야 했기 때문이었습니다.

모셰와 아하론 외에 열 두 지파의 지도자들도 참여했는데, 그들이 참여한데 대한 깊은 본질은 하쉠의 네 글자 이름이 불결함을 베어내는 데 사용되는 '신의 검'을 표현한다는 것에 뿌리를 두고 있습니다. 하쉠의 이름 중 바브(ו)는 검의 몸체를, 유드(י)는 칼끝을 나타내며, 두 번의 헤이(ה)는 각각 검의 양 날을 나타내 줍니다. 전쟁을 수행하기 위해 이스라엘 아들들은 하쉠의 네 글자 이름이라는 '검'의 측면으로부터 영적인 힘을 받아야 하는 것을 필요로 했습니다.

열 두 지파의 지도자들은 모셰와 아하론과 함께 이스라엘 아들들을 세는 계수에 참여하며 숫자 14 를 이룹니다. 14 라는 숫자는 다음 구절에서 나오듯 불결함과 전쟁을 벌이는 하쉠의 손(야드 - יד)을 의미하는 숫자값과 동일합니다:

כִּי־יָד עַל־כֵּס יָהּ מִלְחָמָה לַיהוָה בַּעֲמָלֵק מִדֹּר דֹּר:

"…신의 보좌 위에 손이 있고 하쉠의 전쟁이 대대로 아말렉에 있을 것이다." (슈모트 17:16)

그리고 이를 위해 설명된 준비는 모두 특별히 광야에서 이루어집니다.

וְחָנוּ בְּנֵי יִשְׂרָאֵל אִישׁ עַל־מַחֲנֵהוּ וְאִישׁ עַל־דִּגְלוֹ לְצִבְאֹתָם:

"이쓰라엘 아들들은 각자 그의 진 대로, 그리고 각자 그들의 부대에 따라 그의 깃발대로 진을 쳐야 한다." (바미드바르 1:52)

이스라엘 자손의 뿌리, 그들 영혼의 영적 질서는 이제 각 측면이 특정한 위치에 완벽히 정렬하게 됩니다. 나무에 줄기가 있고 큰 가지가 있으며 작은 가지가 있는 것처럼 이스라엘 자손의 '영적 나무'도 그에 따라 조직됩니다. 자신의 위치에 있는 나무의 각 요소에는 상대의 영역을 침범하지 않는 특정 작업이 부여됩니다. 광야에서 이스라엘 자손이 진을 치는 순서는, 깊은 차원에서 그들의 영적 본질을 평행으로 표현하는 것으로 이해할 수 있습니다.

사람은 자신의 독특한 영적 본질과 관련된 올바른 위치에 있을 때 진정으로 자신의 운명에 만족하게 됩니다. 각 사람이 고유한 위치에 있다는 사실을 인지하지 못한다면 서로 간에 질투가 발생합니다. 그러나 각자의 지위가 영적 본질과 연관되는 점을 이해한다면, 우리는 인생에서 서로의 지위를 탐낼 이유도 욕망도 없을 것입니다. 따라서 신성한 계획 안에서 자신의 역할을 이해하는 천사들의 경우 서로에 대한 질투심을 품지 않습니다.

이스라엘 진영의 평행으로 하쉠께서 그 대열에서 질투를 제거하실 때 이스라엘 자손은 '천사의 수준'에 도달할 수 있었습니다. 왜냐하면 사람이 높은 수준의 깨달음에 도달해 그의 영적 본질에 기초하고 자신의 참된 위치를 깨달을 때 거기엔 어떤 질투도 들어가지 못하기 때문입니다.

וְהַלְוִיִּם יַחֲנוּ סָבִיב לְמִשְׁכַּן הָעֵדֻת וְלֹא־יִהְיֶה קֶצֶף עַל־עֲדַת בְּנֵי יִשְׂרָאֵל וְשָׁמְרוּ הַלְוִיִּם אֶת־מִשְׁמֶרֶת מִשְׁכַּן הָעֵדוּת:

"그리고 레비인들은 증거의 미슈칸 주위에 진을 쳐서 이쓰라엘 아들들의 회중에게 진노가 임하지 않도록 해야 한다. 레비인들은 증거의 미슈칸에 대한 책임을 지켜야 한다." (바미드바르 1:53)

영적인 의미에서 거룩함에 좀 더 가까운 레비인들은 미슈칸에 가장 가까운 위치에 진을 치라는 명령을 받습니다. 레비 진영의 임무는 영적으로 적합하지 않은 자가 슈히나의 영역에 들어가는 것을 방지하는 데 있었습니다. 우리는 구절에서 미슈칸 주변에 레비인들을 배치해야 이스라엘 자손에게 진노가 임하는 것을 막을 수 있다고 하는 것을 봅니다.

하쉠께서 정한 명령을 지키지 않음으로써 이스라엘 자손에게 임할 심판을 묘사하는 데 대해 왜 진노라는 표현이 사용되는 것일까요?

'진노'에 사용된 단어 케쩨프(קצף)는 흥미롭게도 히브리어 알파벳의 역순이기도 합니다. (פ-צ-ק) 이는 하쉠께서 정한 순서를 '뒤집은' 결과로 케쩨프라는 단어가 가혹한 심판을 받을 것을 암시하는 것으로 쓰인 이유입니다. 그래서 이스라엘 자손이 레비인을 미슈칸에 가장 가깝게 배치하고 나머지 이스라엘 자손을 레비 진영 바깥에 배치하라는 하쉠의 명령을 따르지 않는다면 순서를 뒤집어 놓은 케쩨프의 형태처럼 명령이 뒤집어져 가혹한 심판을 받게 됩니다.

אִישׁ עַל־דִּגְלוֹ בְאֹתֹת לְבֵית אֲבֹתָם יַחֲנוּ בְּנֵי יִשְׂרָאֵל מִנֶּגֶד סָבִיב לְאֹהֶל־מוֹעֵד יַחֲנוּ:

"이쓰라엘 아들들은 각 사람이 그들의 문중들의 표시들인 그의 깃발 옆에 진을 치되 회막 주위 맞은편에 진을 쳐야 한다." (바미드바르 2:2)

유대 현인들은 '하쉠께서 시나이 산 꼭대기에서 이스라엘 자손에게 자신을 나타내셨을 때 그들이 '하늘의 천사들이 진을 치는 것'을 목격하여 그것이 비슷한 질서를 위한 열망이 일어났다'라고 가르칩니다. (미드라쉬 바미드바르 라바 2:2-6) 하쉠께선 그들의 소망을 허락해 그들에게 '특정한 진과 깃발'에 따라 질서를 세울 것을 명하셨습니다.

이스라엘 자손의 진영은 네 깃발로 이루어지고, 열 두 지파는 한 깃발에 세 지파씩 나누어졌습니다. 이 깃발의 각각은 하쉠의 네 글자 이름으로 된 글자를 나타내며, 다음의 구절에서 볼 수 있듯 이스라엘을 향한 하쉠의 엄청난 사랑과 그 관계를 강조해 줍니다:

וְדִגְלוֹ עָלַי אַהֲבָה:

"…내 위에 그의 깃발이 사랑이로다." (쉬르 하쉬림 2:4)

하쉠의 속성에 부합하는 하쉠께서 택한 백성의 질서가 완전하다는 것은 창조주와 그분의 백성 간의 깊은 사랑의 연결을 나타냅니다.

וַאֲנִ֞י הִנֵּ֧ה לָקַ֣חְתִּי אֶת־הַלְוִיִּ֗ם מִתּוֹךְ֙ בְּנֵ֣י יִשְׂרָאֵ֔ל תַּ֧חַת כָּל־בְּכ֛וֹר פֶּ֥טֶר רֶ֖חֶם מִבְּנֵ֣י יִשְׂרָאֵ֑ל וְהָ֥יוּ לִ֖י הַלְוִיִּֽם׃

"그리고 내가, 보라, 이쓰라엘 아들들 중 태를 연 모든 맏아들 대신에 이쓰라엘 아들들 가운데서 레비인들을 취했으니, 그들 레비인들은 내 것이다." (바미드바르 3:12)

이스라엘 자손의 장자들은 원래 제사장직으로 섬기도록 되어 있었습니다. 그러나 금송아지의 죄로 인해 그 섬김의 역할은 그들로부터 취해져 장자를 대신하여 섬길 레비 지파에게 주어집니다.

하쉠께선 왜 그저 '레비인들을 취했다'라는 표현대신 '그리고…보라'라는 말로 말씀을 시작하신 걸까요?

그 이유는 하쉠께서 모셰에게 물리적 영역에서 수행하라고 명하신 모든 것이 이미 영적 영역에 존재했던 현실을 반영하기 때문이었습니다. 하쉠께선 모셰에게 그러한 사실을 알려주셨을 뿐만 아니라 예언적으로 '제사장직'이 레비인에게 넘어갔다는 영적 현실을 모셰에게 보여주셨는데, 이는 일반적으로 '가리키는 데' 사용되는 보라라는 서두에서 알 수 있습니다. 물리적 영역에서 그러한 변화를 촉진시켜야 하는 것이 바로 모셰의 임무였습니다.

구절은 왜 레비인들이 '이스라엘 아들들 가운데서' 취해졌음을 강조하고 있을까요?

영적인 영역은 내부와 중간, 그리고 외부 영역이라는 세 가지 구분으로 세분화될 수 있는데, 내부 수준은 코헨, 중간 수준은 레비, 그리고 외부 수준은 이스라엘로 대표됩니다. 하쉠께선 중간 수준과 내부 수준에 위치한 레비인들(코헨도 레비 지파로부터 나오게 된 이해를 바탕 – 역자 주)을 취해 '장자들의 자리'에 두셨습니다. 그래서 토라는 '내가…이쓰라엘 아들들 가운데서 레비인들을 취했으니'라고 강조하여 그들의 영적 수준이 이스라엘 아들들의 두 내면적 수준 가운데서 발견되었음을 강조합니다.

유대 현인들은 토라가 하쉠과 관련하여 '나에게'라고 말할 때마다 그것이 영원한 약속을 의미하는 것이라고 가르칩니다. 따라서 하쉠을 섬기도록 선택된 레비인들은 그들의 지위가 '영원히' 유지될 것임을 나타냅니다. 인간의 생명은 영원한 것이 아니기에 인간의 임명은 영원할 수 없으며 주로 통치자의 변덕에 따라 달려있는 편이지만, 영원하신 하쉠께서는 영원한 약속을 정할 수 있습니다.

레비인들을 선택하심은 이스라엘 자손이 하쉠의 선택을 받은 백성인 것처럼 영원한 것입니다. 토라는 구절의 문맥에서 '나에게'라는 표현을 사용하며, 이는 다음의 문맥을 통해서도 이해해 볼 수 있습니다:

כִּי־לִי בְנֵי־יִשְׂרָאֵל עֲבָדִים עֲבָדַי הֵם

"왜냐하면 [나에게](원문상 있는 표현 – 역자 주) 이쓰라엘 아들들은 내 종들이기 때문이다…" (바이크라 25:55)

그리고 맏아들에 관해서도 같은 문맥으로 이해해볼 수 있습니다:

כִּי לִי כָּל־בְּכוֹר

"이는 [나에게] 모든 맏아들이 내 것이기 때문이다…" (바미드바르 3:13)

장자의 거룩함 또한 영원하기 때문에 이스라엘의 모든 세대는 장자를 대속해야 하는 계명이 있습니다. ('피드욘 하벤' – 역자 주) 그러한 장자들의 거룩함은 하쉠께서 이집트의 장자들을 치셨을 때 그들에게 주어졌습니다. 그리고 하쉠께선 그들에게 거룩함을 부여하시고 그것을 제거하지 않으셨습니다. 이것은 유대 민족이 '하늘이 주신 것은 빼앗지 않는다'(타아니트 25a)라는 가르침을 통해 배워왔습니다. 그들의 거룩함은 바쳐진 동물이나 물건의 경우처럼 영원한 것입니다.

장자들의 거룩함(정확하게는 그들의 장자로서의 의무 – 역자 주)이 대속을 통해 제거될 수 있다 해도 그들의 본질적인 거룩함은 '영원한 현실'입니다. 그리고 이것은 사람과 동물 그 모든 첫째에게 적용되는데, 사람은 거룩함의 내면을, 동물은 외면을 대표합니다.

파라샤트 나쏘 (바미드바르 4:21 – 7:89)

이스라엘 자손이 광야를 다니며 새로이 진을 이동해야 할 때마다 그들은 미슈칸을 분해하고 운반하며 재조립을 해야 했습니다. 이에 대한 섬김은 레비의 세 아들인 게르숀과 크하트, 므라리로 나누어지는 레비 지파에게 할당되었습니다.

파라샤트 바미드바르에서 우리는 크하트 아들들이 미슈칸의 기물들을 운반할 수 있도록 정돈하기 위해 배정되었음을 볼 수 있습니다. 이것은 영적으로 높아지는 경험이기 때문에 토라는 이 임무에 대해 '크하트 아들들의 머리를 들어올리는 것'이라는 용어로 설명하고 있습니다. 게르숀 아들들도 그들의 임무를 통해 높아졌으며, 따라서 구절은 '게르숀 아들들의 머리도 들어올려라'는 말로 설명하고 있는데, 흥미롭게도 므라리 아들들이 해야 할 임무에 대한 토라의 설명에선 그러한 표현을 찾을 수 없고 토라는 단지 다음과 같이 말하며 운반을 맡을 품목을 나열합니다:

בְּנֵי מְרָרִי...תִּפְקֹד אֹתָם:

"므라리 아들들을…너는 그들을 세어야 한다." (바미드바르 4:29)

창조의 순서는 각기 친절/심판/자비의 속성을 나타내는 오른쪽/왼쪽/중앙의 구성을 기반으로 하고 있습니다. 레비 지파의 세 가문은 각각 이러한 속성 중 하나를 나타내는데, 크하트는 친절(오른쪽), 게르숀은 자비(가운데), 그리고 므라리는 심판(왼쪽)을 나타냅니다.

므라리는 '심판'의 위치에 해당하는 북쪽을 향해 진을 치고 있었습니다. 불결함이 거룩함으로 침투하려고 시도하는 장소가 '북쪽'으로 묘사되기에 판결, [심판의] 힘을 상징하는 므라리 아들들의 진은 거룩함을 보호하고자 전략적으로 그 자리에 배치된 것이었습니다. 불결함과 싸우기 위해 므라리는 고개를 들지 않고 가만히 있어야만 했습니다. 게다가 '불결함의 요새'라는 표현으로도 불리는 광야에서 이러한 태도가 얼마나 더 중요했겠습니까?

므라리(מררי)는 그 이름에서 알 수 있듯이 불결함과의 끊임없는 싸움으로 매우 쓰라려

했습니다. (므라리의 어근이 되는 마르(מר)는 '쓴 맛'을 뜻함 - 역자 주)

코헨들은 레비인들을 감독하라는 임무를 맡았는데, 이 임무는 아하론의 두 아들인 엘아자르와 이타마르에게 나누어졌습니다. 그 두 아들들 중 더 뛰어났던 엘아자르는 '친절'을 대표하는 크하트 아들들을 관리 감독하도록 임명되었는데, 엘아자르(אלעזר)라는 이름은 엘-아자르(하쉠께서 도우셨다)라는 두 개의 단어로 나눌 수 있으며, 엘이라는 이름이 하쉠의 친절의 속성을 나타내기에 그가 친절의 속성을 대표하는 크하트 아들들을 감독하는데 적합했던 것이었습니다.

그 반면에 이타마르는 그보다 덜 구별되는 두 가문, 게르숀과 므라리를 감독하는 임무를 맡았으며, 여기서도 우리는 이타마르(איתמר)의 이름으로부터 에트(את)와 마르(מר)로 나뉠 수 있는(직역으로는 '쓴 것을' - 역자 주) 암시를 발견할 수 있고, 그렇기에 앞서 언급했던 므라리 이름의 의미에서처럼 '쓰다'는 단어에 뿌리를 둔 그들의 작업을 감독하는 데 적절했습니다.

그러면서도 이타마르는 엄연히 친절의 속성을 대표하는 코헨으로써, 게르숀과 므라리에 대한 감독 임명은 므라리가 처리해야 했던 괴로움을 완화시켜주는 역할을 감당했습니다. 친절을 상징하는 코헨과 심판을 상징하는 레비의 일은 그들이 조화롭게 힘을 합쳐 일할 때 그 결과가 완벽하게 나올 수 있었습니다.

토라는 불법적인 [성]관계를 맺은 것으로 의심되는 기혼 여성, 쏘타(סוטה)에 대한 법을 가르치고 있습니다.

만약 결혼한 여성이 특정 남자와 단둘이 있지 말라고 경고를 받았음에도 이후에 그 남자와 단둘이 했던 것을 증인이 증언하는 경우, 그녀는 남편과 있는 것이 금지됩니다. 그녀는 이제 그 남자와의 불법적인 관계에 대해 유죄를 받음으로써 토라에 명시된 절차를 통해 진실이 확인될 때까지 남편에게 큰 의혹을 남기며 [동거가] 금지됩니다. 그녀가 만약 유죄로 밝혀진다면 그녀는 자신의 죄에 대한 형벌로서 그 절차를 통해 죽게 됩니다. 그러나 그녀가 무죄라면 그녀는 살아서 축복을 받게 됩니다.

그 절차는 남편이 아내를 미슈칸/성전으로 데려가는 것으로 이뤄지며, 이때 아내는 특별한 제물을 가져와야 하고 '쏘타의 물'이란 것을 마셔야 합니다.

이 '쏘타의 물'은 물과 미슈칸/성전 바닥의 흙, (5:17) 그리고 물에서 지워지는 두루마리에 쓰인 쏘타에 관련한 파라샤 부분으로 구성되는데, 여자가 그것을 마실 때 죄가 있다면 배가 부풀어 올라 터지게 되며, 무죄로 밝혀진다면 그녀는 역으로 번영의 축복을 받게 됩니다.

그런데 이것을 더 깊은 수준에서 보면, 그 절차는 무언가 어긋나 보이는 것이 있습니다. 왜냐하면 '물'은 하쉠의 친절의 속성을 나타내 주는 것이기 때문입니다. 이것이 간음이 의심되는 여자를 죽이는 데 기대할 수 있는 매개체가 될 수 있다는 것인가요?

그런데 그 이유는 악인들이 하쉠의 자비의 속성을 심판의 속성으로 변화시키는 데에 있습니다. 그래서 자비를 상징하는 물이 그러한 여자를 심판하고 벌하는 것으로 사용되는 데에 합당하게 됩니다. 그와 마찬가지로 노악흐의 대홍수 때에도 물은 인류를 멸망시키는데 사용되었습니다. 사람들의 악함으로 인해 하쉠께선 친절이 아닌 심판으로 행동하게 되었고, 그에 대한 응답으로 하쉠께선 친절의 상징인 물로 홍수를 내어 그들을 벌하셨습니다. 게다가 그 물은 '쓴 물'이었는데, 그것은 친절의 상징인 물을 심판의 속성으로 바꿔내기 위해서 심판의 어떠한 측면을 물에 두는 것이 필요했던 의미였습니다.

하쉠의 이름을 담고 있는 쏘타의 파라샤 부분을 친절의 상징인 물에 지워지게 하는 것은 간음이 의심되는 여인의 행위에 상응하는 것을 심판으로 바꾸는 의미였습니다. 그러나 그 여자가 결백하다면 물 속에 들어간 파라샤 두루마리에 쓰인 하쉠의 이름이 그녀의 행동에 따라 반응이 나타나 그녀에게 친절을 불어넣어주게 됩니다. 유대 현인들은 그때 그 물은 친절의 속성이란 본성으로 작용해 닫혀 있던 모든 것을 열어주어 만약 여자가 불임인 경우 그녀가 아이를 가질 수 있게까지 해주었다고 가르칩니다.

신성한 미슈칸의 땅으로부터 취해진 흙은 그녀의 행동이 인간의 바탕인 흙, 즉 육체에서 비롯된 행동이 영적인 영역에서 방벽을 쌓은 것임을 나타냅니다. 그래서 그녀가 결백하다면 흙을 물에 담는 것이 그녀를 처벌하는 것이 아닌, 그녀를 오히려 높여주며 흙으로 대표되는 육체를 정화시켜주었습니다.

그리고 그것을 금속이 아닌 토기에 물과 함께 담은 이유는 토기 그릇이 '육체적 복종'을 상징하는 가난한 자들의 미천하고 화려하지 않은 그릇의 의미였기 때문입니다. 그녀의 죄를 초래한 것은 그녀가 육체적인 것에 지나치게 관여한 것으로, 그녀를 다룬 육체를 정복시키기 위해 쏘타의 벌에 관한 가르침을 담은 구절의 두루마리를 필요로 했습니다. 그리고 물을 마시는 것 외에도 그녀는 질투의 곡식제물을 가져와야 했는데, 그녀가 이 제물을 가져오기 전까진 물로서 그녀를 확인할 수 없었습니다. 그 제물은 '기억하게 하는 곡식제물 – 민하트 하지카론(מנחת הזכרון)'으로 불렸는데, 이것은 그것이 그녀의 죄를 상기시키고 형벌의 확인을 시작하게 하는 의미를 지녔기 때문이었습니다.

אִישׁ אוֹ־אִשָּׁה כִּי יַפְלִא לִנְדֹּר נֶדֶר נָזִיר לְהַזִּיר לַיהוָה:

"…남자나 또는 여자가 나지르의 서원을 하여 하쎔께 거룩하게 자신을 구별하면"

(바미드바르 6:2)

남자나 여자나 나지르가 되겠다는 서약을 할 수 있었습니다. 나지르는 남자의 비중이 더 흔했지만, 유대 현인들은 스스로 금욕 서약을 한 위대한 여성들도 있었다고 가르칩니다. 나지르는 스스로 그 서약을 하는 순간 높은 수준의 거룩함을 부여받고 영적인 영역에서의 속성도 함께 높아집니다.

나지르가 되겠다고 맹세하는데 사용된 동사 레하플리(להפלי)는 해당 구절에서는 문맥 상 '구별'의 의미로 쓰였으나, 이 단어는 원래 '경이로움'이나 '놀라움' 등을 만들어 낸다는 의미로 사용됩니다. 그런데 이것은 어색한 개념이 아닌 사실 같은 개념으로, 경이로움은 현실로부터 '구별'된 것과 같은 것이기 때문입니다. 토라가 이러한 동사를 선택한 이유는 그 서원을 함으로써 사람이 세속적인 것으로부터 구별되기 때문입니다. 육체적인 인간이 자신을 하쎔께 더 가까이 다가가게 하기 위해 육체적 성향을 억제할 수 있다는 사실은 실로 '놀라운' 것입니다.

보다 더 깊은 수준에서, 이 단어가 선택된 것은 나지르가 니플라오트(נפלאות)라고 불리는 가장 높은 거룩함의 영역으로 올라갔음을 의미하기도 합니다.

나지르(נזיר)라는 단어는 '왕관'을 의미하는 네제르(נזר)라는 단어에서 유래합니다. 이 서약은 스스로 수행함으로써 사람이 영적인 영역에서 가장 높은 수준의 거룩함, '케테르(כתר - 역시 같은 왕관)'에 도달하게 됩니다. 왕관이 가장 높은 '왕'이라는 수준이라는 상징하는 바처럼, 케테르 역시 영적인 영역의 왕관으로서 최고 수준을 상징합니다.

두 번째 성전 시대에 헬레나라는 여왕이 나지르가 되겠다고 맹세했었습니다. 그 두 번째 성전의 거룩한 수준은 첫 번째 성전 시대보다 낮았었는데, 그렇기에 하쉠께서 영적인 영역의 상승을 일궈내 불결함이 강화되는 흐름을 막고자 이러한 서약의 욕구를 그녀의 마음에 두셨을 것이란 흥미로운 해설이 있습니다.

מַיִן וְשֵׁכָר יַזִּיר חֹמֶץ יַיִן וְחֹמֶץ שֵׁכָר לֹא יִשְׁתֶּה וְכָל־מִשְׁרַת עֲנָבִים לֹא יִשְׁתֶּה וַעֲנָבִים לַחִים וִיבֵשִׁים לֹא יֹאכֵל:

"포도주나 쉰 포도주를 멀리하여 거룩하게 자신을 구별하고 포도 식초나 쉰 식초도 마시지 말며 어떤 포도즙도 마시지 말아야 하고 포도는 생 것이나 마른 것이나 먹지 말아야 한다." (바미드바르 6:3)

나지르가 올라가는 높은 수준의 거룩함은 심판의 속성이 없는 순수한 친절뿐입니다. 포도주는 심판의 속성에 뿌리를 두고 있기에 나지르는 와인이나 그 부산물을 마실 수 없고, 어떤 형태의 포도즙이라도 섭취한다면 이러한 상승이 방해받습니다. 거기에는 포도주의 약화된 형태인 포도 식초 형식으로도 나지르에겐 금지됩니다. 또한 포도 껍질도 금지되는 점은, 그것이 과일 내부라는 본질과 평행을 이루는 '(심판의) 겉옷'을 상징하기 때문입니다.

כָּל־יְמֵי נֶדֶר נִזְרוֹ תַּעַר לֹא־יַעֲבֹר עַל־רֹאשׁוֹ עַד־מְלֹאת הַיָּמִם אֲשֶׁר־יַזִּיר לַיהוָה קָדֹשׁ יִהְיֶה גַּדֵּל פֶּרַע שְׂעַר רֹאשׁוֹ:

"나지르의 서원을 한 그의 모든 날들 동안 칼을 그의 머리 위로 지나가게 하지 말아야 한다. 자신을 거룩하게 구별하는 날들이 찰 때까지 하쉠께 거룩해야 하니 그의 머리털이 자라도록 풀어야 한다." (바미드바르 6:5)

나지르가 올라간 높은 수준은 다니엘의 환상에서 순수한 친절의 수준을 나타내는 '…그의 옷은 흰 눈과 같고 그의 머리카락은 깨끗한 양모와 같으며…'라는 구절(다니엘 7:9)처럼 흰머리가 있는 사람으로 언급됩니다.

유대 현인들은 하쉠께서 쑤프 바다를 가르실 때에는 '전쟁의 젊은이'로 나타나셨으며, 토라를 주실 때는 '자비 가득한 늙은이'로 나타나셨다고 가르칩니다. 흰머리는 자비로 가득한 늙은이를 상징해 주었습니다. 나지르가 이러한 높은 수준에 도달하려면 나지르의 기간 동안 머리를 자르는 것을 금해야 했습니다.

나지르의 머리카락은 하쉠의 친절이 흐르는 '영적 파이프'였습니다. 그 근거는 태어날 때부터 나지르였던 쉼숀이 머리카락이 잘리는 순간 힘을 잃은 경우로부터 찾을 수 있는데, 그 이유는 그의 머리카락을 통해 촉진되었던 영적 영향력이 붕괴되면서 그동안 끌어 모은 거룩함이 사라져 버렸기 때문이었습니다.

그가 얻은 거룩함의 수준은 대제사장의 거룩함보다 높았었습니다. 그래서 토라는 나지르가 일반 코헨도 접촉할 수 있는 (그리고 심지어 명령을 받은 – 역자 주) 일곱 친척을 포함해 어떤 시체와도 접촉함으로 인해 자신을 오염시키는 것을 금지합니다. 대제사장이 가장 가까운 일곱 친척들로부터도 접촉하여 자신을 오염시킬 수 없는 것처럼, 높은 영적 수준에 도달한 나지르도 비록 가까운 이들의 죽음으로부터도 오염되어서는 안됐습니다.

이러한 수준의 거룩함을 얻으려면 나지르는 자신의 맹세 조건으로 적어도 30 일간을 이행해야 했습니다. 30 일의 의미는 한 달을 나타내는 달의 주기를 포함합니다. 유대 현인들은 '하쉠께 거룩해야 하니'에 사용된 단어 이흐예(יהיה)의 숫자값이 30 이라는 것으로부터 그것이 최소 30 일의 기간이어야 함을 파생했습니다. (나지르 5a)

파라샤트 베하알로텍하 (바미드바르 8:1 – 12:16)

דַּבֵּר אֶל־אַהֲרֹן וְאָמַרְתָּ אֵלָיו בְּהַעֲלֹתְךָ אֶת־הַנֵּרֹת אֶל־מוּל פְּנֵי הַמְּנוֹרָה יָאִירוּ שִׁבְעַת הַנֵּרוֹת:

"아하론에게 말하여 그에게 일러라. '너가 등불들을 키러 올라갈 때 일곱 등잔이 메노라의 얼굴을 향해 비추게 하라.'" (바미드바르 8:2)

유대 현인들은 지파들의 지도자들이 미슈칸 봉헌을 위해 각자의 제물을 가져왔음에도 아하론은 어떤 종류의 제물도 가져오라는 명령을 받지 않았다는 사실에 낙심했었다고 가르칩니다. 그러나 하쉠께선 그런 아하론에게 그가 메노라를 준비해(정돈시켜 - 역자 주) 불을 밝힐 임무를 맡게 될 것이므로 미슈칸에서 그의 몫이 더 커질 것이라고 설명해 주심으로써 아하론을 위로해 주셨습니다.

메노라에 불을 밝히는 것이 각 지파 지도자들의 제물보다 더 중요한 이유는 무엇일까요?

지도자들이 가져온 각각의 제물은 분명 영적인 영역의 바로잡음에 영향을 미쳤으나, 거기에 '빛'이 없다면 그 교정은 효과가 없을 것이었습니다. 메노라의 빛의 힘은 그러한 바로잡음을 아름답게 비춰주었습니다. 이것은 창조의 첫 번째 요소가 빛이었다는 것으로도 이해해 볼 수 있습니다. 아름다운 집을 짓고 거기에 아름답고 정교한 가구와 그림들로 장식했다 하더라도 '빛이 부족해' 그것을 볼 수 없다면 그 모든 멋진 작업들이 다 무슨 소용이 있을까요?

그것은 영적인 세계에도 동일하게 적용되어서, 지파 지도자들의 바로잡음의 과정이 적절히 드러나도록 하기 위해선 메노라의 빛이 필수였습니다. 영적 세계에서 가장 높은 곳으로부터 낮은 곳으로 제공하는 친절인 '빛'은 우리에게 낮으로 불리는, 우리의 세상에 쏟아지는 친절로도 나타납니다. 기본적으로 친절함에 뿌리를 두고 있는 아하론과 같은 코헨들이 그 빛의 임무를 맡는 것은 실로 적절한 것이었습니다.

메노라가 뿌리를 두고 있는 영적인 영역은 '악이 존재할 수 있는' 영역입니다. (하쉠께서 계시는 가장 높은 첫 번째 영역은 악이 존재할 수 있는 것이 불가능하다 – 역자 주) 그래서 거기엔 거룩한

파라샤트 베하알로텍하 / פרשת בהעלתך

존재와 평행을 이루는 불결한 순간들이 있을 수 있습니다.

메노라를 만드는 것은 불결한 존재로 인해서 육체적으로나 영적으로나 참으로 어려운 작업이었습니다. 토라는 메노라를 '순금 하나를 두들겨 (슈모트 25:36)' 만들라고 명령하는데, 그 중 '두들겨'라는 의미에 사용된 미크샤(מקשה)라는 단어는 '어려운, 힘든'이라는 의미의 카쉐(קשה)를 바탕으로 나온 단어로, 어려움이나 고난은 메노라의 뿌리인 영적 세계에 불결한 존재가 있기 때문에 발생하는 것입니다. 그 때문에 메노라가 그것의 영적인 본성을 반영하기 위해선 친절을 상징하는 은이 아닌, 심판을 상징하는 금으로 만들어져야 했습니다.

וְזֶה מַעֲשֵׂה הַמְּנֹרָה מִקְשָׁה זָהָב עַד־יְרֵכָהּ עַד־פִּרְחָהּ מִקְשָׁה הִוא כַּמַּרְאֶה אֲשֶׁר הֶרְאָה יְהֹוָה אֶת־מֹשֶׁה כֵּן עָשָׂה אֶת־הַמְּנֹרָה:

"금을 두들겨 메노라를 만드는 방법은 그것의 기초까지 그것의 꽃까지 두들겨 만들었다. 하쉠께서 모셰에게 보여주신 모양처럼 그는 메노라를 그렇게 만들었다." (바미드바르 8:4)

하쉠께선 모셰에게 메노라를 만드는 방법을 보여주셨지만 그것은 사람이 만드는 것이 너무도 어려운 기술이었습니다. 그래서 메노라는 하쉠 자신이 그것을 만들어 부여하셨습니다. 하쉠께서 메노라를 직접 만들 운명이었다면 그것을 모셰에게 먼저 보여주신 건 무슨 이유에서였을까요?

모셰가 실제로 메노라를 만들어내지는 못했지만 하쉠께선 그가 그 제작 과정에 참여하기를 원하셨습니다. 그렇기에 모셰는 금덩이를 가져다가 불 속에 그것을 던졌고, 이는 영적 영역에 바로잡음을 일으키며 그 불 속에서 물리적인 메노라로 완성되었습니다. 그것은 아하론이 금을 모아 불에 던졌을 때 금송아지가 나타났던 사건(슈모트 32:4 참고)의 죄의 일부를 바로잡는 역할을 하기도 했습니다.

קַח אֶת־הַלְוִיִּם מִתּוֹךְ בְּנֵי יִשְׂרָאֵל וְטִהַרְתָּ אֹתָם:

"이쓰라엘 아들들 가운데서 레비인들을 취해 너는 그들을 정결하게 하라." (바미드바르 8:6)

레비인들은 거룩해지기 위해서 먼저 영적으로 바로잡음이 필요했습니다. 레비인들은 '힘'에 기반한 심판의 속성에 뿌리를 두고 있었고, 영적인 교정을 위해선 친절의 속성을 단련해야 했습니다.

영의 영역에서, 심판의 속성은 악을 키우는 뿌리이기도 합니다. 만약 심판의 속성이 없다면 악은 존재할 여지가 없을 것입니다. 하쉠께선 그 심판의 속성으로 사람들에게 그들의 행위에 따라 상과 벌을 주시며, 그를 통해 그들이 그 자유 선택으로 완전함을 얻게 되기를 원하십니다.

세상을 창조하는 그분의 의지는 악의 존재를 요구했습니다. 왜냐하면 악이 존재하지 않는다면 인간에겐 선택의 여지가 없고 대안이 없기 때문에 선을 '선택'할 것이기 때문이었습니다. 그리고 그렇게 된다면 인간은 '영원한 보상'의 필수적인 부분인 자신의 행동에 대한 선택을 통해 완전성을 얻을 수 있는 능력을 갖지 못했을 것입니다. 바로 이러한 의미에서 심판의 속성은 실제로 이 세상의 '악의 뿌리'임을 의미합니다.

심판의 속성에서 자라나는 악을 정복하려면 친절의 속성으로 심판의 속성을 누그러뜨려 바로잡는 것이 필요합니다. 이러한 것이 없다면 심판의 속성은 계속해서 악의 존재를 제공할 것입니다. 그리고 그러면서도 악이 [제대로] 파괴를 일으키지 못하도록 통제하는 것도 중요합니다. 그렇게 됐을 때에서야 심판의 속성은 '불결함에 반대하여 작용하는 바로잡힌 상태'에 있는 것으로 간주됩니다.

하쉠께선 심판에 뿌리를 둔 레비인들을 친절의 속성으로 단련시키는 교정을 위해 모셰를 선택하셨습니다. 모셰는 왜 이 정결례를 수행하도록 선택된 것일까요?

그것은 심판에 뿌리를 둔 레비인들을 '취해' 그들을 '정결하게' 하는 것이었는데, 바로 정결함은 친절의 산물이었기 때문입니다. 모셰(משה)라는 이름은 슈모트 2:10 에서 말하는 것처럼 '그를 건져내다(משיתהו)'라는 단어에서 유래하는데, 그 결과로 모셰는 '물'로 대표되는 친절의 속성에 뿌리를 두어 그 속성으로부터 영향을 지니게 됩니다.

정결함/순수함은 어떻게 친절과 관련이 있는 것일까요?

미크베를 들어가거나 물을 뿌려 정화시키는 과정에서처럼 친절은 그것을 뿌리로 두는

'물'을 통해 얻어집니다. 그 절차는 다음과 같습니다:

וְכֹה־תַעֲשֶׂה לָהֶם לְטַהֲרָם הַזֵּה עֲלֵיהֶם מֵי חַטָּאת וְהֶעֱבִירוּ תַעַר עַל־כָּל־בְּשָׂרָם וְכִבְּסוּ בִגְדֵיהֶם

"너는 그들을 정결하게 하기 위하여 그들에게 이렇게 행해야 한다. 속죄용 물을 그들 위에 뿌리고 그들의 온 몸을 칼로 지나가게 하고 그들의 옷들을 빨아야 한다…"

(바미드바르 8:7)

모셰는 이 과정에서 레비인들에게 '속죄용 물'로 일컬어진 메이 하타트(מי חטאת)를 뿌려야 했는데, 이 물은 문자적으로 해석하면 '죄의 물'임에도 왜 이러한 물을 뿌린 것일까요?

앞서 설명한 대로 레비인들은 악하고 불결한 것이 '길러질 수 있는' 심판의 속성에 뿌리를 두고 있기에 친절의 속성으로 바로잡아야 했는데, 물이 그 친절을 상징하며, 그것이 레비인들의 속성을 바로잡는 역할을 하여 그들을 불결함과 죄로부터 효과적으로 굴복시켜 냈습니다. 메이 하타트는 바로 그렇게 악과 죄의 [가능성마저] 정복에 대한 의미로 불린 이름입니다.

레비인들은 물을 뿌리는 것 외에도 그들의 털을 모두 밀어야 했는데, 털 역시 심판을 상징하고 빛을 방해해 그 영향력을 최소화하는 성질 때문이었습니다. 그들을 바로잡는 데에 방해가 되지 않게 하는 의미로 레비인들은 털도 모두 제거해야 했습니다.

레비인을 거룩하게 구별하는데 필요한 마지막 단계는 아하론이 각 레비인들을 물리적으로 들어서 공중에 흔드는 것을 필요로 했습니다. 이것은 그들의 영적인 판단 수준을 높여 완성시키기 위한 의미로서 그러한 절차를 필요로 했습니다. 앞서 설명한 바처럼 심판의 속성은 그것이 고쳐지지 않은 상태에 있을 때 불결해지기 쉬우나, 그것이 높아진 상태에 있을 때는 불결한 것들을 정복하는 역할을 하게 됩니다. 이것이 아말렉과의 전쟁에서 모셰가 손을 '들었을' 때(역시 같은 레비인으로서) 이스라엘이 힘을 얻어 그들을 이길 수 있었고, 손을 내릴 때 아말렉이 이길 수 있던 원리였습니다. 친절의 속성으로부터 영향을 받은 판단력(심판의 속성)은 높아지게 됩니다. 아하론이 레비인들을 들어올린 것은 영적으로 그들을 고양시킴과 동시에 육체적으로도 그들이 드릴 섬김에 참여할 준비를 시키는 의미였습니다.

파라샤트 베하알로테크하 / פרשת בהעלתך

וּבְיוֹם הָקִים אֶת־הַמִּשְׁכָּן כִּסָּה הֶעָנָן אֶת־הַמִּשְׁכָּן לְאֹהֶל הָעֵדֻת וּבָעֶרֶב יִהְיֶה עַל־הַמִּשְׁכָּן כְּמַרְאֵה־אֵשׁ עַד־בֹּקֶר:

"미슈칸을 세운 날에 구름이 증거의 장막인 미슈칸을 덮었다. 그리고 저녁에는 미슈칸 위에 아침까지 불처럼 나타났다." (바미드바르 9:15)

미슈칸은 하쉠의 임재가 물리적 세상에 거하면서 '어머니가 자녀를 인도하고 보호하듯이' 그분께서 선택한 나라를 인도하신다는 것을 세상에 증명했기 때문에 증거의 장막으로 불렸습니다. 낮은 '친절의 때'이기에 구름이 하루 종일 그들과 함께 했으며, '심판의 때'인 밤에는 구름이 떠나고 그 자리에 불이 나타났습니다.

וּלְפִי הֵעָלוֹת הֶעָנָן מֵעַל הָאֹהֶל וְאַחֲרֵי כֵן יִסְעוּ בְּנֵי יִשְׂרָאֵל וּבִמְקוֹם אֲשֶׁר יִשְׁכָּן־שָׁם הֶעָנָן שָׁם יַחֲנוּ בְּנֵי יִשְׂרָאֵל:

"구름이 장막 위로부터 올려질 때면 그런 후에 이쓰라엘 아들들이 이동했고 구름이 머무는 장소 거기에서 이쓰라엘 아들들이 진을 쳤다." (바미드바르 9:17)

이 구절은 구름이 이스라엘 자손에게 여정을 떠날 때를 가리킨다고만 언급하고 있는데 불은 어땠을까요? (많은 사람들이 불기둥도 인도한다고 생각하지만 – 역자 주) 불이 이동의 지시가 되지 않았던 이유는 무엇이었을까요?

토라가 이스라엘 자손이 이동할 때에 대한 표징이 구름에 기초해야 한다는 걸 말한 이유는 그것이 친절의 시간을 의미하기 때문이었습니다. 창조의 시간에서 빛은 어둠으로부터 나옵니다. 그리고 그것은 하쉠께서 보시기에 좋았(כי-טוב)습니다. 그래서 이스라엘 자손은 그들의 이동 시 항상 밝고 '좋은' 때에만 여정을 떠났습니다.

עַל־פִּי יְהוָה יִסְעוּ בְּנֵי יִשְׂרָאֵל וְעַל־פִּי יְהוָה יַחֲנוּ כָּל־יְמֵי אֲשֶׁר יִשְׁכֹּן הֶעָנָן עַל־הַמִּשְׁכָּן יַחֲנוּ:

"하쉠의 입에 따라 이쓰라엘 아들들이 이동했으며 하쉠의 입에 따라 그들이 진을 쳤으니 구름이 미슈칸 위에 머무는 모든 날들 동안 그들이 진을 쳤다." (바미드바르 9:18)

토라는 광야에서 40 년의 시간 동안 구름의 표징 없이 진영을 떠나려는 시도를 단 한 번도

하지 않았던 이스라엘 자손을 드높입니다. 이스라엘 자손은 광야를 돌아다닐 때 하쉠의 무한한 지혜의 인도하심을 통해 그분께서 명하신 정확한 때에 각 장소마다 진을 쳐야 한다는 것을 이해했습니다. 이스라엘 자손은 하쉠께서 자신들에게 '가장 좋은 유익'을 주신다는 것을 굳건히 믿으면서 다른 곳으로 떠나고 싶다는 열망을 갖지 않았습니다. 구름의 이동 시에는 이스라엘 누구도 주저함이나 그곳에 남기를 원하며 반대하는 이들이 없었습니다. 토라는 때로 구름이 이스라엘 자손에게 하룻밤만 머물도록 하거나 이틀, 한 달 또는 일 년 내내 남아있기도 해야 한다는 것을 말하고 있습니다. (9:22)

토라가 이것을 강조한 이유는 갑자기 움직여야 한다는 말을 듣는 어려움 가운데서도 하쉠을 따라 광야를 다니던 세대를 칭찬하기 위해서였으며, 이스라엘 많은 시간이 지나 이러한 헌신으로 인해 다시 한 번 칭찬을 받습니다. (이르메야후 2:2) 하쉠에 대한 흔들리지 않는 헌신으로 그들은 '거룩하다'라고 불렸고, 이러한 수준은 하쉠께서 사람에게 내리는 고난과 그 고난을 사랑으로 받을 줄 아는 이들이라면 누구나 도달할 수 있는 수준입니다.

וַתְּדַבֵּר מִרְיָם וְאַהֲרֹן בְּמֹשֶׁה עַל־אֹדוֹת הָאִשָּׁה הַכֻּשִׁית אֲשֶׁר לָקָח כִּי־אִשָּׁה כֻשִׁית לָקָח:

"미르얌과 아하론이 그가 취했던 쿠쉬 여자 때문에 모셰에게 말했으니 그가 쿠쉬 여자를 취했기 때문이었다." (바미드바르 12:1)

모셰에 관한 미르얌의 라숀 하라는 그가 아내와 갈라져 있다는(이혼한 것이 아닌 별거 중 – 역자 주) 사실에 중점을 두고 있습니다. 미르얌은 그러한 '금욕주의적' 행태가 모셰가 하쉠의 명령을 따르고 있다는 것을 알지도 못한 채 모셰의 오만함으로 해석해 냈습니다.

미르얌은 오히려 모셰가 그의 높은 영적 수준으로 인해 아내를 멸시하며 그녀와 떨어져 있다고 느꼈는데, 구절에서 사용한 쿠쉬트(כשית)라는 단어는 '외모가 아름답다'는 말과 동일한 숫자값을 지니는 표현으로, 미르얌 자신은 모셰의 아내(찌포라)가 실제로는 아름다움에도 외적으로 별로라는 비하적 의미로 그렇게 불렀습니다. 여성은 라숀 하라에 대해 더 쉽게 유혹됩니다. 유대 현인들은 그 본성에 대해 다음과 같이 말하고 있습니다:

"10 가지의 말하는 방법이 세상에 전해졌고 그 중 9 가지를 여자가 취했다." (키두쉰 49b)

하쉠께서는 미르얌을 짜라아트로 즉시 처벌함으로써 불결한 영향력이 진정되도록 하셨고, 미르얌이 더 이상 주장하는 것을 입막음시킴으로써 파괴를 막으셨습니다.

사람의 육신은 그 사람 내면의 영적 본질을 담는 그릇입니다. 육체적 아름다움은 내면의 영적 아름다움도 반영합니다. 그런데 토라에서 여성들의 용모가 아름다웠다고 강조되는 경우나 일상에서도 육체적으로 아름다우나 행동이 부적절한 여성을 보는 경우는 무엇 때문일까요?

그 이유는 내면의 아름다움의 수준이 높을수록 악한 성향이 그들을 더 악행으로 끌어들이려 노력하기 때문입니다. (이것은 남자도 마찬가지이다 – 역자 주) 그 때문에 유대 현인들은 "자신의 동료보다 영적으로 더 큰 사람은 그 동료보다 악한 성향도 더 크다 (그마라 쑤카 52a)"라고 가르칩니다.

미르얌처럼 높은 영적 본질을 지닌 여자도 악한 성향의 지속적인 공격을 받는 주요 표적이었습니다. 악한 성향을 극복하는 데에는 신성한 도움에 의한 큰 힘이 필요하기에, 불행히도 많은 사람들이 그에 굴복해 버립니다.

모세는 사실 그의 지위가 [영적으로도] 너무도 높아진 탓에 더 이상 육체적인 차원에서 여자와 함께 있을 수 없는 상황이었습니다. 하쉠께서 그에게 끊임없이 말씀을 하고 있었기 때문에 모세가 그 말씀을 받기 위해선 항상 정결하고 순결한 상태에 있어야 했습니다.

미르얌의 라숀 하라는 그녀의 높은 영적 수준에 그 피해를 확대시켰습니다. 실제로 유대 현인들은 모세를 비난한 많은 자들이 있었지만 하쉠으로부터 직접 처벌을 받은 자는 미르얌 뿐이라는 걸 지적합니다. 다른 이들은 미르얌에 비하면 단순한 수준이었기에 그들의 행동은 영향을 미치지 못했습니다. 미르얌은 의인이었던 데다가 예언자이기도 했기 때문에 그녀의 말은 더 큰 피해를 입혔습니다. 의인의 행동과 보통 사람들의 말에는 무슨 차이와 영향이 있을까요?

많은 사람들은 '자신의 의지'로 라숀 하라를 일삼습니다. 그러나 '해석'이 필요했을 정도로 겉보기에 정당해 보였던 미르얌의 말은 라숀 하라의 유혹으로 간주되어 즉시 하늘의 처벌을 받았습니다.

파라샤트 쉘락흐 (바미드바르 13:1 – 15:41)

שְׁלַח־לְךָ אֲנָשִׁים וְיָתֻרוּ אֶת־אֶרֶץ כְּנַעַן אֲשֶׁר־אֲנִי נֹתֵן לִבְנֵי יִשְׂרָאֵל

"너는 너를 위해 사람들을 보내어 내가 이쓰라엘 아들들에게 준 크나안 땅을 그들이 정탐하게 하라…" (바미드바르 13:2)

유대 현인들은 파라샤트 베하알로텍하 마무리에서의 미르얌과 관련된 사건이 파라샤트 쉘락흐의 시작 부분과 연결되는 이유가 지파의 지도자들이 '라숀 하라'를 했던 미르얌의 처벌로부터 교훈을 얻지 못했기 때문이라고 가르칩니다.

미르얌의 라숀 하라는 하바가 범한 죄로 인한 파괴를 새롭게 하는 정도의 악한 성향이었습니다. 그러나 하쉠께선 미르얌을 즉시 처벌하셨기에, 위대한 지도자인 아하론과 미르얌을 '죄'로 만들어서 몰락시키려는 불결한 힘의 시도가 실패한 후, 악한 성향은 다시 한번 몰락을 일으키려고 시도합니다. 그것은 이제 땅을 정찰해야 한다는 명목으로 파견될 지도자들을 표적으로 삼아 라숀 하라를 시도하게 만들고, 이번엔 성공했습니다.

악한 성향이 정탐꾼들을 통해 성공할 수 있었던 것은 하쉠께서 이스라엘 자손이 광야에 40년을 머물며 불결함을 충분하게 진압하기를 바라셨기 때문이었습니다. 모세에게 접근하여 그 땅을 정탐하기 위해서 정탐꾼을 보내달라고 요청했던 이들은 바로 이스라엘 자손이었습니다:

וַתִּקְרְבוּן אֵלַי כֻּלְּכֶם וַתֹּאמְרוּ נִשְׁלְחָה אֲנָשִׁים לְפָנֵינוּ וְיַחְפְּרוּ־לָנוּ אֶת־הָאָרֶץ וְיָשִׁבוּ אֹתָנוּ דָּבָר אֶת־הַדֶּרֶךְ אֲשֶׁר נַעֲלֶה־בָּהּ וְאֵת הֶעָרִים אֲשֶׁר נָבֹא אֲלֵיהֶן׃

"여러분 모두가 내게 다가와서 말했습니다. '우리가 우리 앞에 사람들을 보내 그들이 우리를 위해 그 땅을 정탐할 것이고 우리가 올라가야 할 길과 우리가 들어와야 할 성들을 그들이 우리에게 보고할 것입니다.'" (드바림 1:22)

하쉠께선 모셰에 대한 그들의 불만을 제거하기 위해 정탐꾼들을 보내는 것이 '모셰의 유익'을 위한 것임을 나타내며 이스라엘 자손을 달래는 의미로 모셰에게 '너를 위해 그들을 보내라'라고 말씀하셨습니다. 그런 것이 아니었다면 하쉠께서 이미 약속하셨던 땅을 '정탐하기 위해' 그들을 보낼 필요가 있었을까요?

이전 파라샤에서 설명했던 것처럼, 육체적 아름다움은 내면의 영적 아름다움을 반영합니다. 이스라엘 자손은 이스라엘 땅 내면이 곧 하쉠의 임재인 슈히나인 것으로 인해 '아름답기' 때문에 그 땅이 외형적인 아름다움도 가지고 있다는 것을 의심하지 않았어야 했습니다. 그러나 하쉠께선 그런 그들의 걱정을 불식시켜주고자 모셰에게 그가 각 지파의 대표자들을 보내 그 땅의 물리적인 아름다움을 정탐하고 보고하도록 하셨습니다.

모셰가 지파들의 지도자들을 선택한 건, 그들이 '더 높은 생활 수준'에 익숙한 이들이었고 육체적/물리적 수준에서 최고가 아닌 것엔 만족하지 않을 것이기 때문이었습니다. 그래서 그것(이스라엘 땅 - 역자 주)이 그들의 필요를 충족시킬 수 있다면, 그것은 확실히 지파들의 다른 구성원의 필요들도 충족시킬 수 있을 것이었습니다. 그 사람들은 이스라엘 자손의 눈에만 대단한 것이 아니라 하쉠의 눈에도 뛰어난 자들이었습니다. 그러나 토라는 그들의 의로움에도 불구하고 그들이 악한 성향의 유혹에 빠졌음을 강조합니다.

우리가 알아야 할 점은, 악한 성향으로부터 자신을 제대로 보호하지 못하는 것이 그토록 의로운 이들에게도 일어날 수 있는 것이라면, 평범한 사람은 악한 유혹에 빠지지 않도록 얼마나 더 조심해야 한다는 것일까요!

정탐꾼을 파견해야 한다는 것은 분명 하쉠의 뜻이 아니었습니다. 때문에 반항의 행위에 있어 악한 성향이 얼마나 강한 것인지를 여기서 알 수 있습니다. 그럼 하쉠께서 정탐꾼들을 보내도록 원하셨었다면 어땠을까요? 악한 성향이 몰락을 일으킬 필요가 없었을 텐데 말입니다.

모셰도 정탐꾼을 보낸다면 그들이 악한 성향에 극도로 취약해질 것을 알고 있었습니다. 그래서 그는 그의 중요한 제자였던 예호슈아에게 더욱 관심을 부여했습니다. 예호슈아의 영적인 뿌리는 불결함에 취약한 수준이었기 때문이었습니다. 그에 대한 위험을 감지한 것으로 인해 모셰는 호셰아(הושע)였던 그의 이름에 유드(י)라는 글자를 추가해 예호슈아

(יְהוֹשׁעַ)로 그를 불렀습니다. 유대 현인들은 예호슈아라는 이름이 '호쉬악하 하쉠(הוֹשִׁיעַךָ ה')', 즉 '하쉠께서 너를 구원하시길'이라는 의미로서 '그 땅에 대해 부정적으로 말하려는 정탐꾼들의 계략으로부터 너를 구원하시길'이라는 의미를 부여했음을 가르칩니다. 예호슈아의 이름에 붙은 두 개의 글자 유드(י)와 헤(ה)는 불결한 힘이 붙잡을 수 없는 더 높은 영적 영역을 나타냅니다. 모셰의 의도는 이 글자들이 예호슈아가 다른 정탐꾼들과 함께 죄를 짓지 않도록 보호하게 하려는 것이었습니다.

וַיִּשְׁלַח אֹתָם מֹשֶׁה לָתוּר אֶת־אֶרֶץ כְּנָעַן וַיֹּאמֶר אֲלֵהֶם עֲלוּ זֶה בַּנֶּגֶב וַעֲלִיתֶם אֶת־הָהָר:

"모셰가 크나안 땅을 정탐하라고 그들을 보내며 그들에게 말했다. '여기 네게브에서 올라가라. 그리고 너희는 그 산을 올라가서" (바미드바르 13:17)

모셰는 그들에게 지시한 '여기 네게브에서 올라가라'라는 말에서 불필요하게 보이기도 하는 '여기'라는 단어는 그들이 주의해야 하는 또 다른 영역, 바로 '마음으로 연합되어 있어야 한다'는 점을 암시합니다. 하쉠께선 불화를 경멸하고 어떤 균열이든 그것은 즉시 불결함이 침투하도록 유도하여 결국 몰락을 불러오게 됩니다.

12 라는 숫자값을 가진 '여기(זה)'라는 단어는 정탐꾼 12 명의 단합이 그들의 임무를 수행하는 데 도움이 되어야 한다는 개념을 암시합니다. 모셰는 그들이 [정탐에] 성공하길 원한다면 모든 은밀한 동기를 '어떤 것이라도' 뒤로 해야 한다는 것을 경고하고 있습니다. 그러나 이러한 예방 조치들에도 불구하고 위대한 지도자들 중 열 명은 결국 불결한 악한 성향의 올무에 걸려 이스라엘 땅에 관해 악담을 말하는 죄를 범하고 말았습니다.

유대 현인들은 13:2 의 '너는 너를 위해 사람들을 보내어…'라는 말이 암시하는 바에서 하쉠께서 모셰에게 정탐꾼을 보낼 수 있는 허락을 하셨음을 가르칩니다. 이것은 하쉠 자신이 명령하지 않은, 모셰 자신의 요청인 것입니다.

모셰는 왜 하쉠의 명령을 기다리지 않고 주도적으로 이 일을 했던 것일까요?

모셰는 영적인 영역에서의 행동을 불러 일으키기 위해 사람이 물리적 세계에서 행동을 취해야 하는 특정한 때가 있다는 것을 이해하고 있었습니다. 그러나 때로는 인간이 이 세상에서 아무것도 할 수 있는 능력을 갖고 있지 않기 때문에 수동적으로 하쉠의 개입을 기다려야 하는 경우도 있습니다.

모세는 정탐꾼들을 보내는 것이 물리적 세계를 바로잡으며 하쉠께서 이스라엘 자손이 불결함을 이기고 그 땅을 정복할 수 있도록 필요한 준비를 하게 하실 것이라고 생각했습니다. 그러나 하쉠께선 이스라엘 자손이 금송아지의 죄 이후 영적으로 약해진 상태에다 [그들이] 영적 세계를 깨울 능력도 없음을 아시고 모세에게 정탐꾼을 보내라고 명령하지 않으셨던 것이었습니다. 이스라엘 자손은 오히려 물리적 세계에서 깨어나야 하는 것이 필요한 게 아닌, 하쉠을 기다려야만 했습니다.

모세가 정탐꾼을 보내고 나서 죄로부터 구원받은 이들은 예호슈아와 칼레브 뿐이었는데, 예호슈아는 모세가 그를 위해 기도하고 이름을 바꿔주었기 때문에 구원받고, 칼레브는 정탐 중 막흐펠라 굴에 있는 조상들의 무덤에 기도하러 갔던 공로로 구원을 받았습니다.

וַיַּהַס כָּלֵב אֶת־הָעָם אֶל־מֹשֶׁה וַיֹּאמֶר עָלֹה נַעֲלֶה וְיָרַשְׁנוּ אֹתָהּ כִּי־יָכוֹל נוּכַל לָהּ:

"칼레브가 모세에게 그 백성을 조용하게 하고 그가 말했다. '우리가 올라가 반드시 그것을 차지할 수 있으니 이는 우리가 그것을 할 수 있기 때문입니다.'" (바미드바르 13:30)

정탐꾼들은 매우 부정적인 보고를 가지고 땅을 탐사하고 돌아왔지만, 그로 인해서 백성들은 그 땅에 거주하는 민족들을 '압도할 수 있는 능력에 대한 희망'을 잃게 되었습니다. 칼레브는 백성들을 침묵시키고 다른 정탐꾼들의 주장을 반박함으로써 백성들의 신뢰를 회복시키려고 노력했습니다.

정탐꾼들이 그 땅에 거주하는 큰 민족들을 살펴본 후에, 그들은 이스라엘 자손이 그들을 이기기엔 너무 커서 반드시 쓰러질 것이라고 상황을 평가했습니다. 그들의 상황은 정확한 평가였지만, 거기엔 [이스라엘 땅을 부정하게 바라보는] 은밀한 동기가 있었기에 처벌을 받게 되었습니다.

칼레브는 그들이 비록 상황을 정확하게 평가했다 하더라도, 하쉠께서 원하신다면 그들에게 큰 힘을 주어 불결함을 제압할 수 있다 설명함으로써 그들의 주장을 잠잠케 하려 했습니다. 그런데 칼레브가 잠잠케 만들며 책망한 이들은 '그 백성(הָעָם)'을 특정 지어 말하는데, 그것은 바로 에레브 라브에 대한 언급이었습니다.

토라는 왜 칼레브가 '모셰에게 (모셰를 향해)' 그 백성을 조용하게 했다고 말하는 다소 특이한 방식으로 풀어낼까요?

모셰는 에레브 라브를 이스라엘 자손의 울타리 안으로 들여옴으로써 당시의 세상을 바로잡으려 시도했습니다. 왜냐하면 모셰는 쯔판야 3:9 에서 말하는 것처럼 '마지막 때'에 세상의 모든 민족이 하쉠께로 돌아올 것임을 알고 있었기 때문이었습니다. 그러한 의도에도 불구하고 에레브 라브는 많은 죄를 초래했습니다. 칼레브 역시 모셰의 노력에 힘을 보태 '[불평하는 것에 대하여] 민족을 침묵시키기를' 원했습니다:

- 그는 하쉠께서 이스라엘을 불결한 자들과 싸울 수 있는 수준으로 높이실 것이기에 '우리가 올라가…'라고 했으며,

- 그는 불결함을 정복하고 이길 수 있는 힘을 상속받을 것이란 의미로 '반드시 그것을 차지할 수 있으니…'라고 했습니다.

그럼에도 불구하고 사람들의 마음을 변화시키려는 칼레브의 시도는 성공하지 못했으며, 그들은 절망하고 울부짖으며 반응하기만 했습니다. 그 결과로 아브 월 9 일 밤은 '이스라엘 자손의 부르짖는 날'이 되었으며, 바로 이 날에 첫 번째와 두 번째 성전이 무너지고 많은 재앙이 유대 민족에게 닥치는 날이 되었습니다.

정탐꾼 사건으로 이스라엘이 죄를 지은 후, 하쉠께선 모셰에게 이스라엘 민족을 멸망시키고 모셰로부터 새로운 민족을 창조하겠다고 말씀하십니다. 모셰는 이스라엘 자손을 대신해 하쉠께 용서를 구하면서 그분의 크신 자비로 민족을 멸망시키지 않기를 간구합니다.

יְהֹוָה אֶרֶךְ אַפַּיִם וְרַב־חֶסֶד נֹשֵׂא עָוֹן וָפֶשַׁע וְנַקֵּה לֹא יְנַקֶּה פֹּקֵד עֲוֹן אָבוֹת עַל־בָּנִים עַל־שִׁלֵּשִׁים וְעַל־רִבֵּעִים:

"하쉠은 오래 참으며 친절함이 커서 죄악과 범죄를 용서하나 그냥 깨끗하게 두지는 않고

아버지들의 죄악을 아들과 삼 대, 사 대에게 벌하리라." (바미드바르 14:18)

그런데 모셰는 이 내용에서 하쉠께서 아버지들의 죄를 그의 자손에게 갚으실 것이라고 언급하고 있습니다. 이것이 그가 찾고 있는 자비란 말인가요?

모셰가 요청한 하쉠의 자비는 금송아지의 죄에 대한 것과 정탐꾼들의 죄에 대한 것이 달랐습니다. 금송아지의 죄는 정탐꾼들의 죄보다 훨씬 더 높은 수준의 자비를 구하는 것이었습니다. 이 각각의 경우에서 이스라엘 자손은 심각한 죄를 범하여 멸망에 직면하지만, 정탐꾼의 죄에서는 아보다 자라라는 심각한 죄가 포함되지 않았기 때문입니다. 정탐꾼의 보고를 통해 백성들이 외치던 소리는 다음과 같았습니다:

וַיֹּאמְרוּ אִישׁ אֶל־אָחִיו נִתְּנָה רֹאשׁ וְנָשׁוּבָה מִצְרָיְמָה׃

"그들이 서로 말했다. '우리가 우두머리를 두어 미쯔라임으로 돌아가자.'" (바미드바르 14:4)

이것은 우상 숭배에 대한 욕망이 있었을지라도 금송아지에 대한 것처럼 실제로 죄를 저지르지 않았다는 의미입니다. 그 엄중함의 차이는 모셰가 금송아지의 죄 때에는 이스라엘에게 '여러분이 큰 죄를 지었다'라고 말하며 징계했던 반응에서 분명합니다. 게다가 금송아지의 죄는 그 이후에 모셰가 40 일을 하쉠께 백성들을 용서해 주시길 간구했고, 정탐꾼들의 죄는 즉시 용서하셨습니다. (바미드바르 14:20)

정탐꾼의 죄는 금송아지의 죄보다 덜 심각한 것이었기 때문에 모셰는 하쉠의 자비의 속성을 모두 구하며 불러내지 않았습니다. 그가 하쉠의 자비의 속성을 모두 언급하며 더 높은 수준의 자비를 구했더라면 이스라엘이 40 년을 광야에 머무를 필요는 없었을 것입니다. 그러나 이스라엘이 그곳에서 40 년을 보내며 모든 불결함을 완전히 굴복시키는 것은 하쉠의 소원이었습니다. 그렇기에 하쉠께선 모셰에게 그분의 자비의 속성을 모두 불러일으킬 필요까진 없다는 생각을 심어 주셨습니다.

모셰는 하쉠의 자비의 속성 중 하나인 '크신 친절'을 언급하며 그분의 위대한 친절함을 사용해 달라는 것이 아닌, 기본적으로 행할 수 있는 친절과 유사한 방식으로 행해주실 것을 요청합니다:

סְלַח־נָא לַעֲוֹן הָעָם הַזֶּה כְּגֹדֶל חַסְדֶּךָ וְכַאֲשֶׁר נָשָׂאתָה לָעָם הַזֶּה מִמִּצְרַיִם וְעַד־הֵנָּה׃

"당신의 크신 친절을 따라 이 백성의 죄를 부디 용서해 주시되 당신께서 이 백성을 미쯔라임으로부터 지금까지 짊어지신 것처럼 해주십시오." (바미드바르 14:19)

유대 현인들은 누구든지 "하쉠께선 인간의 죄를 너그러이 봐 주신다"라고 말하는 사람은 그 사람도 그렇게 될 것이라고 가르칩니다. (비록 다른 결과여도, 그것은 악인에게도 적용되는 기본 원칙이다 – 역자 주) 그를 통해 하쉠께선 은혜를 베풀고 즉시 징벌하지 않으심으로 사람에게 회개할 기회를 주십니다. 만약 사람이 그 기회를 활용하지 않는다면, 하쉠께선 결국 그의 죄에 대한 심판을 집행하시며 그 죄는 그냥 넘어가지 않게 됩니다.

이것이 바로 모셰가 하쉠께서 '당신의 친절을 따라…당신께서 지금까지 짊어지신 것처럼'이라고 말한 것에 대한 의미입니다. 그러면 하쉠께선 사람과 그의 후손을 점차적으로 벌하시며 인간이 마땅히 받아야 할 큰 형벌로 '멸망해 버리지' 않도록 하십니다. 하쉠께서 아버지의 죄악을 삼사 대에 걸쳐 후손에게 갚는다는 것은 실제로 그분의 자비의 방법 중 하나인 것입니다.

하쉠께선 모셰에게 '네 말대로' 용서한다고 말씀하셨습니다. (바미드바르 14:20) 그것은 완전한 용서보다는 점차적으로 그들의 죄악과 형벌을 짊어지는 것이 요구되는 것입니다. 그것은 회개가 함께하지 않으면 안됩니다.

파라샤트 코락흐 (바미드바르 16:1 – 18:32)

코락흐와 그의 추종자들은 모셰가 그의 직계 가족에게만 명예로운 지위를 부당하게 부여하고 있다고 느꼈고, 따라서 스스로 이러한 지위 중 일부를 요구하는 반역을 일으킵니다. 그들은 모셰와 아하론 두 형제가 지도자와 대제사장이라는 가장 높은 지위를 차지했다고 주장했으나, 그들은 그 지위를 하쉠께서 임명하셨다는 사실은 알지 못했습니다.

모셰는 이 반역이 초래할 큰 멸망을 깨달았는데, 왜냐하면 그것은 국가와 민족을 위한 하쉠의 본질적인 질서에 반기를 든 것이기 때문이었습니다. 그래서 모셰는 그들의 불평을 듣자마자 즉시 엎드려 그가 다른 경우에도 그러했던 것처럼 하쉠의 심판이 이스라엘에게 행해지는 것을 막기 위해 기도했습니다. 모셰는 그런 후 이스라엘 자손의 상황을 바로잡기 위해 코락흐와 그의 추종자들에게 해결책을 제시합니다:

וַיְדַבֵּר אֶל־קֹרַח וְאֶל־כָּל־עֲדָתוֹ לֵאמֹר בֹּקֶר וְיֹדַע יְהוָה אֶת־אֲשֶׁר־לוֹ וְאֶת־הַקָּדוֹשׁ וְהִקְרִיב אֵלָיו וְאֵת אֲשֶׁר יִבְחַר־בּוֹ יַקְרִיב אֵלָיו:

"그리고 그가 코락흐와 그의 모든 회중에게 말했다. 이르기를, '아침에 하쉠께서 [누가] 그의 사람인지, 그리고 거룩한 자와 그에게 가까이 올 수 있는 자가 누구인지 알게 할 것이며 그가 택한 자를 그에게 가까이 오게 할 것이다.'" (바미드바르 16:5)

유대 현인들은 모셰가 아침을 얘기한 이유에 대해 밤이 '술 취하는 시간'이기 때문에 하쉠께 가까이 다가가기로 적절한 시간이 아니므로 아침까지 그들을 피했다고 가르칩니다. 그런데 이것은 현인들이 문자 그대로 그들이 술에 취했다는 것을 얘기하는 의미가 아닙니다. 어떻게 코락흐와 250 명의 사람들이 단체로 술에 취해 혼미한 상황이 있을 수 있겠습니까?

술취함이란 악한 성향이 마음에 침투하여 정신을 혼란스럽게 만드는 것을 가리키는 의미이기도 합니다. 모셰는 그들의 반역이 '술 취한 행동'으로 표현되는 악한 성향의 계획임을 즉시 알아차려 하쉠의 친절의 빛이 비춤으로 악한 성향을 몰아낼 수 있는 아침까지 기다리라고 지시한 것입니다.

우리는 대제사장으로 임명될 사람을 묘사하는 세 가지의 표현을 이 한 구절에서 볼 수 있습니다. '그의 사람', '그에게 가까이 올 수 있는 자', '그가 택한 자'라는 이 표현들의 각각의 의미는 무엇일까요?

- 그의 사람: 이것은 영적인 영역을 바로잡기 위해 하늘의 이름으로 섬기는 사람이며, 자신의 명예와 존엄을 위해 봉사하는 교만한 자가 아닙니다.

- 그에게 가까이 올 수 있는 자: 하늘을 위해 섬기는 자는 '거룩하다'고 일컫는데, 거룩함은 순전히 하쉠을 위해 행하는 자에게만 머물기 때문입니다.

- 그가 택한 자: 비록 사람의 행위가 순전히 하늘을 위한 것일지라도 이것만으론 그 사람 위에 거룩함이 머무를 충분한 이유가 될 수는 없습니다. 그의 행위는 그의 영혼의 뿌리를 반영해야 하기 때문입니다. 자신의 영적 뿌리에 맞지 않는 행위를 하는 사람은 그 행위가 하늘을 위한 것이라고 할지라도 멸망을 가져오게 됩니다. 일례로, 우지야 왕은 하쉠을 위해 분향을 피운 것으로 벌을 받았는데, 그의 의도는 하늘을 위한 것이었지만 우지야는 엄밀하게 코헨이 아닌 왕이었기 때문에 그러한 섬김을 행한 것으로 인해 오히려 벌을 받았습니다. 오직 하쉠만이 각 사람의 영적인 뿌리에 따라 임무를 줄 수 있습니다.

모셰는 이스라엘 자손 사이에 있는 어떠한 분쟁이라도 이스라엘 자손 안에 거하는 하쉠의 임재뿐만 아니라 그들 자신에게도 엄청난 파멸을 초래한다는 것을 이해하고 있었습니다. 불화로 인한 균열은 불결함이 침투할 수 있게 해줍니다.

모셰는 그의 성령으로 이러한 불화를 종식시킬 수 있는 유일한 방법이 반역자들을 멸망시키는 것이라는 점을 분별해 냈습니다. 그래서 그는 그들에게 확실한 죽음을 불러오는 요소로 그들 모두가 하쉠께 분향을 바쳐야 한다고 제안했는데, 그것은 그가 아하론만이 분향을 올리기에 적합한 유일한 사람이라는 것을 알고 있었기 때문이었습니다. 반역자들의 죽음은 민족 내의 균열을 종식시킴으로써 이스라엘 자손을 바로잡는데 도움이 되었습니다.

그런데 모셰처럼 의롭고 친절한 의가 어떻게 그들이 죽게 될 것임을 잘 알면서도 그들에게 그러한 제안을 할 수 있었을까요?

모셰의 소망은 그들이 초래한 파괴를 바로잡는데 있었고, 그 제안은 다음의 두 가지 방법 중 하나로 그 목적에 부합할 것임을 이해했습니다:

- 코락흐와 그의 추종자들은 어차피 오직 한 사람만이 대제사장이 될 수 있다는 것을 알고 있었기에 그 외에 분향을 바치는 다른 모든 이들은 죽을 수 있다는 사실을 깨달아 그들의 오류를 알고 물러나야 했습니다.

- 그러나 반면에 그들이 어리석어 자신들 방식의 오류를 깨닫지 못한다면 그것은 그들이 자신들의 악한 성향에 완전히 압도당했다는 것이기 때문에 그들은 분명히 죽어야 했습니다.

그러나 그 어느 쪽이든 결과는 이스라엘 자손에게 불화가 그치고 멸망을 그치게 해 줄 것이었습니다.

코락흐의 의도는 하쉠께서 세상을 위해 세운 영적인 질서를 훼손하는 것이었습니다. 세상이 유지되려면 친절과 심판이 모두 필요한 것은 맞으나, 분명한 것은 하쉠께선 심판이 친절의 속성에 종속되는 세상을 창조하셨다는 것입니다.

이전에도 언급해 왔듯 코헨은 친절의 속성을 대표하며, 레비는 심판의 속성을 대표합니다. 그 결과로 레비인의 운명은 성전에서 섬김을 행하면서도 코헨도 도와야 하는데 있었습니다. '레비인'인 코락흐는 아하론이 대제사장으로 임명된 것에 항의해 '친절'을 대표하는 그를 대신하여 '심판'을 대표하는 자신이 섬기고 싶다는 것을 피력함으로 하쉠의 명령을 조작하려 했습니다.

코락흐는 모셰가 아하론을 임명한 것에 항의하고자 250 명을 모아오는데, 유대 현인들은 이 250 명이 산헤드린의 수장들이었으며 그들 역시 심판의 속성을 가진 자들이라고 설명합니다. 코락흐가 그러한 자들을 모은 것은 아하론의 임명에 반대하기 위해 모을 수 있는 모든 심판의 속성의 종류를 모은 의미였습니다.

וְאִם־בְּרִיאָ֞ה יִבְרָ֣א יְהֹוָ֗ה וּפָצְתָ֨ה הָאֲדָמָ֤ה אֶת־פִּ֙יהָ֙ וּבָלְעָ֤ה אֹתָם֙ וְאֶת־כׇּל־אֲשֶׁ֣ר לָהֶ֔ם

"만약 하쉠께서 창조물을 창조하셔서 땅이 그것의 입을 벌려 그들과 그들의 모든 것을

삼키고…" (바미드바르 16:30)

하쉠께서 세상에 세운 질서를 훼손하려던 코락흐는 새로운 종류의 형벌을 받았습니다. 그는 세상의 '질서'를 조작하려고 했던 것으로 땅이 열리면서 그와 그의 소유물을 삼키는 '초자연적인' 변화를 통해 종말을 맞이했습니다.

וְאֵת֙ שֵׁ֣ם אַהֲרֹ֔ן תִּכְתֹּ֖ב עַל־מַטֵּ֣ה לֵוִ֑י כִּ֚י מַטֶּ֣ה אֶחָ֔ד לְרֹ֖אשׁ בֵּ֥ית אֲבוֹתָֽם׃

"아하론의 이름을 너는 레비의 지팡이 위에 써야 하니 이는 가문의 우두머리에게 지팡이가 하나씩 있기 때문이다." (바미드바르 17:18)

하쉠께선 이 부분에서 친절함보다 판단력을 강화시켜서 코락흐로 인한 피해를 바로잡으셨습니다. 그래서 모셰에게 레비 지파의 심판성을 상징하는 지팡이를 가져다가 그 지팡이에 친절의 상징인 아하론의 이름을 쓰게 하셨던 것입니다. 이 행위는 심판(레비)을 압도하는 친절(아하론)을 상징했습니다.

레비 지팡이에 꽃이 핀 것은 무슨 의미였을까요?

그들의 심판의 속성의 아하론의 친절의 속성과 결합해 완화되었음을 의미하는데, 오직 아하론만이 냉철한 심판의 속성을 압도할 수 있는 온전한 친절의 속성을 지녔기 때문에 나타난 의미였습니다. 지팡이를 의미하는 단어 마테(מטה)는 심판을 의미하는 단어 단(דן)과 똑같은 54 의 숫자값을 지닐 정도였으나, 그것으로부터 살아있는 꽃이 나올 정도로 실로 아하론의 친절성은 대단했습니다.

וַיֹּ֨אמֶר יְהֹוָ֜ה אֶל־מֹשֶׁ֗ה הָשֵׁ֞ב אֶת־מַטֵּ֤ה אַהֲרֹן֙ לִפְנֵ֣י הָעֵד֔וּת לְמִשְׁמֶ֥רֶת לְא֖וֹת לִבְנֵי־מֶֽרִי

"하쉠께서 모셰에게 말씀하셨다. '반역하는 자손에게 표징으로 아하론의 지팡이를 증거궤 앞으로 두어라…'" (바미드바르 17:25)

아하론의 지팡이는 친절함으로 일하는 올바른 판단의 상태를 나타냅니다. 심판의 속성은 거룩함을 불결함으로부터 보호함으로써 거룩의 영향력을 촉진시키는 역할을 합니다. 모셰가 지팡이를 따로 보관해 둔 것은 그저 '보관'을 위한 의미가 아닌 그러한 거룩함이 불결함으로부터 방해받지 않도록 따로 둔 의미였습니다.

'완전한 상태의 심판'을 의미하는 그 지팡이는 반역자들을 위한 표징으로서 미래의 불결한 반역으로부터 보호하기 위해 구분되었습니다.

파라샤트 후카트 (바미드바르 19:1 – 22:1)

> וַיָּבֹאוּ בְנֵי־יִשְׂרָאֵל כָּל־הָעֵדָה מִדְבַּר־צִן בַּחֹדֶשׁ הָרִאשׁוֹן וַיֵּשֶׁב הָעָם בְּקָדֵשׁ וַתָּמָת שָׁם מִרְיָם וַתִּקָּבֵר שָׁם: וְלֹא־הָיָה מַיִם לָעֵדָה וַיִּקָּהֲלוּ עַל־מֹשֶׁה וְעַל־אַהֲרֹן:

"이쓰라엘 아들들의 모든 회중이 첫째 달에 찐 광야로 왔다. 그리고 그 백성이 카데쉬에 머물렀다. 미르얌이 거기에서 죽어 거기에 묻혔다. 그리고 회중을 위한 물이 없었다. 그들이 모셰와 아하론에게 모였다." (바미드바르 20:1-2)

광야에서 머무는 동안 이스라엘 자손은 미르얌의 우물로 알려진 샘물을 동반했습니다. 그것은 의로운 여예언자 미르얌의 공로로 인한 것이었습니다. 그리고 미르얌이 죽었을 때 그 물은 갑자기 없어지게 되었고, 이스라엘 자손에겐 물이 없게 되었습니다.

우리는 물을 의미하는 마임(מים)이라는 단어에서 이에 대한 암시를 볼 수 있습니다. 미르얌(מרים)이라는 글자는 '마임'이라는 단어의 글자와 '많음'을 의미하는 글자인 리부이(ריבוי)의 첫 글자 레쉬(ר)가 합쳐진 것입니다. 당연히 미르얌이 세상을 떠나자마자 그녀의 공덕으로 인했던 풍부한 물이 사라지게 되었습니다.

이스라엘 자손은 미르얌의 우물이 사라지자 물이 없어진 것을 알고 그 상황을 고치기 위해 모셰와 아하론에게 다가갔습니다. 그들은 이미 그들을 먹이는 만(만나)과 광야를 이끄는 영광의 구름이 각각 모셰와 아하론의 공덕에 있음을 이해하고 그들의 공로로 인해 물 또한 공급받을 수 있을 것이라 생각했습니다. 게다가 모셰는 '물에서 건져진 자'였기에 그의 민족에게 물을 공급하는 것은 그에게 작은 일일 것이라 생각했습니다.

하쉠께선 미르얌의 죽음이 백성들에게 강한 인상을 남겨 이스라엘 민족이 받은 모든 축복의 원천이 되었던 그녀의 형제들인 모셰와 아하론의 위대함을 깨닫길 바라셨습니다. 그러나 그들은 모셰와 논쟁을 벌였습니다. 그들은 하쉠께서 왜 자신들을 광야로 데려와서 그들과 그들의 가축들이 죽도록 내버려 두시는지 이해할 수 없었습니다.

아마도 그들이 하쉠의 길을 따르지 않은 죄를 지어서일 것입니다. 그런데 그렇다면 그들의 가축까지 죽어 마땅한 이유는 무엇이란 말입니까? 그들은 이런 식으로 그들에게 죄를 지어 위반한 일이 없다고 여겼습니다. 그래서 그들은 그들의 고통의 원인이 그 장소가 가진 자연적 성격 때문(사람을 말려 죽이는 광야라는 가장 기본적인 접근 – 역자 주)이라고 생각했습니다.

וְלָמָה הֶעֱלִיתֻנוּ מִמִּצְרַיִם לְהָבִיא אֹתָנוּ אֶל־הַמָּקוֹם הָרָע הַזֶּה לֹא ׀ מְקוֹם זֶרַע וּתְאֵנָה וְגֶפֶן וְרִמּוֹן וּמַיִם אַיִן לִשְׁתּוֹת:

"왜 당신들이 우리를 미쯔라임으로부터 올려서 이 악한 곳으로 데려왔습니까? 씨 뿌릴 곳도, 무화과도, 포도도, 석류도, 그리고 마실 물도 없습니다." (바미드바르 20:5)

그들은 40 년 동안 광야에서 방황하다가 이제 물이 부족해 죽음의 문턱에 이르렀다고 여겼습니다. 그들은 하쉠께서 왜 그들을 '풍요로운 곳'이었던 이집트로부터 인도해 내어 (드바림 11:10) '궁핍한 곳'인 광야로 인도하셨는지 이해할 수 없었습니다. 그들에게 이 상황은 마치 하쉠께서 그들을 '풍요롭고 맛있는 과실이 있는 땅'으로 데려가겠다는 약속을 이행하지 않으려는 것처럼 보였습니다.

וַיָּבֹא מֹשֶׁה וְאַהֲרֹן מִפְּנֵי הַקָּהָל אֶל־פֶּתַח אֹהֶל מוֹעֵד וַיִּפְּלוּ עַל־פְּנֵיהֶם וַיֵּרָא כְבוֹד־יְהוָה אֲלֵיהֶם:

"모셰와 아하론이 회막 입구에 있는 공동체 앞에 와서 그들의 얼굴을 대고 엎드렸다. 그리고 하쉠의 영광이 그들에게 나타났다." (바미드바르 20:6)

모셰와 아하론은 이번에는 민족이 불평할 [정당한] 이유가 있으나 그들에게 아무 대답할 것이 없다는 것을 깨달았습니다. 그들은 즉시 민족의 필요를 위한 큰 자기 희생으로 하쉠께 엎드려 기도했습니다. [그들이 지체 없이 행동한 것처럼] 하쉠께서도 지체 없이 해결책을 제공하기 위해 그분의 임재를 즉각적으로 드러내었습니다.

미르얌의 공로로 물을 뿜어내던 바위는 그녀의 죽음으로 '고통'이 되었습니다. 미르얌의 영적 뿌리였던 '바위'라는 물리적 매개체는 그 고통을 제거하기 위해 친절의 상징인 '물'이 다시 흐르도록 해야 했습니다. 그래서 하쉠께서는 고통을 없애고 자비를 불러일으키는 의미로 모셰에게 '바위에게 말하라'(부드러운 위로의 의미 – 역자 주)고 명하셨습니다.

קַח אֶת־הַמַּטֶּה וְהַקְהֵל אֶת־הָעֵדָה אַתָּה וְאַהֲרֹן אָחִיךָ וְדִבַּרְתֶּם אֶל־הַסֶּלַע לְעֵינֵיהֶם וְנָתַן מֵימָיו וְהוֹצֵאתָ לָהֶם מַיִם מִן־הַסֶּלַע וְהִשְׁקִיתָ אֶת־הָעֵדָה וְאֶת־בְּעִירָם:

"지팡이를 취하라. 그리고 너와 네 형 아하론은 회중을 모아라. 그리고 그들 눈 앞의 바위에게 말하면 그것의 물을 줄 것이다. 너는 바위로부터 물을 그들에게 나오게 하여 회중과 그들의 가축을 마시게 하라." (바미드바르 20:8)

모셰가 지팡이를 취해야 했던 목적은 바위를 쳐서 고통과 심판을 증가시켜 친절의 흘러나옴을 막는 것이 아닌 그의 높은 영적 수준을 [회중에게] 일깨워주는 역할로서 위대함의 표시로 삼는 것이었습니다.

וַיִּקַּח מֹשֶׁה אֶת־הַמַּטֶּה מִלִּפְנֵי יְהוָה כַּאֲשֶׁר צִוָּהוּ:

"그가 그에게 명령하신 대로 모셰가 지팡이를 하쉠 앞에서 취했다." (바미드바르 20:9)

지팡이를 의미하는 마테(מטה)는 지난번 파라샤에서 언급한 바처럼 '심판/판단'의 수치와 동일한데, 이는 지팡이를 통해서 이집트를 향한 타격이 집행되고 이집트인들에게 심판이 내려졌다는 사실에서 분명해집니다. 그런데 모셰는 어째서 이스라엘 자손에게 친절의 상징인 물을 공급하기 위해 심판을 상징하는 지팡이를 손에 쥐어야 한 것일까요?

토라는 그래서 이 구절에 모셰가 '하쉠 앞에서' 지팡이를 취했다고 알려주고 있습니다. '하쉠 앞에서'라는 단어는 표면적으로는 불필요해 보이지만, 토라는 지팡이가 친절의 속성을 나타내는 하쉠의 네 글자 이름 앞에서(하쉠 앞에서) 영적인 빛을 받았음을 암시합니다. 그를 통해 받은 빛으로 친절을 불러 일으켜 바위로부터 물이 흘러나오도록 할 수 있었습니다.

שִׁמְעוּ־נָא הַמֹּרִים הֲמִן־הַסֶּלַע הַזֶּה נוֹצִיא לָכֶם מָיִם:

"…잘 들으시오 반역하는 자들이여, 이 바위로부터 우리가 여러분을 위해 물을 나오게 해야 합니까?" (바미드바르 20:10)

모셰는 바위에게 말하라는 명령을 받았지만, 유대 현인들은 모셰가 사람들에게 화를 냈기에 그가 해야 할 일을 잊어버려 바위에게 말하는 대신 바위를 쳤다고 가르칩니다. 충실한 목자 모셰는 자신의 가축 떼와 함께 묻힐 운명을 지녔습니다.

그렇기에 그는 화를 내서 (정확히는 화를 내는 방향으로 이끌려 – 역자 주) 그의 지혜와 예언력이 그로부터 벗어나게 되었고, 그로 인해 실수로 바위를 치게 되었습니다.

그의 분노는 이스라엘 아들들 중 믿지 않는 자들이 '어떻게 이 바위에서 물이 나오겠는가?'라는 주장을 듣고 비롯되었습니다. 광야에서 그들은 내내 미르얌의 공로로 인해 그들 곁으로 흐르는 샘물로부터 물을 길었는데, 어떻게 바위에서 직접 떠가야 하는 부자연스러운 방식으로 물을 길어야 한단 말입니까?

그러나 오랜 세월 동안 광야로 인도되면서 그들을 위해 놀라운 기적들이 일어난 후에도 어떻게 기적에 대해 의문을 제기하고 냉소적일 수 있는지에 대해 모셰는 화를 내었습니다. 모셰가 바위를 친 행위는 친절을 베푸는 행위가 아니었기에 바위는 물을 조금만 맺을 뿐이었습니다. 그러나 모셰가 두 번째로 바위를 쳤을 때 물은 풍성하게 쏟아졌는데(20:11), 모셰의 높은 영적 수준을 고려할 때 비록 그가 실수로 바위를 쳤음에도 그에 대한 명예로서 그 잘못이 용서되어 물이 풍성하게 솟아오르기 시작했습니다.

모셰가 바위를 쳐서 물을 흘린 잘못에 대해선 실제로 어느정도 용서를 받았으나, 그럼에도 불구하고 모셰는 이스라엘 땅에 들어가지 못한다는 명령을 받았습니다. (20:12) 하쉠께선 그분의 모든 창조물이 '음성의 명령'을 통해 그분의 지시를 어떻게 따르고 있는지를 보여줌으로써 그분의 이름이 사람들의 눈에 거룩히 여김을 받기를 원하셨습니다. 왕의 종이 전하는 말은 곧 왕 자신의 말과 같기 때문이었습니다. 하쉠께선 이 사실을 이스라엘 민족의 마음에 확고히 자리잡게 하기 위해 이 기적으로 그를 보여주고자 하셨습니다.

하쉠께서 모셰와 아하론에게 말씀하신 '너희가 나를 믿지 않아…'라는 말은(20:12) 피상적으론 그들의 믿음이 부족했다는 말로 보입니다. 그토록 높은 수준의 두 사람이 하쉠의 능력을 의심하기라도 했단 말인가요?

하쉠께선 모셰와 아하론의 믿음이 부족한 것을 언급한 것이 아닌, 이스라엘 민족의 마음에 하쉠에 대한 믿음을 확고히 심을 기적을 행할 기회를 놓친 점을 지적한 것이었습니다. 하쉠께서 모셰와 아하론에게 그들이 이스라엘 민족을 이스라엘 땅으로 인도하지 않을 것이라고 선언한 것은 바로 그 기회를 놓친 것에 있었습니다.

모세는 실제로 이스라엘 땅에 들어가지 못할 것이라는 명령을 받았음에도 불구하고 계속해서 약속의 땅을 향한 길에서 민족을 인도했습니다. 이제 여기서는 이스라엘 자손이 에돔의 왕에게 그들의 땅을 통과할 수 있도록 전령을 보내는 것이 나옵니다.

וַיִּשְׁלַח מֹשֶׁה מַלְאָכִים מִקָּדֵשׁ אֶל־מֶלֶךְ אֱדוֹם כֹּה אָמַר אָחִיךָ יִשְׂרָאֵל אַתָּה יָדַעְתָּ אֵת כָּל־הַתְּלָאָה אֲשֶׁר מְצָאָתְנוּ:

"모세가 카데쉬로부터 에돔의 왕에게 전령들을 보냈다. '당신의 형제 이쓰라엘이 이렇게 말하니, 당신은 우리가 만난 그 모든 고난을 알고 있습니다.'" (바미드바르 20:14)

모세는 왜 에돔 왕을 '이스라엘의 형제'라고 불렀을까요?

간단한 의미로 보면, 에돔은 야아코브의 쌍둥이 형제 에싸브의 후손이기 때문이었습니다. 그러나 모세는 더 깊은 개념을 내포하고 있었는데, 쌍둥이 형제의 비슷한 운명처럼 비슷한 경험을 상기시키는 내용이었습니다. - 이스라엘이 고통을 당했다면 에돔도 고통을 받았어야 했다는 것입니다. 그러나 이스라엘 자손은 모든 고통을 겪었음에도 에돔은 수년 동안 안전하고 평온했습니다. 이는 에싸브가 즉각적인 보상을 받은 반면에 이스라엘은 그들을 정결하게 만들 많은 고난을 겪을 후에야 땅을 받았다는 것을 의미합니다.

모세가 말한 '당신은…그 모든 고난을 알고 있습니다'라고 말한 내용은 '그 고통이 당신(에돔)에게도 닥쳤어야 했지만 당신이 조용하고 평온한 삶을 사는 동안 우리만 고통을 받는 운명이었습니다.'라는 의미였습니다. 그렇다면 모세는 왜 이스라엘 민족이 이집트에서 겪은 고난을 언급하면서 (20:15) 광야의 40년을 언급하진 않았을까요?

그것은 광야에서의 여정이 때로는 힘들고 고된 일이었으나 그곳에서 이스라엘은 '토라의 형태'라는 귀한 선물을 받았기 때문이었습니다. 에싸브가 쟁취한 성공은 사실 그들의 몰락이었습니다. (오바드야 1:4)

וַיֵּרְדוּ אֲבֹתֵינוּ מִצְרַיְמָה וַנֵּשֶׁב בְּמִצְרַיִם יָמִים רַבִּים וַיָּרֵעוּ לָנוּ מִצְרַיִם וְלַאֲבֹתֵינוּ:

"우리 조상들이 미쯔라임으로 내려갔기에 우리가 미쯔라임에서 많은 날들 동안 살았습니다. 그리고 미쯔라임인들은 우리와 우리 조상들에게 악을 행했습니다."

(바미드바르 20:15)

모셰가 언급한 '우리와 우리 조상들에게 악을 행했습니다'라는 말은 어떤 내용일까요?

이스라엘 자손이 이집트로 내려갔을 때 이집트의 불결한 면이 그들에게 달라붙었습니다. 그러나 이스라엘 민족이 이집트를 떠났을 때 그 결과는 그들에게 붙어있던 것을 포함해 이집트 땅의 악은 여전히 이집트에 남아 있었다는 것이었습니다. 이스라엘 자손은 모든 불결한 영향력을 뒤로 하고 좋은 방향으로 나아갔는데, 이것은 그들이 떠날 때 이집트인들로부터 겪은 극심한 억압에 대한 보상으로서 그들이 가지고 나간 부로 대표됩니다. (슈모트 12:36)

그런데 모셰가 언급한 '우리와 우리 조상들'은 '우리 조상들과 우리'라는 연대순의 발언이 더 적절하지 않았을까요?

모셰가 언급한 조상들은 육체적 노예 생활을 경험하지는 않았으나 영적인 차원에서 그들의 영도 고통받았던 족장들인 아브라함, 이쯔학, 야아코브였습니다. 모셰가 언급했던 순서는 적절한 것이었는데, 이스라엘 민족에 대한 억압은 '물리적 수준'에서 시작되어 조상들까지 영적으로 고통받은 '영적인 억압'이 뒤따랐기 때문이었습니다.

파라샤트 발락 (바미드바르 22:2 – 25:9)

וַיַּרְא בָּלָק בֶּן־צִפּוֹר אֵת כָּל־אֲשֶׁר־עָשָׂה יִשְׂרָאֵל לָאֱמֹרִי: וַיָּגָר מוֹאָב מִפְּנֵי הָעָם מְאֹד כִּי רַב־הוּא וַיָּקָץ מוֹאָב מִפְּנֵי בְּנֵי יִשְׂרָאֵל:

"찌포르의 아들 발락은 이쓰라엘이 에모리에게 행한 모든 것을 보았다. 모아브는 그 백성이 매우 많기 때문에 두려워했으니, 모아브가 이쓰라엘 아들들 때문에 역겨워했다."

(바미드바르 22:2-3)

조하르는 '찌포르의 아들(בֶּן־צִפּוֹר: '새의 아들' – 역자 주)'이라는 발락의 성은 이스라엘 아들들이 에모리인들에게 행한 모든 일을 보고 배울 수 있도록 새와 마법을 사용하는 발락의 습관을 암시한다고 설명합니다.

발락은 전쟁을 벌이는 백성들에게 이 소식을 전했는데, 그들은 '신의 민족'인 이스라엘 자손이 다른 어떤 민족들보다 훨씬 더 높은 영적 뿌리를 갖고 있다는 것을 알고 있기 때문이었습니다. 이스라엘 자손에 대한 그들의 두려움은 그들의 영적 뿌리의 수준에 대한 이해에 기초했습니다.

이 구절은 이스라엘 자손을 '그 백성'이라고 부르면서 시작하고 그들을 '이스라엘 아들들'이라고 부르며 끝맺습니다. '그 백성'에 대한 언급은 물리적 나라를 가리키는 반면, '이스라엘 아들들'은 물리적 나라에 기초한 이스라엘의 영적 뿌리를 가리킵니다. 모아브는 이스라엘 자손의 영적 뿌리가 얼마나 크며, 모아브가 뿌리내린 불결한 모든 면을 굴복시킬 수 있는지를 깨달았기에 이스라엘 자손을 크게 두려워했습니다.

וַיֹּאמֶר מוֹאָב אֶל־זִקְנֵי מִדְיָן

"모아브가 미드얀 장로들에게 말했다…" (바미드바르 22:4)

이스라엘 자손과 싸워 그들을 무너뜨리려는 노력의 일환으로, 모아브는 마찬가지로 그들의 숙적이었던 미드얀과 힘을 합칩니다. 모아브는 모셰의 '오랜 집'이자 그의 아내 찌포라의 출생지였던 미드얀이 모셰의 약점을 잘 파악하리라 보았습니다.

더 깊은 수준에서, 모아브는 로트의 후손들이고 미드얀은 이슈마엘의 후손들인데, 그들의 의도는 '오른쪽과 왼쪽'을 서로 합쳐 불결함에 '완전함'을 덧입히는 느낌을 만들어 내어 이스라엘 자손을 압도할 수 있는 힘을 만들어내는 것에 있었습니다. 미드얀이 자기들에게 힘을 합치도록 설득하려는 노력의 일환으로, 모아브는 미드얀에게 이스라엘 자손이 힘과 그들 각자를 개별적으로 압도할 수 있는 능력이 있다는 것을 알려줌으로써 그들에게 두려움을 심어주려 노력했습니다. 모아브는 왜 이스라엘의 힘을 묘사하는 데 있어 밭의 푸른 것을 먹는 소라는 특이한 비유를 사용했을까요?

모아브는 거룩한 세계에서 소가 '신의 힘과 심판성'을 상징하며, 신이 이스라엘 자손의 적들과 싸우기 위해 사용하는 속성이라는 것을 이해하고 있었습니다. 때로는 불결함이 이 '소'라는 속성에서 [우상 숭배의 방식으로] 자라나기도 하지만, 이 속성이 이스라엘 자손의 원수들에게 심판으로 밀어붙여질 때는 그들에게 감히 맞설 수 없게 됩니다. 들판의 풀이 [소에게] 쉽게 짓밟히고 먹히는 것처럼, 모아브는 그들 역시 쉽게 멸망하게 되리라는 걸 알았습니다.

게다가 구절에서 '먹는다'는 표현은 [이스라엘이] 모아브와 미드얀 내부로부터 선한 면을 끌어내어 거룩함에 통합시킬 것이라는 의미에 대한 완곡한 표현입니다. '푸른 것'을 의미한 예렉(ירק)이라는 단어는 이에 대한 암시를 포함하는데, 이 글자를 재배열해보면 '사랑스러운/귀한'을 의미하는 야카르(יקר)가 됩니다.

악인 빌암은 발락에게 그가 언젠가 모아브의 왕이 될 것이라고 어릴 때부터 약속했었습니다. 발락은 이 약속이 이루어진 것을 보고 명예와 감사의 표시로서 빌암을 불러들였습니다. 더욱이 발락은 미드얀의 장로들로부터 모셰의 능력이 그의 말의 능력에 달려 있다는 것을 알게 되었는데, 모셰의 영적 뿌리는 '입'에 해당하는 거룩함으로부터 실현되는 지식에 있기 때문이었습니다. 그렇기에 하쉠께선 모셰의 예언에 대해 다음과 같이 언급했었습니다:

פֶּה אֶל־פֶּה אֲדַבֶּר־בּוֹ וּמַרְאֶה

"입에서 입으로 나는 그에게 말하고 보여주며…" (바미드바르 12:8)

그리고 빌암은 반대로 모셰와 같은 예언적 힘을 소유했지만 불결한 영역에서 그는 '굉장히 높은 지식'을 알고 있다고 자랑함으로써 영예를 얻었습니다. (바미드바르 22:16-17 참고) 분명 빌암은 높은 상위 지식에 뿌리를 두고 있었지만 그것은 거룩함보다는 불결한 영역에 있었습니다. 발락은 이스라엘 자손을 압도하고 굴복시키기 위해 빌암의 말의 힘(부정한 자의 입 - 역자 주)을 이용하고자 했습니다.

발락은 자기 나라 땅에 있는 빌암에게 전령꾼들을 보냅니다. 발락은 이스라엘 자손과 싸우기 위해 행동으로 수행하는 자신과 말로 수행하는 빌암의 강점을 결합하고자 했습니다.

발락은 이렇게 말하면서 시작합니다:

$$\text{הִנֵּה עַם יָצָא מִמִּצְרַיִם הִנֵּה כִסָּה אֶת־עֵין הָאָרֶץ וְהוּא יֹשֵׁב מִמֻּלִי}$$

"…보시오, 한 백성이 미쯔라임으로부터 나왔소. 보시오, 땅의 눈을 덮어 내 맞은편에 머물고 있소." (바미드바르 22:5)

탈출을 막는 수단으로 '마법'을 사용하는 이집트인들의 능력으로 인해, 이집트에서 탈출하는 것은 원천적으로 불가능했던 것이었습니다. (미드라쉬 슈모트 라바) 이를 생각해 볼 때, 우리는 '감히 이집트의 마법을 제압한다는' 한 민족/국가의 능력이란 것에 대한 발락의 [두려움의] 표현을 이해해 볼 수 있습니다.

발락은 이스라엘 자손이 그렇게 이집트를 떠날 수 있고 그들의 마법을 제압할 수 있다면, 그들을 물리치기 위해선 엄청난 양의 불결한 사람들을 필요로 함을 깨달았습니다. 더욱이 그는 이스라엘 자손의 거룩함과 관련해 '땅의 눈(eye)'이라고 불리는 천사인 '모아브 땅을 관리하는 천사'를 약화시킨다는 것을 이해했습니다. 이것은 또한 모아브가 물리적 영역에서 받을 영향력도 약해질 것이라는 점을 의미했으며, 발락은 빌암을 불러 이스라엘 자손을 저주로 멸망시켜 그들의 '덮음'을 벗겨내고자 했습니다.

이스라엘 자손을 저주하는 빌암의 능력은 전적으로 하쉠께서 그의 입에 주시는 말씀에 달려 있었습니다. 그는 이스라엘 자손을 저주하려 준비했으나, 저주 대신 그의 입술에선 축복이 흘러나왔습니다.

לֹא אִישׁ אֵל וִיכַזֵּב וּבֶן־אָדָם וְיִתְנֶחָם הַהוּא אָמַר וְלֹא יַעֲשֶׂה וְדִבֶּר וְלֹא יְקִימֶנָּה:

"신께선 사람이 아니기에 거짓말하지 않으시고 인간이 아니기에 후회하지 않으신다. 그가 이르기만 하고 행하지 않으며 그가 말씀하시고 이루지 않겠느냐?" (바미드바르 23:19)

빌암은 하쉠께서 '때로는 자신의 말과 약속을 후회하는 사람'과 같지 않으시다고 하면서 하쉠을 신(엘 אֵל)이라는 호칭으로 부릅니다. 그 호칭은 일반적으로 하쉠의 힘과 능력을 내포하지만, 이스라엘 자손을 광야에서 멸하지 않으시고 그들을 이스라엘 땅으로 인도하겠다는 하쉠의 친절과 약속을 나타내기도 합니다.

미래를 예측할 수 없는 '사람'은 예상치 못한 상황으로 인해 약속을 철회하는 경우가 많습니다. 그러나 세상의 끝날까지 보시는 하쉠께선 약속을 결코 철회하거나 후회하지 않으십니다. 그것은 특히 좋은 약속의 경우에는 더욱 그러하며, 형벌의 약속과 관련해선 하쉠께선 사람에게 회개할 기회를 주시고 그 결과로서 그 사람에 대한 악한 선고가 취소될 수 있습니다. 그렇기에 토라는 좋으신 하쉠의 약속이 궁극적으로 성취될 것이라고 강조하고 가르치고 있습니다.

인간의 말은 입에서 나오고 공기 중에서 사라집니다. 반면에 하쉠의 말씀은 고정된 현실을 만들어내며, 그냥 사라지지 않습니다. 이는 다음의 사실에서 분명해집니다:

בִּדְבַר יְהוָה שָׁמַיִם נַעֲשׂוּ וּבְרוּחַ פִּיו כָּל־צְבָאָם:

"하쉠의 말씀으로 하늘이, 그의 입의 영으로 그것들의 모든 군단이 만들어졌다." (트힐림 33:6)

빌암은 발락에게 하쉠의 축복의 말씀이 선포되면, 발락은 이스라엘 자손을 저주할 힘이 없을 것이라고 알렸습니다. 그렇다면 이스라엘 자손은 다른 민족들과 달리 저주에 면역이 되기라도 한다는 걸까요?

하쉠께선 분명 '침상이 온전했던(야아코브의 모든 자녀가 의로웠다는 뜻 – 역자 주)' **야아코브의 후손들에게 편애를 보이고 있습니다. 따라서 빌암은 '그분은 야아코브 안에서 어떤 죄악도 보지 않으신다 (23:21)'고 말했습니다.

아브라함과 이쯔학크는 각각 악했던 이슈마엘과 에싸브의 아버지였고, 그들은 위대했던 그들 각각의 아버지로부터 제거되어야 할 특정한 부정적인 면을 나타내었습니다. 그러나 야아코브가 자녀를 가질 때는 그가 의로운 자손만을 낳을 수 있는 길을 닦아서 거룩함으로 인해 모든 부정적인 면이 제거되었습니다.

악한 자손이 없다는 것은 야아코브와 그의 자녀들의 경우 불결함이 그들에게 붙을 수 있는 곳이 없다는 것을 의미합니다. 야아코브와 그의 자녀들의 정결함은 저주가 붙잡힐 여지를 조금도 남기지 않았습니다. 불결함은 이슈마엘과 에싸브로 대표되는 두 주요 뿌리인 '불법'과 '악함'으로 가득한 민족에게서만 둥지를 틀 수 있습니다. 그 결과로 불결한 국가는 불결함으로부터 나오는 저주를 받기에 쉬워집니다. 빌암은 다음과 같은 말로 이스라엘 자손은 그러한 특성이 없고, 불결함에 영향을 받지 않기 때문에 그들을 저주할 수 없다고 선언했습니다:

יְהֹוָה אֱלֹהָיו עִמּוֹ וּתְרוּעַת מֶלֶךְ בּוֹ׃

"…그의 엘로킴 하쉠께서 그와 함께 계시고 왕의 외침이 그의 안에 있다." (바미드바르 23:21)

'하쉠께서 그들과 함께 계신다'는 말을 통해 그분은 이스라엘을 항상 지켜보시며 보호하신다는 암시를 발견할 수 있습니다.

'왕의 외침이 그의 안에 있다'라는 빌암의 말 뒤에 숨겨진 의미는 무엇일까요?

'외침'으로 번역된 단어 테루아(תרועה)는 이스라엘 자손을 끊임없이 지켜보고 계시는 하쉠의 신성한 임재인 슈히나를 가리킵니다.

테루아가 슈히나를 암시하는 방식은 어떤 방식일까요?

여러 갈래의 작은 '부서지고 깨진' 소리로 구성된 쇼파르의 소리를 의미하는 데에 쓰이는 단어 '테루아'는 예샤야후 24:19 에서 '땅이 부서지고'라는 구절에서도 언급되듯 '깨짐'을 의미합니다. 빌암은 슈히나가 이스라엘 자손을 대적해 일어나는 모든 불결한 세력을 부수고 깨뜨릴 수 있는 능력을 가지고 있기에 이스라엘이 저주를 받을 수 없다고 말한 것입니다.

그런 다음 그는 발락에게 이것이 하쉠께서 가장 강하고 강한 왕으로부터, 그리고 당시 가장 강한 국가였던 이집트로부터 이스라엘 자손을 데리고 나왔다는 사실에서 분명하다고 설명하고 있습니다. (23:22) 빌암은 계속해서 야아코브의 후손들을 찬양하며, 이번에는 그들이 어떤 종류의 점술이나 마법에도 의지하지 않는다는 점을 강조합니다. (23:23) 이스라엘 자손은 다른 민족들과 달리 미래에 관한 정보를 그들에게 가르쳐 줄 불결한 힘을 필요로 하지 않았습니다. 그들은 오히려 진리로 묶여 있습니다:

תִּתֵּן אֱמֶת לְיַעֲקֹב חֶסֶד לְאַבְרָהָם אֲשֶׁר־נִשְׁבַּעְתָּ לַאֲבֹתֵינוּ מִימֵי קֶדֶם:

"당신께서 야아코브에게 진리를, 아브라함에게 친절을 베푸시니…" (믹하 7:20)

이스라엘이 얻은 진리의 토라는 하쉠께서 그분의 세상을 운영하는 방식의 더 깊은 의미를 밝히는 그들의 도구입니다. 이스라엘 자손은 토라에 대한 이러한 깊은 이해를 통해 미래를 볼 수 있기에 세상 다른 나라들이 의지하는 어떤 종류의 점술이나 마법도 필요로 하지 않습니다.

빌암은 이스라엘 자손을 정복하려 하는 모든 민족들이 그들의 접근 방식이 얼마나 심각한 잘못인지에 대해 발락에게 설명합니다. 이스라엘은 하쉠께서 선택한 민족이며, 하쉠이라는 분께서 세상에 존재하는 다른 어떤 것보다 전능하고 강한 것처럼 그분의 백성도 정복할 수 없다는 것입니다. 모든 '정복'은 그들이 정상에 오르게 될 때까지 일시적입니다. 그 모든 이들은 하쉠과의 친밀한 정도에 따라 그들이 있을 수준이 결정됩니다. 하쉠을 따르지 않는 세상의 민족들은 결국 잊혀질 것이며, 이스라엘은 계속해서 증가할 것입니다.

그런데 그러면 이집트인들은 어떻게 그토록 오랜 세월 동안 이스라엘 민족을 정복하고 통치할 수 있었을까요?

역설적으로 이것은 이스라엘 자손이 실제로 얼마나 강한지를 보여주는 증거가 되는데 (한편으로는 다른 민족이었다면 동화나 다른 요인으로 진작에 멸망했을 것이다 – 역자 주), 하쉠께서는 이스라엘 자손이 스스로를 정결케 하고 더러움을 씻어내길 원하셨고, 정결케 된 후에 이스라엘 자손은 승리하여 '살아남았을' 뿐만 아니라, 이집트에서 '[영적으로] 더 높아진 상태'로 떠날 수 있었습니다.

빌암은 이스라엘 자손을 정복하려는 모든 민족에게도 같은 운명이 기다리고 있다고 설명합니다. (23:24) 특이하게도 이 구절은 과거형으로도 이해될 수 있고, 미래형으로도 이해될 수 있는데, 그 이유는 이스라엘의 모든 적들은 결국 멸망되기 때문입니다.

거룩함과 부정함, 이스라엘 자손과 다른 민족들 사이의 마지막 전쟁은 '고그와 마고그의 전쟁'이 될 것인데, 개종하는 민족들과 이스라엘 자손과 대적할 민족들이 동시에 일어날 것입니다. 그러나 이스라엘 자손은 빌암의 예언대로 '사자처럼 일어나' 먹이를 먹을 때까지 눕지 않을 것입니다. (23:24)

이스라엘 자손이 불결함을 제압하고 세상의 민족들에게서 거룩함의 '생명의 면모'를 제거하는 데 성공하면, 이때 하쉠의 유일하심이 드러나며 모든 더러움은 사라지게 됩니다. 거룩함의 생명의 면모가 없어진 민족들은 시체처럼 남게 됩니다. 왜냐하면 그들이 힘을 낼 수 있는 근원은 이스라엘 자손의 죄로부터 있어왔기 때문입니다. 그러나 일단 진리가 밝혀지면 악과 죄가 들어설 여지가 없어지게 되어 어떠한 불결한 생명도 빼앗기게 될 것입니다.

בִּלַּע הַמָּוֶת לָנֶצַח וּמָחָה אֲדֹנָי יֱהֹוִה דִּמְעָה מֵעַל כָּל־פָּנִים וְחֶרְפַּת עַמּוֹ יָסִיר מֵעַל כָּל־הָאָרֶץ כִּי יְהֹוָה דִּבֵּר:

"죽음을 영원히 숨기시고 주 하쉠께서 모든 얼굴로부터 눈물을 씻기시며 그의 백성의 수치를 모든 땅 위에서 지우실 것이다. 하쉠께서 말씀하셨다." (예샤야후 25:8)

파라샤트 핀하쓰 (바미드바르 25:10 – 30:1)

하쉠의 영광을 위한 핀하쓰의 의로운 열성은 이스라엘 자손에게 닥칠 파괴적인 재앙을 막아내는데 도움이 되었습니다.

לָכֵ֖ן אֱמֹ֑ר הִנְנִ֨י נֹתֵ֥ן ל֛וֹ אֶת־בְּרִיתִ֖י שָׁלֽוֹם׃

"그러므로 [그에게] 일러라. 여기 내가 그에게 내 평화의 언약을 준다." (바미드바르 25:12)

의사가 환자의 생명을 구하기 위해 팔다리를 제거해야 하기도 하는 것처럼, 핀하쓰는 나머지 이스라엘 아들들을 살리고자 두 죄인을 죽였습니다.

וְשֵׁם֩ אִ֨ישׁ יִשְׂרָאֵ֜ל הַמֻּכֶּ֗ה אֲשֶׁ֤ר הֻכָּה֙ אֶת־הַמִּדְיָנִ֔ית זִמְרִ֖י בֶּן־סָל֑וּא נְשִׂ֥יא בֵֽית־אָ֖ב לַשִּׁמְעֹנִֽי׃

"타격으로 죽임당한, 곧 미드얀 여자와 함께 타격으로 죽임당한 이쓰라엘 남자의 이름은 쌀루의 아들 지므리였다. 그는 쉼온 가문의 지도자였다." (바미드바르 25:14)

토라는 왜 핀하쓰가 보상을 받고 그의 행위가 온 민족을 속죄했다는 사실을 배울 때까지 우리에게 죄인의 이름을 알려주길 기다렸던 것일까요?

그것은 핀하쓰가 재앙을 예방하는 데에 성공했다는 것이 분명해질 때까지 그의 행동에 대한 세부사항을 알 수 없던 것에 있었습니다. 큰 구원을 깨달은 백성들은 가해자가 한 지파의 지도자였음에도 불구하고 기쁨과 안도와 위로를 느꼈습니다.

지므리의 이름과 혈통이 언급되는 것은 쉼온 지파에게는 불명예스러운 일이었으나, 그의 이름을 언급한 것은 합당한 일이었습니다. 쉼온(שמעון)이라는 이름은 '저기에 악이 있다(שם עון)'로 풀이될 수 있습니다. 쉼온 지파는 이 사건으로부터 교훈을 얻어 그들이 실제로 불결함에 취약해 그것에 유혹당하지 않도록 자신을 보호해야 한다는 것을 이해해야만 했습니다.

토라는 '타격으로 죽임당한, 곧 …함께 타격으로 죽임당한'이라는 이중 표현으로 이 사건을 설명하고 있습니다.

이것은 핀하쓰가 지므리를 육체적으로 죽이기 전에 이미 지므리는 영적인 영역에서도 타격을 입었음을 나타냅니다. 그렇기에 지므리는 자신을 보호할 수 없었으며, 정당방위를 위해 핀하쓰를 죽이려고 시도할 수도 없었습니다.

어리석음에 빠진 지므리는 거룩한 진리를 버리고 불결함에 집착하기로 결정했을 때 자신의 영적 죽음에 대한 책임을 지녔습니다. 우리는 그가 이 죄악을 저지른 여성의 이름인 코즈비(כזבי)에서 그에 대한 암시를 발견할 수 있습니다. 코즈비라는 단어의 어원이 '거짓'을 의미하는 코제브(כוזב)에서 왔기 때문입니다. 그를 통해 지므리는 진실보다 '거짓'을 추구했다는 것을 알 수 있습니다.

וְשֵׁם הָאִשָּׁה הַמֻּכָּה הַמִּדְיָנִית כָּזְבִּי בַת־צוּר רֹאשׁ אֻמּוֹת בֵּית־אָב בְּמִדְיָן הוּא׃

"타격으로 죽임당한 미드얀 여자의 이름은 쭈르[그는 미드얀 가문의 민족 지도자였다]의 딸 코즈비였다." (바미드바르 25:15)

토라는 이스라엘 자손을 멸망시키려는 그 불결한 행위가 얼마나 멀리까지 진행됐는지를 강조하기 위해 그녀의 혈통을 묘사하고 있습니다. 그것은 바로 이스라엘 자손을 죄로 물들게 하기 위해 불법적인 관계를 맺고자 하는 목적으로 미드얀 공주까지 넘겨주었다는 것입니다. 그렇기에 하쉠께선 모세에게 다음과 같이 명령하고 있습니다:

צָרוֹר אֶת־הַמִּדְיָנִים וְהִכִּיתֶם אוֹתָם׃

"미드얀인들을 괴롭게 하라. 그리고 너희는 그들을 쳐라." (바미드바르 25:17)

미드얀과 모아브는 각각 이스라엘 자손을 꾀어서 죄를 짓게 하려고 시도했지만 모세가 미드얀에게 복수하라는 명령만 받았을 뿐이었습니다. 모아브도 죄가 있었지만 불법적인 관계를 맺을 목적으로 공주까지 넘겨줄 정도는 아니었는데, 그럼에도 그들의 중대한 행위는 이스라엘 민족에 대한 그들의 깊은 증오와 파괴의 열망을 보여주었고, 미드얀의 파괴는 그래서 필요로 했습니다. 그러나 모아브에서는 후에 의로운 개종자인 루트가 나올 운명이었기에 하쉠께선 그들을 멸망시키라는 명령을 하지 않으셨습니다.

미드얀의 계획은 이스라엘을 육적으로뿐만 아니라 영적으로도 멸망을 가져와 하쉠으로부터의 연결을 끊어내려 하는 것이었습니다. 그러한 행위는 어떠한 자비도 허용하지 않고 엄중한 복수를 해야 마땅했습니다.

모아브 여인들과의 불륜 관계와 우상 숭배에 대한 처벌로 이스라엘 아들들에게 재앙이 내려져 민족이 막대한 손실을 입었습니다. 재앙의 여파로 하쉠께선 모셰와 아하론에게 이스라엘 아들들을 세라고 명령하셨는데, 이 인구 조사의 결론에서 토라는 다음과 같이 말하고 있습니다:

וּבְאֵ֙לֶּה֙ לֹא־הָ֣יָה אִ֔ישׁ מִפְּקוּדֵ֣י מֹשֶׁ֔ה וְאַהֲרֹ֖ן הַכֹּהֵ֑ן אֲשֶׁ֥ר פָּקְד֛וּ אֶת־בְּנֵ֥י יִשְׂרָאֵ֖ל בְּמִדְבַּ֥ר סִינָֽי: כִּֽי־אָמַ֤ר יְהֹוָה֙ לָהֶ֔ם מ֥וֹת יָמֻ֖תוּ בַּמִּדְבָּ֑ר וְלֹא־נוֹתַ֤ר מֵהֶם֙ אִ֔ישׁ כִּ֚י אִם־כָּלֵ֣ב בֶּן־יְפֻנֶּ֔ה וִיהוֹשֻׁ֖עַ בִּן־נֽוּן:

"이들 중 모셰와 코헨 아하론이 씨나이 광야에서 이쓰라엘 아들들을 세었을 때의 이는 한 사람도 없었다. 이는 하쉠께서 '그들은 광야에서 반드시 죽고 예푸네의 아들 칼레브와 눈의 아들 예호슈아 외에는 그들 중 한 사람도 남지 않을 것이다'라고 이르셨기 때문이다." (바미드바르 26:64-65)

이집트를 떠나 이스라엘 땅으로 가는 길에 그 땅을 정찰하기 위한 12 명의 정탐꾼이 파견되었습니다. 이들 정탐꾼 중 열 명은 부정적인 보고를 가지고 돌아와서 약속의 땅을 거부함으로써 이스라엘 아들들에게 죄를 짓도록 만들었고 오직 칼레브와 예호슈아만이 그 부정적인 보고에 반박하려 시도했습니다. 구절은 토라가 인구 조사를 다시 할 당시 그 사람들이 모두 죽었다고 입증해주고 있습니다.

그러나 민족은 여전히 컸으며, 범죄한 자들이 죽었어도 이스라엘은 광야의 불결함으로 인해 멸망되지 않았습니다. 광야에서 죽어야 한다는 법령은 그 세대의 남자들에게만 영향을 미쳤으며, 그 세대의 여자들에게는 아니었는데, 남자들과는 달리 이스라엘 땅은 여성적 거룩함의 측면에 뿌리를 두고 있었고, 여성들도 이스라엘 땅에 대한 강한 사랑을 가지고 있었기 때문이었습니다.

광야의 첫 세대에서 여자들 외에는 남자는 두 사람, 예호슈아와 칼레브만이 살아남았습니다. 그들은 사람들에게 이스라엘 땅의 위대함을 확신시키려고 노력했기에 처벌을 면하고 그 땅에 들어가는 것이 허용되었습니다.

유대 법원에서는 증언을 확립하기 위해 금지된 행위에 대해서 두 명의 남자증인이 출석해야 하는 것이 있습니다. 예호슈아와 칼레브는 다른 사람들의 멸망이 '광야에 존재했던 불결한 힘의 결과' 때문이 아니라, 그들 자신의 죄의 결과라는 사실에 대한 증인이 되었습니다. 불결함은 거룩함을 뒤따르며, 죄 앞에서만 힘을 얻습니다. 예호슈아와 칼레브는 이 사실에 대한 분명한 살아있는 증거였습니다.

וַתִּקְרַבְנָה בְּנוֹת צְלָפְחָד בֶּן־חֵפֶר בֶּן־גִּלְעָד בֶּן־מָכִיר בֶּן־מְנַשֶּׁה לְמִשְׁפְּחֹת מְנַשֶּׁה בֶן־יוֹסֵף וְאֵלֶּה שְׁמוֹת בְּנֹתָיו מַחְלָה נֹעָה וְחָגְלָה וּמִלְכָּה וְתִרְצָה:

"요쎄프의 아들 므나셰 가문들 중에 므나셰의 고손이자 막히르의 증손이며 길아드의 손자이자 헤페르의 아들인 쫄로프하드의 딸들이 가까이 나아왔다. 그의 딸들의 이름들은 막흘라, 노아와 호글라와 밀카와 티르짜다." (바미드바르 27:1)

이스라엘 땅을 크게 사랑했던 위대한 여성들 중에는 쫄로프하드(슬로브핫)의 딸들이 있었습니다. 이스라엘 땅에 대한 정당한 권리를 갖고 나아갔던 이 의로운 여인들은 거룩함에 가까워질 가치를 지녔으며, 이는 그녀들이 '앞으로 나아왔다'라는 표현이 아닌 가까이 나아왔다라는 구절의 강조로 분명합니다.

이 구절은 그녀들이 자신들의 아버지 쫄로프하드를 포함한 의로운 자들의 후손이라는 긴 증거들로 혈통을 추적합니다. 조하르 발락 205b 에서는 쫄로프하드의 유일한 죄와 그가 광야에서 죽은 이유가 모셰에 대해 말했던 것 때문이라고 가르칩니다. 그에 대한 암시는 딸들의 주장에서 찾아볼 수 있습니다:

אָבִינוּ מֵת בַּמִּדְבָּר וְהוּא לֹא־הָיָה בְּתוֹךְ הָעֵדָה הַנּוֹעָדִים עַל־יְהוָה בַּעֲדַת־קֹרַח כִּי־בְחֶטְאוֹ מֵת וּבָנִים לֹא־הָיוּ לוֹ:

"우리의 아버지는 광야에서 죽었습니다. 그는 하쉠을 반대하려고 모였던 회중, 곧 코락흐의 회중에는 없었으니 이는 그의 죄로 죽었기 때문입니다. 그리고 그에게는 아들들이 없었습니다." (바미드바르 27:3)

'광야에서'를 뜻하는 바미드바르(במדבר)는 단순한 의미로는 '광야에서'를 의미하지만, 이 구절에서 그것은 아버지의 죽음이 모셰에 대해 반대하는 말의 결과였음을 나타내는 '말로써'를 의미하는 '베메다베르'로도 이해할 수 있습니다.

쯜로프하드(צלפחד)라는 이름은 '두려움의 그늘'이라는 의미의 두 단어(צל-פחד)로 나뉩니다. 이것은 그가 '힘'이나 '심판'의 속성에 영적으로 뿌리를 두고 있음을 암시합니다. 그와 대조적으로 비슷한 의미를 지닌 이름인 브짤엘(בצלאל)은 '하쎔의 그늘에서(-בצל אל)'라는 의미로 나뉠 수 있는데, 미슈칸 건설에 책임을 진 그였던만큼 친절에 뿌리를 둔 의미였음을 알 수 있습니다.

구절에서 얘기하는 '그의 죄'는 에덴 정원에서 알게 하는 나무를 먹게 하는 죄를 범하게 하기 위해 언어의 능력을 사용했던 뱀과 같이 모셰를 향해 부정적인 말을 한 죄였습니다. 그러나 쯜로프하드는 죽음으로 속죄 받을 죄를 지었으나 본질적으로 의로운 자였습니다. 토라가 그의 혈통을 소개하는데 있어서 요쎄프의 아들인 므나셰까지 언급하는 것은 그의 의로움을 입증해주는 의미였고, 그로부터 연결된 각 세대의 사슬도 의로웠다는 의미였습니다. 쯜로프하드의 딸들 역시 거룩함에 가까웠을 뿐만 아니라 다음과 같은 말로 암시된 바처럼 평생동안 그러한 수준의 거룩함을 유지했습니다:

וַתַּעֲמֹדְנָה לִפְנֵי מֹשֶׁה וְלִפְנֵי אֶלְעָזָר הַכֹּהֵן וְלִפְנֵי הַנְּשִׂיאִם וְכָל־הָעֵדָה פֶּתַח אֹהֶל־מוֹעֵד לֵאמֹר:

"그녀들은 서서 회막 입구에서 모셰 앞에, 코헨 엘아자르 앞에, 지도자들 앞에, 그리고 모든 회중 앞에 일렀다." (바미드바르 27:2)

이는 그녀들이 평생동안 이러한 수준을 유지하고 서 있었기 때문에 그들의 수준이 '일시적인 것'이 아니라는 점을 나타냅니다. 그녀들은 모셰에게 그녀들의 아버지가 '불결한 곳이 많아 아버지를 유혹할 수 있는 광야에서' 죽었다고 말하고 있습니다.

그의 죄가 모셰를 대적하여 말한 것이었어도 그것은 개인적인 분노, 즉 그녀들의 아버지의 개인적인 죄인 '그의 죄'라는 것을 강조합니다. 그가 코락흐와 그의 회중에게 비교되었던 점은, 코락흐와 그 회중의 죄는 개인적인 차원이 아니라 하쎔께서 이스라엘 국가와 세상을 위해 세우신 모든 시스템에 의문을 제기한 것 때문이었습니다.

코락흐의 죄는 쯜로프하드가 확고히 붙잡고 결코 의심하지 않았던 하쉠의 말씀의 진리에 반대하는 말을 함으로 인한 죄였습니다.

파라샤트 마토트-마쓰에이 (바미드바르 30:2 – 36:13)

נְקֹם נִקְמַת בְּנֵי יִשְׂרָאֵל מֵאֵת הַמִּדְיָנִים אַחַר תֵּאָסֵף אֶל־עַמֶּיךָ:

"미드얀인들에게 이쓰라엘 아들들의 복수를 하라. 그 후에 너는 네 백성에게로 모아질 것이다." (바미드바르 31:2)

하쉠께선 모셰에게 이스라엘 자손에게 지은 죄에 대해 미드얀 사람들에게 복수하라고 명령하셨고, 그것이 성취되면 그는 죽어야 했습니다. 미드얀 사람에게 이스라엘 자손의 복수를 하는 것이 왜 하쉠께서 모셰가 살아있는 동안 성취하길 원하셨던 마지막 사명이었을까요?

우리는 모셰가 파르오의 집에서 자랐고, 자라서 이스라엘 자손의 노예 생활을 관찰하기 위해 나갔다고 배웠습니다. 그는 이집트의 감독관이 한 유대인을 무자비하게 때리는 것을 보고 그러한 불의를 멈추기 위해 이집트인을 치게 되었습니다. (실제 타격이 아닌 하쉠의 이름을 사용한 타격 - 역자 주) 토라에 기록된 모셰의 첫 번째 행동은 자신의 생명에 대한 위험을 감수해야 하는 것이었고, 이스라엘 자손의 지도자로서의 그의 역할로서 첫 번째 행동으로 볼 수 있었습니다. 모셰는 자신의 생명을 걸고 하쉠의 백성을 위해 복수하는 것으로 시작했습니다. 하쉠께선 모셰가 처음부터 끝까지 이스라엘 자손을 위해 자신을 희생시킨 것에 대한 보상을 주기 위해 역시 같은 자기 희생으로 그의 삶을 끝내길 바라셨습니다. 토라는 그렇게 모셰에게 주어진 바처럼 '복수를 복수하라(נִקְמַת נְקֹם)'라는 이중 용어를 사용합니다. 이집트인에게 복수한 것처럼 미드얀인에게 복수할 때가 된 것입니다.

וַיְדַבֵּר מֹשֶׁה אֶל־הָעָם לֵאמֹר הֵחָלְצוּ מֵאִתְּכֶם אֲנָשִׁים לַצָּבָא וְיִהְיוּ עַל־מִדְיָן לָתֵת נִקְמַת־יְהוָה בְּמִדְיָן:

"모셰가 백성에게 말했다. 이르기를, '여러분 중 남자들을 군대를 위하여 무장시키십시오. 그래서 그들이 미드얀을 대항해 미드얀에게 하쉠의 복수를 하도록 하십시오.'" (바미드바르 31:3)

이스라엘 아들들이 성공하려면 슉히나와 긴밀히 연결되어 있어야 했고, 따라서 슉히나가 그들에게 머물기 적합한 의로운 군대를 필요로 했습니다. 따라서 토라는 '여러분 중 남자들을…무장시키십시오.'라는 단어를 사용했는데, '무장시키라'는 단어는 많은 사람들 중 몇을 선택하라는 의미이고, '여러분 중 남자들'이라는 단어는 높은 수준의 사람들을 의미했습니다.

문맥은 남자들은 '미드얀에 대항해' 전쟁을 치러야 한다고 하지만, 문자 그대로 그것은 미드얀 위(על-מדין)에서, 바로 미드얀을 제압해 누를 힘을 지닐 수 있는 높은 영적 지위여야 함을 암시합니다. 그 사명은 '하쉠의 복수'를 복수하는 것이기 때문에 그 사명을 수행하는데 사용될 사람들은 슉히나가 그들에게 머물기 적합해야만 했습니다.

각 지파마다 뽑힌 1,000 명씩의 인원들 중 레비 지파는 일반적으로 '하쉠께서 그들의 유업이었기 때문에 (드바림 18:2)' 전쟁에 나가지 않았었지만, 이 전쟁은 하쉠을 위한 복수였기 때문에 그들도 전투에 나갔습니다. 따라서 구절은 다음의 내용을 강조하고 있습니다:

וַיִּמָּסְרוּ מֵאַלְפֵי יִשְׂרָאֵל אֶלֶף לַמַּטֶּה שְׁנֵים־עָשָׂר אֶלֶף חֲלוּצֵי צָבָא׃

"수 천의 이쓰라엘로부터 각 지파에게 1,000 명씩 넘겨지니 12,000 명이 무장 군인이었다." (바미드바르 31:5)

여기서 군인들이 '넘겨졌다 (וימסרו)'라고 묘사된 이유는 무엇일까요?

미드얀 전체 민족과 싸우기 위해 차출된 사람들의 수는 12,000 명으로 비교적 적은 수였습니다. 이 사람들은 적들에 비해 적은 수였지만 하쉠의 복수를 복수하기 위해 온 마음을 다해 자신의 영혼을 넘긴 자들이었습니다. 이 위대한 자기 희생에 대한 보상으로, 하쉠의 뜻을 온전히 이루고자 자신을 바친데 대한 보상으로써 이스라엘 아들들 가운데는 사상자가 단 한 명도 발생하지 않았습니다. '생명의 근원'이신 하쉠께 자신을 붙인 것에 대해 그들은 모두 살아남는 것이 합당했습니다.

더 깊은 차원에서는 이 남자들은 위(하늘)에서 넘겨졌는데, 오직 하쉠만이 이 남자들의 각자의 성실함과 의로움을 진정으로 알 수 있었기 때문이었습니다.

하쉠께선 이 의로운 남자들의 마음에 미드얀에 대한 복수를 위해 스스로를 희생하고자 하는 열망을 두셨습니다.

וַיִּצְבְּאוּ עַל־מִדְיָן כַּאֲשֶׁר צִוָּה יְהוָה אֶת־מֹשֶׁה וַיַּהַרְגוּ כָּל־זָכָר:

"하쉠께서 모세에게 명령하신 대로 그들은 미드얀을 대항해 싸워 모든 남자를 죽였다."

(바미드바르 31:7)

그런데 미드얀과의 전투에서 그들은 '남자들'만을 죽이고 여자들은 살려두라는 명령을 받습니다. 이스라엘 아들들을 죄짓게 한 건 미드얀의 여자들이 아니었나요? 왜 남자들이 복수를 당한 것일까요?

이스라엘 아들들을 망하게 하려는 악한 계획에 여성들을 강제로 참여시킨 것이 미드얀 남자들이었기 때문이었습니다. 그러나 그 중에서도 남자와의 관계를 가져봤을 만큼 [육체적으로] 성숙한 여성들은 죽임을 당해야 했는데, 왜냐하면 그들은 자기 남편의 소원을 들어줌과 동시에 [그 관계를 통해서] 이스라엘 아들들과도 함께 있을 자격이 없었기 때문이었습니다. 이 여성들은 살려두는 경우 이스라엘 아들들에 대한 불결함이 깨어날 수 있는 문제였기 때문에 그녀들 또한 파괴되어야 했습니다.

וְאֵת בִּלְעָם בֶּן־בְּעוֹר הָרְגוּ בֶּחָרֶב:

"…그리고 브오르의 아들 빌암을 그들이 칼로 죽였다." (바미드바르 31:8)

미드얀의 왕들이 죽임을 당했다는 것도 31:8 에서 강조됩니다. 남자들이 여자들에게 계획을 실행하도록 강요했던 배경은 왕들이 남자들에게 죄를 짓도록 강요했기 때문이었습니다. 왕들은 일반 시민들이 죽임을 당한 후에 죽임을 당했는데, 그들은 자신들과 그들의 백성에게 초래한 파괴를 목격해야만 하는데 그 목적이 있었습니다. 그리고 이런 이유로 빌암은 마지막으로 죽었습니다. 그는 이 모든 생각의 배후에 있는 자였고, 때문에 그는 자신이 초래한 파괴를 모두 목격해야 했습니다.

이 구절은 왜 빌암이 '칼'에 죽었다는 것을 강조하고 있을까요? 토라가 어떤 수단을 명시하지 않고 '죽었다'는 단어를 사용할 때마다 어차피 칼에 죽었다고 가정하지 않나요?

마법을 부리며 불결한 힘을 지녔던 빌암은 자신이 '의롭다'고 생각했고, 따라서 적의 칼에

파라샤트 마토트 - 마쓰에이 / פרשת תמות - מסעי

맞지 않을 것이라고 자부했습니다. 그러나 그의 마법은 다른 민족들의 칼을 물리치는 데는 성공했을지라도 이스라엘 아들들의 칼은 그렇지 못했는데, 그것은 불결함을 제압하는 거룩함의 칼이었기 때문이었습니다.

조하르에 따르면, 빌암은 핀하쓰에 의해 발각되어 죽었습니다. 토라는 그가 '칼'에 맞아 죽고 하쉠의 이름을 사용한 방식을 통해서 죽지 않았다는 것을 강조하는데, 핀하쓰는 빌암의 행방을 밝히기 위해 하쉠의 이름을 사용했지만 그분의 이름으로 그를 죽이지는 않았습니다. 핀하쓰는 불결함으로 가득 찬 사람에게 하쉠의 이름을 그렇게까지 사용하고 싶진 않아했는데, 그것은 빌암이 죽을 때조차 신성함이 스며들지 않도록 하기 위한 조치였습니다.

이스라엘 아들들이 전쟁에서 돌아왔을 때, 그들은 미드얀에서 탈취한 모든 전리품과 그들이 살려둔 여성, 어린이들을 모두 데리고 왔습니다. 모셰는 그들을 맞이하기 위해 나갔으나 그들이 사명을 완수하지 않은 것을 기뻐하지 않았습니다. 왜냐하면 그들은 남자 아이들과 남자와 관계를 가졌던 여성들을 살려두지 말라고 당부 받았기 때문입니다.

모셰는 그 여성들과 남자 아이들을 즉시 죽여 하쉠의 복수를 완수하라고 명령했습니다. 그러고나서 모셰는 미드얀에서 탈취한 물건들과 함께 스스로를 정화시키는 방법을 지시합니다. 그러나 유대 현인들은 여기서 모셰가 분노로 인해 지혜를 잃어 비유대인들의 소유였던 기구들을 정화시키는 법을 순간 잊었다고 가르칩니다. 그래서 사람들에게 기구를 정화하는 절차를 가르쳤던 이는 코헨 엘아자르였습니다.

וַיֹּאמֶר אֶלְעָזָר הַכֹּהֵן אֶל־אַנְשֵׁי הַצָּבָא הַבָּאִים לַמִּלְחָמָה זֹאת חֻקַּת הַתּוֹרָה אֲשֶׁר־צִוָּה יְהוָה אֶת־מֹשֶׁה:

"코헨 엘아자르가 전쟁에 참여했던 군인들에게 말했다. '이것이 하쉠께서 모셰에게 명령하신 법의 가르침입니다.'" (바미드바르 31:21)

이러한 법을 가르친 이는 엘아자르였지만 그는 그것이 '하쉠께서 모셰에게 명령하신 것'이라고 말함으로써 모셰를 높여주었습니다.

여기서 이러한 법을 설명하는 '법'이라는 단어는 혹(חק)을 의미하며, 이것은 '새긴다'라는 뜻의 하쿡(חקוק)에서 유래합니다. 이 '법'은 영혼을 정화하기 위해 영적인 영역에서 질서를 '새기고' 확립하는 의미입니다.

불에 사용되었던 모든 도구, 즉 요리나 구이 등에 사용된 도구 등은 비유대인들이 사용한 것으로부터 정화시키기 위해 다시 한 번 불에 넣어야 했습니다. 불에 사용하지 않았던 도구는 미크베의 물에 넣기만 하면 정화됐습니다. 여기서의 기본 원칙은 그 도구를 유대인이 사용하려면 비유대인이 사용했던 것과 동일한 과정을 거쳐야 한다는 것으로, 불에 사용되었다면 불에 넣어야 하고, 물에 사용되었다면 물에 담가야 하는 것이었습니다.

우리는 이 원칙으로부터 영혼의 정화에 대한 암시를 발견할 수 있습니다. 영혼은 물리적 세계에서 불결함을 흡수하는 도구로 비유되기 때문입니다. 사람이 죽으면 이 세상의 불결함으로부터 자신의 영혼을 정화하는 과정을 거쳐야 합니다. (불못/지옥으로 알고 있는 게히놈의 의미가 '영들의 미크베'인 이유 – 역자 주) 사람이 죽으면 이 세상의 불결함으로부터 영혼을 정화하기 위해선 비유대인들이 사용했던 도구를 정화하는 과정과 비슷한 과정을 거쳐야만 합니다.

도구는 각기 그 사용된 방식으로 정화되었기에 영혼도 더럽혀진 방식으로 정화되어야만 합니다. 정욕과 악을 행하려는 욕망의 불로 죄를 지은 자는 정화되기 위해서 불을 통과해야 하며, 정욕과 욕망으로 저지른 것이 아닌 실수나 태만으로 죄를 지은 이는 그의 영혼을 물에 통과시킴으로써 정화시킬 수 있기에 거기에 불은 필요로 하지 않습니다.

하쉠께선 모세에게 이스라엘 자손에게 땅을 정복하고 지파에 따라 나눌 것을 명하라고 지시하셨습니다. (34:2) 그를 통해 예호슈아에서 나올 내용처럼 이스라엘 땅의 경계를 정할 수 있게 될 것이었습니다. 이 '경계'의 의미는 무엇일까요?

우리는 영적인 영역에서 거룩함과 불결함을 발견하여 거룩함의 영역으로 불결함이 들어오지 않도록 분리하는 경계를 볼 수 있습니다. 거룩한 이스라엘 땅은 불결함의 영역들과 경계를 정할 필요가 있었습니다. 이 경계는 불결함이 거룩함을 침범하지 못하도

파라샤트 마토트 - 마쓰에이 / פרשת תטות - מסעי

록 막는데 사용할 하쉠의 힘의 속성이 영적으로 사용되었습니다. 그러나 다가올 세상에선 거룩함이 불결함을 완전히 제압하게 되는 것으로 인해 그것이 '경계 너머로 흘러 넘쳐' 이스라엘 땅의 경계가 확장될 것입니다.

이스라엘 자손이 이스라엘 땅의 거룩함을 침범할 불결함을 막는데 도움이 될 영적인 빛의 힘을 받으려면 이 세상에서의 물리적 행동으로 그 빛을 깨우는 것을 시작해야 했습니다. 이스라엘 아들들은 땅의 경계를 물리적으로 긋는 것으로 그것을 시작했습니다.

'너희에게 유업으로 떨어질 땅'이라는 표현은 무슨 의미였을까요? '너희에게 주어진 땅'이라는 표현이 오히려 더 적절하지 않았을까요?

그 땅은 문자 그대로 이스라엘 자손에게 '떨어'졌는데, 그들이 실제로 아무런 노력도 하지 않고도 그 땅을 정복할 수 있었다는 의미에서 나온 표현입니다. 이것은 그들의 첫 번째 기적적인 정복인 예릭호 도시 정벌에서 분명하게 드러났습니다. 그 외에 이스라엘 아들들이 다른 전투를 치르고 이스라엘 땅을 정복하는데 큰 노력을 기울여야 했던 이유는 그들이 아이 성 전투에서 봉헌되었어야 할 재산을 취해 땅에 묻는 죄를 지었기 때문이었습니다. 예릭호에서의 첫 전투는 죄가 있기 전이었기 때문에 수고가 필요하지 않았습니다.

토라는 땅의 경계를 표시하는 것에 대해 '선을 그으라'는 의미로 '베히트아비템 (והתאויתם)'이라고 설명하는데 (34:10), 이 단어의 어근은 '욕망'을 뜻하는 타아바(תאוה)로, 이 경계는 이스라엘 자손이 매우 갈망했던 것이었음을 의미해 줍니다.

파라샤트 드바림 (드바림 1:1 – 3:22)

אֵלֶּה הַדְּבָרִים אֲשֶׁר דִּבֶּר מֹשֶׁה אֶל־כָּל־יִשְׂרָאֵל בְּעֵבֶר הַיַּרְדֵּן בַּמִּדְבָּר בָּעֲרָבָה

"이것들이 모셰가 야르덴 건너편…아라바 광야에서 온 이쓰라엘에게 말했던 말들이다."

(드바림 1:1)

광야에서 40년을 보낸 후, 이스라엘 자손은 야르덴 강에 도착해 하쉠께서 아브라함과 이쯔하크, 야아코브에게 약속하신 대로 이스라엘 땅으로 건너갈 준비를 시작합니다. 유대 현인들은 미드라쉬 드바림 라바에서 '이것들이 모셰가…말했던 말들이다'라는 것이 이스라엘 자손이 반항적인 행동을 한 것에 대한 책망의 말이었다고 가르칩니다. 모셰는 이스라엘 땅으로 인도할 눈의 아들 예호슈아에게 지도권을 넘기기 전에 민족을 정화시키고자 했으며, 이를 이루는 방법은 바이크라에서도 말했듯 책망을 통해서였습니다:

הוֹכֵחַ תּוֹכִיחַ אֶת־עֲמִיתֶךָ וְלֹא־תִשָּׂא עָלָיו חֵטְא:

"…너는 네 동료를 책망해야 한다. 그래서 네가 그 때문에 죄를 짊어지는 일이 없어야 한다." (바이크라 19:17)

죄를 지은 사람은 불결함으로 자기 지배력을 강화합니다. 그는 불결함으로부터 벗어나기 위해 엄청난 어려움을 겪어야 하는 죄수가 되며, 불결함의 지배력을 제압하고 약화시켜야 하기 위해 엄청난 힘을 필요로 합니다. 이는 '죄수는 감옥에서 스스로를 해방시킬 수 없다'라는 유대 현인들의 가르침에서도 암시됩니다. (베락호트 5b)

이 규칙은 영적인 의미에서도 적용되는데, 죄를 지은 사람이 불결함의 손아귀에 갇힌다면 쉽게 벗어날 수 없기 때문입니다. 사람은 항상 스스로를 일깨우고 회개할 수 있지만, 그것은 또한 매우 어렵기도 합니다. 때문에 가장 쉬운 방법은 밖에서 사람이 와서 그를 불결함으로부터 끌어내는 것이 있습니다. 그리고 이것이 바로 동료를 책망해야 한다는 계명의 목표입니다.

자신의 죄를 통해 불결함에 '갇힌' 죄인을 그와 같은 죄에 굴복하지 않은 외부인은 그를 질책함으로써 불결함을 약화시켜 그 죄의 손아귀로부터 자유롭게 해주어야 합니다. 중요한 것은, 그 책망은 '죄인'을 겨냥한 것이 아니라 그 사람을 사로잡은 '불결함'을 겨냥한 것이어야 합니다. 죄인이 책망을 받아들인다면 그는 불결함의 손아귀로부터 벗어나게 됩니다.

이스라엘 자손은 광야를 돌아다니는 동안 여러 번의 죄를 지었고, 불결함의 손아귀에서 벗어날 수 없었습니다. 모셰는 '여러분이 반역했습니다', '여러분은 하쉠의 입에 반역했습니다'라고 외치면서 이스라엘 자손을 질책해야 했습니다. 이러한 책망은 이스라엘 자손이 자신들의 행동을 통해 강화시켰던 다양한 수준의 불결함을 향해 이루어졌습니다. 이 질책은 이스라엘 자손의 불결함을 제거하고 예호슈아가 이스라엘을 이끌어 그들의 땅에 들어가는 것을 준비하기 위한 정화 작업이었습니다.

드바림은 미슈나 토라로 불리며, 이는 '토라의 반복'이라는 것을 의미합니다. 왜냐하면 이 책은 이스라엘 자손의 광야의 여정 동안 주어졌던 토라법들과 판결들에 대해 검토하는 책이기 때문입니다.

광야는 생명이 없고 척박한 곳이기에 불결함의 영역으로 여겨집니다. 이스라엘 자손이 광야에서 40년 동안 각각 진을 치며 머물렀던 자리는 그 장소들에 존재했던 불결함을 극복하고 그를 통해 불결함의 전체 체계를 약화시키기 위함이었습니다. 이는 하쉠께서 그 특정 자리들 각각에서 그들에게 다른 계명과 법규들을 주셨다는 사실로 이해해 볼 수 있습니다.

그 자리들에서 주어진 토라와 법규들은 이스라엘 자손의 불결함을 막고, 없애며, 바로잡는데 도움이 될 거룩함의 힘을 나타내었습니다. 그러나 불행하게도 그러한 많은 지점에서 이스라엘 자손은 바로잡기보다는 죄들을 지었습니다. 1:1 에서 모셰는 유대 현인들이 '이스라엘 민족이 다양한 죄를 저지른 곳으로 암시하는 지점들'이라고 가르치는 장소들을 언급합니다.

모셰는 죽기 전, 그리고 예호슈아에게 지도권을 넘기기 전에 이러한 법과 법규들을 검토해 거룩함을 강화시키고 다시 한 번 불결함을 정복하려고 시도합니다. 이스라엘에게 모세와 그의 민족에 대한 지도력은 태양에, 그리고 예호슈아와 그의 지도력은 달에 비유됩니다. 여기서 얘기하는 태양과 달의 차이점은 무엇일까요?

태양은 남성적 측면을 나타내는 반면, 달은 여성적 측면을 나타냅니다. 달은 자신의 빛이 없으며, 태양으로부터 받은 빛을 반사할 뿐입니다. 이것은 남성의 힘을 받는 여성의 역할로 이해할 수 있습니다. 여성은 남성의 정자를 받아들여 아이를 형성합니다. 생식의 맥락에서 가장 살아있는 이해를 안겨주는 이 내용은, 여성이 '남성의 힘'을 사용해 생명을 낳는다는 것에 기인합니다. 여성의 측면은 불결함을 범하는 데 더 쉬운 면이 있는데, 이것이 에덴 정원에서 뱀이 아담보다 하바를 먼저 유혹해 죄를 짓게 했던 이유였습니다. 여성이 불결함에 취약하기 때문에 거룩의 영역에서 파괴를 일으킬 수 있다는 것을 알았기 때문입니다.

모세는 지도력이 남성적 측면에서 여성적 측면으로 옮겨갈 것이기에 이스라엘이 불결함의 손아귀에 빠질 위험을 초래하기 전에 거룩함을 강화시켜 불결함을 정복하기 위해 필요한 조치들을 취했습니다. 모세가 타락과 심판을 반복해서 자세히 설명하던 목적은 거룩함의 여성적 측면에서 불결함을 몰아내고자 하는 것이었으며, 예호슈아에게 지도권을 넘기기 위해선 반드시 필요한 전제 조건이었습니다.

따라서 드바림은 '이것들이…말들이다(אלה הדברים)'라는 말로 시작합니다. '말들'이라는 의미의 드바림(דברים)이라는 단어는 이스라엘 자손을 인도하는 데 있어 거룩함의 남성적 측면을 대체할 여성적 측면을 나타냅니다. 모세는 토라를 통한 변수들을 다루는 외삽법(外揷法)으로 여성적 측면을 강화시켜 이스라엘 자손을 바로잡아 거룩함이 더 높아진 상태에서 약속의 땅으로 들어갈 수 있도록 하고자 했습니다.

여성적 측면은 남성적 측면으로부터 거룩함을 받아 힘을 얻습니다. 이는 '모세가 말했던'을 의미하는 단어들(אשר דבר משה)의 첫 글자로 이해해 볼 수 있습니다. 이 세 글자의 첫 글자들을 조합하면 아담(אדם)이 됩니다. 하쉠의 네 글자 이름의 철자들을 부르는 값의 조합과 같은 수인 45의 숫자값을 가진 아담이라는 단어는 거룩함의 여성적 측면을 바로잡아주는 남성의 측면을 상징합니다.

모셰의 바람은 이스라엘 아들들을 다음 단계에 대비시켜 완전히 준비시키는 것이었습니다. 예호슈아에게 지도권의 횃불을 넘기기 전에 토라를 다시 설명한 것은 이러한 이유 때문이었습니다.

וַיֹּאמֶר יְהוָה אֵלַי רְאֵה הַחִלֹּתִי תֵּת לְפָנֶיךָ אֶת־סִיחֹן וְאֶת־אַרְצוֹ הָחֵל רָשׁ לָרֶשֶׁת אֶת־אַרְצוֹ:

"하쉠께서 내게 말씀하셨습니다. '보라, 내가 씨혼과 그의 땅을 네 앞에 주기 시작했으니 그의 땅을 차지하기 시작하라.'" (드바림 2:31)

이스라엘 땅 정복의 첫 번째 전투는 이스라엘 자손이 야르덴을 건너기 전에 헤슈본 왕 씨혼과의 전투였습니다. 이 정복과 함께 바샨 왕 오그의 땅 정복은 모셰가 이끌었습니다. 이 두 강력했던 왕들은 거룩함 아래에 복종해야 할 높은 수준의 불결함을 대표했습니다. 그들은 '불결함의 머리'로서 오른쪽과 왼쪽을 대표했으며, 이스라엘 땅 본토에 거주하는 나머지 크나안 민족들은 그보다 낮은 수준은 불결함의 '몸'을 대표했습니다.

토라는 씨혼이 이스라엘 자손과 전쟁을 벌이러 나왔다가 완전히 파괴되어 모든 영토와 소유물을 잃었다고 전하고 있습니다. 이것은 모셰가 씨혼이 상징하는 모든 불결함을 거룩함 아래에 완전히 복종시키는 데 성공했다는 것을 의미해 줍니다. 그리고 오그의 정복에 앞서 하쉠께선 모셰에게 이렇게 말씀하셨습니다:

אֵלַי אַל־תִּירָא אֹתוֹ כִּי בְיָדְךָ נָתַתִּי אֹתוֹ וְאֶת־כָּל־עַמּוֹ וְאֶת־אַרְצוֹ וְעָשִׂיתָ לּוֹ כַּאֲשֶׁר עָשִׂיתָ לְסִיחֹן מֶלֶךְ הָאֱמֹרִי אֲשֶׁר יוֹשֵׁב בְּחֶשְׁבּוֹן:

"…너는 그를 두려워하지 마라. 왜냐하면 너의 손에 그와 그의 모든 백성과 그의 땅을 내가 주었기 때문이다. 너는 내가 헤슈본에 사는 에모리 왕 씨혼에게 행한 것처럼 그에게 행하라." (드바림 3:2)

하쉠께선 왜 모셰에게 오그를 두려워하지 말라고 말씀하신 걸까요? 씨혼을 마주하기 전에도 모셰에게 같은 확신이 주어지지 않았나요?

우리는 두 가지의 설명을 찾을 수 있습니다:

첫째로, 오그와 씨혼은 모두 '불결함의 머리'를 나타냈지만 오그는 왼쪽을, 씨혼은 오른쪽을 상징했습니다. 왼쪽은 힘에 관련되어서 더 압도하기 어려운 의미를 지닙니다. 따라서 '그 왼쪽조차 넘어질 것'이라는 의미로서 하쉠께선 모셰에게 오그를 두려워하지 말라고 확신시켜 주셨습니다.

둘째로, 조하르는 오그가 아브라함의 집에서 할례를 받았었다고 전하는데, 모셰는 그 할례의 공로가 이스라엘과의 싸움에서 보호적인 힘을 그에게 줄 것이라고 두려워했었습니다. 그것은 '그를 두려워하지 마라(אל-תירא אתו)'라는 말에서 암시되는데, 문자 그대로는 '그를(אתו) 두려워하지 마라'지만, 그것은 오트-바브(ו-את)라는 내용으로도 볼 수 있는데, 그것은 '그의 표징'을 의미하며, 그의 할례의 표징을 의미합니다. ('그의 할례를 두려워하지 마라'는 의미 - 역자 주) 하쉠께선 이것을 염두에 두어 모셰에게 그를 두려워하지 말라고 설명할 수 있습니다. 할례의 공로가 오그를 보호하지 못했던 것은, 그가 할례의 언약을 지키지 않고 금지된 관계들에 빠져있었기 때문이었습니다. 그가 완전히 무시했던 할례의 본질로 인해, 그는 그 공로로부터 보호받지 못했습니다.

이스라엘 자손은 이 두 왕들을 모두 물리치고 불결함의 머리와 야르덴 강 유역을 정복했습니다. 그 땅은 르우벤, 가드, 그리고 므나셰 지파 절반에게 주어졌으며, 그들은 계속해서 이스라엘의 다른 지파에 합류해 이스라엘 본토 정복을 이끄는 조건을 이행했습니다.

그 땅이 이 세 지파에게 상속된 합당한 이유는 무엇이었을까요?

앞서 언급했듯 야르덴 건너편의 땅은 불결함의 머리를 나타냈으며, 이 세 지파 모두 자기 어머니들에게 맏아들(머리)이었기 때문입니다. (르우벤 - 레아 / 가드 - 질파 / 므나셰 - 오쓰나트)

그렇기에 불결함의 머리에게 속했던 땅은 그들이 상속받는 것이 합당했습니다.

또한 그들 자신들도 '머리'였기 때문에 이스라엘 자손을 이끌어 이스라엘 본토를 정복하는 것도 합당한 이치였습니다.

파라샤트 바에트하난 (드바림 3:24 – 7:11)

모세는 하쉠께 이스라엘 땅으로 건너 들어가게 해달라고 간청합니다. 하쉠께선 모세에게 그럴 수 없다고 대답하시면서 대신 이렇게 말씀하셨습니다:

עֲלֵה ׀ רֹאשׁ הַפִּסְגָּה וְשָׂא עֵינֶיךָ יָמָּה וְצָפֹנָה וְתֵימָנָה וּמִזְרָחָה וּרְאֵה בְעֵינֶיךָ כִּי־לֹא תַעֲבֹר אֶת־הַיַּרְדֵּן הַזֶּה:

"언덕 꼭대기로 올라가라. 네 눈을 서쪽과 북쪽과 남쪽과 동쪽으로 들어라. 그리고 네 눈으로 보라. 왜냐하면 너는 이 야르덴을 건너지 못할 것이기 때문이다." (드바림 3:27)

모세가 이스라엘 땅에 들어가는 것은 허락되지 않았지만, 하쉠께선 모세가 이스라엘 땅을 '보기를' 원하셨습니다. 이스라엘이 유배 기간에 있을 때 거룩함은 공개적으로 그들에게 비춰지지 않았습니다. 다음 구절에서 얘기하듯, 하쉠의 섭리는 숨겨져 있었으며, 그분은 멀리서 그들을 보셨습니다:

מֵרָחוֹק יְהוָה נִרְאָה לִי

"멀리로부터 하쉠께서 내게 보이셨다…" (이르메야후 31:2)

그처럼 모세가 바라보며 감독하는 것은 유배 기간에도 땅을 보호하는데 필요한 보호를 준비해 주는데 일조했습니다. 그가 명령대로 그렇게 함으로써 그 땅이 완전히 파괴되는 것을 막는 거룩함이 항상 남아있을 수 있었으며, 하쉠께서 모세에게 땅을 '눈으로 보라'고 명령하심으로 땅에 대한 지속적인 그분의 섭리를 일깨울 수 있었습니다. 모세의 간청의 일부는 하쉠께 그가 '건너가서' 볼 수 있도록 허락해 주시길 구하는 간구였습니다:

אֶעְבְּרָה־נָּא וְאֶרְאֶה אֶת־הָאָרֶץ הַטּוֹבָה אֲשֶׁר בְּעֵבֶר הַיַּרְדֵּן הָהָר הַטּוֹב הַזֶּה וְהַלְּבָנֹן:

"부디 제가 건너가게 해주시고 야르덴 건너편에 있는 이 좋은 산과 레바논, 그 좋은 땅을 보게 해 주십시오." (드바림 3:25)

유대 현인들은 씨프리 핀하쓰 23 에서 '좋은 산'은 예루샬라임을, '레바논'은 성전을 가리킨다고 설명합니다. (타낙흐에서 나오는 레바논이라는 단어는 비유나 암시로 나오는 경우 지금의 우리가 아는 레바논 '지역'을 의미하는 것이 아닌 성전을 의미한다 – 역자 주) 모셰는 이스라엘 땅에서 가장 중요한 그 두 곳을 보고 싶어한 것이었습니다. 때문에 하쉠께서 27 절에서 얘기한 의미는 다음의 의미를 지녔습니다: '아니다. 나는 너가 이 두 곳만 보기를 바라지 않는다. 너가 서쪽, 북쪽, 남쪽, 동쪽 그 온 땅을 보기를 바란다. 너가 그 땅을 바라보는 것으로 그 땅은 불결함으로부터 보호받을 것이며 그로 인해 [내가] 이스라엘 땅 전체를 신성한 섭리로 보호할 것이다.'

וְצַו אֶת־יְהוֹשֻׁעַ וְחַזְּקֵהוּ וְאַמְּצֵהוּ כִּי־הוּא יַעֲבֹר לִפְנֵי הָעָם הַזֶּה וְהוּא יַנְחִיל אוֹתָם אֶת־הָאָרֶץ אֲשֶׁר תִּרְאֶה:

"예호슈아에게 명령하여 그를 강하게 하고 그를 담대하게 하라. 왜냐하면 그가 이 백성 앞에서 건너가서 너가 볼 땅을 그들에게 유업으로 줄 것이기 때문이다." (드바림 3:28)

'강하고 담대하라'는 이 개념은 토라와 예언서에서 예호슈아에게 여러 번 반복되었습니다.

예호슈아에겐 왜 강하고 담대할 것이 요구되었을까요? 그가 하쉠으로부터 끊임없이 확신을 필요로 하는 것을 두려워했기 때문이었을까요?

모든 위대한 의인들은 그의 모든 제자들에게 영향력과 풍요를 이끌어내는 영적인 통로의 역할을 합니다. 그래서 의인이 세상을 떠나면 그 영향력의 통로가 본질적으로 제거되어 모든 제자들이 엄청난 상실감과 공허함을 안게 됩니다. 유대 현인들은 위대한 예언자 엘리야후의 이 땅에서의 생애 때 많은 사람들이 그의 영적인 힘을 통해 예언력을 얻었었다고 가르칩니다. (예: 엘리야후와 엘리샤가 운영했던, 한국에서 '선지자 학교'로 번역된 것 – 역자 주) 엘리야후가 이 세상을 떠나고나서, 그 제자들은 예언하는 능력을 잃게 되었습니다.

예호슈아는 이러한 사실을 바탕으로 모셰가 죽은 후 자신이 자신의 자리에 머물 수 있는 영적인 이해와 힘을 갖지 못할까봐 두려워했습니다. 그래서 하쉠께서는 모셰에게 예호슈아에게 결의를 다지도록 수차례 지시하도록 하여 그가 이러한 가능성을 두려워하지 않도록 한 것이었습니다.

스승이 죽으면 제자에게 그 힘이 제거됩니다. 그러나 이것은 그 힘이 제자 자신의 필요와 이익을 위한 경우에만 그러하며, 제자가 끌어낸 힘이 '공공의 필요'를 위한 것이라면 그 힘은 제자에게도 여전히 남아있게 됩니다. 하쉠께서 예호슈아에게 두려워하지 말라고 한 것은 그가 부여받은 힘이 백성을 인도하기 위한 것이었기 때문에 모셰가 이 세상을 떠난 후에도 그와 함께 있을 것이었습니다.

그러나 예호슈아가 이스라엘 자손을 인도해 그들을 위한 땅을 상속한다 해도, 이는 여전히 모셰의 힘을 통해서만 가능했습니다. 모셰의 준비 덕분에 예호슈아는 그 땅에 거주하는 민족들로부터 그 땅을 정복할 수 있었습니다. 예호슈아가 물리적인 의미에서 '상속받을 것'은 모셰가 '너가 볼 땅'을 보고 있었기 때문에 가능했던 정복이었습니다.

이스라엘 자손이 토라를 받았을 때 하쉠께서 주신 '열 가지의 말들' 중 하나는 다음과 같습니다:

שָׁמוֹר אֶת־יוֹם הַשַּׁבָּת לְקַדְּשׁוֹ כַּאֲשֶׁר צִוְּךָ יְהוָה אֱלֹהֶיךָ

"하쉠, 네 엘로킴이 너에게 명령한 대로 샤바트를 지켜 그것을 거룩하게 하라."

(드바림 5:12)

샤바트의 올바른 준수는 샤바트에 거룩함이 드러나게 하며, 이 구절은 이스라엘에게 샤바트를 보호하고 거룩하게 만들라고 명령합니다. 토라는 이스라엘에게 샤바트를 올바르게 보호해 가장 높은 거룩함의 수준으로부터 그 거룩함을 끌어들여 이 날에 드러내게 하기를 명하고 있습니다.

이 구절의 '너에게 명령한 대로'는 왜 시나이 산에서의 위대한 계시가 있기 전에 샤바트의 명령을 받은 것처럼 과거형으로 쓰여진 걸까요?

유대 현인들은 이스라엘 자손이 시나이 산에 도착하기 전 마라에 진을 쳤을 때 이미 샤바트 계명에 관해 명령을 받았다고 가르칩니다. 하쉠께서 시나이 산에서 토라를 주시기 전에 이스라엘에게 샤바트를 지키라고 명령할 필요가 있었던 이유는 무엇이었을까요?

그 이유는 샤바트가 이스라엘 자손에게 그것을 지키는 사람들을 거룩하게 해주는 특별한 힘 때문이었습니다. 샤바트 외에는 이스라엘 자손의 영혼을 적절히 거룩하게 하여 그들이 토라를 받을 수 있는 수준으로 끌어올릴 수 있는 것이 없었습니다. 그렇기에 샤바트를 지키라는 명령은 토라를 받는데 필요한 선행 조치였습니다.

유대 현인들은 이스라엘 자손이 샤바트 외에도 마라에서 법규들에 관해 명령을 받았다고 가르치는데, 이는 유대 법정에서 판단해야 할 정의에 관한 문제를 다루는 것들이었습니다. 이스라엘 자손이 토라를 받을 준비를 하기 위해서는 샤바트와 법규들이 모두 주어져야 했습니다. 그리고 이것들이 명령된 곳은 바로 마라에서의 진영이었습니다.

이것들은 왜 마라에서 특별히 명령된 것일까요?

마라(מרה)라는 단어는 '[맛이] 쓰다'를 의미하는 '마르'에서 파생된 것이며, '쓰디쓴 것'으로도 불리는 불결함을 암시하기 때문입니다. 또한 마라라는 단어는 그 이름으로 불린 물리적 위치에 불결함이 자리를 틀었던 거점이라는 점도 암시합니다. 따라서 '판결/심판'이라는 뜻을 가지기도 한 법규들은 불결함의 힘을 약화시키기 위해 마라에서 특별히 명령되었습니다.

וְאָהַבְתָּ אֵת יְהוָה אֱלֹהֶיךָ בְּכָל־לְבָבְךָ וּבְכָל־נַפְשְׁךָ וּבְכָל־מְאֹדֶךָ:

"너는 네 모든 마음과 네 모든 혼과 네 모든 소유로 하쉠, 네 엘로킴을 사랑해야 하고"

(드바림 6:5)

유대인들이 '슈마 기도'의 일부로 하루에 세 번 낭송하는 이 구절은 모든 유대인들이 온 마음과 혼, 소유를 다해서 하쉠을 사랑해야 한다는 권고입니다.

이 사랑의 속성은 사람을 하쉠과 가장 가까운 수준으로 이끌어줍니다. 그래서 이 구절은 사람이 온 마음을 다해서 하쉠을 사랑해야 한다고 말합니다. 유대 현인들은 이 구절에서 '네 모든 마음'이 단수가 아닌 복수로 표현되어 '모든 마음들로'라는 의미를 내포한다고 가르칩니다. 그들은 이 구절에서 두 마음을 모두 사용해 사랑으로 하쉠을 섬기라고 가르치는데, 사람이 가졌다는 '두 마음'은 무엇을 의미하는 걸까요?

그것은 바로 좋은 성향과 악한 성향을 의미합니다.

하쉠께선 사람을 이 세상에 두시고 사람이 끊임없이 시험을 받으며 좋은 것을 행하거나 악을 행할 선택을 하도록 하셨습니다. 사람의 임무는 좋은 것을 택하고 악을 거부하는 것으로, 그렇게 함으로써 우리는 하쉠의 유일성을 인식할 수 있게 됩니다. 다가올 세상에서의 궁극적 보상은 사람의 자신의 노동의 결과여야 하며, 그것은 '거저 주는' 선물이 아니라는 것을 시험받습니다. 악의 존재는 악을 거부하고 좋은 것을 행하게 함으로써 궁극적인 선을 얻을 기회를 제공해 주며, 이를 통해 하쉠의 뜻을 이루게 됩니다.

어떤 사람이 악이란 것이 '그 자체로는 실제로 존재하지 않으며 단지 인간에게 좋은 것을 베푸는 하쉠의 더 큰 계획의 촉진제'라는 것을 인식하게 된다면 그는 세상의 궁극적 목적인 하쉠의 유일성을 인식할 수 있게 됩니다. 그러나 악과 불결함에 어떤 실제적 가치와 본질적 존재를 부여한다면, 사람은 하쉠의 유일하심을 부인하거나 보지 못하게 됩니다. 그리고 그는 그 대신에 하쉠의 뜻이 아닌 다른 것에 그 가치와 존재를 부여합니다.

악과의 시험과 싸움은 개개인이 자신의 좋은 성향과 악한 성향 사이에서 개인적으로 벌이는 싸움입니다. 어떤 사람이 자신의 악한 성향을 극복하고 그러한 성향 대신 좋은 성향을 행하기로 선택할 때, 그는 악한 성향이 좋은 것에 따라 행동하도록 강요하면서 하쉠의 뜻을 이룹니다. 이런 사람은 개인적으로 자신의 악한 성향을 사용하여 그것을 하쉠의 뜻을 이루는데 사용하면서 '두 마음'으로 하쉠을 섬기는 수준에 도달합니다. 이것이 개인적인 차원과 공동체적 차원에서 사람이 존재하는 궁극적인 목적입니다.

그러나 그 반면에 그가 악을 거부하고 좋은 것을 행하기로(단지 택한다는 것보다 행해야 한다는 것에 주목하자 - 역자 주) 선택하지 않는다면 그는 본래부터 태어나지 않은 편이 나았을 정도인데, 그는 본질적으로 자신의 존재 목적을 성취하는데 실패했기 때문입니다.

또 이 구절은 사람이 그의 '모든 혼'으로 하쉠을 사랑해야 한다고 계속합니다. 유대 현인들은 이것이 사람이 하쉠께 가까이 다가가기 위해서 자신의 삶을 기꺼이 포기할 것을 권고하는 것이라고 설명합니다. 그렇게까지 기꺼이 하는 사람은 가장 높은 수준의 친밀함을 이룰 수 있기 때문입니다.

구절은 '네 모든 소유로' 하쉠을 사랑해야 한다는 명령으로 끝을 맺습니다.

유대 현인들은 이것이 사람이 하쉠에 대한 사랑과 친밀함을 얻고 유지하기 위해 자신의 모든 물질적 소유들을 기꺼이 희생해야 하는 것이라고 설명합니다.

이 내용들은 그 순서를 이해하는 데에 어려움이 있는데, 사람이 자신의 혼을 기꺼이 포기해야 한다고 가르치는 것으로 시작해 그의 모든 소유도 기꺼이 포기해야 한다는 가르침으로 끝나기 때문입니다. 누군가가 자신의 삶을 포기할 정도의 의향이 있다면 그는 자신의 물질적 소유도 포기할 의향이 있는 게 당연하지 않나요?

그런데 유대 현인들은 이것이 꼭 전적으로 '사실'은 아니라고 강조하는데, 삶 자체보다 세상의 소유물에 더 연결되어 있다고 느끼는 사람들이 많기 때문입니다. 구절은 이러한 사람들에 대해 사람이 그의 모든 소유로 하쉠을 사랑해야 한다고 말합니다. 그런 사람에게 하쉠에 대한 궁극적인 사랑의 표현이 바로 모든 물질적 소유를 기꺼이 포기하는 데서 보여지기 때문입니다. 그러면 왜 단어 그대로의 의미를 '네 소유'가 아닌 메오텍하(מאדך) 대신에 '네 돈'이나 '네 행운' 등의 단어를 써서 명확하게 언급하지 않았을까요?

그것은 구절의 이 부분이 사람의 금전적인 부 그 이상을 암시하기 때문입니다.

메오텍하라는 단어는 '매우 많이'를 의미하는 메오드(מאוד)에서 유래합니다. 따라서 이 단어는 사람이 그의 인생에서 '가장 중요하다고 생각하는 모든 것'을 가리킬 수 있습니다. 그것은 어떤 사람에게는 자녀, 건강, 또는 개인적인 자부심이나 명예일 수 있는데, 그 사람에게 매우 많은 것이 무엇이든지 인생에서 가장 중요한 게 그에게 무엇이든 그는 하쉠에 대한 사랑을 위해 기꺼이 희생해야 한다는 것입니다. (아브라함에게 그의 아들 이쯔학크를 바치라는 시험과, 그가 그 시험에 기꺼이 응했던 반응을 동시에 이해할 수 있는 부분 – 역자 주)

וְהָיוּ הַדְּבָרִים הָאֵלֶּה אֲשֶׁר אָנֹכִי מְצַוְּךָ הַיּוֹם עַל־לְבָבֶךָ:

"그리고 내가 오늘 너에게 명령하는 이 말씀들이 네 마음에 있어야 한다." (드바림 6:6)

'이 말씀들'은 앞에서 언급된 '하쉠에 대한 사랑을 위해 자신을 희생하라는 명령'으로, 사람의 마음[들]에 있어야 하며, 그는 그것을 사용해 자신의 악한 성향을 극복하고 복종해야 하는 것을 의미합니다.

누군가 자신의 악한 성향에게 유혹을 받아 하쉠의 뜻에 반대되는 행동을 하게 된다면,

[그의] 물질적인 부나 신체적 평안을 위한 보호로서 그는 앞의 구절을 새기며 유혹에 대응해야 합니다.

וְשִׁנַּנְתָּם לְבָנֶיךָ וְדִבַּרְתָּ בָּם בְּשִׁבְתְּךָ בְּבֵיתֶךָ וּבְלֶכְתְּךָ בַדֶּרֶךְ וּבְשָׁכְבְּךָ וּבְקוּמֶךָ:

"너는 그것들을 네 아들들에게 반복하고 너는 그것들을 너가 너의 집에 앉아있을 때와 너가 길에 걸어갈 때와 너가 누워있을 때와 너가 일어나 있을 때 말해야 한다." (드바림 6:7)

사람의 마음은 어떤 상황에서든 악한 성향의 유혹으로부터 자신을 보호하기 위해 이 말씀에 집중해야만 합니다. 이 구절은 영적인 깨달음의 여러 상태를 암시하는데, 집에 앉아있을 때는 영적 뿌리에 붙어서 평화와 조화로움을 누리는 사람을 말하며, 길에 걸어갈 때는 영적인 뿌리를 떠나 세상으로 나가서 불결함과의 영적 싸움을 위해 자신을 희생하는 사람을 말하고, 누워있을 때는 낮은 상태의 영적 깨달음으로 불결함에 취약한 사람을 가리키며, 일어나 있을 때는 반대로 높은 영적 상태의 사람을 가리킵니다.

불결함은 사람이 어떤 상황에 처해있든 항상 그를 유혹하려 하기 때문에 사람은 항상 하쉠에 대한 사랑의 말을 입과 마음에 담고 있어야 함을 가르쳐 줍니다.

파라샤트 에케브 / *פרשת עקב*

파라샤트 에케브 (드바림 7:12 – 11:25)

사람은 영적인 문제에 대해선 항상 두려움을 가져야 하지만, 사람을 거룩함으로부터 떼어놓으려고 하는 악한 성향에서 비롯된 세속적인 문제에 관한 모든 두려움은 부정적인 것입니다. 사람은 자신의 두려움이 거룩함으로부터 비롯된 긍정적인 것인지, 아니면 악한 성향에서 비롯된 부정적인 것인지 어떻게 판단할 수 있을까요?

그가 해야 할 일은 자신이 두려워하는 것이 정확이 무엇/어떤 것인지를 살펴보는 것뿐입니다. 그의 두려움이 토라와 하쉠에 대한 그의 섬김을 '감싸고' 있다면 그것은 긍정적인 두려움입니다. 그러나 그의 두려움이 세속적인 문제와 관련되어 있는 것이라면, 이런 종류의 두려움은 부정적인 것이며, 사람은 그런 두려움을 스스로 제거해내야 합니다.

영적인 문제에 대한 두려움은 '건설적인' 두려움으로, 잘못을 회개하도록 하고 적절한 경외감으로 하쉠을 섬기도록 일깨워줍니다. 영적인 문제에 대한 두려움은 '사람이 기쁨으로 계명을 제대로 이행하지 못하게 막는 것'이며, 악한 성향에 의해 파괴적으로 주도되는 두려움입니다. 그런데 세속적인 문제에서 두려움이 없다고 해도 그것이 사람이 적절한 예방 조치와 주의를 기울이지 않아도 된다는 것을 의미하지 않습니다. 사람은 자연 법칙에 따라 책임감 있게 행동해야 하지만, 이것이 두려움을 필요로 하는 것은 아닙니다. 사람이 일단 적절한 조치를 취하면, 그는 하쉠을 신뢰하며 두려움 없이 나아가야 합니다.

לֹא תִירָא מֵהֶם זָכֹר תִּזְכֹּר אֵת אֲשֶׁר־עָשָׂה יְהוָה אֱלֹהֶיךָ לְפַרְעֹה וּלְכָל־מִצְרָיִם:

"너는 그들을 두려워하지 말아야 한다. 너는 하쉠, 네 엘로킴께서 파르오와 모든 미쯔라임에게 행하신 것을 확실히 기억해야 한다." (드바림 7:18)

두려워하는 사람에게 '두려워하지 말라'고 하는 토라의 명령들은 어떻게 가능한 것일까요? 그의 두려움의 근원이 계속 존재하는 한 두려워하지 말라고 해도 소용이 없을 것이기 때문입니다.

그의 두려움을 제거할 유일한 해결책은 그의 두려움의 대상을 제거하는 것에 있습니다.

그래서 '너는 그들을 두려워하지 말아야 한다'라는 구절의 명령은 다음과 같이 이해될 수 있습니다: '적의 육체적 강인함과 그 수에 대한 두려움은 악한 성향에서 비롯되는 부정적인 두려움이기에 그것에 주의를 기울이지 않고 제거해 나가야 한다.'

악한 성향은 세상이 그저 '자연 법칙'에 따라 운영되고, 자연 너머의 신은 존재하지 않는다며 우리를 설득합니다. 그것은 과학과 법치, 의학 등의 이름으로 우리가 '자연적인 것'이라 여기는 것에 이해의 기반을 두려 할 때 우리를 [부정적인] 두려움으로 가득 차게 합니다. 세상은 그것을 운영하는 전능한 하쉠으로 인해 우리가 악한 영향의 시도에도 맞서 싸우고 두려움을 떨쳐내며 그분에 대한 신뢰를 강화할 수 있도록 해 주신다는 것을 기억해야 합니다.

사람이 하쉠께서 이집트에서 이스라엘을 위해 행하셨던 위대한 기적들을 상기할 때, 그는 하쉠께서 자연에 얽매이지 않으시며 그로 인해 두려워할 이유가 없다는 것을 깨달을 수 있게 됩니다. 이 구절은 우리가 두려움에 관한 이러한 분야에서 끊임없이 기억하고 담대해야 한다는 것을 강조하기 위해 '확실히 기억해야 한다(זָכֹר תִּזְכֹּר)'라는 이중 언어를 사용합니다.

악한 성향은 우리가 하쉠의 주권을 잊게 하고 대신 자연을 두려워하게 하려는 시도로 끊임없이 노력합니다. 그렇기에 사람은 하쉠께서 이스라엘을 위해 행하신 모든 위대한 기적을 끊임없이 기억하고 상기하며 악한 성향과 싸워야 합니다. 한 가지 기적을 기억하는 것만으로 이를 성취하기에 충분하지 않다면 우리는 다른 기적들을 기억하도록 해야 합니다.

הַמַּסֹּת הַגְּדֹלֹת אֲשֶׁר־רָאוּ עֵינֶיךָ וְהָאֹתֹת וְהַמֹּפְתִים וְהַיָּד הַחֲזָקָה וְהַזְּרֹעַ הַנְּטוּיָה אֲשֶׁר הוֹצִאֲךָ יְהוָה אֱלֹהֶיךָ כֵּן־יַעֲשֶׂה יְהוָה אֱלֹהֶיךָ לְכָל־הָעַמִּים אֲשֶׁר־אַתָּה יָרֵא מִפְּנֵיהֶם:

"그리고 네 눈이 본 큰 시험들과 하쉠, 네 엘로킴께서 너를 나오게 할 때의 표징들과 놀라운 일들과 강한 손과 펴신 팔을 [확실히 기억해야 하니] 하쉠, 네 엘로킴께서 너가 그들로 인해 두려워하는 그 모든 백성들에게 그렇게 행할 것이다." (드바림 7:19)

이 모든 설명은 하쉠께서 불결함을 파괴하기 위해 사용한 거룩함의 다양한 측면을 언급합니다.

파라샤트 에케브 / פרשת עקב

하쉠의 초자연적인 구원의 다양한 면을 모두 기억하는 건 하쉠에 대한 신뢰를 깨우고 악한 성향에 의해 심어졌던 모든 두려움을 제거해 줄 것입니다.

וַיְעַנְּךָ וַיַּרְעִבֶךָ וַיַּאֲכִלְךָ אֶת־הַמָּן אֲשֶׁר לֹא־יָדַעְתָּ וְלֹא יָדְעוּן אֲבֹתֶיךָ לְמַעַן הוֹדִיעֲךָ כִּי לֹא עַל־הַלֶּחֶם לְבַדּוֹ יִחְיֶה הָאָדָם כִּי עַל־כָּל־מוֹצָא פִי־יְהֹוָה יִחְיֶה הָאָדָם:

"그리고 그가 너를 괴롭게 하시고 너를 굶기시며 너가 알지 못하고 네 조상들도 알지 못하는 만을 너가 먹게 하셨으니 이는 사람이 빵만으로는 살지 못하고 하쉠의 입에서 나오는 모든 것으로 사람이 살 것이라는 것을 너로 알게 하기 위함이었다." (드바림 8:3)

만(만나)은 왜 '고통'으로 여겨졌을까요? 그마라 요마 73b 는 그에 대해 두 가지의 설명을 제시하고 있습니다:

첫째로, 이스라엘 자손은 매일 만을 받았으나 다음날 먹을 것을 남기지 못하는 데에 있었습니다. 그들은 정확히 필요한 만큼만 받았으며 더 이상 받지 못했기 때문입니다. 이로 인해서 그들은 다음날 무엇을 먹을 수 있을지에 대해 끊임없이 걱정하는 상황으로 여겼고, 그것을 염려를 고통으로 여겼습니다.

둘째로, 만은 실제로 먹는 자의 상상에 따라 맛이 다르게 나오는 것이었으나 보기에는 항상 똑같아 보이는 것이었기에 먹는 즐거움이 감소된다는 것으로 고통으로 여긴 것이었습니다.

그러나 깊은 차원에서는 이스라엘 자손이 광야에 있던 동안 먹었던 만은 '하늘로부터 온 빵'이었기 때문에 이것이 그들 안에 있는 악한 성향에게 고통과 배고픔을 만들어 낸 것에 있었습니다.

악한 성향은 땅으로부터 나온 빵에 의해서만 충족되고 유지됩니다. 그러나 만은 영적인 세계에서 직접 악한 성향을 억압하며 사람에게 좋은 영향을 강화시켰습니다. 하쉠께선 이스라엘 자손에게 만을 주어서 그들 안의 악을 복종시키고 좋음을 강화시킴으로써 그들을 그분에게 가까이 끌어들였습니다.

조하르는 어린 아이는 땅에서 나온 생산물을 먹기 전까지 땅의 방식을 이해하지 못한다고 가르칩니다. 그와 마찬가지로 이스라엘 자손도 먼저 만을 먹지 않고서는 '영적인 상위 영역의 방식'인 토라를 이해할 수 없었을 것이기에, 유대 현인들은 토라가 육체적인 세대 중엔 만을 먹었던 세대에게만 주어졌던 이유였다고 가르칩니다.

그 뒤를 잇는 세대는 그들이 비록 개개인마다 만을 먹은 자들이 아니었어도 만을 먹은 자들의 후손이었기에 그들 역시 토라를 이해할 수 있게 되었습니다. 그러나 만을 먹은 자들의 후손이 아니었던 세상의 민족들은 이 구절을 통해 알 수 있듯 하늘의 토라에 대한 이해가 없습니다:

מַגִּיד דְּבָרָיו לְיַעֲקֹב חֻקָּיו וּמִשְׁפָּטָיו לְיִשְׂרָאֵל:

"그의 말씀을 야아코브에게, 그의 법들과 그의 법규들을 이쓰라엘에게 말하시며"

(트힐림 147:19)

인간의 본질은 그의 물리적 몸이 아닌 그의 영적 존재, 그의 영혼을 이루는 네샤마, 루악흐, 네페쉬이며, 물리적 몸은 그의 영혼을 위한 의복 역할일 뿐입니다. 사람의 외적인 몸은 땅의 빵에 의해 지탱되며, 내적인 영적 몸은 영적인 빵, 즉 하쉠의 입으로부터 나오는 거룩한 토라에 의해 지탱됩니다. 이것이 바로 '사람이 빵만으로는 살지 못하고…'의 의미입니다.

올바른 축복은 악한 성향을 복종시킴으로써 사람이 거만해지지 않도록 하고, 악한 성향이 좋은 성향보다 강해지지 않도록 함으로써 사람이 하쉠을 잊게 하는 것을 막아줍니다. 사람이 먹고 마심으로 만족할 때 그는 교만으로 가득해지며 악한 성향이 그를 지배하기 시작합니다.

그러나 그가 하쉠께서 주신 음식에 대해 적절한 축복(음식을 먹기 전과 후의 축복들 – 역자 주)을 할 경우 그의 축복을 통해 창조된 거룩함의 유입으로 인해서 악한 성향이 복종됩니다. 그러나 음식에 대해 적절한 축복을 하지 않는 사람의 경우 악한 성향이 그에게서 자라나 그의 좋은 성향을 압도하여 몸을 지배하고 죄를 짓도록 합니다.

악한 성향은 사람을 혼란스럽게 하여 유대 역사에 걸친 모든 기적들이 이전 세대에선

일어났지만 그 이후로는 하쉠께서 세상을 더 이상 기적적으로 다루지 않는다고 사람을 설득할 수 있습니다. 악한 성향은 기적을 발휘하는 신의 섭리는 '차단'되었으며, 세상은 이제 부를 얻는 것이 성공이고 사람의 노력에 따라 달려있는 자연 법칙으로 운영된다고 주장합니다. 토라는 악한 성향에 대한 이러한 시도를 예상했습니다:

וְאָמַרְתָּ בִּלְבָבֶךָ כֹּחִי וְעֹצֶם יָדִי עָשָׂה לִי אֶת־הַחַיִל הַזֶּה:

"그리고 너는 '내 힘과 내 손의 강함이 내게 이 부를 이루게 했다'라고 네 마음 속으로 말할 것이다." (드바림 8:17)

그리고 토라는 바로 이어서 이러한 악한 성향의 주장에 대한 답을 제공합니다:

וְזָכַרְתָּ אֶת־יְהוָה אֱלֹהֶיךָ כִּי הוּא הַנֹּתֵן לְךָ כֹּחַ לַעֲשׂוֹת חָיִל לְמַעַן הָקִים אֶת־בְּרִיתוֹ אֲשֶׁר־נִשְׁבַּע לַאֲבֹתֶיךָ כַּיּוֹם הַזֶּה:

"너는 하쉠, 네 엘로킴을 기억해야 한다. 이는 그가 네 조상들에게 맹세한 그의 언약을 이날처럼 이루기 위해 네게 부를 이루도록 힘을 주셨기 때문이다." (드바림 8:18)

어떤 사람이 자신이 해낸 일로 성공을 경험하고 부를 축적했다고 주장한다면 그는 이러한 것이 어떤 식으로든 자신의 노력의 결과라고 잘못 믿어서는 안됩니다. 이것은 정확히 악한 성향이 그에게 성공과 축복의 진정한 근원을 깨닫지 못하게 함으로써 하쉠에 대한 그의 섬김을 약화시키려고 사람에게 심어주는 방식입니다. 더 나아가 사람이 자신의 모든 성공이 자신의 노력으로 인해서가 아니라 하쉠께 달려있다는 걸 깨닫더라도 어떤 면에서 그는 여전히 자신의 공로로 인해 하쉠의 도움과 지원을 받을 자격이 있다고 느낄 수도 있습니다.

그러나 이것 역시 적절한 관점이 아닌데, 왜냐하면 그런 식으로 생각하는 사람은 그의 성공을 여전히 부분적으로라도 자신의 공으로 돌리고 있기 때문입니다. 사람은 전적으로 겸손해야 하며, 자신의 성공이 자신의 공로 때문이 아니라는 것을 이해해야만 합니다. 그러한 면에서 8:18 의 내용은 사람이 성공하는 이유를 명확히 해줍니다.

파라샤트 에케브 / פרשת עקב

בַּעֲלֹתִי הָהָרָה לָקַחַת לוּחֹת הָאֲבָנִים לוּחֹת הַבְּרִית אֲשֶׁר־כָּרַת יְהֹוָה עִמָּכֶם וָאֵשֵׁב בָּהָר אַרְבָּעִים יוֹם וְאַרְבָּעִים לַיְלָה לֶחֶם לֹא אָכַלְתִּי וּמַיִם לֹא שָׁתִיתִי:

"하쉠께서 너희와 맺은 언약판들인 그 돌판들을 취하러 내가 산으로 올라갔을 때 나는 산에서 40 일 낮과 40 일 밤 동안 앉아 빵도 먹지 않았고 물도 마시지 않았다." (드바림 9:9)

모셰는 시나이 산에 올라가 하쉠으로부터 두 개의 돌판을 받기 전 40 일동안 금식했습니다. 그런데 돌판을 받기 전에 왜 금식을 해야 했으며, 왜 40 일 간의 금식이었을까요?

이스라엘 자손은 악과 불결함의 영역 아래에 있는 광야에서 돌판을 받기 전 뱀, 독사, 전갈, 갈증으로 대표되는 모든 불결함의 측면을 제압해야 했고, 이것은 40 일 동안의 정결 기간에 이루어집니다.

불결함을 제압하는 가장 효과적인 방법은 금식이기에, 모셰는 40 일 동안 금식을 했습니다. 유대 현인들은 악한 성향이 사람에게 먹고 마시도록 유혹하는 것으로 그것이 시작된다고 가르칩니다. 악한 성향은 물리적 세계만 붙잡기에, 먹고 마시는 것을 금하는 것만으로도 육체적으로 악한 성향을 억제할 수 있습니다.

그러면 모셰는 왜 굳이 산에 올라가 40 일 간 금식을 해야 했을까요? 이스라엘 자손과 진영에서 함께 있던 동안에 금식할 순 없었을까요?

사실 모셰가 이루었던 이 바로잡음은 산에 머물면서 구체적으로 이루어졌습니다. 육체적 근원의 '낮은 영적 수준'은 악한 성향이 사람을 죄짓게 하는데 사용됩니다. 그러나 '더 높은 영적 수준'은 육체적인 것을 초월하기에 악한 성향이 사람에게 죄를 짓게 할 수 없습니다.

모셰의 의도는 악한 성향이 이해할 수 없는 더 높은 순수한 영적 수준으로 자신을 높이기 위해서였는데, 이는 산이라는 표현으로도 비유됩니다. 모셰는 이 바로잡음을 위해서 순수한 영적 수준인 '산'으로 올라갔습니다. 그로 인해 그는 하쉠으로부터 돌판들을 받을 수 있었습니다.

하쉠에 대한 사랑은 내면의 깊은 영적 연결이며, 계명을 행하는 동안 사람은 자신의 영적

본질을 하쉠과 연결하려는 완전한 내적 욕망을 가집니다. 그럴 때 그의 의식은 주변 환경으로부터 완전히 자유로워져 더 높은 영적 영역과 연결되게 됩니다. 그러나 마음을 다하지 않고 육체적 행동으로만 계명을 수행하는 사람은 정신이 방황을 하고 세속적인 것들이 들어차게 되어 올바른 바로잡음에 영향을 미치지 못합니다.

계명은 분명 육체적 행위를 요구하며, 그것 없이는 가장 고상한 의도조차도 의미가 없습니다. 그러나 계명의 목적은 인간과 창조주 사이의 유대감에 대한 확립이며, 이를 위해서는 적절한 의도가 필요하기 때문에 계명을 행하는 의도는 가장 중요한 것입니다.

만약 누군가 영적인 측면이 없이 육체적인 측면으로만 계명을 행한다면 그의 육체적 본질은 영적 근원과 자연스러운 연결을 가지고 있지 않은 것으로 인해 올바른 연결을 형성할 수 없습니다. '사람의 영'과 '영적인 삶'은 생각하는 것보다 훨씬 더 강한 방식으로 연관되어 있습니다.

또한 참된 지혜도 하쉠에 대한 인간의 섬김에 관련된 내적 친밀감에 달려 있습니다. 이것이 부족하면 진실에 대한 이해가 그치고 지혜는 숨겨지게 됩니다. 미슈나 브락호트 5a 에서는 경건한 사람들에 대해 논하고 있는데, 그들이 매일 기도에 바쳤던 9 시간을 현인들은 '마음의 섬김'이라고 가르치고 있습니다.

파라샤트 레에 (드바림 11:26 – 16:17)

רַק הַדָּם לֹא תֹאכֵלוּ עַל־הָאָרֶץ תִּשְׁפְּכֶנּוּ כַּמָּיִם:

"오직 그 피는 너희가 먹지 말아야 하니 땅 위에 물처럼 그것을 부어야 한다."

(드바림 12:16)

토라는 여러 곳에서 사람에게 '도살된 동물의 피'를 먹지 말라고 경고합니다. 피를 먹는 것에 대한 [하늘의] 형벌은 '잘리다'라는 의미의 카레트(כרת)로, 일반적으로 매우 심각한 죄에 적용되는 형벌입니다.

토라가 이 금지사항에 두는 엄격함은 언뜻 보면 이해하기에 어렵습니다. [유대인이] 코셔 동물의 피를 먹는 문제보다 심각한 위법 행위인 비코셔 동물을 먹을 때는 채찍질이라는 그보다 덜 심각한 처벌을 받기 때문입니다. 그러나 더 깊은 차원에서는 피를 먹는 것이 그렇게 심각한 이유가 피가 조절되지 않은 형태의 심판의 속성을 띄기 때문입니다. 조절되지 않은 심판의 속성은 악과 불결함이 존재하도록 허용하며, 이것이 바로 영적인 관점에서 피를 먹는다는 것이 '중대한 죄'인 이유입니다.

이 세상에서의 이스라엘의 임무는 심판을 완화시키는 수단으로서 친절의 속성을 강화하여 불결함과 악이 더 이상 존재하지 않도록 바로잡는 것입니다. 이 바로잡음을 성취시키기 위해서 토라는 이스라엘 자손에게 피를 취하면 그것을 먹는 대신 물처럼 땅에 쏟아부으라고 명령합니다. 친절의 속성을 나타내는 물처럼 피를 그렇게 쏟아붓는 행위는 그 심판의 속성을 완화시키기 때문입니다.

לֹא־תוּכַל לֶאֱכֹל בִּשְׁעָרֶיךָ מַעְשַׂר דְּגָנְךָ וְתִירֹשְׁךָ וְיִצְהָרֶךָ וּבְכֹרֹת בְּקָרְךָ וְצֹאנֶךָ וְכָל־נְדָרֶיךָ אֲשֶׁר תִּדֹּר וְנִדְבֹתֶיךָ וּתְרוּמַת יָדֶךָ:...וְשָׂמַחְתָּ לִפְנֵי יְהוָה אֱלֹהֶיךָ בְּכֹל מִשְׁלַח יָדֶךָ:

"너는…네 성문들 안에서는 먹을 수 없으니 이는 하쉠, 네 엘로킴 앞에서만, 하쉠, 네 엘로킴께서 택하신 장소에서만 그것을 먹어야 하기 때문이다…그리고 너는 하쉠, 네 엘로킴 앞에서 네 손에 보내는 모든 것에 기뻐해야 한다." (드바림 12:17-18)

이 구절은 희생제물을 먹도록 지정된 성막이나 성전의 특정 구역 밖에서 어떤 희생제물도 먹지 말라고 경고하고 있습니다. 우리는 흔히 '이스라엘 땅 모두가 전적으로 신성하지 않은가?'라고 여기며 어떤 지역에서도 제물을 잡아먹는 것이 허용될 것이라 생각할 수 있지만, 사실은 그렇지 않습니다.

게다가 다양한 제사의 방식에 따라 어디에서 먹을 수 있는 지에 대해선 차이가 있습니다. 왜 이런 구별을 두는 것일까요?

유대 현인들은 '누구든지 그의 동료보다 더 위대한 사람은 그의 악한 유혹도 더 크다 (쑤카 52a)'라고 가르치는데, 이러한 이치는 거룩함과 불결함의 관계에도 큰 의미로 적용됩니다. 거룩함이 더 높은 곳일수록 불결함은 그것을 더 붙잡고 파괴하려는 시도를 합니다. 단순히 평범한 목적으로 고기를 먹고자 하는 것으로 도살하는 것은 동물을 거룩히 여기는 것이 아닙니다. 불결함은 그 상황과 마음을 붙잡으려는 욕구가 적기 때문에 불결함으로부터 보호할 장치를 제공할 필요가 적습니다. 그러나 제단에 바치기 위해 구별된 동물은 거룩함이 그것에 깃들게 됩니다. 불결함은 그로 인해 그것을 붙잡으려는 욕구가 더 커지게 됩니다. 그 불결함의 개입을 막기 위해 제물로 드려진 동물의 고기는 더 거룩한 지역에서 먹을 것이 명령되었습니다.

가장 낮은 수준의 거룩함으로 인한 '가벼운 거룩함'의 동물은 예루샬라임 성벽 경계 안쪽까지에서 먹는 한 그것이 보호되었고, 지성소라고 불리는 수준의 '높은 거룩함'의 동물은 성막이나 성전 내에서만 먹어야 하는데, 그곳은 예루샬라임 도시 지역 자체보다 더 높은 수준의 거룩함을 지닌 곳이기 때문입니다.

그리고 불결함을 방지하기 위한 추가적인 단계로서 구절은 희생제물을 '모든 것에 기뻐해하며' 먹어야 한다고 말하는데, 행복한 상태에서 이러한 제물을 먹으면 불결함을 상쇄해주는 영적 행복이 깨어나기 때문입니다. 불결함은 우울감과 슬픔을 나타나게 합니다. 그렇기에 그것은 기쁨으로 제물을 먹는 계명을 행하는 사람에게 맞설 수 없게 됩니다.

기쁨으로 제물을 먹는 것은 불결함을 제압하는 역할을 합니다. 어떠한 계명을 행하는데 있어 기쁨을 느낀다는 것은 불결함을 몰아내고 그 사람이 행하는 계명에 대한 어떠한 악의 고소고발도 예방할 수 있는 능력이 있습니다.

파라샤트 레에 / פרשת ראה

אֵת כָּל־הַדָּבָר אֲשֶׁר אָנֹכִי מְצַוֶּה אֶתְכֶם אֹתוֹ תִשְׁמְרוּ לַעֲשׂוֹת לֹא־תֹסֵף עָלָיו וְלֹא תִגְרַע מִמֶּנּוּ:

"내가 너희에게 명령하는 모든 말을 너희는 지켜 행해야 한다. 너는 그것에 더하지 말고 그것으로부터 빼지 말아야 한다." (드바림 13:1)

하쉠께선 창조물이 그 목적을 성취하는데 필요한 정확한 체계들로 영적, 물리적 세계를 창조하셨습니다. 그분께서 사람에게 명하신 계명은 이 체계에 부합하는 것이며, 계명을 고수함으로 세상에 적절한 영향을 미치고 바로잡을 수 있습니다. 모든 계명은 놀라운 정확성으로 다른 영적 뿌리와 물리적 표현에 부합하게 합니다.

하쉠께서 사람에게 주신 계명을 더하거나 빼는 것은 하쉠께서 세상을 세우고 계속 이끄시는 그 질서를 파괴합니다. 그렇게 하는 사람은 기본적으로 '하쉠께서 세상에 세운 질서가 부족하거나 결함이 있으며, 자신이 인간적인 지식으로 세상이 어떻게 운영되어야 하는지 더 잘 이해하고 있다'라고 말하는 것입니다.

슐로모 왕은 이에 대해서 '엘로킴께서 행하시는 모든 것은 영원하여 그것에 더할 것도 없고 그것으로부터 뺄 것도 없다.'(코헬레트 3:14)라고 말했습니다. 그렇기에 왕중의 왕께서 우리에게 그처럼 명령하셨다면, 한낱 인간이 그것을 바꿀 권리가 무엇인가요?

만약 사람이 자신의 마음이 느끼는 대로나 자신의 정신이 생각하는 것에 따라 더하거나 뺀다면 그는 파괴로 이어질 잘못된 길을 따르고 있는 것입니다. 세상의 나라들은 파괴와 무(無)로 이어지는 이러한 길을 걸어왔습니다.

이것이 사람들이 '세상의 청사진'인 토라와 하쉠의 계명을 바꾸려는 시도에 대한 처벌입니다: 토라를 통해 하쉠께선 '무'에서 세상을 창조하셨으나, 세상 나라들은 토라를 변경함으로써 세상을 파괴하고 그것을 무의미한 원초적 무의 상태로 되돌리려고 합니다. 그들은 그 대가로 '무의미한 세상'을 물려받는 벌을 받게 됩니다. 이스라엘 자손은 토라의 말씀을 따라 '아무것도 바꾸지 않음'으로서 세상이 창조된 질서를 지키고 유지하게 하게 합니다.

우리는 '토라에 더하거나 빼는 것이 금지되어 있고 그것이 그렇게 파괴적인 일이라면 유대 현인이라는 자들은 어떻게 토라가 명령한 것 이상의 법을 추론하고 제정할 수 있는 권한을 가지는가?'에 대해 질문할 수 있습니다. 그들의 토라법 제정은 더하거나 빼는 것으로 간주되는 것일까요?

사실 하쉠께선 이스라엘 자손에게 현인들의 법령을 지키라고 명하고 있습니다:

וְעָשִׂיתָ עַל־פִּי הַדָּבָר אֲשֶׁר יַגִּידוּ לְךָ מִן־הַמָּקוֹם הַהוּא אֲשֶׁר יִבְחַר יְהוָה וְשָׁמַרְתָּ לַעֲשׂוֹת כְּכֹל אֲשֶׁר יוֹרוּךָ:

"그리고 너는 하쉠께서 선택하신 장소에서 그들이 너에게 이르는 말에 따라 행해야 한다. 그리고 너는 그들이 너에게 가르치는 모든 것대로 지켜 행해야 한다." (드바림 17:10)

이것은 현인들의 이러한 법령이 모두 '토라의 방식'을 적절히 보호하기 위해 신성한 영감을 통해 받은 보호 장치이기 때문입니다. 하쉠께선 그들의 눈을 밝혀 토라를 보호할 법령을 정하도록 하셨습니다.

כִּי־יָקוּם בְּקִרְבְּךָ נָבִיא אוֹ חֹלֵם חֲלוֹם וְנָתַן אֵלֶיךָ אוֹת אוֹ מוֹפֵת:

"이는 너의 가운데서 예언자와 꿈꾸는 자가 일어나 너에게 표징과 이적을 줄 것이기 때문이다." (드바림 13:2)

하쉠께선 불결함의 길을 알고 계십니다. 불결함은 이스라엘 자손을 공허와 경멸스러움에 뿌리를 둔 '에레브 라브'에게 보내어 죄를 짓도록 끊임없이 유혹했습니다. 이는 금송아지 사건도 마찬가지였습니다. 따라서 하쉠께선 이스라엘 자손에게 불결함으로부터 고용된 악한 거짓말쟁이들과 사기꾼들에게 대해 미리 경고하면서, 그러한 악한 사람들의 유혹은 단지 시험일뿐이라고 알려주셨습니다.

그런데 이 시험은 이스라엘 자손 사이에서 악을 근절하기 위한 목적으로, 불결함이 [그 안에서] 악한 자들을 유혹하여 떠나게 하려는 시도를 통해 의도된 것입니다. 악한 자들이 양 떼에서 떠나고 나면, 그 결과는 믿음에 확고한 사람들로 구성된 '정화된' 민족이 될 것이기 때문입니다.

따라서 하쉠께선 이런 거짓말을 일삼는 자들과 죄인들을 통해 이스라엘 자손에게 불결함이 뛰어들어 유혹하도록 허락합니다. 어떤 경우엔 하쉠께서 이 거짓말쟁이들에게 심지어 마술이나 다른 수단을 사용해 기적과 표징을 행할 수 있는 능력을 주기도 하시는데, 이 모두는 이스라엘 자손 안에 있는 악인들을 유혹하여 그 양 떼를 떠나게 하려는 의도입니다.

토라는 먼저 시험이 무엇이 될지, 어떻게 될지, 그리고 예언자라는 이가 자신의 말을 뒷받침하기 위해 표징과 이적들까지 수행할 것임을 알려주며 이스라엘 자손이 실패할 것을 막기 위해 경고합니다. 그들이 그것이 단지 '하쉠의 시험'이라는 것을 안다면 그것은 그들에게 거짓 예언자의 말에 맞서려는 결심을 강화시켜줄 것입니다.

לֹא תִשְׁמַע אֶל־דִּבְרֵי הַנָּבִיא הַהוּא אוֹ אֶל־חוֹלֵם הַחֲלוֹם הַהוּא כִּי מְנַסֶּה יְהוָה אֱלֹהֵיכֶם אֶתְכֶם לָדַעַת הֲיִשְׁכֶם אֹהֲבִים אֶת־יְהוָה אֱלֹהֵיכֶם בְּכָל־לְבַבְכֶם וּבְכָל־נַפְשְׁכֶם׃

"너는 그런 예언자의 말들이나 그런 꿈꾸는 자를 듣지 말아야 한다. 왜냐하면 너희가 하쉠, 너희 엘로킴을 너희의 마음을 다하고 너희의 혼을 다해 사랑하고 있는지를 알고자 하쉠, 너희 엘로킴께서 너희를 시험하는 것이기 때문이다." (드바림 13:4)

하쉠께서 이스라엘 자손을 시험하여 그들이 마음과 혼을 다해 사랑하는지를 보려는 이유는 무엇일까요? 하쉠께선 사람의 내면의 생각과 감정을 아는 분이 아닌가요? 그렇다면 하쉠께서 사람의 내면을 알기 위해 그를 시험해야 하는 이유는 무엇일까요?

그것은 하쉠께서 사람의 내면을 드러내어 (꺼내어) 그를 들어 올리기 위해서입니다. 사람이 시험을 성공적으로 견뎌낼 때, 그의 내면의 생각과 감정은 겉으로 드러나 그를 높이고 그는 그의 성공을 통해 위대함을 얻게 됩니다.

시험이라는 단어 니싸욘(נסיון)은(니싸욘은 다른 의미로 '경험'이라는 뜻도 지닌다 - 역자 주) '깃발'이라는 의미의 단어 네쓰(נס)에서 유래하는데, (네쓰는 '기적'이란 뜻이기도 하다 - 역자 주) 그것은 깃발이 '높여지고 드러나는 것'이듯이, 그 사람의 위대함도 높여지고 드러난다는 의미입니다. 그래서 이 맥락에서의 진정한 의미는 하쉠께선 사람을 '시험'한다는 것이 아니라 그를 높이고 그의 위대함을 드러내 주는 의미입니다.

그리고 이 구절을 이해하는 또 다른 방법이 있는데, 시험이란 것은 '하쉠께서 알기 위한' 것이 아니라 '사람이 알게 하는 것'을 그 목표로 한다는 것입니다.

그래서 구절에서 '~하는 지를 알고자'라고 하는 단어 라다아트(לדעת)는 이 맥락에서 '그러므로 하쉠께서 알려고 하는' 것이란 의미가 아니라 '[사람에게] 알게 하고자'라는, 그의 지식에 대한 시험으로 이해할 수 있습니다. (단어의 앞에 오는 전치사 라메드(ל)는 '~를 위해'라는 뜻도 가지고 있다. 그래서 다시 보면 "[지식을 알게] 하기 위해라는 의미도 가능하다 – 역자 주)

사람은 삶에서 다양한 시험을 거치는데, 그 대부분은 '행동의 수준'에서 이루어집니다 - '이걸 먹어야 할까 저걸 먹어야 할까', '이걸 말해야 할까 저걸 말해야 할까', '이걸 해야 할까 저걸 해야 할까' 등, 이 모든 경우에 사람은 어떤 행동을 할 것인지 말 것인지 시험을 받습니다.

그리고 거기엔 완전히 또 다른 수준의 지적인 테스트도 있는데, 사람이 '이거를 생각하고 믿을 것인가 저거를 생각하고 믿을 것인가'가 그것입니다. 유대 현인들은 우상 숭배와 관련해서 키두쉰 39b 에서 '이는 그들의 우상 때문에 내게로부터 낯설어진 이쓰라엘 집 모두의 마음을 붙들기 위함이다'라는 옉헤즈켈 14:5 의 구절을 근거로, 하쉠께선 하쉠이 아닌 다른 것에 대한 숭배가 생각으로 일어나는 것에 대해서도 벌하신다고 가르칩니다. 우상 숭배적인 생각을 품고 죄를 지은 사람은 영적인 지식 수준에 흠집을 내게 됩니다. 따라서 구절에서 '알고자'라는 단어가 '지식을 향해서/알게 하기 위해'라는 의미로도 이해될 수 있는 겁니다. 만약 그가 성공하여 거짓 선지자를 따라 다른 것들을 섬기는 함정에 빠지지 않는다면, 그는 그의 영적 지식 수준을 확립하여 그 '사랑을 통해' 하쉠과 연결되게 됩니다.

파라샤트 쇼프팀 (드바림 16:18 – 21:9)

וְהָיְתָה עִמּוֹ וְקָרָא בוֹ כָּל־יְמֵי חַיָּיו

"그것이 그와 함께 있어야 하고 그는 그것을 그의 사는 모든 날들 동안 읽어야 하니…"

(드바림 17:19)

누군가 기쁨과 열정으로 토라를 배운다면 그것은 하쉠의 신성한 영향력이 그에게 머물고 있다는 신호입니다. 여러 세대에 걸쳐 많은 의로운 사람들이 평생동안 에덴 정원이 그들에게 머무른 특권을 누렸는데, 이는 토라를 공부하고 계명을 이행하면서 경험했던 큰 기쁨으로부터 분명히 드러났습니다.

그런데 '에덴 정원'이 정말로 그들에게 있었다면, 왜 그들 중 많은 이들이 이 세상에서 고통을 겪었던 것일까요?

의로운 자의 위대함은 가장 어려운 상황에서도 하쉠에 대한 엄청난 헌신을 보이는 것입니다. 그들의 보상은 그들의 고난의 시기에도 헌신을 보이며 증가합니다. 그러나 악한 이들에게는 게히놈이 그들이 살아있는 동안 그들에게 머무릅니다.

토라는 악인 에싸브가 그의 아버지 이쯔학크로부터 축복을 받고자 들어갔을 때 이쯔학크가 두려움에 사로잡혔다고 말하고 있습니다. 간단하게 보면 이쯔학크는 실수로 야아코브에게 축복을 주어 잘못된 사람에게 축복을 해주었다는 것으로 두려워한 것으로 볼 수 있지만, 유대 현인들은 이쯔학크가 에싸브에게 게히놈이 다가와 그와 함께 있는 것을 보았다고 설명합니다.

악한 사람들에게 게히놈이 존재한다는 것은 토라와 계명에 대한 경멸의 표식입니다. 우리는 여기서 위에서 제기한 의로운 자에 관련된 질문과 비슷한 질문을 할 수 있습니다: 게히놈이 정말로 악한 사람들에게 임한다면, 왜 그들 중 많은 이들은 겉보기에 우리가 기대하는 고통과 괴로움 없이 행복하고 성공적인 인생을 살고 있는 것처럼 보일까요?

그들의 '순간적인 성공'은 이 세상에서 존재하는 그들의 몇 가지 선행에 대한 보상인 것이나,

그것은 다가올 세상에서 보상을 받을 이유를 남기지 않기 위한 것입니다. 그들은 다가올 세상에서 벌을 받고 멸망하게 됩니다. 게히놈이 악인에게 임한 경우는 이미 그 악한 사람을 강하게 사로잡았다는 것이기 때문에, 그들이 이 세상에서 '순간적인 성공'을 누리든 그렇지 않든 [그들의] 불결함에는 아무 차이가 없습니다. 이 내용은 코헬레트 7:3 에서 암시되어 있는 것으로 유대 현인들은 가르칩니다:

טוֹב כַּעַס מִשְּׂחוֹק כִּי־בְרֹעַ פָּנִים יִיטַב לֵב:

"화를 내는 것이 웃는 것보다 좋으니 이는 나쁜 얼굴로 마음이 좋아할 것이기 때문이다."

이 세상에서 의로운 자들에게 하쉠께서 표하는 분노는 그것이 다가올 세상에서 그들에게 큰 보상을 안겨줄 것이기 때문에, 이 세상에서 악인들에게 보이는 웃음으로 인해 이어질 그들의 궁극적인 멸망보다 낫습니다. 이 세상에 있는 모든 사람은 자신의 행동에 따라 에덴의 영이나 게히놈의 영이 그 위에 머뭅니다. 그리고 그것은 너무나 압도적이어서, 옳고 그름을 선택할 능력을 잃을 육체에 들어가는 대신에 위에 맴돕니다.

유대 현인들은 악인은 '살아있는 동안에도 죽은' 자라고 가르칩니다. 이것은 살아있는 동안에도 게히놈(영적 죽음)이 그들의 육체 위에 맴돌았다는 뜻입니다. 그러다 그들이 육체적으로 죽게 되면 게히놈은 실제로 그들의 영혼에 들어갑니다. 그러나 살아있는 동안 에덴(영적인 삶)에 둘러싸여 있던 의인의 경우는 그 반대로, 그들이 죽으면 에덴의 존재가 그들의 영혼에 들어와 그들이 육체적으로 세상을 떠난 후에도 그들에게 영적인 삶을 제공합니다. 그렇기에 그들은 '죽은 동안에도 살아' 있다고 불립니다.

כִּי אַתָּה בָּא אֶל־הָאָרֶץ אֲשֶׁר־יְהֹוָה אֱלֹהֶיךָ נֹתֵן לָךְ לֹא־תִלְמַד לַעֲשׂוֹת כְּתוֹעֲבֹת הַגּוֹיִם הָהֵם:

"너는 하쉠, 네 엘로킴께서 네게 주시는 그 땅으로 들어올 때 그 민족들이 행하는 가증함 같은 것을 배우지 말아야 한다." (드바림 18:9)

단순한 의미에서 이 구절은 이스라엘 자손이 이스라엘 땅에 들어갈 때 주변 다른 민족들의 가증한 방식을 배우지 않도록 조심하라는 경고로 이해할 수 있지만, 여기엔 더 깊은 의미가 담겨 있습니다.

토라는 이스라엘 민족이 이스라엘 땅에 들어갈 때 일어날 일에 대해 말할 때 일반적으로 '그리고 그것은 너희가 그 땅에 들어올 때까지일 것이다.'라는 말을 사용합니다. 그러나 여기서 토라는 '너가…들어올 때'라는 말을 사용합니다. 단어의 변화는 무언가 다른 것을 암시하는데, 바로 사람의 영이 이 세상에 들어오는 것에 대한 것입니다.

하쉠께서 영혼을 이 세상으로 보내실 때, 그 영혼은 좋은 것과 악을 마주하게 됩니다. 구절은 하쉠께서 [곧 들어올] 그 영혼에게 '이 세상'에 살고 있는 가증한 사람들의 방식을 따르지 말고 배우지 말라고 경고하고 있음을 암시합니다. 유대 현인들은 이 구절에서 '그 민족들이 행하는…배우지 말아야 한다'에 주목합니다. 그러면서 '그들의 가증한 길을 따르기 위해 배우기까지 하진 않을지라도, 따르지 말아야 할 것을 이해하고 가르치기 위해 배워야 한다'고 가르칩니다.

산헤드린은 유대인들에게 어떤 행위가 '아보다 자라(하쉠이 아닌 다른 것을 섬기는 것 – 역자 주)'로 분류되고 금지되는지 이해하고 가르치기 위해 다양한 유형의 아보다 자라를 둘러싼 구체적인 세부 사항들을 배워야 했습니다. 그들은 이를 통해서 범법자들을 올바로 판단하고 처벌할 수 있었습니다. 이웃 민족들의 우상 숭배 방식에 대한 적절한 이해가 없었다면 그들은 무고한 사람들을 죽음으로 내몰 수 있는 잘못된 판단을 내릴 가능성이 있었을 것입니다.

그리고 보다 더 깊은 차원에서 영혼이 이 세상에 들어올 때 겪는 싸움을 제대로 이해하기 위해선, 우리는 악한 성향의 방식과 그것이 우리를 죄짓게 하는 데 사용하는 다양한 기술들을 배워야 하며, 우리는 일어나서 이러한 진전을 막을 수 있도록 해야 합니다.

כִּי־תוֹעֲבַת יְהֹוָה כָּל־עֹשֵׂה אֵלֶּה...מוֹרִישׁ אוֹתָם מִפָּנֶיךָ:

"이런 일을 하는 모든 자는 하쉠께 가증하니…너의 앞으로부터 그들을 쫓아내신다."

(드바림 18:12)

사람은 의심의 여지없이 끊임없이 미래에 무엇이 있고 어떤 일이 있을지 알아내고 싶어하며, 미래에 대한 일정한 수준의 통찰력을 담는 불결함의 측면을 지닙니다. 다른 민족들은 불결함의 이러한 면을 더 파헤치려는 시도로 온 힘을 다해서 가증한 것들을 사용하여 미래를 밝혀내려 노력합니다.

하쉠께선 이스라엘 자손이 하쉠에 대한 헌신이 온전한지, 그리고 미래를 밝히려는 시도로 인해 가증한 행위로 돌아서지 않는지 시험합니다. 하쉠께선 예언자, 하늘의 음성, 꿈을 통해서 이스라엘 자손에게 미래를 알리시는데, 그럴 때 그들이 미래를 알아내기 위한 적극적인 조치를 취하지 않는다면 이 경우는 역으로 하쉠에 대한 온 마음을 다한 헌신과 믿음이 부족함을 나타냅니다.

וִירִשְׁתָּם וְיָשַׁבְתָּ בְעָרֵיהֶם וּבְבָתֵּיהֶם: שָׁלוֹשׁ עָרִים תַּבְדִּיל לָךְ בְּתוֹךְ אַרְצְךָ אֲשֶׁר יְהוָה אֱלֹהֶיךָ נֹתֵן לְךָ לְרִשְׁתָּהּ:

"…너가 그들을 쫓아내고 그들의 성들과 그들의 집들에서 살 때 하쉠, 네 엘로킴께서 네게 그것을 차지하려고 주시는 네 땅 가운에서 세 곳의 성을 너는 너를 위하여 구분해야 한다." (드바림 19:1-2)

이스라엘 땅에 사는 민족들을 몰아낸 후, 이스라엘 자손은 도피성 세 곳을 지정하라는 명령을 받습니다. 모셰는 이미 야르덴 강 건너편의 세 개의 도시를 지정했고, 이 세 곳의 추가 도시는 이스라엘 자손이 이스라엘 본토로서 세울 곳이었습니다. 그런데 도피성은 여기서 왜 세 곳이 필요했던 걸까요? 하나만으로도 충분하지 않았을까요?

숫자 '3'은 하쉠의 창조의 기초이자 세상을 운영하는 방식의 기초인 친절과 심판(판단), 자비 이 세 가지 주요 속성에 해당합니다. 이 세 가지 속성은 위치적으로 오른쪽과 왼쪽, 그리고 중앙을 나타내며, 창조된 영혼은 이 속성 중 하나에 그의 뿌리를 두고 있습니다. 도피성이 피난처의 역할을 하려면 피난민의 영이 지닌 영적 뿌리에 상응해야 하는데, 그렇기에 각 사람이 자신의 영적 뿌리에 상응하는 장소, 즉 오른쪽, 왼쪽, 또는 중앙으로 갈 수 있도록 세 곳의 장소를 필요로 했습니다.

도피성의 세 구역 모두는 하쉠의 자비를 드러내 주었습니다. 이러한 도시를 세우면 하쉠의 자비가 퍼지며, 실수로 살인을 하게 된 자가 피난처를 찾을 수 있고, '피의 복수자 (원문은 피의 구속자 - 역자 주)'인 희생자의 친지가 그의 피를 찾아 흘리게 하지 못하도록 더 많은 기회를 제공하게 됩니다.

이 도시들은 악한 성향이 사라지고 더 이상 증오와 살인, 죽음이 없는 마지막 날에 어떻게 사용될까요?

도피성은 미래의 이스라엘 자손에게는 의미가 없을 것입니다. 왜냐하면 그때에는 죽음이 존재하지 않을 것이기 때문입니다. 그러나 그것은 아직 죽음이 존재할 낮은 수준의 개종자들에게는 도움이 되어주며 (예샤야후 65:20), 이스라엘 자손은 다음 구절에서 얘기하듯 죽음으로부터 자유롭게 됩니다:

בִּלַּע הַמָּוֶת לָנֶצַח וּמָחָה אֲדֹנָי יְהוִה דִּמְעָה מֵעַל כָּל־פָּנִים וְחֶרְפַּת עַמּוֹ יָסִיר מֵעַל כָּל־הָאָרֶץ כִּי יְהוָה דִּבֵּר:

"죽음을 영원히 멸하시며 주 하쉠께서 모든 얼굴로부터 눈물을 지우고 그의 백성의 모욕을 모든 땅 위로부터 없앨 것이다. 하쉠께서 말씀하셨다." (예샤야후 25:8)

이스라엘 자손은 높은 수준의 거룩함으로 인해 마쉬악흐 시대에 이미 완전히 바로잡히나, 낮은 수준의 개종자들은 온 세상이 바로 잡힐 7천년이 시작될 때까지 최종적인 바로잡힘을 보지 못할 것입니다. 도피성은 그러한 개종자들이 완전함의 상태에 도달할 때까지 그들을 지원할 것입니다.

또 다른 설명으로는, 이 도피성들은 그 안으로 이끌릴 풍부한 친절로 인해 에덴 정원과 유사한 도시의 역할을 하게 될 것이라는 점입니다. 이러한 이해에 따르면, 미래의 도피성들은 실수로 살인을 저지른 사람들을 위한 독점적인 도피처가 아니라 모든 이스라엘 자손이 하쉠의 풍부한 친절을 즐길 수 있는 낙원이 될 것이라는 점을 이해할 수 있습니다.

כִּי־יִמָּצֵא חָלָל בָּאֲדָמָה אֲשֶׁר יְהוָה אֱלֹהֶיךָ נֹתֵן לְךָ לְרִשְׁתָּהּ נֹפֵל בַּשָּׂדֶה לֹא נוֹדַע מִי הִכָּהוּ:
וְיָצְאוּ זְקֵנֶיךָ וְשֹׁפְטֶיךָ וּמָדְדוּ אֶל־הֶעָרִים אֲשֶׁר סְבִיבֹת הֶחָלָל:

"하쉠, 네 엘로킴께서 그것을 차지하라고 너에게 주시는 그 땅에서 누가 그를 쳤는지 알려지지 않은 어떤 자가 살해되어 들판에 쓰러져 것을 흙에서 찾으면 네 장로들과 네

재판관들이 나가 살해된 자 주변 도시들을 측량해야 한다." (드바림 21:1-2)

어떤 사람이 그의 동료('동료'라고 표현하지만 포괄적인 모든 이를 얘기한다 – 역자 주)를 죽일 시엔 영적인 영역에서 기소가 이루어지고 피해자의 피가 복수 될 때까지 그 기소는 멈추지 않습니다. 일반적으로 살인자는 법의 심판을 받게 되면 그 상황은 바로 시정이 이루어집니다. 그러나 살인자의 신원이 알려지지 않은 경우는 어떡해야 할까요?

토라는 에글라 아루파(עגלה ערופה)라고 알려진 절차를 명령하는데, 이 절차는 신원 미상의 살인자를 찾아내 처벌할 때까지 그 살인을 바로잡는 역할을 해줍니다.

그 절차는 [살인 사건이 발생한] 지역 사회의 장로와 판사가 시체가 발견된 곳으로 보내지는 것으로 시작됩니다. 장로와 판사는 시체로부터 인근 도시까지의 거리를 측정해 시체에서 가장 가까운 도시가 어디인지 결론을 내릴 수 있습니다. 그리고 그 도시는 에글라 아루파 절차를 수행해야 하는데, 살해당한 사람이 그 도시에서 나왔으며, 어떤 의미에서는 그 살인에 대한 책임이 있다고 가정되기 때문입니다.

그런데 살인자가 약간 더 멀리 떨어진 도시에서 왔을 가능성은 없을까요? 왜 '거리'가 어느 도시의 책임인지 결정하는 요인이 되어야 하는 걸까요?

그 측정은 살인에 대한 책임이 있는 사람이나 살인자가 어느 도시에서 나왔느냐에 대한 진정한 지표의 의미가 아닙니다. 그는 실제로 더 먼 도시에서 왔을 수도 있기 때문입니다. 그러면 그가 어디에서 왔는지 확실히 알 수 없다면 어떻게 시체로부터 가장 가까운 도시에 책임을 돌릴 수 있다는 말인가요?

오히려 그 측정은 미제 살인 사건을 바로잡을 책임이 있는 도시를 식별해 주는 의미입니다. 그 도시는 살인에 대한 책임이 없다고 하더라도 그 [상황]을 바로잡을 책임이 있는 것입니다.

이스라엘의 모든 도시에는 하쉠의 슈히나가 거하는데, 그것은 영혼이 사람의 몸에 있는 모든 곳에 거하는 것과 마찬가지입니다. 시체로부터 가장 가까운 도시는 살인으로 인해 발생한 영적 파괴로 인해 '손상된 몸'과 비교할 수 있습니다. 측량은 살인으로 인해 오염된 지역을 식별하는 것이며, 그것이 꼭 살인에 대해 책임이 있는 도시를 결정하는 것은 아닙니다.

그러나 여전히, 그 살인으로 인한 파괴를 바로잡을 책임은 살인으로 인한 영적 파괴에 가장 직접적으로 영향을 받은 가장 가까운 도시이며, 거기에는 하쉠의 슈히나가 거하고 있기 때문입니다.

그 바로잡음은 다음의 절차를 따릅니다:

이스라엘 자손에 대한 영적 고소자(죽음의 천사)를 '달래는' 의미로서 그에게 잘린 송아지를 선물로 주어 고소를 중단시키는 것입니다. 영적인 영역에서 이러한 상황에 대한 죽음의 천사의 고소는 그가 '자신의 것', 즉 자신이 정당하게 취해가야 할 희생자의 영혼을 박탈당한 데서 비롯됩니다.

죽음의 천사가 자신의 의무를 다하여 영혼을 회수한 것이 아니기 때문에 그는 살인자가 빼앗은 희생자의 영혼을 대체하는 의미의 송아지를 죽임으로써 달래집니다. 이것은 욤 키푸르의 의식과 마찬가지여서, 광야로 보내지는 아자젤 염소도 하쉠께서 불결함에게 '주라고' 명령하신 일종의 '선물'로 여겨지며 이스라엘 자손의 죄가 기소되지 않도록 하는 것이 그것입니다.

송아지는 친절의 속성인 '항상 흐르는 물'이 있는 곳으로 데려가져 목덜미를 칩니다. 불결함은 영적인 영역에서 '목덜미'로 표현되는 거룩함의 영역을 장악하는데, 송아지의 목을 부러뜨리는 것은 불결함이 거룩함에 대해 가지고 있는 기소권을 없애는 의미를 나타냅니다. 그리고 그것이 친절과 관련된 장소인 물가에서 특별히 수행되면서 친절의 흐름이 이어지게 하고 심판의 측면을 완화시킵니다. 그 친절은 심판의 측면을 완화시켜 살인이 일어난 지역에 슈히나를 회복하기 위해서만 사용되어져야 합니다.

영적인 침해는 '분쟁'과 '고통'이라고 하는 여성적/남성적 측면의 불결함으로 인해 발생합니다. 에글라 아루파에 대한 구절은 영적인 균열을 바로잡는 임무를 맡은 코헨들이 미제 사건으로 인한 파괴를 바로잡는 데 필요한 중요한 존재들이라는 것을 가르쳐줍니다.

파라샤트 키 테쩨 (드바림 21:10 – 25:19)

כִּי יִקָּרֵא קַן־צִפּוֹר לְפָנֶיךָ בַּדֶּרֶךְ בְּכָל־עֵץ ׀ אוֹ עַל־הָאָרֶץ אֶפְרֹחִים אוֹ בֵיצִים וְהָאֵם רֹבֶצֶת עַל־הָאֶפְרֹחִים אוֹ עַל־הַבֵּיצִים לֹא־תִקַּח הָאֵם עַל־הַבָּנִים: שַׁלֵּחַ תְּשַׁלַּח אֶת־הָאֵם וְאֶת־הַבָּנִים תִּקַּח־לָךְ לְמַעַן יִיטַב לָךְ וְהַאֲרַכְתָּ יָמִים:

"새 둥지가 길이나 모든 나무, 또는 땅 위에서 네 앞에 있어 새끼나 알들이 있고 만약 어미가 새끼들이나 알들을 품고 있을 때 너는 그 어미를 새끼들에 더해 취하지 말아야 한다. 너는 반드시 그 어미를 보내고 새끼들을 너에게 취해야 하니 이는 너에게 좋으며 네 날들을 길게 하기 위함이다." (드바림 22:6-7)

토라는 유대인들에게 어떤 사람이 새 둥지를 우연히 발견하고 거기에 있는 새끼나 알을 가져가고 싶어할 때 먼저 어미새를 쫓아내야 한다고 명령합니다.

유대 현인들은 미슈나 메길라 4:9 에서 이 계명을 '하쉠의 자비의 표현'이라고 주장하는 사람은 침묵하는 것이 낫다고 가르칩니다. 왜냐하면 그는 하쉠의 계명이란 것을 '자비의 행위'로 보고 있기 때문입니다. 오히려 그것은 사실 그저 명령일 뿐입니다. 하쉠께서는 그것이 '어미새에게 자비를 베풀기 위해서'가 아니라, 물리적 세계에서 우리의 행동이 영적 세계의 현실을 반영하도록 하고자 이 계명을 지킬 것을 이스라엘에게 명령하셨습니다.

우리는 비록 이 계명이나 다른 계명의 진정한 의미를 이해할 수 없겠지만, 그럼에도 여전히 어느정도 깊은 방식의 설명이 가능합니다. 이 계명은 영적인 영역에서 무엇을 반영하는 것일까요?

어미새는 하쉠의 쉬히나가 그녀의 자녀 위에 웅크리고 있는 것을 의미하는데, 이는 이스라엘 자손의 다양한 영들을 나타내는 거룩함의 측면을 의미합니다. 불결함은 쉬히나가 이러한 거룩함 위에 머무는 동안 그 거룩함으로부터 어떤 면도 제거할 수 없습니다.

알이나 새끼를 취하고자 하는 사람은 불결함을 나타냅니다. 그러나 그 불결함은 앞서 설명했듯 쉬히나가 여전히 그 위에 머무는 동안에 그것들의 영을 제거할 수 없습니다. 오직 이스라엘 자손의 죄로 인해 슈히나가 그들로부터 자신을 제거할 때만 불결함이 그들을 붙잡을 기회를 얻을 수 있습니다. 이것은 일반적인 의미에서의 이 계명에 대한 더 깊은 이해의 제공입니다. 계명의 각 개별적 측면 역시 더 깊은 면으로 이해해 볼 수 있습니다.

새 둥지는 거룩함의 다양한 면들을 한데 묶은 것을 의미합니다. 토라는 그 둥지를 '네 앞에 있어', 즉 '너가 그것을 발견할 때' 발견된다고 설명합니다. 유대 현인들은 여기서 이 계명이 둥지를 '어쩌다 발견했을 때'만 적용되는 것이며, 그 전에 준비된 둥지에는 적용되지 않는다고 가르치는데, 즉 이 계명은 사람이 자신의 재산권 내에서 길들인 새로부터 발견한 둥지의 경우에도 적용되지 않는 것입니다. 거룩함의 내적 측면은 불결함에 영향을 받거나 취약하지 않기 때문에 이 계명은 길들인 새의 둥지 같은 예와는 관련이 없습니다. 왜냐하면 불결함은 그보다도 취약한 덜 발달된 수준의 거룩함에만 적용되기 때문입니다. 따라서 이 구절은 누군가가 '모든 나무'나 '땅'에서 우연히 발견되는 둥지에게 이 계명이 적용된다고 말합니다.

물리적 세계에서 가장 낮은 측면의 상징이 '땅'이고 그 다음이 땅에 붙어있는 '나무'인 것처럼, 이 계명도 영적인 영역에서 가장 낮은 이 두 단계의 거룩함에 관련되며, 이는 불결함이 닿을 수 있는 것들입니다. 이 측면들은 영적인 의미에서 '덜 발달된' 알이나 새끼들로 불립니다.

사람의 영적 발달은 네페쉬와 루악흐, 그리고 마지막으로 네샤마가 부여될 때 시작되며, '알과 새끼들'이라는 두 발달 단계는 각각 네페쉬와 루악흐에 해당합니다. 어미새는 이 영혼들 위에 머무르는 슈히나를 가리키며, 불결함이 그들(이스라엘)을 붙잡을 여지를 남겨주지 않습니다. 그리고 그것은 비록 그들이 영적인 의미에서 완전히 성숙하지 못해도 여전히 그들에게 머물며 그들을 불결함으로부터 보호해 줍니다. 이런 의미로 그들은 '새끼'로 여겨집니다. 그러나 이 분류는 보통 영적으로 좀 더 높은 수준에 도달한 사람으로 제한합니다.

이 영혼들이 의의 길을 떠나 그들이 얻은 것을 무엇이든 파괴한다면, 슈히나는 그들로부터 분명 떠나게 됩니다. 그리고 그들은 완전한 영적 발달에 도달하지 못했기 때문에 불결함에 취약하게 됩니다.

어미새를 쫓아내라는 명령은 '반드시 보내야 한다'는 의미인 샬레악흐 테샬락흐(שלח תשלח)라는 이중 표현으로 쓰였습니다. 유대 현인들은 이 이중 표현이 그 어미새가 돌아오더라도 필요한 만큼 계속해서 보내야 한다는 이중적 표현에서 유래함을 가르칩니다.

(불결함은 포기하지 않고 계속해서 알이나 새끼를 보호하려는 어미새를 내쫓으려 한다는 의미 – 역자 주)

이에 대한 깊은 이해에 따르면 어미새가 귀환하는 것은 회개한 사람을 의미하는데, 앞에서 설명한 대로 죄를 지은 사람에겐 슈히나가 떠나 그에게 머물지 않는, 다시 말해 그의 죄로 인해 '어미새'가 그 새끼로부터 멀어지나, 회개의 문이란 것은 결코 닫히지 않기 때문에 항상 회개하고 어미새를 다시 불러들여와 그에게 머물게 할 가능성을 지닙니다.

그가 거듭해서 죄를 지었다고 하더라도 사람은 회개할 기회가 주어지며, 슈히나는 다시 그에게 머물게 될 수 있습니다. 어미새가 돌아오지 않아 새끼들이 노출되는 것은 그(알이나 새끼들)가 회개를 거부할 때뿐이며, 그때에 불결함(남겨진 알이나 새끼를 취하려는 자 – 역자 주)이 그들을 온전히 사로잡을 것입니다.

כִּי־יִקַּח אִישׁ אִשָּׁה וּבָא אֵלֶיהָ וּשְׂנֵאָהּ:

"어떤 사람이 여자를 취하여 그녀에게 들어오고 나서 그녀를 미워하여" (드바림 22:13)

최초의 뱀이 아담과 하바에게 알게 하는 나무를 먹게 했을 때, 하쉠께선 그 뱀의 행동 때문에 그 뱀을 저주했습니다. 유대 현인들은 뱀이 그들에게 죄를 짓게 한 동기가 뱀의 '하바에 대한 정욕'으로 그녀를 아내로 삼고자 했던 바람 때문이었다고 가르칩니다. 하쉠의 저주 중 일부는 뱀과 여성 사이에 증오가 심어지는 것이었습니다. 그 저주를 받은 후, 불결함과 악한 성향을 상징하는 뱀은 남편과 아내 사이에 증오의 분위기를 조성하는 것으로 복수합니다.

한 젊은 남성이 젊은 여성에게 깊은 사랑을 느껴 결혼하지만 그는 결혼 후에 새로운 아내를 미워하기 시작하는 매우 특이한 현상이 만들어졌습니다. 그 신혼 부부는 분노에 찬 나날들을 보내며 서로 싸웁니다. 불과 얼마 전만 해도 남자는 그녀에게 깊은 사랑을 느꼈는데 결혼 후 그녀를 미워하는 건 어떻게 가능한 일일까요?

그것은 뱀의 짓으로, 악한 성향과 불결함이 그들의 결혼 생활에 스며들어 사랑보다는 증오와 고장을 만들어내려는 것입니다. 사실 불결함이 그러한 증오를 만들어낼 수 있는 능력은 부부의 행동과 그로 인해 일어나는 점들로 인해서입니다. 유대 현인들은 그마라 쏘타 17a 에서 '남자와 여자가 자격이 있다면 하쉠의 슈히나가 그들 사이에 거하며, 자격이 없다면 불이 그들을 삼킬 것이다.'라고 가르칩니다. 뱀과 불결함은 그렇게 자격이 없는 부부를 붙잡게 될 것입니다. 자격이 있는 부부는 지속적인 사랑을 누릴 것이며, 뱀은 증오의 독을 그들의 마음과 결혼 생활에 주입할 수 없게 됩니다.

슈무엘 하 13:2 에서 암논은 자신의 이복 누이 타마르에게 사랑에 빠졌다고 말하고 있습니다. 암논은 타마르를 자기 집으로 유인할 계획을 세운 다음 그녀를 강제로 범했고, 이 사건 이후 암논은 타마르를 바라보는 것도 싫어할 정도로 증오심을 품었습니다. 예언서는 암논이 타마르를 범한 후에 그녀를 향한 증오가 그 행위 이전의 사랑보다 더 컸다고 말하고 있습니다. 이게 어떻게 가능한 일일까요?

유대 현인들은 그가 그녀를 범하면서 신체적 부상을 입었는데, 영구적인 손상을 입었다고 가르칩니다. 그러나 그의 마음에 들어간 것은 뱀이 주입한 증오심으로, 그가 그녀를 원래 사랑했던 것보다 더 멸시하도록 만들었습니다.

확실히 그 어떤 유형이라도 금지된 관계는 불결함을 강화시키고 사랑을 증오로 바꾸기만 합니다. 사랑은 '순수하고 거룩한 육체적 관계의 한계 내'에서만 지속되는 것이며, 사람의 정욕을 채우기 위한 '동물적이고 근본 없는 관계'에서는 지속되지 않습니다.

세상에 존재하는 모든 부정적인 특성엔 좋은 데에 사용될 수 있는 작은 측면이 포함되어 있습니다. [우리 삶의] '부정적인 면'은 바로 이 작은 측면을 위해 만들어집니다. 예를 들어, 잔인함은 부정적인 것입니다. 그러나 그것이 하쉠의 적에게 사용될 때, 해로운 이들이 다른 이들을 해치는 것을 막아주는 긍정적인 방법이 될 수 있습니다.

'망각'도 역시 불결함과 관련된 부정적인 특성입니다. 그러나 세상이 망각 없이 존재했다면 우리는 과거의 부정적이고 충격적이었던 경험으로부터 앞으로 나아갈 수 없게 될 것입니다.

예를 들어, 모든 재산을 잃어봤던 부유한 사람이 자신의 과거를 끊임없이 상기한다면 그는 지금의 새로운 삶의 처지를 받아들이기 어려울 것입니다.

또한 사람이 자신이 배운 토라를 잊어버린다는 사실도 그가 토라 공부에 몰두한 채 하루를 보낼 수 있게 하기도 합니다. 그가 자신이 배웠던 모든 것을 기억한다면 그는 계속 배워야 할 이유가 없으며, [자신의 공부를 통한 것을 오히려] 성취하지 못한 채 다른 노력을 추구하려 할 것입니다.

כִּי תִקְצֹר קְצִירְךָ בְשָׂדֶךָ וְשָׁכַחְתָּ עֹמֶר בַּשָּׂדֶה לֹא תָשׁוּב לְקַחְתּוֹ לַגֵּר לַיָּתוֹם וְלָאַלְמָנָה יִהְיֶה לְמַעַן יְבָרֶכְךָ יְהוָה אֱלֹהֶיךָ בְּכֹל מַעֲשֵׂה יָדֶיךָ:

"너가 네 밭에서 수확물을 거둘 때 밭에서 한 곡식단을 잊어버리면 너는 그것을 취하러 다시 가지 말아야 하고 개종자와 고아와 과부를 위해 두어야 한다. 그리하면 하쉠, 네 엘로킴께서 네 손이 행하는 모든 것에 축복할 것이다." (드바림 24:19)

망각의 특성은 또한 사람이 그 망각의 열매를 남겨두라는 계명을 이행할 수 있게 합니다. 망각의 결과로 사람은 오히려 계명을 행할 기회를 얻을 뿐만 아니라 보상도 받게 됩니다.

가난한 자들을 위해서 '잊혀진' 열매를 남겨두는 것으로 그 주인은 가난한 자들을 돕는 것 이상을 성취하게 됩니다. 땅에서의 그의 행동은 영적 세계의 질서와 유사한데, 궁핍한 사람들은 그들에게 내려올 영적 영향력과 축복의 부족으로 재정적 어려움을 겪고 있으며 그들은 '간접적으로', 그리고 '겉보기에 우연한 것처럼' 도움을 받습니다. 우리 모두는 축복이 하쉠으로부터 온다는 것을 알고 있지만, 가난한 이들은 덜 직접적인 방식으로 축복을 받습니다.

사람이 '잊혀진 곡식단'을 남겨둘 때, 그는 간접적인 방식으로 가난한 이들을 부양함으로써 하쉠의 길을 따릅니다. 그가 이 계명을 행할 때 그는 하쉠의 길을 따르는 것이면서 또한 그에 따라 보상을 받습니다. 하쉠의 영적인 길을 따르고자 하는 사람은 물리적 세계의 **남성/여성적 측면**(기본적으로 '위에서 열매 맺는' 과일과 '땅에서 열매 맺는' 곡식에 대한 비유. 땅으로부터 나오는 모든 것에 대한 비유 – 역자 주)을 가난한 이들을 위해 남겨두어야 합니다.

פרשת כי תצא

זָכוֹר אֵת אֲשֶׁר־עָשָׂה לְךָ עֲמָלֵק בַּדֶּרֶךְ בְּצֵאתְכֶם מִמִּצְרָיִם:

"너희는 미쯔라임으로부터 나오는 길에서 아말렉이 너에게 행한 것을 기억하라."

(드바림 25:17)

이스라엘 자손이 이집트를 떠나고나서 광야길에서 아말렉이 행한 일을 기억해야 한다는 이 구체적인 계명의 의미는 무엇일까요?

유대 현인들은 이것이 '기억하는 것에 대한 지적인 연습' 그 이상이라고 가르칩니다. 우리는 기억을 말로 표현해야 합니다. 유대인들은 매년마다 푸림 전에 있는 샤바트인 샤바트 작호르(שבת זכור)에 이 구절을 읽음으로써 계명을 지킵니다.

아말렉과 관해 기억해야 한다는 것은 매우 중요한 일로, 아말렉의 영적인 힘이 망각을 유발하기 때문입니다. 아말렉과 싸우고 그들의 힘을 약화시키려면 기억하기 위해 노력해야 합니다. 그로 인해 하쉠께선 아말렉이 이스라엘에게 행한 일을 기억하라고 명령하셨습니다.

아말렉의 불결함보다 더 불결한 것은 없습니다. 그들은 거룩함의 내적 영역을 파악해 슈히나가 이스라엘 자손에게 도달하는 것을 막고 있기 때문이었습니다. 25:19 의 '네 주위로부터 있는 네 모든 적들로부터'라는 내용은 구체적으로는 세상의 다른 민족들의 불결함을 말하고, 아말렉을 얘기하는 것이 아닙니다. 그들은 거룩함의 외적 영역만을 파악하기 때문에 '네 주위에 있는 모든 적들'이라고 불립니다. 그러나 아말렉은 내적인 영역도 파악하여 슈히나가 이스라엘 자손에게 도달하는 것을 용이하게 만드는 영적 수준의 연결을 막습니다.

아말렉의 존재는 슈히나가 '엄청난 노력과 수고를 토대로'서만 이스라엘 자손에게 도달하게 만들었습니다. 이것은 아말렉(עמלק)이라는 이름에서 이미 암시되는데, 이 이름을 아말-쿠프(ק-עמל)라는 두 부분으로 나눴을 때 '아말(עמל)'이란 단어는 '수고/고생'을 의미하며, 뒤에 붙는 쿠프(ק)라는 글자는 거룩함을 의미하는 크두샤(קדושה)의 약어임을 알 수 있습니다. 아말렉은 슈히나가 이스라엘 자손에게 도달하기 위해 영적인 영역에서 수고를 필요로 하게 했고, 그들은 그러한 일(슈히나가 이스라엘에게 도달하는 일 - 역자 주)이 일어나지 않게 맞서 싸우려 매우 노력했습니다.

아말렉은 망각을 일으켜 기억을 방해했기에, 이스라엘은 기억을 파괴하는 아말렉을 파괴하고 자신들을 망각으로부터 벗어나게 하라는 명령을 받습니다.

기억은 별개의 사안이나 이야기들을 연결해줍니다. 넓은 의미에서 기억은 과거와 현재를 연결하며, '현재'에 있는 우리는 과거에 일어난 일과 연결되어 있습니다. 반대로 '잊는' 사람은 과거와 현재를 분리하기에, 아말렉이 영적인 영역에서 망각이나 단절을 일으키는 능력으로 인해 갖는 연결의 부족은 슈히나와의 교감을 방해합니다. 유대인들은 아말렉을 파괴함으로 영적인 영역에서 적절한 연결을 회복하여 그들로 인한 망각과 단절이 다시 나타나지 않도록 해야 한다는 명령을 받았습니다.

파라샤트 키 타보 (드바림 26:1 – 29:8)

וְהָיָה כִּי־תָבוֹא אֶל־הָאָרֶץ אֲשֶׁר יְהוָה אֱלֹהֶיךָ נֹתֵן לְךָ נַחֲלָה וִירִשְׁתָּהּ וְיָשַׁבְתָּ בָּהּ:

"그리고 그렇게 될 것이니, 너가 하쉠, 네 엘로킴께서 너에게 유업으로 주는 그 땅으로 들어와 그것을 차지하고 그곳에서 정착할 때" (드바림 26:1)

거룩한 백성이 안식과 행복을 얻으려면 거룩한 땅에 거주해야만 합니다. 때문에 이스라엘 자손은 이스라엘 땅에 정착하기 전까지 '완전한 행복'을 누릴 수 없었습니다. 그래서 파라샤는 '그리고 그렇게 될 것이니'라는 말로 시작합니다. 유대 현인들은 '그리고 그렇게 될 것이니'를 의미하는 베하야(והיה)가 이 내용에서 행복을 암시한다고 가르칩니다.

이전 파라샤였던 키 테쩨는 광야를 돌아다니던 이스라엘 자손을 공격한 아말렉의 악한 행위를 기억하라는 토라의 명령으로 마무리됩니다. 아말렉은 '하쉠을 두려워하지 않는' 민족을 대표합니다. (드바림 25:18) 따라서 모든 나아갈 길과 성공을 '하쉠의 끊임없는 영향력'으로 돌리는 거룩한 백성 이스라엘 자손은 하쉠의 존재를 부인하고자 했던 아말렉을 파괴해야 할 의무를 지녔습니다. 때문에 파라샤트 키 타보는 첫 열매(비쿠림)를 가져오라는 계명으로 시작해 '고백의 십일조'로 알려진 선언을 하는 것으로 이어집니다. 첫 열매의 수확을 가져오며 헌납물과 십일조를 그것으로부터 분리함으로써 이스라엘 아들들은 그들의 성공이 실제로는 하쉠의 것이라는 점을 보여줍니다. 자신의 생계가 하쉠으로부터 온다는 믿음을 나타내는 행위는 지속적인 하쉠의 영향력을 위한 촉매 역할을 해줍니다.

첫 수확물을 가져와 거기서 필요한 십일조를 분리해내는 의무는 이스라엘 아들들이 이스라엘 땅으로 들어간 후에만 적용되는 것이었습니다. 그들이 실제로 하쉠의 혜택을 받기 전엔 그들이 받을 좋은 것에 대해 감사하고 찬양할 필요는 없었습니다. 땅의 물리적, 영적 축복의 혜택을 받은 후에야 세상에서 가장 좋은 땅을 제공해 주신 하쉠께 감사하는 표현으로 첫 열매를 가져와야 했습니다.

파라샤의 서두 단어들인 '그리고 그렇게 될 것이니…그 땅으로 들어와(-אל תבוא כי והיה
הארץ)'를 합치면(וכתאה) 테벨(תבל)이라는 단어와 같은 432 의 숫자값을 지니는데, 테벨은
'향신료'를 의미하는 단어로, 이스라엘 땅이 모든 땅의 '향신료'이자, 지구를 의미하는 '땅'
자체로, 이스라엘 땅이 지구상의 땅 전체와 동등한 가치를 지니고 있음을 암시합니다.
이스라엘 땅은 축복의 근원입니다. 모든 것이 이스라엘 땅을 통해 전달되기 때문입니다.

וְלָקַחְתָּ מֵרֵאשִׁית ׀ כָּל־פְּרִי הָאֲדָמָה אֲשֶׁר תָּבִיא מֵאַרְצְךָ אֲשֶׁר יְהֹוָה אֱלֹהֶיךָ נֹתֵן לָךְ וְשַׂמְתָּ בַטֶּנֶא וְהָלַכְתָּ אֶל־הַמָּקוֹם אֲשֶׁר יִבְחַר יְהֹוָה אֱלֹהֶיךָ לְשַׁכֵּן שְׁמוֹ שָׁם׃

"너는 하쉠, 네 엘로킴께서 너에게 주는 네 땅으로부터 가져온 그 땅의 모든 첫 열매를 취하여 광주리에 담아 하쉠, 네 엘로킴께서 그의 이름을 거하게 하려고 택하신 그 곳으로 가야 한다." (드바림 26:2)

그렇다면 첫 열매는 어떻게 '우리의 성공의 근원'이 되는 그분에 대한 감사와 인식을 구체적으로 나타내 주는 걸까요? 왜 우리의 수확물 중 아무 것이라도 충분하지 않은 걸까요? 누군가는 첫 열매든 아니든 가장 '좋은' 열매를 가져와야 한다고 제안할 수도 있는데 말입니다.

첫 열매를 가져온다는 것은 하쉠께서 주시는 생계에 대한 우리의 감사와 의존을 나타내는 것뿐만 아니라, 지속적인 축복의 촉매제 역할도 합니다. 기록 토라는 '첫머리에 엘로킴께서 하늘을 그리고 땅을 창조하셨'라는 베레쉬트 바라 엘로킴(בראשית ברא אלקים)으로 시작하는데, 여기서 사용된 레쉬트(ראשית)라는 단어는 '지혜'라는 속성을 암시하고 있습니다:

רֵאשִׁית חָכְמָה ׀ יִרְאַת יְהֹוָה

"하쉠을 두려워하는 것이 지혜의 시작이다…" (트힐림 111:10)

세상을 유지하고 지속하기 위해선 하쉠의 속성인 '레쉬트'가 반드시 필요합니다. 그리고 이스라엘은 토라에서 '땅의 모든 열매 중 첫 번째'(מראשית כל־פרי האדמה)라고 묘사한 이 첫 열매를 바침으로써 그 속성을 일깨워 냅니다. 물리적 세계에서의 우리의 행동이 영적 세계와 평행을 이룰 때, 그것은 신성한 영향력을 비추어 이스라엘에게 지속적인 축복과

양식을 제공해 주었습니다. 그리고 레쉬트로 묘사된 계명을 수행하려면 '레쉬트'(처음)로 불리는 자들이 그것을 행해야 하는데, 그것은 분명하게 이스라엘 아들들임을 설명합니다:

קֹדֶשׁ יִשְׂרָאֵל לַיהוָה רֵאשִׁית תְּבוּאָתֹה

"이쓰라엘은 하쉠께 거룩하니 그의 첫 소산이다…" (이르메야후 2:3)

모셰는 이스라엘 자손에게 이스라엘 땅으로 건너갈 때 지파들을 두 그룹으로 나누어야 한다고 알렸습니다. 여섯 지파는 에발 산으로, 다른 여섯 지파는 그리짐 산으로 올라가야 했습니다. 그리고 레비인들은 하쉠의 계명을 이행하거나 이행하지 않는 것에 대해 이스라엘 자손에게 축복과 저주를 전했습니다.

유대 현인들은 코헨들과 레비인들이 두 산 사이 아래에서 증거궤와 함께 서 있었다고 가르칩니다. 그들은 그리짐 산에 있는 여섯 지파쪽을 향해 서서 특정한 계명들을 따르는 이들을 축복하고 모두가 '아멘'이라고 대답합니다. 그리고 그런 다음 그들은 에발 산쪽으로 향해 서서 같은 계명들을 반복하며 그 계명들을 어기는 이들은 저주를 받을 것이라고 말합니다. 그곳에서도 모두가 '아멘'이라고 대답합니다.

유대 현인들은 이러한 축복들을 거룩한 언어(히브리어)로, 그리고 구절에서 말하듯 큰 소리로 말해야 한다고 가르칩니다. 우리는 이 절차를 어떻게 이해해야 할까요? 왜 레비인들이 이 일을 맡았으며, 왜 계명을 따르지 않는 자들을 저주한 것일까요? 그리고 왜 축복과 저주는 특별히 히브리어로 말해야 했으며, 왜 큰 소리로 말해야 했을까요?

이러한 것들은 불결함의 각 측면들을 정복하는 것을 목표로 행해졌습니다. 레비인들은 하쉠의 '힘'의 속성에 뿌리를 두어 불결함을 정복하기 위해 이 힘의 속성을 끌어낸 것이었습니다. 저주 자체는 불결함을 정복하는 것을 성취하기 위해 의도된 것으로서, 거룩한 언어를 통한 영적인 힘을 필요로 했습니다. 영적인 차원에서 토라의 힘은 불결함의 힘을 무력화시킵니다. 유대 현인들은 하쉠께서 악한 성향을 창조할 때 토라를 그 해독제로서 두셨다고 가르칩니다.

축복과 저주 후에 모든 지파가 대답했던 아멘의 효력은 불결함을 파괴시키는 것이었습니다.

아멘(אמן)이라는 단어는 91의 숫자값을 지닙니다. 이것은 하쉠의 이름 중 숫자값 26을 가지는 그분의 네 글자 이름과 '나의 주님'을 의미하는 글자의 숫자값 65를 합한 영적인 영역의 통합을 암시합니다.

그렇게 저주는 불결함을 정복하기 위한 것이며, 그와 함께 병행하는 축복은 이스라엘 자손에게 하쉠의 영향력을 끌어내기 위한 것이었습니다. '아멘'이라는 말은 축복을 통해 끌어낸 영향력을 불결함이 붙잡지 못한 채 쫓겨나도록 언급되는 것이어야 했습니다.

יְצַו יְהוָה אִתְּךָ אֶת־הַבְּרָכָה בַּאֲסָמֶיךָ וּבְכֹל מִשְׁלַח יָדֶךָ

"하쉠께서 네 저장고들과 너가 손을 보내는 모든 것에 축복이 너와 함께 하기를 명령할 것이다…" (드바림 28:8)

'네 저장고들과'를 의미하는 바아싸멕하(באסמיך)의 간단한 이해는 먼저 '창고'를 가리킵니다. 그러나 이 단어는 '숨겨진/가려진'을 의미하는 싸무이(סמוי)라는 단어에 유래하는데, 따라서 이것은 하쉠께서 사람이 그 자신이 모르던 창고에도 축복이 머물도록 보장한다는 것을 의미함을 이해할 수 있습니다.

이 구절은 또한 하쉠으로부터 받는 축복과 관련해 우리 자신을 올바르게 처신하는 방법을 가르쳐줍니다. 사람은 다른 사람에게 자신의 축복을 가능한 한 숨기려고 노력해야 하는데, 왜냐하면 사람은 다른 이의 축복을 바라볼 때 피해를 입거나, 입히기 때문입니다. 때문에 그마라 바바 바트라의 서두는 이렇게 말하고 있습니다: '다른 사람의 축복을 바라볼 때 피해를 입힐 수 있으며, 바라본 사람은 그 피해에 대한 책임을 진다.' 이것은 유대 현인들의 격언 중 '축복은 눈에 숨겨진/가려진 것에만 있다.'라는 가르침과 일치합니다.

이러한 내용에 대한 예로서 히즈키야후 왕이 바벨론 왕에게 창고에 있는 모든 것들을 보여주었던 것이 있는데 (예샤야후 39:2), 예샤야후 예언자는 이에 대해 그를 질책하며 다비드 왕조가 축적했던 모든 부는 결국 빼앗기고 그의 후손의 일부가 바벨론 왕의 종이 될 것이라고 예언했습니다. 하쉠의 축복은 '창고'에서만 찾을 수 있는 것이 아니라 사람이 하는 모든 일에서 찾을 수 있습니다.

그런데 구절의 뒷부분은 이러한 축복이 '이스라엘 땅에 있는 사람에게만' 임할 것처럼 말하는 듯합니다.

וּבֵרַכְךָ בָּאָרֶץ אֲשֶׁר־יְהֹוָה אֱלֹהֶיךָ נֹתֵן לָךְ:

"…그리고 하쉠, 네 엘로킴께서 너에게 주는 땅에서 너에게 축복을 줄 것이다." (상기 동일)

이스라엘 땅 밖에 있었음에도 불구하고 하쉠으로부터 축복을 받은 의로운 사람들은 많지 않았나요? 요쩨프는 이집트에서, 다니엘은 바벨론에서, 그리고 모르덱하이는 슈산에서 축복을 받지 않았나요?

그런데 여기서의 '땅'은 영적인 영역에서 '땅'이라고 불리는 슉히나에 대한 암시입니다. 슉히나는 이스라엘 자손에게 머물며 그들을 지탱하기 위한 모든 신성한 영향력의 통로 역할을 합니다. 이 연결은 이스라엘 자손에게만 고유한 것이기에, 다른 나라가 아닌 너에게 특별히 주어진 땅이라고 말합니다. 이스라엘 자손이 정결한 상태에 있고 유배되지 않았을 때 물리적인 이스라엘 땅은 슉히나의 '집'이 되어줍니다.

이스라엘 자손은 거룩함의 뿌리와 연결될 때에만 거룩한 나라로서 확립될 수 있으며, 그 거룩함은 오직 하쉠과의 친밀함을 통해서만 이뤄질 수 있습니다. 토라의 계명을 지키는 것은 그들의 영혼과 거룩함 사이의 연결을 발전시키고 보존해 줍니다. 그들의 영혼은 부정적인 영향과 불결함으로 가득 찬 물리적 세계로 밀려나왔지만, 토라의 계명을 계속 행함으로써 거룩함과 순결함의 연결을 유지할 수 있습니다. 이스라엘 자손을 '거룩한 민족'으로 세우겠다는 하쉠의 약속은 그들이 토라의 계명을 지키는 데에 따라 달려 있습니다.

토라를 준수함으로써 사람은 하쉠과의 연결을 형성하는 거룩함과 순결함을 얻을 수 있습니다. 사실, 거룩함을 얻을 수 있는 유일한 방법은 토라의 길을 따르는 것뿐입니다. 다른 길은 결코 거룩함으로 이어지지 않으며, 단순히 시간과 에너지의 낭비만이 있을 뿐입니다. 그렇기에 유대인들은 '잘못 인도하는 사람들로부터 분리케 하는 참된 토라'를 주신 것에 대해 매일 하쉠을 찬양합니다.

다른 나라들은 거룩함을 얻는 다른 방법이 있을 수 있다고 오해합니다. 그러나 토라의 길을 따르지 않는 모든 길은 파괴와 무(無)로 이어집니다. 이것은 하쉠께서 그런 모두에게 자비를 베풀고 잘못된 길에서 구하시며, 진실의 길을 보여줄 최종 구속의 때까지 계속될 것입니다. (예샤야후 45:23)

이것이 바로 하쉠의 참된 자비입니다. 불결함은 그들을 눈멀게 하고 넘어지게 하려 하기 때문입니다. 그럼에도 하쉠께선 결국 그런 그들을 올바른 길로 인도하여 온 세상을 완전하게 만들 것입니다. 이것이 바로 쯔판야 3:9 에서 언급하는 내용의 의미입니다. 하쉠께선 이스라엘 자손을 미리 잘못 인도하는 민족들로부터 분리하기를 원하셔서 그들에게 많은 계명을 주어 쉭히나가 그들 위에 계속 머물도록 하셨습니다.

풍요는 사람으로 하여금 거룩한 삶을 살지 않고 자신의 마음과 성향을 복종시키지 않는다면 죄를 짓고 하쉠을 잊게 만듭니다. 그러나 사람이 거룩한 삶을 산다면 풍요는 가난과 관련된 어려움을 겪지 않고도 토라를 공부하고 계명을 행할 수 있는 축복이 되어줍니다. (드바림 28:9) 그래서 토라는 다음과 같이 말합니다:

וְרָאוּ כָּל־עַמֵּי הָאָרֶץ כִּי שֵׁם יְהוָה נִקְרָא עָלֶיךָ

"하쉠의 이름이 너에게 불리는 것을 땅의 모든 백성들이 볼 것이다…" (드바림 28:10)

이 말은 쉭히나가 그들의 위에 머물며 그들의 마음과 악한 성향을 복종시킨다는 것을 의미하며, 그 후엔 이렇게 얘기합니다:

וְהוֹתִרְךָ…לְטוֹבָה…אַדְמָתְךָ עַל הָאֲדָמָה אֲשֶׁר נִשְׁבַּע יְהוָה לַאֲבֹתֶיךָ לָתֶת לָךְ׃

"하쉠께서 네게 주기로 너의 조상들에게 맹세하신 땅 위에서…좋은 것으로 너를 풍성하게 하실 것이다." (드바림 28:11)

만약 그에게 하쉠의 존재가(의미가) 없다면 그의 풍요로움은 그에게 유익하지 않을 것이며, 오히려 불결함이 그를 잘못된 길로 인도하는데 사용됩니다.

파라샤트 니짜빔 - 바옐렉흐 (드바림 29:9 – 31:30)

וְהָיָה בְּשָׁמְעוֹ אֶת־דִּבְרֵי הָאָלָה הַזֹּאת וְהִתְבָּרֵךְ בִּלְבָבוֹ לֵאמֹר שָׁלוֹם יִהְיֶה־לִּי כִּי בִּשְׁרִרוּת לִבִּי אֵלֵךְ לְמַעַן סְפוֹת הָרָוָה אֶת־הַצְּמֵאָה:

"그리고 그렇게 될 것이니, 그가 이 말씀들을 들을 때 그가 그의 마음들 속으로 축복하며 말하길 '내 마음의 고집대로 가도 내가 평화가 있을 것이니 목마른 자에게 물을 더할 것이다.'" (드바림 29:18)

이 구절은 어떤 사람이 이전 파라샤에서 다양한 저주를 모두 들은 후 '이것들은 나한테 적용되지 않을 것이다…내가 왜 걱정해야 하는가?'라고 스스로에게 말할 수 있는 것으로 설명합니다. 그는 '신성한 보복'에 대한 두려움을 무시하면서 계속해서 자신의 마음 속 욕망을 충족시킵니다.

토라는 악한 성향을 '사람의 두 번째 심장'으로 묘사합니다. 그렇기 때문에 '그의 마음들 속으로'라는 구절은 단수인 '그의 마음 속으로'가 아니라 복수형으로 쓰인 이유입니다. 악한 성향은 죄를 짓는 이를 축복하면서 그가 속으로 '평화가 내게 있을 것이니 두려워 말자. 모든 것이 좋다. 그저 삶을 즐기자'라고 생각하게 만듭니다. 죄를 짓고 있는 사람은 그렇게 악한 성향으로 축복을 받으며, 그의 좋은 성향에는 저주를 받습니다. 이 개념의 대한 암시는 다음의 구절에서 볼 수 있습니다:

מְבָרֵךְ רֵעֵהוּ בְּקוֹל גָּדוֹל בַּבֹּקֶר הַשְׁכֵּים קְלָלָה תֵּחָשֶׁב לוֹ:

"이른 아침에 큰 소리로 그의 동료를 축복하는 자는 그에게 저주로 여겨질 것이다."

(미슐레이 27:14)

'그의 동료', 또는 '그의 친구'라는 번역의 레에후(רעהו)라는 단어는 '그에게 나쁜 것'이라는 의미의 라 후((א)רע הו)로도 나눌 수 있는 단어로, '축복'으로 쓰여도 악한 성향이 될 수 있는 것임을 암시합니다.

사람의 악한 성향은 사람이 태어난 때부터 그를 해치려 합니다.

이른 아침에 사람의 동료인 악한 성향은 밤에 잠자리에 들기 전에 생각했던 모든 죄를 일깨워 그것을 저지르도록 큰 소리로 온 힘을 다해 사람을 축복합니다. 이 '축복'은 악한 성향이 그에게 쏟아붓는 것으로서 실은 '저주'인데, 왜냐하면 그가 죄를 짓도록 격려하기 때문입니다.

악한 성향은 '모든 게 잘 될 것이니 마음을 따라라. 계명을 따를 이유가 없다'라고 사람을 설득합니다. 구절의 문맥에서 '고집대로'라고 번역된 단어는 '통치'나 '주권'을 의미하는 쓰라라(שררה)라는 단어에서 유래합니다. 악한 성향은 그렇게 그가 '주권적으로' 행동하여 하쉠과 그분의 계명을 완전히 무시하고 마음이 원하는 대로 무엇이든 하도록 설득합니다. 그것은 사람에게 평화와 번영을 약속하면서 어떤 이도 보복을 두려워하지 말고 토라를 어기도록 유혹합니다.

'목마른 자에게 물을 더할 것이다'라는 말은 '사람의 동물적인 충동을 채우겠다'는 암시입니다. 사람이 동물적 욕망을 충족시키면 '몸'은 [대체적으로] 만족감을 느끼지만 아직 충족되지 않은 다른 동물적 욕망에도 몸이 '목마르도록' 만듭니다.

사람은 토라에서 허용하는 것이든 금지하는 것이든 관계없이, 자신의 욕망을 충족시키려는 끊임없는 욕구를 가지고 있습니다. 의인은 그것을 '통제'할 수 있으면서 동시에 육체의 모든 욕망에 굴복하지 않습니다. 의로운 사람은 토라에서 허용한 쾌락만 [자신에게] 허용하고, 그런 경우조차 제한적으로만 허용합니다. 유대 현인들은 사람이 자신을 분리해야 하며, 허용된 쾌락에서도 거리를 두어야 한다고 가르칩니다. 그러나 악인은 자신의 욕망에 굴복하여 아무렇게나 충족시킵니다. 그는 그의 동물적 욕망을 충족시키고자 끊임없이 '갈증'을 해소할 방법을 찾아다님으로써 인간으로서의 본질을 잃고 동물처럼 됩니다.

לֹא־יֹאבֶה יְהֹוָה סְלֹחַ לוֹ...וְרָבְצָה בּוֹ כָּל־הָאָלָה הַכְּתוּבָה בַּסֵּפֶר הַזֶּה וּמָחָה יְהֹוָה אֶת־שְׁמוֹ מִתַּחַת הַשָּׁמָיִם:

"하쉠께서 그를 용서하려 하지 않을 것이며…이 책에 쓰인 여기 모든 것이 그에게 도사리고 있을 것이다. 그리고 하쉠께서 하늘 아래로부터 그의 이름을 지울 것이다."

(드바림 29:19)

그는 하쉠과 그분의 계명에 대한 완전한 무시로 인해 용서받지 못할 것입니다. 그는 토라에 언급된 모든 저주에 직면하게 될 거이며, 그의 이름은 지워질 것입니다.

כִּי־קָרוֹב אֵלֶיךָ הַדָּבָר מְאֹד בְּפִיךָ וּבִלְבָבְךָ לַעֲשֹׂתוֹ:

"오히려 그 일은 너에게 매우 가까우니 네 입과 네 마음에 있어 그것을 행할 수 있다."

(드바림 30:14)

'그 일'이라고 번역한 하다바르(הדבר)는(이 단어를 '말씀'으로 번역한 한글 번역도 있으나 문맥 상 'matter'를 의미한다 - 역자 주) 토라, 또는 회개에 대한 계명을 가리킬 수 있습니다. 그러나 더 깊은 차원에서 그 단어는 슈히나를 의미합니다.

이스라엘 민족의 삶의 목적은 세상에 슈히나와 하쉠의 왕권을 계시하는 것입니다. 이스라엘은 하늘의 왕국의 멍에를 받아들이면서 매일 슈마 기도로 그것을 선포합니다. 이 목적은 로쉬 하샤나와 욤 키푸르의 기도에서 더 강조되는데, 계명을 수행하고 토라를 따르면 유대인들은 이러한 수준의 거룩함으로 하쉠의 왕권을 바로잡고 슈히나의 임재를 불러올 수 있습니다. 이것을 완전히 성취하려면 존재하는 모든 면면에서 이 바로잡음의 과정을 통해 영향을 미쳐야 합니다.

사람의 본질 전체는 세 가지의 측면으로 구성되어 있는 것으로 설명할 수 있습니다. 행동, 말, 생각은 이 구절의 각각에서 언급되는데, '…네 입과 네 마음에 있어 그것을 행할 수 있다.'라는 내용에서 '입'은 사람의 말을, '마음'은 사람의 생각을, 그리고 '행할 수 있다'는 신체적인 행동을 의미합니다.

앞에서 얘기한 바로잡음을 만들려면 이 세 가지의 능력을 모두 사용해야만 합니다. 그런데 우리의 '행동'은 효과를 낼 수 있다는 것이 분명하지만, 우리의 말과 생각이 어떻게 세상에 바로잡음을 불러올 수 있다는 것일까요?

사실은 그와 반대로, 1차적인 교정은 구절에서 '네 입'과 '네 마음'이라고 강조했듯이 먼저 우리의 '말과 생각'을 통한 결과로 행동이 이어지는 것입니다.

세상의 창조는 생각과 말이란 것으로 묘사되었습니다.

유대 현인들은 하쉠께서 지혜와 이해, 그리고 지식으로 세상을 창조했다고 가르치는데, 이 모두는 '생각'에 관련된 개념입니다. 그리고 베레쉬트의 서두는 하쉠께서 어떻게 '말씀'하셨고 그로 인해 세상의 여러 부분이 생겨난 것인지를 설명합니다. 하쉠께선 생각과 말로 세상을 창조하셨고, 생각과 말을 통해 인간에게 자신의 영적 세계를 창조할 수 있는 능력을 부여하셨습니다.

생각과 말이 '악과 험담'에 쓰이면 공허한 영적 현실이 창조됩니다. 그 영적 현실은 '양식' 대신에 '뱀과 전갈'로 채워지는데, 형제들을 비방하는 말을 했던 요쎄프는 자신의 언어적 능력을 과하게 사용함으로써 뱀과 전갈로 가득 찬 영적인 공허함을 스스로 만들어냈습니다. (베레쉬트 37:24-29, 베레쉬트 라바 파라샤트 바예셰브) 하쉠께선 그에게 자비를 베풀어서 요쎄프는 뱀과 전갈이 가득했던 구덩이에 던져짐으로 물리적 세상에서 속죄를 받아 죽음 이후에 속죄를 받아야 할 필요가 없었습니다.

의인으로 칭함 받는 요쎄프가 이러한 식으로 고통을 받아야 했다면, 다른 사람을 비방하는 말을 아무렇지 않게 하는 악인이 받을 형벌은 얼마나 크다는 것일까요?

그러나 입을 지키고 토라의 말만 하는 의로운 자들은 영적인 바로잡음을 일으켜 하쉠과의 친밀함에 대한 그의 보상을 받게 될 것입니다.

וַיֹּאמֶר אֲלֵהֶם בֶּן־מֵאָה וְעֶשְׂרִים שָׁנָה אָנֹכִי הַיּוֹם לֹא־אוּכַל עוֹד לָצֵאת וְלָבוֹא

"그가 그들에게 말했다. "나는 오늘 120 세다. 더 이상 나갈 수도 없고 들어올 수도 없다…"" (드바림 31:2)

모셰는 죽는 날에 이스라엘 자손에게 자신이 막 120 세가 되었다고 알려줍니다. 유대 현인들은 모셰가 아다르 월 7 일에 태어나서 아다르 월 7 일 같은 날에 죽었다고 가르칩니다.

유대 현인들은 모셰만이 자신이 태어난 날에 죽은 유일한 이가 아니라고 덧붙이며 '하쉠께선 날마다, 그리고 달마다 의로운 자의 해들을 채우신다 (키두쉰 38a)'라고 가르칩니다.

태어난 날과 같은 날에 죽는 의로운 사람들에 대한 의미는 무엇일까요?

사람이 태어난 날과 달은 그의 영적인 뿌리를 반영합니다.

사람이 의로운 삶을 살다가 이 세상을 떠나면 그의 영혼은 즉시 올라가 그의 영적 뿌리와 연결됩니다. (하쉠의 정원인 '에덴'으로 바로 들어가게 된다는 의미 – 역자 주) 반면에 악한 사람은 그의 많은 죄를 속죄하기 위해 죽은 후 먼저 게히놈을 견뎌야 하는데, 그 '정화 기간'이 끝나면 악인의 영혼도 영적 뿌리와 연결되기 위해 올라갑니다. 사람이 태어난 날에 죽으면 그의 영혼이 속죄 없이 영적 근원에 직접 연결된다는 것을 의미합니다.

유대 현인들은 모셰가 얘기한 '더 이상 나갈 수도 없고 들어올 수도 없다'라는 말이 사람들에게 토라를 가르치고 배우고 설명하는 데 필요한 '주고받기'에 참여할 능력을 잃었음을 알리는 것으로 가르칩니다. 유대 현인들은 이 부분에서 모셰의 지혜의 샘이 막히게 되었다는 것을 알게 되었습니다.

토라를 배우는 자들은 생명을 존중합니다. 모셰와 다비드 왕의 경우 죽음이 그들을 붙잡을 수 있도록 토라가 지혜가 그들에게서 빼앗기는 것을 허락했습니다. 지혜의 샘이 모셰에게서 차단되었다고 하는 유대 현인들의 가르침의 근거는 다음의 내용에서 유래합니다. 이 구절에서 지혜는 생명을 제공함을 구체적으로 언급합니다:

וְיִתְרוֹן דַּעַת הַחָכְמָה תְּחַיֶּה בְעָלֶיהָ:

"…지식의 이익은 지혜가 그것을 소유한 자를 살게 해 주는 것에 있다." (코헬레트 7:12)

토라의 지혜가 모셰에게서 취해졌을 때 죽음은 그를 사로잡을 수 있었고, 그는 그가 태어난 날에 죽음으로써 그의 영적 근원과 곧바로 연결되었습니다.

כִּי אָנֹכִי יָדַעְתִּי אֶת־מֶרְיְךָ וְאֶת־עָרְפְּךָ הַקָּשֶׁה הֵן בְּעוֹדֶנִּי חַי עִמָּכֶם הַיּוֹם מַמְרִים הֱיִתֶם עִם־יְהֹוָה וְאַף כִּי־אַחֲרֵי מוֹתִי:

> "이는 내가 너의 거역과 너의 뻣뻣한 목을 알기 때문이니 내가 오늘 너희와 함께 아직 살아있을 때에도 너희는 하쉠을 거역하고 있으니 내가 죽은 후에도 오죽할 것이냐!"
>
> (드바림 31:27)

다른 사람을 완전히 이해하고 그의 행동의 이유를 완전히 이해하려면 그 사람과 먼저 친밀감을 키워야만 합니다. 모셰가 이스라엘 자손과 광야에서 40년을 보내는 동안 발전시킨 관계는 바로 그것이었습니다. 그렇기에 그가 그들의 본성을 알고 이해한다고 주장하는 것도 무리가 아닙니다.

그는 그들의 영적 구성에 대해 깊이 이해하고 있었고, 그들의 높은 영적 수준으로 인해 악한 힘으로부터 큰 도전에 직면한다는 것을 알고 있었습니다. 유대 현인들은 '누구든지 그의 동료보다 더 위대한 자는 죄를 지을 악한 성향도 더 크다 (쑤카 52a)'라고 가르칩니다. 광야의 세대는 '지식의 세대'로 불리며, 40년 동안 하늘의 음식을 먹고 시나이 산에서 위대한 계시를 목격하는 등 큰 기적들을 경험하며 매우 높은 영적 수준에 도달했습니다.

모셰가 공동체에게 말한 31:27-29까지의 내용은 언뜻 보기엔 이스라엘 아들들의 결의를 다지게 하는 방법처럼 보이지 않습니다. 오히려 그것은 역효과를 불러와 그들의 마음을 더 악화시킬 것처럼 보입니다. 그러면 모셰는 왜 이스라엘 아들들에게 이런 식으로 말한 것일까요?

이것은 마치 특정 질병에 걸리기 쉬운 사람에게 말하는 의사와 비교할 수 있습니다.

의사가 그에게 "당신은 이 질병에 걸릴 위험이 있다는 걸 알고 있어요. 그래서 당신을 도울 치료법을 제공하려 합니다."라고 말하며 그에 대한 지침을 제공하듯이, 모셰 또한 사람들에게 자신이 죽은 후 사람들이 '부패하게 행동할 것을 알고 있다'고 말한 후 이스라엘의 악한 성향을 치료하기 위해 하아지누(드바림 32:1-44)의 노래와 나머지 토라들을 제공합니다. 그를 통해 사람이 토라의 법들을 따를 때 악한 성향이 그를 병들게 할 수 없으며 그가 처벌을 받지 않게 되리라는 것을 다시 강조합니다.

사람은 두 가지의 길을 선택할 수 있습니다. 처음에는 어렵지만 나중에는 덜 어려워지는 삶의 길이 있고, 처음에는 어렵지 않지만 나중에 더 어려워지는 죽음으로 이어지는 길이 있습니다. 이스라엘 자손이 하쉠께서 명령한 삶의 길로부터 벗어나 죽음으로 이끄는 길로 치우친다면 그들은 결국 고통을 겪게 될 것입니다.

וְקָרָאת אֶתְכֶם הָרָעָה בְּאַחֲרִית הַיָּמִים

"…그리고 악이 마지막 날들에 너희에게 일어나…" (드바림 31:29)

우리는 더 깊은 차원에서 이 표현에 대해 볼 수 있습니다: '마지막 날들'은 이스라엘 자손에 대한 하쉠의 크신 사랑으로 인해 모든 상황에서 그들과 함께 남아있을 가장 낮은 수준의 거룩함인 슈히나에 대한 암시입니다. 이스라엘 자손에 대한 이 큰 사랑은 이 구절을 이루는 각 단어의 첫 글자에 암시되어 있습니다: '악이 마지막 날들에 너희에게'(אתכם הרעה באחרית הימים)의 첫 글자들은 사랑을 의미하는 '아하바(אהבה)'를 이룹니다. 이것은 이스라엘 자손이 유배되어 고통을 겪고 있을지라도 하쉠의 사랑과 그분의 슈히나가 그들과 함께 있을 것임을 의미합니다.

파라샤트 하아지누 (드바림 32:1 – 32:52)

הַאֲזִינוּ הַשָּׁמַיִם וַאֲדַבֵּרָה וְתִשְׁמַע הָאָרֶץ אִמְרֵי־פִי:

"하늘아 귀 기울여라, 내가 말할 것이다. 땅아 내 입의 말들을 들어라." (드바림 32:1)

모세가 하늘과 땅을 불러 자신의 말에 증거가 되도록 한 이유는 무엇일까요?

모세는 이 세상을 떠난 후에 그의 '소중한 소유물'인 그의 영혼이 하늘로 돌아갈지, 아니면 땅에 머물 것인지 다음의 구절에서 얘기하는 바처럼 어디로 여정을 떠날지에 대해 확신하지 못했습니다:

מִי יוֹדֵעַ רוּחַ בְּנֵי הָאָדָם הָעֹלָה הִיא לְמָעְלָה וְרוּחַ הַבְּהֵמָה הַיֹּרֶדֶת הִיא לְמַטָּה לָאָרֶץ:

"인간들의 영이 위로 올라가고 짐승의 영이 땅 아래로 내려가는지 누가 아는가?"

(코헬레트 3:21)

모세가 자신의 영혼이 어디로 떠날지에 대해 의심했다는 것을 어떻게 이해해야 할까요? 모세는 분명 이 세상에서의 자신의 업적과 그의 영혼은 높은 수준에 도달했으며, 확실하게 에덴으로 갈 것이라는 사실을 알고 있을텐데 말입니다.

그러나 그는 자신의 지도 아래에 있는 사람들이 저지른 죄들과 함께 에레브 라브를 유대 민족으로 받아들인 것으로 인해 '속죄의 수단'으로서 더 낮은 곳으로 내려가게 될 것이라고 우려했습니다. 그리고 실제로, 모세는 '속죄의 수단'으로서 다음의 구절에서 말하는 바처럼 이스라엘 땅 밖에 있는 모압 땅에 묻혔습니다:

וְהוּא מְחֹלָל מִפְּשָׁעֵנוּ מְדֻכָּא מֵעֲוֹנוֹתֵינוּ מוּסַר שְׁלוֹמֵנוּ עָלָיו וּבַחֲבֻרָתוֹ נִרְפָּא־לָנוּ:

"그는 우리의 범죄 때문에 찔리게 되었고 우리의 죄악들 때문에 짓밟히게 되었다. 우리의 평화를 위한 징계가 그에게 있었고 그의 상처로 우리가 낫게 되었다."

(예샤야후 53:5 - 조하르 파라샤트 키 테쩨의 설명)

모세는 확신이 없었습니다: 이 세상에서의 그의 업적은 과연 그의 영혼을 하늘의 높은 자리로 올려놓을만한 가치를 지니는가? 아니면 그의 지도 아래의 사람들이 지은 죄들 외에도 에레브 라브를 받아들였기 때문에 더 낮은 곳으로 내려가게 될 것인가?

모셰는 하늘과 땅, 이 '위아래'의 목적지를 모두 부르며 그의 영혼이 떠나는 곳에서 보살핌을 받을 수 있도록 했습니다. 만약 그의 영혼이 높은 곳으로 올라간다면, 그는 위대한 계시와 영적인 빛 속에 몸을 담글 수 있습니다. 그러나 아래로 내려간다 하더라도, 그는 모아브 땅에 묻힌 결과로 일어날 수 있는 일(마쉬악흐의 때에 이스라엘 밖에 묻혔던 자들을 이끌고 함께 이스라엘 땅으로 들어오는 것 – 역자 주)처럼 거룩함의 빛이 결코 그를 떠나지 못하기를 원했습니다. 이러한 면에서 모셰는 모아브라는 불결한 땅에 묻히지만 거룩함의 빛은 그를 떠나지 않도록 했습니다.

이스라엘 자손에게 붙은 불결함은 세 가지 형태의 파괴를 일으켜 죄를 짓도록 유혹합니다. 그것은 사람에게 잊도록 하는 것과, 마음을 명확한 이해로부터 막는 것, 그리고 부모와 현인들로부터 배우려 마음을 열지 않을 정도로 교만해지는 것입니다.

זְכֹר֙ יְמ֣וֹת עוֹלָ֔ם בִּ֖ינוּ שְׁנ֣וֹת דֹּר־וָדֹ֑ר שְׁאַ֤ל אָבִ֙יךָ֙ וְיַגֵּ֔דְךָ זְקֵנֶ֖יךָ וְיֹ֥אמְרוּ לָֽךְ׃

"옛날들을 기억하라. 세대들의 해들을 반영하라. 네 아버지에게 물으면 그가 네게 전할 것이다. 네 장로들에게 물으면 그들이 네게 말할 것이다." (드바림 32:7)

좋음이 악을 이기고, 거룩함이 불결함을 이기는 우리의 임무를 완수하기 위해서 우리는 앞에 언급한 세 가지 형태의 파괴와 싸워야만 합니다. 그리고 이 구절은 그 세 가지 형태의 전투를 모두 언급합니다. 불결함이 우리에게 '잊도록' 하려는 시도에 맞서게 하기 위해 구절은 우리에게 '과거의 날들을 기억하라'라고 말합니다. 불결함은 사람에게 잊게끔 하지만, 거룩함에서 비롯된 행위인 '기억'을 통해서 사람은 불결함을 이길 수 있습니다.

무엇을 기억해야 하나요? 바로 과거의 날들로, 하쉠께서 창조 당시에 '한 나라'만을 택하지 않으셨고 이스라엘 자손이 생겨난 후에야 세상 모든 나라들 중에서 그들을 그분의 백성으로 택하셨다는 것을 기억해야 합니다.

כִּֽי־יַעֲקֹ֛ב בָּחַ֥ר ל֖וֹ יָ֑הּ יִשְׂרָאֵ֖ל לִסְגֻלָּתֽוֹ׃

"이는 야아코브를 엘로킴께서 그에게, 이쓰라엘을 그의 보배로 택하셨기 때문이다."

(트힐림 135:4)

또한 불결함은 '마음이 이해하도록 하는 것'을 막는데, 따라서 구절은 '세대에서 세대를 거쳐 이어지는 세월을 이해하라'라고 말합니다. 하쉠의 섭리를 이해함으로써 사람은 좋음을 강화시킬 수 있습니다. 하쉠께선 에노쉬 세대와 대홍수의 세대, 바벨탑을 만든 세대를 벌하셨지만, 므투쉘락흐, 하녹흐(에녹), 노악흐, 쉠, 에베르, 그리고 족장들인 아브라함과 이쯔학크, 야아코브와 같은 의인들에게도 보상을 하셨으며, 공공의 죄악된 길을 따르지 않은 같은 세대의 다른 모든 의로운 개인들에게도 보상을 주셨다는 점을 공부하고 이해해야 합니다.

그리고 마지막으로 불결함은 사람이 '그의 부모와 그 세대의 다른 현인들의 방식으로부터 배우는 것을 막는 거만함'을 만들어 내는데, 따라서 구절은 '아버지에게 물으면 그가 너에게 얘기해 줄 것이며, 연장자/현인들에게 물어보면 그들이 너에게 말할 것이다'라고 말합니다. 사람은 이 구절의 내용들을 모두 지킴으로써 세 가지의 불결한 효과를 모두 정복할 수 있고 이해력을 얻어 하쉠을 창조주로 인식할 수 있습니다. 이러한 명확한 이해력을 통해, 미슈나에서 '어리석은 사람은 죄를 두려워하지 않고 배우지 못한 사람은 경건할 수 없다 (아보트 2:5)'라고 말한 것과 달리 하쉠을 온 마음으로 섬길 수 있습니다.

그리고 그 다음 하쉠께서 자신을 위해 행하신 모든 것을 깨달으며 자신에게 베푸는 끊임없는 좋으심에 감사하고 싶어하게 됩니다. 이것은 '어리석고 지혜 없는 백성'이라는 이전 구절(32:6)의 언급에 직접적으로 대조되는 내용이 됩니다.

בְּהַנְחֵל עֶלְיוֹן גּוֹיִם בְּהַפְרִידוֹ בְּנֵי אָדָם יַצֵּב גְּבֻלֹת עַמִּים לְמִסְפַּר בְּנֵי יִשְׂרָאֵל:

"가장 높으신 분께서 민족들에게 유업을 주셨을 때, 그가 인간들을 나누실 때, 그는 백성들의 경계들을 이쓰라엘 아들들의 수에 따라 정하셨다." (드바림 32:8)

여기서 하쉠은 '가장 높으신 분'이라는 의미의 엘욘(עליון)으로 언급됩니다. 이는 그분께서 천사들을 포함한 모든 창조물 위에 계시다는 것을 의미하는 말로, 하쉠께선 70 민족을 각각 70 천사들에게 유산으로 주셨습니다. 그 각 천사는 그렇게 한 민족을 다스리는 권한을 가지고 있습니다. 그러나 이스라엘 자손은 이러한 '섬기는 천사' 중 하나에게 다스려지도록 주어지지 않았습니다.

하쉠께선 이스라엘 자손을 '자신의 몫'으로 삼아서 직접 다스리셨습니다. 그것은 다음 구절에서 말하는 바와 같습니다:

$$\text{כִּי חֵלֶק יְהֹוָה עַמּוֹ יַעֲקֹב חֶבֶל נַחֲלָתוֹ:}$$

"이는 하쉠의 몫이 그의 백성이며 야아코브가 그의 유업의 몫이기 때문이다." (드바림 32:9)

하쉠께선 그를 섬기는 모든 천사들보다 더 위대하고 높으신 것처럼, 그분의 몫으로 택함을 받은 이스라엘 자손 역시 다른 모든 민족들보다 높아야 합니다. 이 역시 다음의 구절에서 언급되었습니다:

$$\text{וּלְתִתְּךָ עֶלְיוֹן עַל כָּל־הַגּוֹיִם}$$

"그가 만드신 모든 민족들 위에 너를 높게 두셔서…" (드바림 26:19)

이스라엘 아들들은 70명의 영들을 가지고 이집트로 내려갔으며, 그 영들로부터 민족이 발전했습니다. 이 70명의 영 각각은 70민족으로 대표되는 모든 나라들의 각 하나씩에 해당하는 의미를 지니는데, 이는 '이쓰라엘 아들들의 수에 따라 민족들의 경계를 정했다'라는 구절에서 암시됩니다.

사람은 굉장히 소중해하는 것을 잃어버렸을 때 그것을 찾기 위해 계속 노력해도 [못 찾는다면] 어느 순간 그것을 찾을 수 없을 것이라고 절망하게 됩니다. 그와 같은 맥락에서 하쉠께선 이스라엘 민족을 그들이 유배된 모든 곳에서 찾아 돌려보내려고 합니다. 그러나 이스라엘은 하쉠과 매우 긴밀하게 연결된 '하쉠의 일부'이기 때문에, 하쉠께선 이스라엘 자손을 돌려보내는 문제에 대해 절망하지 않습니다. 그분은 궁극적으로 그분의 백성을 찾아 데려올 것입니다. 그래서 구절은 다음과 같이 말하고 있습니다:

$$\text{יִמְצָאֵהוּ בְּאֶרֶץ מִדְבָּר וּבְתֹהוּ יְלֵל יְשִׁמֹן}$$

"그가 광야 땅에서, 그리고 짐승이 울부짖는 황무지에서 그들을 발견하셨고…"

(드바림 32:10)

하쉠께서 이스라엘 자손을 광야나 황무지에서 '발견'하셨나요? 그들을 이집트에서 '발견'했으며 그 후에 그들을 이집트에서 구원하여 광야로 인도한 것이 아닌가요?

이 '발견'은 다음과 같이 설명됩니다: 하쉠께선 이스라엘 자손을 이집트에서 발견하셨는데, 이집트는 하쉠께서 '영적인 광야'로 여기는 땅이며, 불결함이 지배하는 땅입니다. 이집트는 그곳에 만연했던 흑마법과 음란의 행동들로 인해 모든 땅 중 가장 불결한 곳이었습니다. 구절은 이스라엘 자손이 광야 땅(ארץ מדבר)에서 발견되었다고 설명합니다. 그런데 이 표현은 무슨 의미일까요? '땅'이면 땅이고 '광야'가 아니며, '광야'라면 역시 광야이지 '땅'이 아닌데 말입니다.

그래서 그것이 이집트에 대한 암시인 것으로, 이집트 자체는 정착민들이 사는 '땅'이지만 그곳에서 발견되는 풍부한 불결함이 '광야'의 영적인 특성으로 가득 차 있기 때문이었습니다. 하쉠께선 이스라엘 자손을 직접 이집트로부터 구원하셨고, 천사를 통하지 않았습니다. 하쉠께선 이 위대한 영적 존재들이 이집트의 불결함으로 오염되는 것을 원치 않으셨기 때문이었습니다.

하쉠께선 이스라엘 자손을 광야로 데려가 그곳에서 토라를 주셨습니다. 토라는 불결한 힘이 숨어 있는 '어둠'이라는 곳에서 주어졌는데, 왜냐하면 그 '어둠에서 나오는 빛'이 빛에서 빛이 나올 때보다 더 크게 계시를 보여주기 때문입니다. 이스라엘 자손이 토라를 받았을 때 그들은 매우 높은 수준의 영적 깨달음과 이해력을 얻었습니다. 이스라엘은 사람을 둘러싼 빛과 사람 안에 내면화 된 빛이라는 영적인 빛의 두 가지 유형을 얻어 특별히 텅 빈 광야, 즉 영적인 어둠의 지역을 통과하여 토라를 얻었습니다.

עֲלֵה אֶל־הַר הָעֲבָרִים הַזֶּה הַר־נְבוֹ אֲשֶׁר בְּאֶרֶץ מוֹאָב אֲשֶׁר עַל־פְּנֵי יְרֵחוֹ וּרְאֵה אֶת־אֶרֶץ כְּנַעַן אֲשֶׁר אֲנִי נֹתֵן לִבְנֵי יִשְׂרָאֵל לַאֲחֻזָּה: ...וְהֵאָסֵף אֶל־עַמֶּיךָ כַּאֲשֶׁר־מֵת אַהֲרֹן אָחִיךָ בְּהֹר הָהָר וַיֵּאָסֶף אֶל־עַמָּיו:

"이 아바림 산, 곧 예렉호 앞 모아브 땅에 있는 네보 산으로 올라가라. 그리고 내가 이쓰라엘 아들들에게 소유로 주는 크나안 땅을 보아라…너의 형제 아하론이 호르 산에서 죽어 그의 백성에게로 모아진 것처럼 네 백성에게 모아져라." (드바림 32:49-50)

하쉠께선 모셰에게 네보 산에 올라가서 이스라엘의 온 땅을 보라고 명령하셨습니다. 그것은 '이스라엘 자손'이 상속받을 땅이었으며, 모셰는 들어갈 운명이 아니었습니다. 이 구절은 언뜻 보면 하쉠께서 이스라엘 자손을 위해 자신을 온전히 바쳤던 충성스러운 종 모셰를 조롱하면서 그가 결코 들어갈 수 없던 아름다운 땅을 보여준 것처럼 이해할 수도 있을 것입니다. 모셰는 차라리 이스라엘 땅을 보지 않고 죽음으로써 그가 결코 들어갈 수 없는 특별한 땅을 봐야 하는 고통을 덜어내는 것이 더 적절하지 않았을까요?

그러나 모셰는 더 깊은 차원에서 그 땅을 '큰 위안의 원천'으로 여겼습니다. 모셰는 그의 높은 수준에서 이스라엘 땅에 거하는 쉬히나와 깊은 연결을 가지고 있었습니다. 쉬히나는 이스라엘 땅의 영, 또는 내적 측면인 반면에, 물리적인 이스라엘 땅은 쉬히나가 거하는 몸, 또는 그릇입니다. 이스라엘 땅의 내적 측면인 쉬히나와 이미 연결될 자격을 갖췄던 모셰는 자연히 그 땅의 물리적 측면도 받을 자격을 가진 것입니다. (이것은 마쉬악흐의 때에 모셰도 이스라엘 땅에 들어갈 수 있는 것으로 완성된다 - 역자 주)

메이 므리바에서의 죄는 모셰가 물리적인 땅 밖에 머물게 만들었습니다. 마쉬악흐의 시대에 모셰는 직접 이스라엘 땅에 들어올 것입니다. 하쉠께선 모셰에게 미래에 무엇을 받을지 보여주고자 하셨으며, 그분의 자비로 모셰가 물리적인 땅 전체를 볼 수 있도록 허락하셨습니다. 또한 하쉠께선 이스라엘을 위해 자기 희생을 한 모셰의 보상을 '늘리는' 의미로 이스라엘이 신뢰할 수 있는 목자 모셰는 그렇게 땅 밖에 묻힌 것입니다.

그리고 이것은 광야에 묻혔던 이스라엘 자손에게 안정감을 주었습니다. 왜냐하면 모셰는 약속의 땅에서 풍성한 혜택을 받지 못하는 그들의 고통을 공유하고 있으며, 죽은 자들의 부활이 있을 때 모셰 자신은 다시 한 번 그 양 떼를 그들의 택한 땅으로 인도할 것이기 때문입니다.

모셰는 '네보 산'으로도 불리는 아바림 산에 올라 그곳에서 그의 역할을 다함으로 죽었습니다. 아바림 산(הר העברים)이라는 이름은 모셰의 영적 속성 중 '지식의 속성'을 암시하고 있습니다. 지식의 속성은 사람의 생각에서 처리되는 지성이 신체에 들어가게 하는 수단이며, 아바림 산이라는 이름은 문자 그대로 '지나가는(עבר) 산'을 의미하여 지성을 신체로 전달하는 영적 수준의 지식을 암시해 줍니다.

모셰가 이러한 산 꼭대기에 있는 동안 이 세상을 떠났다는 사실은 모셰의 영혼이 모셰의 몸을 떠나자마자 그것들이 즉시 그의 영적 수준과 지식의 근원에 붙게 되었다는 것을 나타내 줍니다. 그렇기에 구절은 모셰의 죽음을 '모아지다'라고 언급하는데, 그것은 그의 영혼이 즉시 그의 근원으로 모아졌기 때문입니다.

그런데 모셰와 같은 수준의 사람이 자신의 영혼이 그 근원에 붙는 것에 시간의 지연을 겪을 필요가 없다는 건 분명하지 않나요? 모셰 같은 의인에게 특히 당연할 '모아지다'라는 표현은 왜 언급된 것일까요?

구절에서 '모아져라'라고 한 의미인 베헤아쎄프(והאסף)를 보면, 모셰는 그의 영혼을 근원으로 데려갈 천사에 의해서가 아닌 '스스로' 모아졌다는 것을 알 수 있습니다. 그러나 다른 모든 의인들은 '모아져야 한다'라는 의미인 베예아쎄프(וייאסף)로 쓰여 있는데, 그들의 영혼은 그들을 섬기는 천사의 도움으로만 즉시 근원으로 돌아갈 수 있기 때문이었습니다.

다른 의인들은 모셰의 거룩함의 수준 같지 않아 죽음의 과정을 통한 피해를 입지 않고선 스스로 돌아갈 수 없었습니다. 그렇기에 그들은 그들을 거룩함의 수준으로 인도해 낼 섬김의 천사를 필요로 했습니다.

유대 현인들은 우리가 다가올 세상에 도착하면 '각자가 동료의 장막 덮개에 의해 불타버릴 것'이라고 가르칩니다. 이 은유는 각자가 자신의 행동에 따라 달성한 거룩함의 수준에 상응하는 것으로 인한 다가올 세상의 자리에 관한 것인데, 동료의 장막 덮개(또는 거룩함의 수준으로 표현 - 역자 주)에 [함부로] 들어가는 사람은 그 사람의 수준에 따라 [그것이 낮다면 상대의] 거룩함에 의해 불타버릴 것이라는 의미입니다. 그러나 모셰에 관해선 하쉠께서 직접 '그는 내 모든 집에서 믿음직하다'(바미드바르 12:7)라고 선언했으며, 모셰는 걱정 없이 이러한 수준의 거룩함으로 들어갈 수 있었습니다. 그는 모든 의인에게 설명되는 모든 내용을 포함해 토라 전체와 거룩함의 모든 '덮개'를 받았고, 모든 거룩함의 수준에 들어갈 수 있게 되었습니다.

파라샤트 베조트 하베락하 (드바림 33:1 - 34:12)

וְזֹאת הַבְּרָכָה אֲשֶׁר בֵּרַךְ מֹשֶׁה אִישׁ הָאֱלֹהִים אֶת־בְּנֵי יִשְׂרָאֵל לִפְנֵי מוֹתוֹ:

"이것이 엘로킴의 사람 모셰가 그가 죽기 전에 이쓰라엘 아들들을 축복한 축복이다."

(드바림 33:1)

모셰는 이스라엘 민족의 심장이자 영혼으로, 모셰 없이는 이스라엘 민족이 살아남을 수 없었을 것입니다. 그런 그가 죽기 전에 유대인들을 축복해 주었습니다. 모셰의 죽음은 그를 이 세상에서 잃는다는 것과 함께 그가 민족을 위해 제공해 주었던 힘이 완전히 사라진다는 것을 의미했습니다. 이러한 손실을 보정하기 위해서 모셰는 자기가 이 세상을 떠난 후에도 그의 영적인 힘이 그들과 함께 남을 수 있도록 사람들을 축복해 주었습니다.

마찬가지로, 같은 이유로 야아코브도 죽기 전에 그의 자녀들을 축복해 주었습니다. 야아코브는 이스라엘 민족을 상징하는 나무 줄기였으며, 열 두 지파의 머리들이었던 그의 자녀들은 가지를 상징했습니다. 나무의 가지가 줄기가 밑받침이 되지 않으면 싹을 틔울 수 없는 것처럼, 야아코브가 없다면 지파들은 계속 존재할 근거가 없게 됩니다. 이를 바로잡고 이 세상에 자신의 영적인 힘을 남기고자 야아코브는 그의 자녀들을 축복해 주었습니다.

야아코브와 모셰가 베풀었던 축복은 이 세상을 떠난 후에도 그들의 영적인 힘을 지속하게 했습니다. 따라서 구절은 모셰의 축복이 그가 죽기 전에 선포되었다는 것을 강조하고 있습니다. 그것은 세상이 완전히 박탈당하지 않도록 하기 위한 것이었습니다.

유대 현인들은 모셰가 드바림을 엄한 질책으로 시작해서 축복으로 끝맺었다고 가르칩니다. 죄에서 비롯된 불결함이 사람을 사로잡으면, 더 높은 수준의 거룩함으로 올라가기 위해선 무엇보다도 불결함을 먼저 제거해야만 합니다. 그 구절은 다음을 통해서도 알 수 있습니다:

סוּר מֵרָע וַעֲשֵׂה־טוֹב בַּקֵּשׁ שָׁלוֹם וְרָדְפֵהוּ:

"악으로부터 피하고 좋음을 행하라. 평화를 추구하고 그것을 쫓아다녀라." (트힐림 34:15)

이렇게 좋은 쪽으로 자신을 높이고자 하면 먼저 악을 제거해야 합니다.

광야의 세대는 영적인 파괴들을 일으키며 불결함이 그들에게 붙을 수 있도록 했습니다. 때문에 모셰는 혹독한 질책의 말로 시작하며 그들을 사로잡은 불결함을 제거하고자 했습니다. 이렇게 하고 난 후에야 그는 불결함이 자리를 잡을 수 없는 높은 수준의 거룩함을 얻게 할 수 있도록 축복을 시작할 수 있었습니다.

유대 현인들은 '축복'을 의미하는 브라하(ברכה)를 '물웅덩이(현대에는 수영장 - 역자 주)'를 의미하는 브렉하(בריכה)로 부를 수도 있음을 가르칩니다. 물웅덩이가 불결한 자를 정화해 주듯이(미크베를 의미 - 역자 주), 모셰도 하쉠으로부터 멀리 있는 자들을 축복의 수단으로 그분께 가까이 이끌었습니다. 축복과 정화는 모두 똑같은 높은 영적 수준의 거룩함에서 비롯되는 것이며, 그것은 모셰가 그들을 이끌고자 했던 수준이었습니다. 카발라적인 사상에서 축복과 회개, 미크베, 시나이 산은 모두 같은 영적 수준을 의미하는 동의어입니다.

יְהֹוָה מִסִּינַי בָּא וְזָרַח מִשֵּׂעִיר לָמוֹ הוֹפִיעַ מֵהַר פָּארָן

"…하쉠께서 씨나이로부터 오셨고 쎄이르로부터 그들에게 떠오르셨으며 파란 산에서 비추셨고…" (드바림 33:2)

모셰가 시나이 산에서의 계시를 이야기하면서 축복을 시작하는 이유는 무엇이었을까요?

이것은 이스라엘 자손에 대한 찬양이었는데, 시나이 산에서 위대한 계시가 있었을 때 그것이 세상에 이스라엘 자손에 대한 찬양이었음을 알리는 수단이기 때문이었습니다.

유대 현인들은 그마라 아보다 자라 2b 에서 하쉠께서 토라를 먼저 에돔(에싸브)의 천사에게 주셨지만, 에싸브가 그것을 거부했다고 가르칩니다. 그러고나서 이슈마엘의 천사에게도 그 민족이 토라를 받길 원하는지 알아보았지만 그들 역시 거부했다고 얘기합니다. 토라를 온전히 받아들이려는 이들은 이스라엘 자손뿐이었습니다. 그들 때문에 그들을 통해서 토라가 주어졌고 하쉠께서는 이 세상에 자신의 신성한 존재를 드러낼 수 있었습니다.

'쎄이르로부터 그들에게 떠오르셨다'라는 말은 에돔에게 토라를 제안했다는 것을 의미하며,

'파란 산에서 비추셨다'라는 말은 이슈마엘에게 토라를 제안했다는 것을 의미합니다. 다른 민족에게 토라를 처음 제안하셨던 것은 사실 이스라엘 아들에게 유익이 되는 것이었습니다. 하쉠께선 이 민족들에게 기회를 줌으로써 그들이 토라를 받아들인 이스라엘 자손에 대해 증오나 억지 주장을 하지 않기를 원하셨습니다.

조하르는 '쎄이르로부터…떠올랐다'라는 표현은 에싸브가 쎄이르에서 이스라엘에게 빛(토라)을 떠넘겨 토라를 받게 했다는 것을 의미한다고 가르칩니다. 그럼에도 이것은 별 효과를 보지 못했는데, 왜냐하면 우리는 세상의 여러 나라가 여전히 끊임없이 이스라엘 자손을 괴롭히고, 쫓고, 죽이는 것을 보고 있기 때문입니다.

이러한 민족들의 이스라엘에 대한 증오는 다른 이유나 문제에 기인한 것으로 생각하는 경우도 있지만, 사실 그들의 증오는 토라를 받아들인 주체에 대한 문제에 대한 것입니다. 이 민족들은 토라를 받아들이고 싶어하지 않았기 때문에 이스라엘 자손이 토라를 받도록 최선을 다해 넘겼으나, 그들은 결국 놓친 기회를 깨달아 이스라엘에 대한 증오를 가지기 시작했습니다. 그러나 그들이 이해하지 못하는 것은 이스라엘 자손이 '거룩한 조상'의 후손들인 거룩한 이들이라는 것이며, 그들이 다른 누구보다도 토라를 받을 자격을 가진 사람들이라는 것입니다.

우리는 이 부분에서 세상의 나라들이 절망하며 자신들이 '이스라엘에 토라를 준 실수'를 바로잡을 희망을 포기할 거라고 생각할 수 있습니다. 때문에 구절은 다음과 같이 말하고 있습니다:

אַף חֹבֵב עַמִּים כָּל־קְדֹשָׁיו בְּיָדֶךָ וְהֵם תֻּכּוּ לְרַגְלֶךָ יִשָּׂא מִדַּבְּרֹתֶיךָ:

"참으로 그가 백성들을 사랑하셨다. 그의 모든 거룩한 자가 당신의 손 안에 있으니 그들이 당신의 발치에 모여 당신의 말씀을 받든다." (드바림 33:3)

이 구절은 유대교로 개종하고자 하는 세계 어느 나라의 어떤 구성원이든 하쉠께서 사랑으로 환영하고 받아들일 것이라고 알려주고 있습니다. 이트로는 모세의 장인으로, 유대교로 개종하여 호바브(חובב), 즉 '사랑받는 자'로 알려졌습니다. 이트로는 하쉠께 너무도 사랑을 받아 토라의 한 파라샤 전체가 그의 이름을 따서 명명되기도 했습니다.

그는 모든 개종자 중 첫 번째 사람이었으며 따라서 가장 중요한 이였고, 개종을 하여 하쉠께 가까이 다가가 하늘의 멍에를 자신이 짊어지고자 하는 모든 사람에게 모범이 되었습니다. 그러나 할례를 받았음에도 토라의 모든 계명을 이행하지 않는 개종자는 마치 할례를 받지 않은 자처럼 간주됩니다. 그는 거룩함의 영역과 아무 관련이 없고 마치 결코 개종하지 않은 것과 같습니다. 그렇기에 그는 본래의 불결한 상태로 돌아가게 됩니다.

개종자는 적합한 과정을 거친 사람은 거룩함에 집착함으로써 분명 더 높은 수준으로 올라가지만, 그럼에도 여전히 유대인으로서 태어난 자의 거룩함의 내적 수준까지 집착하지는 않습니다. 개종자가 개종하라는 명령을 받지 않은 점(그런 계명은 없기 때문이다 – 역자 주)을 받지 않았다는 점을 감안하면, 그는 '명령을 받지 않았어도 계명을 이행하는 사람의 지위'를 가지고 있으나, 이는 명령을 받은 이보다는 낮은 수준입니다.

개종자는 분명 완전한 유대인이며 다른 유대인과 마찬가지로 모든 계명을 지킬 의무를 지닙니다. 그러나 누군가 명령받지 않은 계명을 선택에 따라 행할 때, 그것은 계명을 행하라는 명령을 받고서 그렇게 하는 사람보다 낮은 수준의 준수로 간주됩니다:

תּוֹרָה צִוָּה־לָנוּ מֹשֶׁה מוֹרָשָׁה קְהִלַּת יַעֲקֹב׃

"토라는 모셰가 우리에게 명령한 것이니 야아코브 공동체의 소유다." (드바림 33:4)

토라는 이스라엘 자손에게 명령되었으며, 따라서 그들은 계명의 [완전한] 수준에서 계명을 이행할 수 있는 유일한 민족입니다. 오직 유대인들만이 거룩함의 내적 측면과 연결될 수 있는 능력을 가지고 있습니다.

그러나 이 구절은 분명 어려움을 내포하고 있습니다. 이것이 모셰의 '축복'이라면 왜 모셰는 '모셰가 우리에게 명령한 [토라]'라고 말한 것일까요? '내가 너희에게 명령한 토라'나 또는 '너희의 엘로킴이 너희에게 명령한 토라' 등으로 말할 수 있지 않았을까요? 모셰는 분명 '모든 사람 중에서 가장 겸손한 이'로 불린 만큼 자신에게 어떠한 위대함도 돌리고 싶지 않았을텐데 말입니다.

사실 이 구절에서 모셰에 대한 언급은 모셰라는 사람 자신에 대한 의미가 아닌 토라가 나온 영적 뿌리를 가리키고 있습니다.

모셰가 토라가 '모셰에 의해' 명령되었다고 말했을 때, 그는 자신을 지칭한 것이 아니라 토라의 영적 근원을 지칭한 것입니다. 토라는 모셰를 통해 주어졌지만 그럼에도 계명은 그에게도 동등한 것이었으며, 분명 그 역시 토라의 모든 계명을 지켜야 했습니다.

모라샤(מורשה)라는 단어는 '유산으로 상속된 소유'를 의미합니다. 토라는 이스라엘 자손만의 유산이며 다른 민족에게는 없습니다. 상속은 이 세상을 떠난 후에 자녀들에게 물려지는 것입니다. 따라서 토라의 유산과 함께 그와 관련된 거룩함은 야아코브의 후손에게만 주어집니다. 이 구절에서 아브라함이나 이쯔학크를 언급하지 않고 야아코브만 언급하는 이유는 무엇일까요?

아브라함과 이쯔학크에게는 각각 토라를 받지 못할 만한 자식들이 있었고, 야아코브와 관련된 것을 상속받을 만한 자식도 없었습니다. 그러나 야아코브의 자식들은 모두 거룩하고 의로웠기에, 토라는 '야아코브의 공동체'에게 상속할 유산으로 물려주는 것이 합당했습니다.

부 록

타낙흐, '성경'의 이름들과 순서

책에서 다룬 히브리어 음역 용어집

타낙흐, '성경'의 이름들과 순서

타낙흐(תנ״ך)란 한국에서 '구약'으로 알려진 책이며, 토라(תורה)와 예언서인 네비임(נביאים), 그리고 기록서인 크투빔(כתובים)의 앞 글자들을 딴 명칭이다.

타낙흐의 구성과 한국에서 부르는 책의 이름은 아래와 같다:

기록 토라(모세 5 경): 베레쉬트(창세기), 슈모트(출애굽기/탈출기),

바이크라(레위기), 바미드바르(민수기), 드바림(신명기)

네비임(예언서들): 예호슈아(여호수아), 쇼프팀(사사기/판관기), 슈무엘(사무엘상/하),

멜락힘(열왕기상/하), 예샤야후(이사야), 이르메야후(예레미야),

엑헤즈켈(에스겔/에제키엘),

소예언서들: 호셰아, 요엘, 아모쓰, 오바드야(오바댜), 요나, 믹하(미가),

낙훔(나훔), 하박쿡, 쯔판야(스바냐), 하가이(학개),

즉하르야(스가랴), 말악히(말라기/말라키)

크투빔(기록서들): 트힐림(시편), 미슐레이(잠언), 이요브(욥기), 쉬르하쉬림(아가서),

루트(룻기), 엑하(예레미야 애가), 코헬레트(전도서/코헬렛),

에쓰테르(에스더), 다니엘, 에즈라(에스라), 늑헴야(느헤미야),

디브레이 하야밈(역대상/하)

책에서 다룬 히브리어 음역 용어집

책에서 다룬 용어들 중 중복되어 나타나거나 이해를 위해 필요한 단어들을 따로 모아둔다. (한글 가나다 순 정렬)

그마라: [유대 문헌] 탈무드. 대부분 법적인 내용을 다루지만 그 외에도 많은 교훈적 가르침과 신비주의적 자료들로도 구성되어 있다.

노악흐: 노아

나지르: 나실인

니므로드: 니므롯/님로드

라브: 랍비

로트: 아브라함의 조카 롯. '룻'을 지칭하는 루트와 혼동 주의.

루트: 룻. 아브라함의 조카 '롯'을 지칭하는 로트와 혼동 주의.

마쉬악흐: 메시아. 이 예언된 다비드 왕의 후손은 토라에 따르는 군주제를 회복하고 거룩한 성전을 재건하며, 유배된 유대인들을 고국으로 모으게 된다.

메노라: 일곱 개의 가지로 갈라진, 성막과 성전에서 사용된 특별한 촛대.

미드라쉬: [유대 문헌] 기록 토라와 예언서들의 가장 광범위한 배경 설명을 돕는 문헌.

미슈나: [유대 문헌] 미쉬나. 구전 토라의 기초. 미슈나는 서기 2세기에 라비 예후다 하나씨가 집대성한 구전 토라를 구성하는 토라법의 기본 개요서다.

미슈칸: 성막. 이스라엘이 이집트를 떠나 광야를 유랑하는 동안 사용한, 성전이 건축되기 전까지 이스라엘 땅에서도 사용했던 임시 이동식 성소.

책에서 다룬 히브리어 용어집

미쯔바: 계명. 한국에선 이것을 '율법'으로 잘못 번역하고 사용하나, 계명은 하쉠의 명령으로 문화적 차이에 따라 양보를 할 수 있는 것이 아닌 절대적인 명령이다.

미크베: 정결 의식을 위한 개인적 침례를 위해 특별히 제작된 웅덩이. 흐르는 물을 들이거나 빗물을 받아서만 사용할 수 있다.

베이트 엘: 벧엘/베텔

브에르 셰바: 브엘세바

샤바트: 안식일

쇼파르: 양각 뿔나팔

슉히나: 쉐키나. 세상에 거하는 하쉠의 신성한 빛/존재

슐로모: 솔로몬

싸라: 사라

쑤프 바다: 홍해 바다. '갈대'라는 뜻을 갖고 있기에 갈대 늪지를 의미하는 것으로 단정하는 사람도 있으나 엄연한 바다의 의미였고, 이름을 얘기한다.

쓰돔: 소돔

아모라: 고모라

아보다 자라: '낯선 것을 섬기는 [일]'이라는 의미로, 하쉠이 아닌 다른 것을 섬기는 포괄적인 행위. 한국에선 '우상 숭배'로 번역하나, 그것은 제한적인 의미의 번역으로, 다른 신적 존재가 있다고 '생각'하는 것조차 아보다 자라의 범주이기 때문이다.

책에서 다룬 히브리어 용어집

아하론: 모셰의 형 아론

야아코브: 야곱/야고보

에레브 라브: 이스라엘이 이집트를 떠날 때 이스라엘 백성과 함께 떠난 거짓 개종자들. 한글 성경에서 '잡족'으로 번역한 이들이다.

에싸브: 에서/에사우

엘로킴: 하나님/하느님을 부르는 칭호. 원어는 '엘로힘'이지만 거기엔 여러 의미(다른 신들, 재판관들, 권위자)가 있으며, 그 단어가 하쉠을 지칭할 때만 엘로킴으로 부르고 쓴다.

예루샬라임: 예루살렘

예릭호: 여리고/예리코

예후다: 유다/유대. '한 명의 유대인'을 의미하는 원어는 '예후디'이다. (복수형: 예후딤)

욤 키푸르: 대속죄일

이슈마엘: 이스마엘

이쯔학크: 이삭/이사악

조하르: [유대 문헌] 토라의 내용에 대한 가장 신비적인 부분을 다루는 문헌. 한국에선 카발라에 관련된 책으로 이름이 알려져 있다.

증거궤: 언약궤

짜라아트: 한국에서 '문둥병'으로 번역하는 불결의 상태. 의학적인 '병'이 아니며, 특정 죄로 인해 나타났던 하늘의 경고.

찌포라: 십보라

카발라: '토라의 내면적 사상과 의미들'이라는 것을 다루는 난해한 차원의 개념. 마법을 행할 수 있게 하는 매개체 등으로 이해하는 사람도 있으나, 카발라의 본질은 하쉠의 본질과 토라의 본질을 가장 깊게 이해하도록 만드는데 있다.

코락흐: 고라

코셔: 원어는 '카셰르'. 특별히 음식과 관련해서 '적절한', 또는 '좋은'이라는 의미로 사용되는 이 말은 유대인 식생활에 요구되는 사항들을 지키는 기준을 의미한다.

코헨: 제사장

토라: 사람에게 전해진 하쉠의 뜻과 지혜. 기본적으로 '모세 5 경'이라고 알고 있는 다섯 권의 책으로 이해하지만 그것은 '기록 토라'로, 탈무드를 포함한 훨씬 더 넓은 범위의 '구전 토라'까지 함께 포괄하는 의미이다.

페싹흐: 유월절/파스카

플레슈팀: 블레셋. 지금의 아랍 사람들이 주장하는 '팔레스타인'과 기원이 다른 인종/민족.

핀하쓰: 비느하스

하가르: 하갈

하바: 하와/이브

하쉠: 하나님/하느님의 발음을 할 수 없는 거룩한 네 글자 이름을 '그 이름'이란 의미로 부르는 칭호. 평상시 창조주의 이름을 함부로 부르지 않기 위한 방법.

할락하: 율법. 유대인의 특정 법/유대인의 법에 대한 전체 사항.

의미 있는 삶: 람할의 가르침으로 본 토라

초판 1 쇄 발행: 2024 년 12 월 15 일

Copyright © 2024 by Noahide Korea

대구광역시 중구 국채보상로 641 2 층 (동인동 2 가)

noahidekorea@gmail.com / koreanjewish@gmail.com

네이버 블로그   https://blog.naver.com/jewishkorean '유대교/쥬다이즘'

옮긴이   이 아담 야이르

펴낸이   서효완

표지 디자인   서승연 (북디자인)

ISBN 979-11-981782-2-0

이 출판물은 Noahide Korea 출판사에게 저작권이 있으며, 저작권법에 의하여 한국 내에서 보호를 받는 저작물이므로 무단전제와 복제를 금합니다.